L'IMAGE-TEMPS

OUVRAGES DE GILLES DELEUZE

Aux Éditions de Minuit

PRÉSENTATION DE SACHER-MASOCH, *1967* (« Reprise », n° 15)
SPINOZA ET LE PROBLÈME DE L'EXPRESSION, *1968*
LOGIQUE DU SENS, *1969*
L'ANTI-ŒDIPE (avec Félix Guattari), *1972*
KAFKA - Pour une littérature mineure (avec Félix Guattari), *1975*
RHIZOME (avec Félix Guattari), *1976* (repris dans *Mille plateaux*)
SUPERPOSITIONS (avec Carmelo Bene), *1979*
MILLE PLATEAUX (avec Félix Guattari), *1980*
SPINOZA - PHILOSOPHIE PRATIQUE, *1981* (« Reprise », n° 4)
CINÉMA 1 - L'IMAGE-MOUVEMENT, *1983*
CINÉMA 2 - L'IMAGE-TEMPS, *1985*
FOUCAULT, *1986* (« Reprise », n° 7)
PÉRICLÈS ET VERDI. La philosophie de François Châtelet, *1988*
LE PLI. Leibniz et le baroque, *1988*
POURPARLERS, *1990* (« Reprise », n° 6)
QU'EST-CE QUE LA PHILOSOPHIE ? (avec Félix Guattari), *1991* (« Reprise », n° 13)
L'ÉPUISÉ (in Samuel Beckett, *Quad*), *1992*
CRITIQUE ET CLINIQUE, *1993*
L'ÎLE DÉSERTE. Textes et entretiens, 1953-1974 (édition préparée par David Lapoujade), *2002*
DEUX RÉGIMES DE FOUS. Textes et entretiens, 1975-1995 (édition préparée par David Lapoujade), *2003*
LETTRES ET AUTRES TEXTES (édition préparée par David Lapoujade), *2015*

Aux P.U.F.

EMPIRISME ET SUBJECTIVITÉ, *1953*
NIETZSCHE ET LA PHILOSOPHIE, *1962*
LA PHILOSOPHIE CRITIQUE DE KANT, *1963*
PROUST ET LES SIGNES, *1964* - éd. augmentée, *1970*
NIETZSCHE, *1965*
LE BERGSONISME, *1966*
DIFFÉRENCE ET RÉPÉTITION, *1968*

Aux Éditions Flammarion

DIALOGUES (en collaboration avec Claire Parnet), *1977*

Aux Éditions du Seuil

FRANCIS BACON : LOGIQUE DE LA SENSATION, *(1981), 2002*

COLLECTION « CRITIQUE »

GILLES DELEUZE

CINÉMA 2

L'IMAGE-TEMPS

LES ÉDITIONS DE MINUIT

ISBN 978-2-7073-1047-7

chapitre 1
au-delà
de l'image-mouvement

1

Contre ceux qui définissaient le néo-réalisme italien par son contenu social, Bazin invoquait la nécessité de critères formels esthétiques. Il s'agissait selon lui d'une nouvelle forme de la réalité, supposée dispersive, elliptique, errante ou ballante, opérant par blocs, avec des liaisons délibérément faibles et des événements flottants. Le réel n'était plus représenté ou reproduit, mais « visé ». Au lieu de représenter un réel déjà déchiffré, le néo-réalisme visait un réel à déchiffrer, toujours ambigu ; c'est pourquoi le plan-séquence tendait à remplacer le montage des représentations. Le néo-réalisme inventait donc un nouveau type d'image, que Bazin proposait d'appeler l'« image-fait » [1]. Cette thèse de Bazin était infiniment plus riche que celle qu'il combattait, et montrait que le néo-réalisme ne se limitait pas au contenu de ses premières manifestations. Mais les deux thèses avaient en commun de poser le problème au niveau de la réalité : le néo-réalisme produisait un « plus de réalité », formel ou matériel. Nous ne sommes pas sûrs toutefois que le problème se pose ainsi au niveau du réel, forme ou contenu. N'est-ce pas plutôt au niveau du « mental », en termes de pensée ? Si l'ensemble des images-mouvement, perceptions, actions et affections, subissait un tel bouleversement, n'était-ce pas d'abord parce

---

1. Bazin, *Qu'est-ce que le cinéma ?*, Éd. du Cerf, p. 282 (et l'ensemble des chapitres sur le néo-réalisme). C'est Amédée Ayfre qui donne à la thèse de Bazin, quand il la reprend et la développe, une expression phénoménologique accentuée : « Du premier au second néo-réalisme », *Le Néo-réalisme italien, Études cinématographiques*.

7

qu'un nouvel élément faisait irruption, qui allait empêcher la perception de se prolonger en action pour la mettre en rapport avec la pensée, et, de proche en proche, allait subordonner l'image aux exigences de nouveaux signes qui la porteraient au-delà du mouvement ?

Quand Zavattini définit le néo-réalisme comme un art de la rencontre, rencontres fragmentaires, éphémères, hachées, ratées, que veut-il dire ? C'est vrai des rencontres de « *Païsa* » de Rossellini, ou du « *Voleur de bicyclette* » de De Sica. Et dans « *Umberto D* », De Sica construit la séquence célèbre que Bazin citait en exemple : la jeune bonne entrant dans la cuisine le matin, faisant une série de gestes machinaux et las, nettoyant un peu, chassant les fourmis d'un jet d'eau, prenant le moulin à café, fermant la porte de la pointe du pied tendu. Et ses yeux croisent son ventre de femme enceinte, c'est comme si naissait toute la misère du monde. Voilà que, dans une situation ordinaire ou quotidienne, au cours d'une série de gestes insignifiants, mais obéissant d'autant plus à des schémas sensori-moteurs simples, ce qui a surgi tout à coup, c'est une *situation optique pure* pour laquelle la petite bonne n'a pas de réponse ou de réaction. Les yeux, le ventre, c'est cela une rencontre... Bien sûr, les rencontres peuvent prendre des formes très différentes, atteindre à l'exceptionnel, mais elles gardent la même formule. Soit la grande tétralogie de Rossellini, qui, loin de marquer un abandon du néo-réalisme, le porte au contraire à sa perfection. « *Allemagne année 0* » présente un enfant qui visite un pays étranger (ce pourquoi l'on reprochait à ce film de ne plus avoir l'ancrage social dont on faisait une condition du néo-réalisme), et qui meurt de ce qu'il voit. « *Stromboli* » met en scène une étrangère qui va avoir une révélation de l'île d'autant plus profonde qu'elle ne dispose d'aucune réaction pour atténuer ou compenser la violence de ce qu'elle voit, l'intensité et l'énormité de la pêche au thon (« c'était horrible... »), la puissance panique de l'éruption (« je suis finie, j'ai peur, quel mystère, quelle beauté, mon Dieu... »). « *Europe 51* » montre une bourgeoise qui, à partir de la mort de son enfant, traverse des espaces quelconques et fait l'expérience du grand ensemble, du bidonville et de l'usine (« j'ai cru voir des condamnés »). Ses regards abandonnent la fonction pratique d'une maîtresse de maison qui rangerait les choses et les êtres, pour passer par tous les états d'une vision intérieure, affliction, compassion, amour, bonheur, acceptation, jusque dans l'hôpital psychiatrique où on l'enferme à l'issue d'un nouveau procès de Jeanne d'Arc : elle voit, elle a appris à voir. « *Voyage en Italie* » accompagne une touriste atteinte en plein cœur par le simple déroulement d'images ou de clichés visuels dans lesquels elle découvre quelque chose d'insupportable, au-delà de la limite de ce qu'elle peut personnellement supporter[2]. C'est un cinéma de voyant, non plus d'action.

Ce qui définit le néo-réalisme, c'est cette montée de situations purement optiques (et sonores, bien que le son synchrone ait manqué aux débuts du néo-réalisme), qui se distinguent essentiellement des situations sensori-motrices de l'image-action dans l'ancien réalisme. C'est peut-être aussi important que la conquête d'un espace purement optique dans la peinture, avec l'impressionnisme. On objecte que le spectateur s'est toujours trouvé devant des « descriptions », devant des images optiques et sonores, et rien d'autre. Mais ce n'est pas la question. Car les personnages, eux, réagissaient aux situations ; mêmes quand l'un d'eux se trouvait réduit à l'impuissance, c'était ligoté et bâillonné, en vertu des accidents de l'action. Ce que le spectateur percevait, c'était donc une image sensori-motrice à laquelle il participait plus ou moins, par identification avec les personnages. Hitchcock avait inauguré le renversement de ce point de vue en incluant le spectateur dans le film. Mais c'est maintenant que l'identification se renverse effectivement : le personnage est devenu une sorte de spectateur. Il a beau bouger, courir, s'agiter, la situation dans laquelle il est déborde de toutes parts ses capacités motrices, et lui fait voir et entendre ce qui n'est plus justiciable en droit d'une réponse ou d'une action. Il enregistre plus qu'il ne réagit. Il est livré à une vision, poursuivi par elle ou la poursuivant, plutôt qu'engagé dans une action. « *Ossessione* » de Visconti passe à juste titre pour le précurseur du néo-réalisme ; et ce qui frappe d'abord le spectateur, c'est la manière dont l'héroïne vêtue de noir est possédée par une sensualité presque hallucinatoire. Elle

---

2. Sur ces films, cf. Jean-Claude Bonnet, « Rossellini ou le parti pris des choses », *Cinématographe*, n° 43, janvier 1979. Cette revue a consacré au néo-réalisme deux numéros spéciaux, 42 et 43, sous le titre parfaitement adapté « Le regard néo-réaliste ».

est plus proche d'une visionnaire, d'une somnambule, que d'une séductrice ou d'une amoureuse (de même, plus tard, la comtesse de « *Senso* »).

C'est pourquoi les caractères par lesquels nous définissions précédemment la crise de l'image-action : la forme de la bal(l)ade, la propagation des clichés, les événements qui concernent à peine ceux auxquels ils arrivent, bref le relâchement des liens sensori-moteurs, tous ces caractères étaient importants, mais seulement à titre de conditions préliminaires. Ils rendaient possible, mais ne constituaient pas encore la nouvelle image. Ce qui constitue celle-ci, c'est la situation purement optique et sonore qui se substitue aux situations sensori-motrices défaillantes. On a souligné le rôle de l'enfant dans le néo-réalisme, notamment chez De Sica (puis en France chez Truffaut) : c'est que, dans le monde adulte, l'enfant est affecté d'une certaine impuissance motrice, mais qui le rend d'autant plus apte à voir et à entendre. De même, si la banalité quotidienne a tant d'importance, c'est parce que, soumise à des schémas sensori-moteurs automatiques et déjà montés, elle est d'autant plus susceptible, à la moindre occasion qui dérange l'équilibre entre l'excitation et la réponse (comme la scène de la petite bonne d'« *Umberto D* »), d'échapper soudain aux lois de ce schématisme et de se révéler elle-même dans une nudité, une crudité, une brutalité visuelles et sonores qui la rendent insupportable, lui donnant l'allure d'un rêve ou d'un cauchemar. De la crise de l'image-action à l'image optique-sonore pure, il y a donc un passage nécessaire. Tantôt c'est une évolution qui fait passer d'un aspect à l'autre : on commence par des films de bal(l)ade, à liaisons sensori-motrices relâchées, et l'on atteint ensuite aux situations purement optiques et sonores. Tantôt c'est dans le même film que les deux coexistent, comme deux niveaux dont le premier sert seulement de ligne mélodique à l'autre.

C'est en ce sens que Visconti, Antonioni, Fellini appartiennent pleinement au néo-réalisme, malgré toutes leurs différences. « *Ossessione* », le précurseur, n'est pas seulement une des versions d'un célèbre roman noir américain, ni la transposition de ce roman dans la plaine du Pô[3]. Dans le film de

---

3. Le roman de James Cain, *Le facteur sonne toujours deux fois*, a donné lieu à quatre œuvres cinématographiques : Pierre Chenal (« *Le Dernier Tournant* » 1939), Visconti (1942), Garnett (1946) et Rafelson (1981). La première

Visconti, on assiste à un changement très subtil, aux débuts d'une mutation concernant la notion générale de situation. Dans l'ancien réalisme ou suivant l'image-action, les objets et les milieux avaient déjà une réalité propre, mais c'était une réalité fonctionnelle, étroitement déterminée par les exigences de la situation, même si ces exigences étaient poétiques autant que dramatiques (par exemple la valeur émotionnelle des objets chez Kazan). La situation se prolongeait donc directement en action et passion. Dès « *Ossessione* », au contraire, apparaît ce qui ne cessera de se développer chez Visconti : les objets et les milieux prennent une réalité matérielle autonome qui les fait valoir pour eux-mêmes. Il faut donc que non seulement le spectateur mais les protagonistes investissent les milieux et les objets par le regard, qu'ils voient et entendent les choses et les gens, pour que l'action ou la passion naissent, faisant irruption dans une vie quotidienne préexistante. Ainsi l'arrivée du héros d'« *Ossessione* », qui prend une sorte de possession visuelle de l'auberge, ou bien, dans « *Rocco et ses frères* », l'arrivée de la famille qui, de tous ses yeux et de toutes ses oreilles, tente d'assimiler la gare immense et la ville inconnue : ce sera une constante dans l'œuvre de Visconti, cet « inventaire » du milieu, des objets, meubles, ustensiles, etc. Si bien que la situation ne se prolonge pas directement en action : elle n'est plus sensori-motrice, comme dans le réalisme, mais d'abord optique et sonore, investie par les sens, avant que l'action se forme en elle, et en utilise ou en affronte les éléments. Tout reste réel dans ce néo-réalisme (qu'il y ait décor ou extérieurs) mais, entre la réalité du milieu et celle de l'action, ce n'est plus un prolongement moteur qui s'établit, c'est plutôt un rapport onirique, par l'intermédiaire des organes des sens affranchis[4]. On dirait que l'action flotte dans la situation, plus qu'elle ne l'achève ou ne la resserre. C'est la source de

s'apparente au réalisme poétique français, et les deux dernières au réalisme américain de l'image-action. Jacques Fieschi fait une analyse comparée très intéressante des quatre films : *Cinématographe*, n° 70, septembre 1981, p. 8-9 (on se reportera aussi à son article sur « *Ossessione* », n° 42).

4. Ces thèmes sont analysés dans *Visconti, Études cinématographiques*, notamment les articles de Bernard Dort et de René Duloquin (cf. Duloquin, à propos de « *Rocco et ses frères* », p. 86 : « De l'escalier monumental de Milan au terrain vague, les personnages flottent dans un décor dont ils n'atteignent pas les limites. Ils sont réels, le décor l'est aussi, mais leur relation ne l'est pas et se rapproche de celle d'un rêve »).

l'esthétisme visionnaire de Visconti. Et « *La terre tremble* » confirme singulièrement ces nouvelles données. Certes, la situation des pêcheurs, la lutte qu'ils engagent, la naissance d'une conscience de classe sont exposées dans ce premier épisode, le seul que Visconti réalisa. Mais, justement, cette « conscience communiste » embryonnaire y dépend moins d'une lutte avec la nature et entre les hommes que d'une grande vision de l'homme et de la nature, de leur unité sensible et sensuelle, d'où les « riches » sont exclus et qui constitue l'espoir de la révolution, au-delà des échecs de l'action flottante : un romantisme marxiste [5].

Chez Antonioni, dès sa première grande œuvre, « *Chronique d'un amour* », l'enquête policière, au lieu de procéder par flash-back, transforme les actions en descriptions optiques et sonores, tandis que le récit lui-même se transforme en actions désarticulées dans le temps (l'épisode de la bonne qui raconte en refaisant ses gestes passés, ou bien la scène célèbre des ascenseurs) [6]. Et l'art d'Antonioni ne cessera de se développer dans deux directions : une étonnante exploitation des temps morts de la banalité quotidienne ; puis, à partir de « *L'Éclipse* », un traitement des situations-limites qui les pousse jusqu'à des paysages déshumanisés, des espaces vidés dont on dirait qu'ils ont absorbé les personnages et les actions, pour n'en garder qu'une description géophysique, un inventaire abstrait. Quant à Fellini, dès ses premiers films, ce n'est pas seulement le spectacle qui tend à déborder sur le réel, c'est le quotidien qui ne cesse de s'organiser en spectacle ambulant, et les enchaînements sensori-moteurs qui font place à une succession de *variétés* soumises à leurs propres lois de passage. Barthélemy Amengual peut dégager une formule qui vaut pour la première moitié de cette œuvre : « Le réel se fait spectacle ou spectaculaire, et fascine pour de vrai. (...) Le quotidien est identifié au spectaculaire. (...) Fellini atteint à la confusion souhaitée du réel et du spectacle » en niant l'hétérogénéité des deux mondes, en effaçant non seulement la distance, mais la distinction du spectateur avec le spectacle [7].

5. Sur ce « communisme » dans « *La terre tremble* », cf. Yves Guillaume, *Visconti*, Éd. Universitaires, p. 17 sq.
6. Cf. le commentaire de Noël Burch, *Praxis du cinéma*, Gallimard, p. 112-118.
7. Barthélemy Amengual, « Du spectacle au spectaculaire », *Fellini I*, *Études cinématographiques*.

Les situations optiques et sonores du néo-réalisme s'opposent aux situations sensori-motrices fortes du réalisme traditionnel. La situation sensori-motrice a pour espace un milieu bien qualifié, et suppose une action qui la dévoile, ou suscite une réaction qui s'y adapte ou la modifie. Mais une situation purement optique ou sonore s'établit dans ce que nous appelions « espace quelconque », soit déconnecté, soit vidé (on trouvera le passage de l'un à l'autre dans « *L'Éclipse* », où les morceaux déconnectés de l'espace vécu par l'héroïne, Bourse, Afrique, aérogare, se réunissent à la fin dans un espace vide qui rejoint la surface blanche). Dans le néo-réalisme, les liaisons sensori-motrices ne valent plus que par les troubles qui les affectent, les relâchent, les déséquilibrent ou les distraient : crise de l'image-action. N'étant plus induite par une action, pas plus qu'elle ne se prolonge en action, la situation optique et sonore n'est donc pas un indice ni un synsigne. On parlera d'une nouvelle race de signes, les *opsignes* et les *sonsignes*. Et sans doute ces nouveaux signes renvoient à des images très diverses. Tantôt c'est la banalité quotidienne, tantôt ce sont des circonstances exceptionnelles ou limites. Mais, surtout, tantôt ce sont des images subjectives, souvenirs d'enfance, rêves ou fantasmes auditifs et visuels, où le personnage n'agit pas sans se voir agir, spectateur complaisant du rôle qu'il joue lui-même, à la manière de Fellini. Tantôt, comme chez Antonioni, ce sont des images objectives à la manière d'un *constat*, serait-ce même un constat d'accident, défini par un cadre géométrique qui ne laisse plus subsister entre ses éléments, personnes et objets, que des rapports de mesure et de distance, transformant cette fois l'action en déplacement de figures dans l'espace (par exemple la recherche de la disparue dans « *L'Avventura* ») [8]. C'est en ce sens qu'on peut opposer l'objectivisme critique d'Antonioni et le subjectivisme complice de Fellini. Il y aurait donc deux sortes d'opsignes, les constats et les « instats », les uns qui donnent une vision profonde à distance tendant vers l'abstraction, les autres, une vision proche et plane induisant une participation. Cette opposition coïncide à certains égards avec l'alternative définie par Worringer : abstraction ou

---

8. Pierre Leprohon a insisté sur cette notion de constat chez Antonioni : *Antonioni*, Seghers.

Einfühlung. Les visions esthétiques d'Antonioni ne sont pas séparables d'une critique objective (nous sommes malades d'Eros, mais parce qu'Eros est lui-même malade objectivement : qu'est-ce qu'est devenu l'amour pour qu'un homme ou une femme en sortent aussi démunis, lamentables et souffrants, et qu'ils agissent et réagissent aussi mal au début qu'à la fin, dans une société corrompue ?), tandis que les visions de Fellini sont inséparables d'une « empathie », d'une sympathie subjective (épouser même la décadence qui fait qu'on aime seulement en rêve ou en souvenir, sympathiser avec ces amours-là, être complice de la décadence, et même la précipiter, pour sauver quelque chose, peut-être, autant qu'il est possible...) [9]. D'un côté comme de l'autre, ce sont des problèmes plus hauts, plus importants, que les lieux communs sur la solitude et l'incommunicabilité.

Les distinctions, d'une part entre le banal et l'extrême, d'autre part entre le subjectif et l'objectif, ont une valeur, mais seulement relative. Elles valent pour une image ou une séquence, mais pas pour l'ensemble. Elles valent encore par rapport à l'image-action, qu'elles mettent en question, mais ne valent déjà plus complètement par rapport à la nouvelle image en train de naître. Elles indiquent des pôles entre lesquels il y a constamment passage. En effet, les situations les plus banales ou quotidiennes dégagent des « forces mortes » accumulées égales à la force vive d'une situation-limite (ainsi, dans « *Umberto D* » de De Sica, la séquence du vieil homme qui s'examine et croit avoir la fièvre). Bien plus, les temps morts d'Antonioni ne montrent pas simplement les banalités de la vie quotidienne, ils recueillent les conséquences ou l'effet d'un événement remarquable qui n'est que *constaté* par lui-même sans être expliqué (la rupture d'un

---

9. Fellini a très souvent revendiqué cette sympathie pour la décadence (par exemple « ce n'est pas un procès par un juge, c'est un procès fait par un complice », cité par Amengual, p. 9). Inversement, Antonioni garde, vis-à-vis du monde, des sentiments et des personnages qui y apparaissent, une objectivité critique dans laquelle on a pu voir une inspiration presque marxiste : cf. l'analyse de Gérard Gozlan, *Positif*, n° 35, juillet 1960. Gozlan invoque le beau texte d'Antonioni : comment se fait-il que les hommes se débarrassent aisément de leurs conceptions scientifiques et techniques quand elles se révèlent insuffisantes ou inadaptées, tandis qu'ils restent attachés à des croyances et sentiments « moraux » qui ne font plus que leur malheur, même quand ils inventent un immoralisme encore plus maladif ? (Le texte d'Antonioni est reproduit par Leprohon, p. 104-106).

couple, la soudaine disparition d'une femme...). La méthode du constat chez Antonioni a toujours cette fonction qui réunit les temps morts et les espaces vides : tirer toutes les conséquences d'une expérience décisive passée, une fois que c'est fait et que tout a été dit. « Quand tout a été dit, quand la scène majeure semble terminée, il y a ce qui vient après... » [10].

Quant à la distinction du subjectif et de l'objectif, elle tend aussi à perdre de son importance, à mesure que la situation optique ou la description visuelle remplacent l'action motrice. On tombe en effet dans un principe d'indéterminabilité, d'indiscernabilité : on ne sait plus ce qui est imaginaire ou réel, physique ou mental dans la situation, non pas qu'on les confonde, mais parce qu'on n'a pas à le savoir et qu'il n'y a même plus lieu de le demander. C'est comme si le réel et l'imaginaire couraient l'un derrière l'autre, se réfléchissaient l'un dans l'autre, autour d'un point d'indiscernabilité. Nous reviendrons sur ce point, mais, déjà, lorsque Robbe-Grillet fait sa grande théorie des descriptions, il commence par définir une description « réaliste » traditionnelle : c'est celle qui suppose l'indépendance de son objet, et pose donc une discernabilité du réel et de l'imaginaire (on peut les confondre, ils n'en restent pas moins distincts en droit). Tout autre est la description néo-réaliste du nouveau roman : comme elle *remplace* son propre objet, pour une part elle en gomme ou en *détruit* la réalité qui passe dans l'imaginaire, mais d'autre part elle en fait surgir toute la réalité que l'imaginaire ou le mental *créent* par la parole et la vision [11]. L'imaginaire et le réel deviennent indiscernables. C'est ce dont Robbe-Grillet prendra de plus en plus conscience dans sa réflexion sur le nouveau roman et le cinéma : les déterminations les plus objectivistes ne les empêchent pas d'accomplir une « subjectivité totale ». C'est ce qui était en germe dès le début du néo-réalisme italien, et qui fait dire à Labarthe que « *L'Année*

---

10. Antonioni, *Cinéma 58*, septembre 1958. Et la formule de Leprohon, p. 76 : « Le récit ne peut se lire qu'en filigrane, à travers des images qui sont conséquences et non plus acte. »

11. Robbe-Grillet, *Pour un nouveau roman*, « Temps et description », Éd. de Minuit, p. 127. Nous aurons souvent besoin de nous reporter à la théorie de la description dans ce texte de Robbe-Grillet.

dernière à Marienbad » est le dernier des grands films néo-réalistes [12].

Chez Fellini déjà, telle ou telle image est évidemment subjective, mentale, souvenir ou fantasme, mais elle ne s'organise pas en spectacle sans devenir objective, sans passer dans les coulisses, dans « la réalité du spectacle, de ceux qui le font, qui en vivent, qui s'y prennent » : le monde mental d'un personnage se peuple si bien d'autres personnages proliférants qu'il devient inter-mental, et aboutit par aplatissement des perspectives « à une vision neutre, impersonnelle (...), notre monde à tous » (d'où l'importance du télépathe dans « *8 1/2* ») [13]. Inversement, chez Antonioni, on dirait que les images les plus objectives ne se composent pas sans devenir mentales, et passer dans une étrange subjectivité invisible. Ce n'est pas seulement que la méthode du constat doit s'appliquer aux sentiments tels qu'ils existent dans une société, et en tirer les conséquences telles qu'elles se développent à l'intérieur des personnages : Eros malade est une histoire des sentiments qui va de l'objectif au subjectif, et passe à l'intérieur de chacun. À cet égard, Antonioni est beaucoup plus proche de Nietzsche que de Marx ; il est le seul auteur contemporain à avoir repris le projet nietzschéen d'une véritable critique de la morale, et cela grâce à une méthode « symptomatologiste ». Mais, d'un autre point de vue encore, on remarque que les images objectives d'Antonioni, qui suivent impersonnellement un devenir, c'est-à-dire un développement de conséquences dans un récit, n'en subissent pas moins de rapides ruptures, intercalages, « infinitésimales injections d'a-temporalité ». Ainsi, dès « *Chronique d'un amour* », la scène d'ascenseur. Nous sommes renvoyés une fois de plus à la première forme de l'espace quelconque : espace déconnecté. La connexion des parties de l'espace n'est pas donnée, parce qu'elle ne peut se faire que du point de vue subjectif d'un personnage pourtant absent, ou même disparu, non seulement hors champ, mais passé dans le vide. Dans « *Le Cri* », Irma n'est pas seulement la pensée subjective obsédante du héros qui fuit pour oublier, mais le regard imaginaire sous lequel cette fuite se fait et raccorde ses propres segments : regard qui redevient réel au moment de la

---

12. André Labarthe, *Cahiers du cinéma*, n° 123, septembre 1961.
13. Amengual, p. 22.

mort. Et surtout dans « *L'Avventura* », la disparue fait peser sur le couple un regard indéterminable qui lui donne le sentiment perpétuel d'être épié, et qui explique l'incoordination de ses mouvements objectifs, quand il fuit tout en prétextant la rechercher. Encore dans « *Identification d'une femme* », toute la quête ou l'enquête se fait sous le regard supposé de la femme partie, dont on ne saura pas, dans les splendides images de la fin, si elle a vu ou non le héros blotti dans la cage de l'escalier. Le regard imaginaire fait du réel quelque chose d'imaginaire, en même temps qu'il devient réel à son tour et nous redonne de la réalité. C'est comme un circuit qui échange, corrige, sélectionne, et nous relance. À partir de « *L'Éclipse* », sans doute, l'espace quelconque avait atteint à une seconde forme, espace vide ou déserté. C'est que, de conséquence en conséquence, les personnages se sont objectivement vidés : ils souffrent moins de l'absence d'un autre que d'une absence à eux-mêmes (par exemple « *Profession reporter* »). Dès lors, cet espace renvoie encore au regard perdu de l'être absent au monde autant qu'à soi, et, comme dit Ollier dans une formule qui vaut pour toute l'œuvre d'Antonioni, substitue au drame traditionnel « une sorte de *drame optique* vécu par le personnage » [14].

Bref, les situations optiques et sonores pures peuvent avoir deux pôles, objectif et subjectif, réel et imaginaire, physique et mental. Mais elles donnent lieu à des opsignes et sonsignes, qui ne cessent de faire communiquer les pôles, et qui, dans un sens ou dans l'autre, assurent les passages et les conversions, tendant vers un point d'indiscernabilité (et non pas de confusion). Un tel régime d'échange entre l'imaginaire et le réel apparaît pleinement dans « *Les Nuits blanches* » de Visconti [15].

---

14. Claude Ollier, *Souvenirs écran*, Cahiers du cinéma-Gallimard, p. 86. C'est Ollier qui analyse les ruptures et injections dans les images d'Antonioni, et le rôle du regard imaginaire raccordant les parties d'espace. On se reportera aussi à l'excellente analyse de Marie-Claire Ropars-Wuilleumier : elle montre comment Antonioni ne passe pas seulement d'un espace déconnecté à un espace vide mais, en même temps, d'une personne qui souffre de l'absence d'une autre à une personne qui souffre encore plus radicalement d'une absence à soi-même et au monde (« L'espace et le temps dans l'univers d'Antonioni », *Antonioni, Études cinématographiques*, p. 22, 27-28, texte repris dans *L'Écran de la mémoire*, Seuil).

15. Cf. l'analyse de Michel Esteve, « Les nuits blanches ou le jeu du réel et de l'irréel », *Visconti, Études cinématographiques*.

La nouvelle vague française ne peut se définir si l'on n'essaie pas de voir comment elle a refait pour son compte le chemin du néo-réalisme italien, quitte à aller aussi dans d'autres directions. La nouvelle vague en effet, suivant une première approximation, reprend la voie précédente : du relâchement des liens sensori-moteurs (la promenade ou l'errance, la ballade, les événements non-concernants, etc.) à la montée des situations optiques et sonores. Là encore, un cinéma de voyant remplace l'action. Si Tati appartient à la nouvelle vague, c'est parce que, après deux films-ballade, il dégage pleinement ce que ceux-ci préparaient, un burlesque procédant par situations purement optiques et surtout sonores. Godard commence par d'extraordinaires ballades, d'« *À bout de souffle* » à « *Pierrot le fou* », et tend à en extraire tout un monde d'opsignes et de sonsignes qui constituent déjà la nouvelle image (dans « *Pierrot le fou* », le passage du relâchement sensori-moteur, « j'sais pas quoi faire », au pur poème chanté et dansé, « ta ligne de hanche »). Et ces images, émouvantes ou terribles, prennent de plus en plus d'autonomie à partir de « *Made in U.S.A.* », qu'on peut résumer ainsi : « un témoin nous fournissant une suite de constats sans conclusion ni liens logiques (...), sans réactions vraiment effectives » [16]. Claude Ollier dit que, avec « *Made in U.S.A.* », le caractère violemment hallucinatoire de l'œuvre de Godard s'affirme pour lui-même, dans un art de la description toujours reprise et remplaçant son objet [17]. Cet objectivisme descriptif est aussi bien critique et même didactique, animant une série de films, de « *Deux ou trois choses que je sais d'elle* » à « *Sauve qui peut (la vie)* », où la réflexion ne porte pas seulement sur le contenu de l'image mais sur sa forme, sur ses moyens et ses fonctions, ses falsifications et ses créativités, sur les rapports en elle du sonore et de l'optique. Godard n'a guère de complaisance ou de sympathie pour les fantasmes : « *Sauve qui peut...* » nous fera assister à la décomposition d'un fantasme sexuel dans ses éléments objectifs séparés, visuels, puis sonores. Mais cet objectivisme ne perd jamais sa force esthétique. D'abord au service d'une politique de l'image, la force esthétique resurgit pour elle-même dans « *Passion* » : la

---

16. Sadoul, *Chroniques du cinéma français*, I, 10-18, p. 370.
17. Ollier, p. 23-24 (sur l'espace dans « *Made in U.S.A.* »).

libre montée d'images picturales et musicales comme tableaux vivants, tandis qu'à l'autre bout les enchaînements sensori-moteurs sont frappés d'inhibitions (le bégaiement de l'ouvrière et la toux du patron). « *Passion* », en ce sens, porte à la plus haute intensité ce qui se préparait déjà dans « *Le Mépris* », quand on assistait à la faillite sensori-motrice du couple dans le drame traditionnel, en même temps que montaient dans le ciel la représentation optique du drame d'Ulysse et le regard des dieux, avec Fritz Lang pour intercesseur. À travers tous ces films, une évolution créatrice qui est celle d'un Godard visionnaire.

« *Le Pont du Nord* » chez Rivette a sans doute la même perfection de récapitulation provisoire que « *Passion* », chez Godard. C'est la ballade de deux étranges promeneuses, auxquelles une grande vision des lions de pierre de Paris va distribuer des situations optiques et sonores pures, dans une sorte de jeu de l'oie maléfique où elles rejouent le drame hallucinatoire de Don Quichotte. Mais, sur la même base, Rivette et Godard semblent tracer les deux côtés opposés. C'est que, chez Rivette, la rupture des situations sensori-motrices au profit des situations optiques et sonores est liée à un subjectivisme complice, à une empathie, qui procède le plus souvent par fantasmes, souvenirs ou pseudo-souvenirs, et y trouve une gaieté et une légèreté inégalables (« *Céline et Julie vont en bateau* » est sans doute un des plus grands films comiques français, avec l'œuvre de Tati). Tandis que Godard s'inspirait de la bande dessinée dans ce qu'elle a de plus cruel et tranchant, Rivette plonge son thème constant d'un complot international dans une atmosphère de conte et de jeu d'enfant. Déjà dans « *Paris nous appartient* », la promenade culmine dans un fantasme crépusculaire où les lieux urbains n'ont plus que la réalité et les connexions que notre rêve leur donne. Et « *Céline et Julie vont en bateau* », après la promenade-poursuite de la jeune femme double, nous fait assister au pur spectacle de son fantasme, petite fille à la vie menacée dans un roman familial. Le double, ou plutôt la double, y assiste elle-même à l'aide des bonbons magiques ; puis, grâce à la potion alchimique, elle s'introduit dans le spectacle qui n'a plus de spectateur, mais seulement des coulisses, pour sauver enfin l'enfant de son destin figé qu'une barque entraîne au loin : il n'y a pas de féérie plus rieuse. « *Duelle* » n'a même plus besoin de nous faire passer dans le spectacle, ce sont les héroïnes du spectacle, la femme solaire et la femme lunaire, qui sont déjà passées dans le réel, et qui, sous le signe de la pierre magique, traquent, effacent ou tuent les personnages existants qui serviraient encore de témoins.

On pourrait dire de Rivette qu'il est le plus français des auteurs de la nouvelle vague. Mais « français » n'a rien à voir ici avec ce qu'on a appelé la qualité française. C'est plutôt au sens de l'école française d'avant guerre, quand elle découvre, à la suite du peintre Delaunay, qu'il n'y a pas de lutte de la lumière et des ténèbres (expressionnisme), mais une alternance et un duel du soleil et de la lune, qui sont tous deux lumière, l'un constituant un mouvement circulaire et continu des couleurs complémentaires, l'autre un mouvement plus rapide et heurté de couleurs dissonantes irisées, les deux ensemble composant et projetant sur la terre un éternel mirage [18]. C'est « *Duelle* ». C'est « *Merry-go-round* », où la description faite de lumière et de couleurs ne cesse de se reprendre pour effacer son objet. C'est cela que Rivette pousse au plus haut point dans son art de la lumière. Toutes ses héroïnes sont des Filles du feu, toute son œuvre est sous ce signe. Finalement, s'il est le plus français des cinéastes, c'est au sens où Gérard de Nerval pouvait être dit poète français par excellence, pouvait même être appelé le « gentil Gérard », chantre de l'île de France, autant que Rivette, chantre de Paris et de ses rues campagnardes. Quand Proust se demande ce qu'il y a sous tous ces noms qu'on appliquait à Nerval, il répond que c'est en fait une des plus grandes poésies qu'il y eût au monde, et la folie elle-même ou le mirage auxquels

---

18. Nous avons vu précédemment ce sens particulier de la lumière dans l'école française d'avant-guerre, notamment chez Grémillon. Mais Rivette le porte à un état supérieur, rejoignant les conceptions les plus profondes de Delaunay : « Contrairement aux cubistes, Delaunay ne cherche pas les secrets du renouveau dans la présentation des objets, ou plus exactement de la lumière au niveau des objets. Il considère que la lumière crée des formes par elle-même, indépendamment de ses reflets sur la matière. (...) Si la lumière détruit les formes objectives, elle apporte en revanche avec elle son ordre et son mouvement. (...) C'est alors que Delaunay découvre que les mouvements qui animent la lumière sont différents suivant qu'il s'agit du Soleil ou de la Lune. (...) Il associe aux deux spectacles fondamentaux de la lumière en mouvement l'image de l'univers, sous la forme du globe terrestre présenté comme le lieu des mirages éternels » (Pierre Francastel, *Du cubisme à l'art abstrait, Robert Delaunay*, Bibliothèque de l'École pratique des hautes études, p. 19-29).

Nerval succomba. Car, si Nerval a besoin de voir, et de se promener dans le Valois, il en a besoin comme de la réalité qui doit « vérifier » sa vision hallucinatoire, au point que nous ne savons plus du tout ce qui est présent ou passé, mental ou physique. Il a besoin de l'île de France comme du réel que sa parole et sa vision créent, comme de l'objectif de sa pure subjectivité : un « éclairage de rêve », une « atmosphère bleuâtre et pourprée », solaire et lunaire [19]. Il en va de même pour Rivette et son besoin de Paris. Si bien que, là encore, nous devons conclure que la différence entre l'objectif et le subjectif n'a qu'une valeur provisoire et relative, du point de vue de l'image optique-sonore. Le plus subjectif, le subjectivisme complice de Rivette, est parfaitement objectif, puisqu'il crée le réel par la force de la description visuelle. Et, inversement, le plus objectif, l'objectivisme critique de Godard, était déjà complètement subjectif, puisqu'il substituait la description visuelle à l'objet réel, et la faisait entrer « à l'intérieur » de la personne ou de l'objet (« *Deux ou trois choses que je sais d'elle* ») [20]. D'un côté comme de l'autre, la description tend vers un point d'indiscernabilité du réel et de l'imaginaire.

Une dernière question : pourquoi l'écroulement des situations sensori-motrices traditionnelles, telles qu'elles étaient dans l'ancien réalisme ou dans l'image-action, ne laisse-t-il émerger que des situations optiques et sonores pures, des opsignes et des sonsignes ? On remarquera que Robbe-Grillet, du moins au début de sa réflexion, était encore plus sévère : il répudiait non seulement le tactile, mais même les sons et les couleurs comme inaptes au constat, trop liés à des émotions et des réactions, et ne retenait que des descriptions visuelles opérant par lignes, surfaces et mesures [21]. Le cinéma fut une des raisons de son évolution, qui lui fit découvrir la puissance descriptive des couleurs et des sons, en tant

19. Proust, *Contre Sainte-Beuve*, « Gérard de Nerval ». Proust conclut son analyse en remarquant qu'un rêveur médiocre ne va pas revoir les lieux qu'il a pris dans son rêve, puisque ce n'est qu'un rêve, tandis qu'un vrai rêveur y va d'autant plus que c'est un rêve.

20. Déjà pour « *Vivre sa vie* » Godard disait que « le côté extérieur des choses » doit permettre de donner « le sentiment du dedans » : « comment rendre le dedans ? eh bien justement en restant sagement dehors », comme le peintre. Et Godard présente « *Deux ou trois choses...* » comme ajoutant une « description subjective » à la « description objective » pour donner un « sentiment d'ensemble » (*Jean-Luc Godard par Jean-Luc Godard*, Belfond, p. 309, 394-395).

21. Robbe-Grillet, p. 66.

qu'ils remplacent, effacent et recréent l'objet lui-même. Mais, bien plus, c'est le tactile qui peut constituer une image sensorielle pure, à condition que la main renonce à ses fonctions préhensives et motrices pour se contenter d'un pur toucher. Chez Herzog, on assiste à un effort extraordinaire pour présenter à la vue des images proprement tactiles qui caractérisent la situation des êtres « sans défense », et se combinent avec les grandes visions des hallucinés [22]. Mais c'est Bresson, d'une tout autre manière, qui fait du tact un objet de la vue pour elle-même. En effet, l'espace visuel de Bresson est un espace fragmenté et déconnecté, mais dont les parties ont un raccordement manuel de proche en proche. La main prend donc dans l'image un rôle qui déborde infiniment les exigences sensori-motrices de l'action, qui se substitue même au visage du point de vue des affections, et qui, du point de vue de la perception, devient le mode de construction d'un espace adéquat aux décisions de l'esprit. Ainsi, dans « *Pickpocket* », ce sont les mains des trois complices qui donnent une connexion aux morceaux d'espace de la gare de Lyon, non pas exactement en tant qu'elles prennent un objet, mais en tant qu'elles le frôlent, l'arrêtent dans son mouvement, lui donnent une autre direction, se le transmettent et le font circuler dans cet espace. La main double sa fonction préhensive (d'objet) avec une fonction connective (d'espace) ; mais, dès lors, c'est l'œil tout entier qui double sa fonction optique avec une fonction proprement « haptique », suivant la formule de Riegl pour désigner un toucher propre au regard. Chez Bresson, les opsignes et les sonsignes sont inséparables de véritables tactisignes qui en règlent peut-être les rapports (ce serait l'originalité des espaces quelconques de Bresson).

2

Bien qu'il ait subi dès le début l'influence de certains auteurs américains, Ozu construisit dans un contexte japonais

---

22. Emmanuel Carrère a bien montré cette « tentative d'approche des sensations tactiles » (*Werner Herzog*, Edilig, p. 25) : non seulement dans « *Pays du silence et des ténèbres* » qui met en scène des aveugles-sourds, mais dans « *Kaspar Hauser* », qui fait coexister les grandes visions oniriques et les petits gestes tactiles (par exemple la pression du pouce et des doigts quand Kaspar s'efforce de penser).

une œuvre qui développa, la première, des situations optiques et sonores pures (toutefois il ne vint qu'assez tard au parlant, en 1936). Les Européens ne l'imitèrent pas, mais le rejoignirent par leurs propres moyens. Il n'en reste pas moins l'inventeur des opsignes et des sonsignes. L'œuvre emprunte une forme-bal(l)ade, voyage en train, course en taxi, excursion en bus, trajet à bicyclette ou à pied : l'aller et retour des grands-parents de province à Tokyo, les dernières vacances d'une fille avec sa mère, l'escapade d'un vieil homme... Mais l'objet, c'est la banalité quotidienne appréhendée comme vie de famille dans la maison japonaise. Les mouvements de caméra se font de plus en plus rares : les travellings sont des « blocs de mouvement » lents et bas, la caméra toujours basse est le plus souvent fixe, frontale ou à angle constant, les fondus sont abandonnés au profit du simple *cut*. Ce qui a pu paraître un retour au « cinéma primitif » est aussi bien l'élaboration d'un style moderne étonnamment sobre : le montage-cut, qui dominera le cinéma moderne, est un passage ou une ponctuation purement optiques entre images, opérant directement, sacrifiant tous les effets synthétiques. Le son est également concerné, puisque le montage-cut peut culminer dans le procédé « un plan, une réplique » emprunté au cinéma américain. Mais dans ce cas, par exemple chez Lubitsch, il s'agissait d'une image-action fonctionnant comme indice. Tandis qu'Ozu modifie le sens du procédé, qui témoigne maintenant pour l'absence d'intrigue : l'image-action disparaît au profit de l'image purement visuelle de ce qu'*est* un personnage, et de l'image sonore de ce qu'il *dit*, nature et conversation tout à fait banales constituant l'essentiel du scénario (c'est pourquoi seuls comptent le choix des acteurs d'après leur apparence physique et morale, et la détermination d'un dialogue quelconque apparemment sans sujet précis) [23].

---

23. Donald Richie, *Ozu*, Éd. Lettre du blanc : « Au moment d'attaquer l'écriture du scénario, fort de son répertoire de thèmes, il se demandait rarement de quelle histoire il allait s'agir. Il se demandait plutôt de quels gens allait être peuplé son film. (...) Un nom était attribué à chaque personnage ainsi qu'une panoplie de caractéristiques générales appropriées à sa situation familiale, père, fille, tante, mais peu de traits discernables. Ce personnage grandissait, ou plutôt le dialogue qui lui donnait vie grandissait (...) en dehors de toute référence à l'intrigue ou à l'histoire. (...) Bien que les scènes d'ouverture soient toujours des scènes fortement dialoguées, le dialogue ne tourne apparemment autour d'aucun sujet précis. (...) Le personnage était ainsi construit, modelé, presque exclusivement au travers des conversations qu'il tenait » (p. 15-26). Et, sur le principe « un plan, une réplique », cf. p. 143-145.

Il est évident que cette méthode pose dès le début des temps morts, et les fait proliférer dans le courant du film. Certes, à mesure que le film avance, on pourrait croire que les temps morts ne valent plus seulement pour eux-mêmes, mais recueillent l'effet de quelque chose d'important : le plan ou la réplique seraient ainsi prolongés par un silence, un vide assez longs. Pourtant il n'y a nullement, chez Ozu, du remarquable *et* de l'ordinaire, des situations-limites *et* des situations banales, les unes ayant un effet ou venant s'insinuer dans les autres. Nous ne pouvons pas suivre Paul Schrader quand il oppose comme deux phases « le quotidien » d'une part, et d'autre part « le moment décisif », « la disparité », qui introduirait dans la banalité quotidienne une rupture ou une émotion inexplicables [24]. Cette distinction semblerait plus valide à la rigueur pour le néo-réalisme. Chez Ozu, tout est ordinaire ou banal, même la mort et les morts qui font l'objet d'un oubli naturel. Les célèbres scènes de larmes soudaines (celle du père d'« *Un après-midi d'automne* » qui se met à pleurer silencieusement après le mariage de sa fille, celle de la fille de « *Printemps tardif* » qui sourit à demi en regardant son père endormi, puis se retrouve au bord des larmes, celle de la fille de « *Dernier caprice* » qui fait une remarque aigre sur son père mort, puis éclate en sanglots) ne marquent pas un temps fort qui s'opposerait aux temps faibles de la vie courante, et il n'y a aucune raison d'invoquer l'émergence d'une émotion refoulée comme « action décisive ».

Le philosophe Leibniz (qui n'ignorait pas l'existence des philosophes chinois) montrait que le monde est fait de séries qui se composent et qui convergent de manière très régulière, en obéissant à des lois ordinaires. Seulement, les séries et les séquences ne nous apparaissent que par petites parties, et dans un ordre bouleversé ou mélangé, si bien que nous croyons à des ruptures, disparités et discordances comme à des choses extraordinaires. Maurice Leblanc écrit un beau

---

24. Paul Schrader, *Transcendantal style in film : Ozu, Bresson, Dreyer* (extraits in *Cahiers du cinéma*, n° 286, mars 1978). Contrairement à Kant, les Américains ne distinguent guère le transcendantal et le transcendant : d'où la thèse de Schrader qui prête à Ozu un goût pour « le transcendant », qu'il détecte aussi chez Bresson et même chez Dreyer. Schrader distingue trois « phases du style transcendantal » d'Ozu : le quotidien, le décisif, et la « stase » comme expression du transcendant lui-même.

roman-feuilleton qui rejoint une sagesse Zen : le héros Balthazar, « professeur de philosophie quotidienne », enseigne qu'il n'y a rien de remarquable ou de singulier dans la vie, mais que les plus étranges aventures s'expliquent aisément, et que tout est fait d'ordinaires [25]. Simplement, il faudrait dire que, en vertu des enchaînements naturellement faibles des termes des séries, celles-ci sont constamment bouleversées et n'apparaissent pas dans l'ordre. Un terme ordinaire sort de sa séquence, surgit au milieu d'une autre séquence d'ordinaires par rapport auxquels il prend l'apparence d'un moment fort, d'un point remarquable ou complexe. Ce sont les hommes qui mettent le trouble dans la régularité des séries, dans la continuité courante de l'univers. Il y a un temps pour la vie, un temps pour la mort, un temps pour la mère, un temps pour la fille, mais les hommes les mélangent, les font surgir en désordre, les dressent en conflits. C'est la pensée d'Ozu : la vie est simple, et l'homme ne cesse de la compliquer en « agitant l'eau dormante » (ainsi les trois compères de « *Fin d'automne* »). Et si, après la guerre, l'œuvre d'Ozu ne tombe nullement dans le déclin qu'on a parfois annoncé, c'est parce que l'après-guerre vient confirmer cette pensée, mais en la renouvelant, en renforçant et débordant le thème des générations opposées : l'ordinaire américain vient percuter l'ordinaire du Japon, heurt de deux quotidiennetés qui s'exprime jusque dans la couleur, lorsque le rouge Coca-Cola ou le jaune plastique font brutalement irruption dans la série des teintes délavées, inaccentuées, de la vie japonaise [26]. Et, comme dit un personnage du « *Goût du saké* » : si ç'avait été l'inverse, si le saké, le samisen et les perruques de geisha s'étaient soudain introduits dans la banalité quotidienne des Américains... ? Il nous semble à cet égard que la Nature n'intervient pas, comme le croit Schrader, dans un moment décisif ou dans une rupture manifeste avec l'homme quodidien. La splendeur de la Nature, d'une montagne enneigée, ne nous dit qu'une chose : Tout est ordinaire et régulier, Tout est quotidien ! Elle se contente de renouer ce que l'homme a rompu, elle redresse ce que l'homme voit brisé. Et, quand un personnage sort un

---

25. Maurice Leblanc, *La Vie extravagante de Balthazar*, Le livre de poche.
26. Sur la couleur chez Ozu, cf. les remarques de Renaud Bezombes, *Cinématographe*, n° 41, novembre 1978, p. 47, et n° 52, novembre 1979, p. 58.

instant d'un conflit familial ou d'une veillée mortuaire pour contempler la montagne enneigée, c'est comme s'il cherchait à redresser l'ordre des séries troublé dans la maison, mais restitué par une Nature immuable et régulière, telle une équation qui nous donne la raison des apparentes ruptures, « des tours et retours, des hauts et des bas », suivant la formule de Leibniz.

La vie quotidienne ne laisse subsister que des liaisons sensori-motrices faibles, et remplace l'image-action par des images optiques et sonores pures, opsignes et sonsignes. Chez Ozu, il n'y a pas de ligne d'univers qui relie des moments décisifs, et les morts aux vivants, comme chez Mizoguchi ; il n'y a pas non plus d'espace-souffle ou d'englobant qui recèle une question profonde, comme chez Kurosawa. Les espaces d'Ozu sont élevés à l'état d'espaces quelconques, soit par déconnexion, soit par vacuité (là encore, Ozu peut être considéré comme un des premiers inventeurs). Les faux-raccords de regard, de direction et même de position d'objets sont constants, systématiques. Un cas de mouvement d'appareil donne un bon exemple de déconnexion : dans « *Début d'été* », l'héroïne avance sur la pointe des pieds pour surprendre quelqu'un dans un restaurant, la caméra reculant pour la garder au centre du cadre ; puis la caméra avance sur un couloir, mais ce couloir n'est plus celui du restaurant, c'est celui de la maison de l'héroïne déjà revenue chez elle. Quant aux espaces vides, sans personnages et sans mouvement, ce sont des intérieurs vidés de leurs occupants, des extérieurs déserts ou paysages de la Nature. Ils prennent chez Ozu une autonomie qu'ils n'ont pas directement, même dans le néoréalisme qui leur maintient une valeur apparente relative (par rapport à un récit) ou résultante (une fois l'action éteinte). Ils atteignent à l'absolu, comme contemplations pures, et assurent immédiatement l'identité du mental et du physique, du réel et de l'imaginaire, du sujet et de l'objet, du monde et du moi. Ils correspondent en partie à ce que Schrader appelle « stases », Noël Burch « pillow shots », Richie « natures mortes ». La question est de savoir s'il n'y a pas toutefois une distinction à établir au sein de cette catégorie même [27].

---

27. On se reportera à la belle analyse du « pillow shot » et de ses fonctions par Noël Burch : suspension de la présence humaine, passage à l'inanimé,

Entre un espace ou paysage vides et une nature morte à proprement parler, il y a certes beaucoup de ressemblances, de fonctions communes et de passages insensibles. Mais ce n'est pas la même chose, une nature morte ne se confond pas avec un paysage. Un espace vide vaut avant tout par l'absence d'un contenu possible, tandis que la nature morte se définit par la présence et la composition d'objets qui s'enveloppent en eux-mêmes ou deviennent leur propre contenant : ainsi le long plan du vase presque à la fin de « *Printemps tardif* ». De tels objets ne s'enveloppent pas nécessairement dans le vide, mais peuvent laisser des personnages vivre et parler dans un certain flou, comme la nature morte au vase et aux fruits de « *La Dame de Tokyo* », ou celle aux fruits et aux clubs de golf de « *Qu'est-ce que la dame a oublié ?* ». C'est comme chez Cézanne, les paysages vides ou troués n'ont pas les mêmes principes de composition que les natures mortes pleines. Il arrive qu'on hésite entre les deux, tant les fonctions peuvent empiéter et les transitions se faire subtiles : par exemple, chez Ozu, l'admirable composition à la bouteille et au phare, au début d'« *Herbes flottantes* ». La distinction n'est pas moins celle du vide et du plein, qui joue de toutes les nuances ou rapports dans la pensée chinoise et japonaise, comme deux aspects de la contemplation. Si les espaces vides, intérieurs ou extérieurs, constituent des situations purement optiques (et sonores), les natures mortes en sont l'envers, le corrélat.

Le vase de « *Printemps tardif* » s'intercale entre le demi-sourire de la fille et ses larmes naissantes. Il y a devenir, changement, passage. Mais la forme de ce qui change, elle, ne change pas, ne passe pas. C'est le temps, le temps en personne, « un peu de temps à l'état pur » : une image-temps directe, qui donne à ce qui change la forme immuable dans laquelle se produit le changement. La nuit qui se change en jour, ou l'inverse, renvoient à une nature morte sur laquelle la lumière tombe en faiblissant ou en croissant (« *La Femme d'une nuit* », « *Cœur capricieux* »). La nature morte est le temps, car tout ce qui change est dans le temps, mais le temps

---

mais aussi passage inverse, pivot, emblème, contribution à la planitude de l'image, composition picturale (*Pour un observateur lointain*, Cahiers du cinéma-Gallimard, p. 175-186). Nous nous demandons seulement s'il n'y a pas lieu de distinguer deux choses différentes dans ces « pillow shots ». De même pour ce que Richie appelle « natures mortes », p. 164-170.

ne change pas lui-même, il ne pourrait lui-même changer que dans un autre temps, à l'infini. Au moment où l'image cinématographique se confronte le plus étroitement avec la photo, elle s'en distingue aussi le plus radicalement. Les natures mortes d'Ozu durent, ont une durée, les dix secondes du vase : cette durée du vase est précisément la représentation de ce qui demeure, à travers la succession des états changeants. Une bicyclette aussi peut durer, c'est-à-dire représenter la forme immuable de ce qui se meut, à condition de demeurer, de rester immobile, rangée contre le mur (« *Histoire d'herbes flottantes* »). La bicyclette, le vase, les natures mortes sont les images pures et directes du temps. Chacune est le temps, chaque fois, sous telles ou telles conditions de ce qui change dans le temps. Le temps, c'est le plein, c'est-à-dire la forme inaltérable remplie par le changement. Le temps, c'est « la réserve visuelle des événements dans leur justesse » [28]. Antonioni parlait de « l'horizon des événements », mais remarquait que le mot est double pour les Occidentaux, horizon banal de l'homme, horizon cosmologique inaccessible et toujours reculant. D'où la division du cinéma occidental en humanisme européen et science-fiction américaine [29]. Il suggérait qu'il n'en est pas ainsi pour les Japonais, qui ne s'intéressent guère à la science-fiction : c'est un même horizon qui lie le cosmique et le quotidien, le durable et le changeant, un seul et même temps comme forme immuable de ce qui change. C'est ainsi que la nature ou la stase se définissaient, selon Schrader, comme la forme qui lie le quotidien en « quelque chose d'unifié, de permanent ». Il n'y a nul besoin d'invoquer une transcendance. Dans la banalité quotidienne, l'image-action et même l'image-mouvement tendent à disparaître au profit de situations optiques pures, mais celles-ci découvrent des liaisons d'un nouveau type, qui ne sont plus sensori-motrices, et qui mettent les sens affranchis dans un rapport direct avec le temps, avec la pensée. Tel est le prolongement très spécial

---

28. Dôgen, *Shôbôgenzo*, Éd. de la Différence.

29. Cf. Antonioni, « L'horizon des événements » (*Cahiers du cinéma*, n° 290, juillet 1978, p. 11), qui insiste sur le dualisme européen. Et, dans une interview ultérieure, il reprend brièvement ce thème, en indiquant que les Japonais posent autrement le problème (n° 342, décembre 1982).

de l'opsigne : rendre sensibles le temps, la pensée, les rendre visibles et sonores.

3

Une situation purement optique et sonore ne se prolonge pas en action, pas plus qu'elle n'est induite par une action. Elle fait saisir, elle est censée faire saisir quelque chose d'intolérable, d'insupportable. Non pas une brutalité comme agression nerveuse, une violence grossie qu'on peut toujours extraire des rapports sensori-moteurs dans l'image-action. Il ne s'agit pas non plus de scènes de terreur, bien qu'il y ait parfois des cadavres et du sang. Il s'agit de quelque chose de trop puissant, ou de trop injuste, mais parfois aussi de trop beau, et qui dès lors excède nos capacités sensori-motrices. « *Stromboli* » : une beauté trop grande pour nous, comme une douleur trop forte. Ce peut être une situation-limite, l'éruption du volcan, mais aussi le plus banal, une simple usine, un terrain vague. Dans « *Les Carabiniers* » de Godard, la militante récite quelques formules révolutionnaires, autant de clichés ; mais elle est si belle, d'une beauté intolérable à ses bourreaux qui doivent recouvrir son visage d'un mouchoir. Et ce mouchoir, encore soulevé par le souffle et le murmure (« frères, frères, frères... »), nous devient lui-même intolérable, à nous spectateurs. De toute manière quelque chose est devenu trop fort dans l'image. Le romantisme se proposait déjà ce but : saisir l'intolérable ou l'insupportable, l'empire de la misère, et par là devenir visionnaire, faire de la vision pure un moyen de connaissance et d'action [30].
    Pourtant, n'y a-t-il pas autant de fantasme et de rêverie dans ce que nous prétendons voir, que d'appréhension objective ? Bien plus, n'avons-nous pas une sympathie subjective pour l'intolérable, une empathie qui pénètre ce que nous voyons ? Mais cela veut dire que l'intolérable lui-même n'est pas séparable d'une révélation ou d'une illumination, comme d'un troisième œil. Fellini ne sympathise tant avec la décadence qu'à condition de la prolonger, d'en étendre la portée

---

30. Paul Rozenberg y voit l'essentiel du romantisme anglais : *Le Romantisme anglais*, Larousse.

« jusqu'à l'insoutenable », et de découvrir sous les mouvements, les visages et les gestes un monde souterrain ou
extra-terrestre, « le travelling devenant moyen de décollage,
preuve de l'irréalité du mouvement », et le cinéma devenant,
non plus entreprise de reconnaissance, mais connaissance,
« science des impressions visuelles, nous obligeant à oublier
notre logique propre et nos habitudes rétiniennes » [31]. Ozu
lui-même n'est pas le gardien des valeurs traditionnelles ou
réactionnaires, il est le plus grand critique de la vie quotidienne. De l'insignifiant même il dégage l'intolérable, à condition d'étendre sur la vie quotidienne la force d'une contemplation pleine de sympathie ou de pitié. L'important,
c'est toujours que le personnage ou le spectateur, et tous
deux ensemble, deviennent visionnaires. La situation purement optique et sonore éveille une fonction de voyance, à
la fois fantasme et constat, critique et compassion, tandis
que les situations sensori-motrices, si violentes soient-elles,
s'adressent à une fonction visuelle pragmatique qui « tolère »
ou « supporte » à peu près n'importe quoi, du moment que
c'est pris dans un système d'actions et de réactions.

Au Japon comme en Europe, la critique marxiste a dénoncé
ces films et leurs personnages, trop passifs et négatifs, tantôt
bourgeois, tantôt névrosés ou marginaux, et qui remplacent
l'action modificatrice par une vision « confuse » [32]. Et il est
vrai que, dans le cinéma, les personnages de ballade sont peu
concernés, même par ce qui leur arrive : soit à la manière de
Rossellini, l'étrangère qui découvre l'île, la bourgeoise qui
découvre l'usine ; soit à la manière de Godard, la génération
des Pierrot-le-fou. Mais justement la faiblesse des enchaînements moteurs, les liaisons faibles, sont aptes à dégager de
grandes forces de désintégration. Ce sont des personnages
étrangement vibrants chez Rossellini, étrangement au courant
chez Godard et chez Rivette. En Occident comme au Japon,
ils sont saisis dans une mutation, ce sont eux-mêmes des
mutants. À propos de « Deux ou trois choses... », Godard dit

---

31. J.M.G. Le Clézio, « L'extra-terrestre », in Fellini, L'Arc, n° 45, p. 28.
32. Sur la critique marxiste de l'évolution du néo-réalisme et de ses personnages, cf. Le Néo-réalisme, Études cinématographiques, p. 102. Et, sur la
critique marxiste au Japon, notamment contre Ozu, cf. Noël Burch, p. 283.
Il faut souligner qu'en France la nouvelle vague, sous son aspect visionnaire,
a rencontré une vive compréhension chez Sadoul.

que *décrire*, c'est observer des mutations[33]. Mutation de l'Europe après guerre, mutation d'un Japon américanisé, mutation de la France en 68 : ce n'est pas le cinéma qui se détourne de la politique, il devient tout entier politique, mais d'une autre façon. Une des deux promeneuses du « *Pont du Nord* » de Rivette a tous les aspects d'une mutante imprévisible : elle a d'abord l'aptitude de détecter les Max, les membres de l'entreprise d'asservissement mondial, avant de passer par une métamorphose au sein d'un cocon, puis d'être entraînée dans leurs rangs. De même l'ambiguïté du « *Petit soldat* ». Un nouveau type de personnages pour un nouveau cinéma. C'est parce que ce qui leur arrive ne leur appartient pas, ne les concerne qu'à moitié, qu'ils savent dégager de l'événement la part irréductible à ce qui arrive : cette part d'inépuisable possibilité qui constitue l'insupportable, l'intolérable, la part du visionnaire. Il fallait un nouveau type d'acteurs : non pas seulement les acteurs non-professionnels avec lesquels le néo-réalisme avait renoué à ses débuts, mais ce qu'on pourrait appeler des non-acteurs professionnels ou, mieux, des « acteurs-médiums », capables de voir et de faire voir plus que d'agir, et tantôt de rester muets, tantôt d'entretenir une conversation quelconque infinie, plutôt que de répondre ou de suivre un dialogue (tels en France Bulle Ogier ou Jean-Pierre Léaud)[34].

Les situations quotidiennes et même les situations-limites ne se signalent par rien de rare ou d'extraordinaire. Ce n'est qu'une île volcanique de pêcheurs pauvres. Ce n'est qu'une usine, une école... Nous côtoyons tout cela, même la mort, même les accidents, dans notre vie courante ou en vacances. Nous voyons, nous subissons plus ou moins une puissante organisation de la misère et de l'oppression. Et justement nous ne manquons pas de schèmes sensori-moteurs pour reconnaître de telles choses, les supporter ou les approuver, nous comporter en conséquence, compte tenu de notre situation, de nos capacités, de nos goûts. Nous avons des schèmes pour nous détourner quand c'est trop déplaisant, nous inspirer la résignation quand c'est horrible, nous faire

---

33. Cf. *Jean-Luc Godard par Jean-Luc Godard*, p. 392.
34. C'est Marc Chevrie qui analyse le jeu de Jean-Pierre Léaud comme « médium », dans des termes proches de Blanchot (*Cahiers du cinéma*, n° 351, septembre 1983, p. 31-33).

assimiler quand c'est trop beau. Remarquons à cet égard que même les métaphores sont des esquives sensori-motrices, et nous inspirent quelque chose à dire quand on ne sait plus que faire : ce sont des schèmes particuliers, de nature affective. Or c'est cela, un cliché. Un cliché, c'est une image sensori-motrice de la chose. Comme dit Bergson, nous ne percevons pas la chose ou l'image entière, nous en percevons toujours moins, nous ne percevons que ce que nous sommes intéressés à percevoir, ou plutôt ce que nous avons intérêt à percevoir, en raison de nos intérêts économiques, de nos croyances idéologiques, de nos exigences psychologiques. Nous ne percevons donc ordinairement que des clichés. Mais, si nos schèmes sensori-moteurs s'enrayent ou se cassent, alors peut apparaître un autre type d'image : une image optique-sonore pure, l'image entière et sans métaphore, qui fait surgir la chose en elle-même, littéralement, dans son excès d'horreur ou de beauté, dans son caractère radical ou injustifiable, car elle n'a plus à être « justifiée », en bien ou en mal... L'être de l'usine se lève, et l'on ne peut plus dire « il faut bien que les gens travaillent... » *J'ai cru voir des condamnés* : l'usine est une prison, l'école est une prison, littéralement et non métaphoriquement. On ne fait pas succéder l'image d'une prison à celle d'une école : ce serait seulement indiquer une ressemblance, un rapport confus entre deux images claires. Il faut au contraire découvrir les éléments et rapports distincts qui nous échappent au fond d'une image obscure : montrer *en quoi et comment* l'école est une prison, les grands ensembles, des prostitutions, les banquiers, des tueurs, les photographes, des escrocs, littéralement, sans métaphore [35]. C'est la méthode du « *Comment ça va* » de Godard : ne pas se contenter de chercher si « ça va » ou si « ça ne va pas » entre deux photos, mais « comment ça va » pour chacune et pour toutes les deux. Tel était le problème sur lequel se terminait notre précédente étude : arracher aux clichés une véritable image.

D'une part l'image ne cesse pas de tomber à l'état de cliché :

---

35. La critique de la métaphore est aussi présente dans la nouvelle vague, chez Godard, que dans le nouveau roman chez Robbe-Grillet (*Pour un nouveau roman*). Il est vrai que, plus récemment, Godard se réclame d'une forme métaphorique, par exemple à propos de « *Passion* » : « les chevaliers sont les métaphores des patrons... » (*Le Monde*, 27 mai 1982). Mais, comme nous le verrons, cette forme renvoie à une analyse génétique et chronologique de l'image, beaucoup plus qu'à une synthèse ou comparaison d'images.

parce qu'elle s'insère dans des enchaînements sensori-moteurs, parce qu'elle organise ou induit elle-même ces enchaînements, parce que nous ne percevons jamais tout ce qu'il y a dans l'image, parce qu'elle est faite pour cela (pour que nous ne percevions pas tout, pour que le cliché nous cache l'image...). Civilisation de l'image ? En fait, c'est une civilisation du cliché où tous les pouvoirs ont intérêt à nous cacher les images, non pas forcément à nous cacher la même chose, mais à nous cacher quelque chose dans l'image. D'autre part, en même temps, l'image tente sans cesse de percer le cliché, de sortir du cliché. On ne sait pas jusqu'où peut conduire une véritable image : l'importance de devenir visionnaire ou voyant. Il ne suffit pas d'une prise de conscience ou d'un changement dans les cœurs (bien qu'il y ait de cela, comme dans le cœur de l'héroïne d'« *Europe 51* », mais, s'il n'y avait rien d'autre, tout retomberait vite à l'état de cliché, on aurait simplement ajouté d'autres clichés). Parfois il faut restaurer les parties perdues, retrouver tout ce qu'on ne voit pas dans l'image, tout ce qu'on en a soustrait pour la rendre « intéressante ». Mais parfois au contraire il faut faire des trous, introduire des vides et des espaces blancs, raréfier l'image, en supprimer beaucoup de choses qu'on avait ajoutées pour nous faire croire qu'on voyait tout. Il faut diviser ou faire le vide pour retrouver l'entier.

Le difficile, c'est de savoir en quoi une image optique et sonore n'est pas elle-même un cliché, au mieux une photo. Nous ne pensons pas seulement à la manière dont ces images refournissent du cliché, dès qu'elles sont reprises par des auteurs qui s'en servent comme de formules. Mais les créateurs eux-mêmes n'ont-ils pas parfois l'idée que la nouvelle image doit rivaliser avec le cliché sur son propre terrain, enchérir sur la carte postale, en rajouter, la parodier, pour mieux s'en sortir (Robbe-Grillet, Daniel Schmid) ? Les créateurs inventent des cadrages obsédants, des espaces vides ou déconnectés, même des natures mortes : d'une certaine manière ils arrêtent le mouvement, redécouvrent la puissance du plan fixe, mais n'est-ce pas ressusciter le cliché qu'ils veulent combattre ? Il ne suffit certes pas, pour vaincre, de parodier le cliché, ni même d'y faire des trous et de le vider. Il ne suffit pas de perturber les liaisons sensori-motrices. Il faut *joindre* à l'image optique-sonore des forces immenses qui ne sont pas celles d'une conscience simplement intellectuelle, ni même sociale, mais d'une profonde intuition vitale [36].

Les images optiques et sonores pures, le plan fixe et le montage-cut définissent et impliquent bien un au-delà du mouvement. Mais ils ne l'arrêtent pas exactement, ni chez les personnages ni même dans la caméra. Ils font que le mouvement ne doit pas être perçu dans une image sensori-motrice, mais saisi et pensé dans un autre type d'image. L'image-mouvement n'a pas disparu, mais n'existe plus que comme la première dimension d'une image qui ne cesse de croître en dimensions. Nous ne parlons pas des dimensions de l'espace, puisque l'image peut être plane, sans profondeur, et prendre par là d'autant plus de dimensions ou puissances excédant l'espace. On peut indiquer sommairement trois de ces puissances croissantes. D'abord, tandis que l'image-mouvement et ses signes sensori-moteurs n'étaient en rapport qu'avec une image indirecte *du* temps (dépendant du montage), l'image optique et sonore pure, ses opsignes et sonsignes, se lient directement à une image-temps qui s'est subordonné le mouvement. C'est ce renversement qui fait, non plus du temps la mesure du mouvement, mais du mouvement la perspective du temps : il constitue tout un cinéma du temps, avec une nouvelle conception et de nouvelles formes de montage (Welles, Resnais). En second lieu, en même temps que l'œil accède à une fonction de voyance, les éléments de l'image non seulement visuels, mais sonores, entrent dans des rapports internes qui font que l'image entière doit être « lue » non moins que vue, lisible autant que visible. Pour l'œil du voyant comme du devin, c'est la « littéralité » du monde sensible qui le constitue comme livre. Là encore, toute référence de l'image ou de la description à un objet supposé indépendant ne disparaît pas, mais se subordonne maintenant aux éléments et rapports intérieurs qui tendent à remplacer l'objet, à l'effacer à mesure qu'il apparaît, le déplaçant toujours. La formule de Godard « ce

---

36. C'est à propos de Cézanne que D.H. Lawrence écrit un grand texte pour l'image et contre les clichés. Il montre comment la parodie n'est pas une solution ; ni même l'image optique pure, avec ses vides et ses déconnections. Selon lui, c'est dans les natures mortes que Cézanne gagne sa bataille contre les clichés, plutôt que dans les portraits et les paysages (« Introduction à ces peintures », *Eros et les chiens*, Bourgois, p. 253-264). Nous avons vu comment les mêmes remarques s'appliquaient à Ozu.

n'est pas du sang, c'est du rouge » cesse d'être uniquement picturale, et prend un sens propre au cinéma. Le cinéma va constituer une analytique de l'image, impliquant une nouvelle conception du découpage, toute une « pédagogie » qui s'exercera de différentes manières, par exemple dans l'œuvre d'Ozu, dans la dernière période de Rossellini, dans la période moyenne de Godard, chez les Straub. Enfin, la fixité de la caméra ne représente pas la seule alternative avec le mouvement. Même mobile, la caméra ne se contente plus tantôt de suivre le mouvement des personnages, tantôt d'opérer elle-même des mouvements dont ils ne sont que l'objet, mais dans tous les cas elle subordonne la description d'un espace à des fonctions de la pensée. Ce n'est pas la simple distinction du subjectif et de l'objectif, du réel et de l'imaginaire, c'est au contraire leur indiscernabilité qui va doter la caméra d'un riche ensemble de fonctions, et entraîner une nouvelle conception du cadre et des recadrages. S'accomplira le pressentiment d'Hitchcock : une conscience-caméra qui ne se définirait plus par les mouvements qu'elle est capable de suivre ou d'accomplir, mais par les relations mentales dans lesquelles elle est capable d'entrer. Et elle devient questionnante, répondante, objectante, provocante, théorématisante, hypothétisante, expérimentante, suivant la liste ouverte des conjonctions logiques (« ou », « donc », « si », « car », « en effet », « bien que »...), ou suivant les fonctions de pensée d'un cinéma-vérité qui, comme dit Rouch, signifie plutôt vérité du cinéma.

Tel est le triple renversement qui définit un au-delà du mouvement. Il fallait que l'image se libère des liens sensori-moteurs, qu'elle cesse d'être image-action pour devenir une image optique, sonore (et tactile) pure. Mais celle-ci ne suffisait pas : il fallait qu'elle entre en rapport avec d'autres forces encore, pour échapper elle-même au monde des clichés. Il fallait qu'elle s'ouvre sur des révélations puissantes et directes, celles de l'image-temps, de l'image lisible et de l'image pensante. C'est ainsi que les opsignes et sonsignes renvoient à des « chronosignes », des « lectosignes » et des « noosignes »[37].

---

37. « Lectosigne » renvoie au *lekton* grec ou au *dictum* latin, qui désigne l'exprimé d'une proposition, indépendamment du rapport de celle-ci à son objet. De même pour l'image quand elle est saisie intrinsèquement, indépendamment de son rapport avec un objet supposé extérieur.

S'interrogeant sur l'évolution du néo-réalisme à propos du « *Cri* », Antonioni disait qu'il tendait à se passer de bicyclette – bien sûr la bicyclette de De Sica. Ce néo-réalisme sans bicyclette remplace la dernière quête de mouvement (la ballade) par un poids spécifique du temps s'exerçant à l'intérieur des personnages, et les minant du dedans (la chronique) [38]. L'art d'Antonioni est comme l'entrelacement de conséquences, de suites et d'effets temporels qui découlent d'événements hors champ. Déjà, dans « *Chronique d'un amour* », l'enquête a pour conséquence de provoquer elle-même la suite d'un premier amour, et pour effet de faire résonner deux souhaits de meurtre, au futur et au passé. C'est tout un monde de chronosignes, qui suffirait à faire douter de la fausse évidence selon laquelle l'image cinématographique est nécessairement au présent. Si nous sommes malades d'Eros, disait Antonioni, c'est parce qu'Eros est lui-même malade ; et il est malade non pas simplement parce qu'il est vieux ou périmé dans son contenu, mais parce qu'il est pris dans la forme pure d'un temps qui se déchire entre un passé déjà terminé et un futur sans issue. Pour Antonioni, il n'y a pas d'autre maladie que chronique, Chronos est la maladie même. C'est pourquoi les chronosignes ne sont pas séparables de lectosignes, qui nous forcent à lire dans l'image autant de symptômes, c'est-à-dire à traiter l'image optique et sonore comme quelque chose de lisible aussi. Non seulement l'optique et le sonore, mais le présent et le passé, l'ici et l'ailleurs, constituent des éléments et des rapports intérieurs qui doivent être déchiffrés, et ne peuvent être compris que dans une progression analogue à celle d'une lecture : dès « *Chronique d'un amour* », des espaces indéterminés ne reçoivent leur échelle que plus tard, dans ce que Burch appelle un « raccord à appréhension décalée » plus proche d'une lecture que d'une perception [39]. Et, ensuite, Antonioni coloriste saura

---

38. Texte d'Antonioni, cité par Leprohon, p. 103 : « Aujourd'hui que nous avons éliminé le problème de la bicyclette (je parle par métaphore, essayez de me comprendre au-delà de mes paroles), il est important de voir ce qu'il y a dans l'esprit et le cœur de cet homme à qui on a volé sa bicyclette, comment il s'est adapté, ce qui est resté en lui de toutes ses expériences passées de la guerre, de l'après-guerre, de tout ce qui est arrivé dans notre pays » (Et le texte sur Eros malade, p. 104-106).

39. Noël Burch est un des premiers critiques à avoir montré que l'image cinématographique devait être lue, non moins que vue et entendue ; et cela à

traiter les variations de couleurs comme des symptômes, et la monochromie, comme le signe chronique qui gagne un monde, grâce à tout un jeu de modifications délibérées. Mais déjà « *Chronique d'un amour* » manifeste une « autonomie de la caméra », quand elle renonce à suivre le mouvement des personnages ou à faire porter sur eux son propre mouvement, pour opérer constamment des recadrages comme fonctions de pensée, noosignes exprimant les conjonctions logiques de suite, de conséquence ou même d'intention.

propos d'Ozu (*Pour un observateur lointain*, p. 175). Mais déjà dans *Praxis du cinéma* Burch montrait comment « *Chronique d'un amour* » instaurait un nouveau rapport entre le récit et l'action, et rendait une « autonomie » à la caméra, assez proche d'une lecture (p. 112-118 ; et sur le « raccord à appréhension décalée », p. 47).

chapitre 2
récapitulation
des images et des signes

1

Il est nécessaire ici de faire une récapitulation des images et des signes au cinéma. Ce n'est pas seulement une pause entre l'image-mouvement et un autre genre d'image, mais l'occasion d'affronter le plus lourd problème, celui des rapports cinéma-langage. Ces rapports en effet semblent conditionner la possibilité d'une sémiologie du cinéma. Christian Metz à cet égard a multiplié les précautions. Au lieu de demander : en quoi le cinéma est-il une langue (la fameuse langue universelle de l'humanité) ?, il pose la question « à quelles conditions le cinéma doit-il être considéré comme un langage ? » Et sa réponse est double, puisqu'elle invoque d'abord un fait, puis une approximation. Le fait historique, c'est que le cinéma s'est constitué comme tel en devenant narratif, en présentant une histoire, et en repoussant ses autres directions possibles. L'approximation qui s'ensuit, c'est que, dès lors, les suites d'images et même chaque image, un seul plan, sont assimilés à des propositions ou plutôt à des énoncés oraux : le plan sera considéré comme le plus petit énoncé narratif. Metz insiste lui-même sur le caractère hypothétique de cette assimilation. Mais on dirait qu'il ne multiplie les précautions que pour se permettre une imprudence décisive. Il posait une question très rigoureuse de droit (*quid juris ?*), et il répond par un fait et par une approximation. Substituant à l'image un énoncé, il peut et doit lui appliquer certaines déterminations qui n'appartiennent pas exclusivement à la langue, mais qui conditionnent les énoncés d'un langage, même si ce langage n'est pas verbal et opère indépendamment d'une langue.

Le principe d'après lequel la linguistique n'est qu'une partie de la sémiologie se réalise donc dans la définition de langages sans langue (sémies), qui comprend le cinéma non moins que le langage gestuel, vestimentaire ou même musical... Aussi bien n'y a-t-il aucune raison de chercher dans le cinéma des traits qui n'appartiennent qu'à la langue, telle la double articulation. En revanche, on trouvera dans le cinéma des traits de langage qui s'appliquent nécessairement aux énoncés, comme règles d'usage, dans la langue et hors d'elle : le syntagme (conjonction d'unités relatives présentes) et le paradigme (disjonction des unités présentes avec des unités comparables absentes). La sémiologie de cinéma sera la discipline qui applique aux images des modèles langagiers, surtout syntagmatiques, comme constituant un de leurs « codes » principaux. On parcourt ainsi un cercle étrange, puisque la syntagmatique suppose que l'image soit en fait assimilée à un énoncé, mais puisque c'est elle aussi qui la rend en droit assimilable à l'énoncé. C'est un cercle vicieux typiquement kantien : la syntagmatique s'applique parce que l'image est un énoncé, mais celle-ci est un énoncé parce qu'elle se soumet à la syntagmatique. Aux images et aux signes on a substitué le couple des énoncés et de « la grande syntagmatique », au point que la notion même de signe tend à disparaître de cette sémiologie. Il disparaît évidemment au profit du signifiant. Le film se présente comme un texte, avec une distinction comparable à celle de Julia Kristeva, entre un « phénotexte » des énoncés apparents et un « génotexte » des syntagmes et paradigmes, structurants, constitutifs ou productifs [1].

La première difficulté concerne la narration : celle-ci n'est pas une donnée apparente des images cinématographiques en général, même historiquement acquise. Certes, il n'y a pas à discuter les pages où Metz analyse le fait historique du modèle américain qui s'est constitué comme cinéma de narration [2].

---

1. Sur tous ces points, on se reportera à Christian Metz, *Essais sur la signification au cinéma*, Klincksieck (notamment tome I, « Langue ou langage ? », et « Problèmes de dénotation » qui analyse les huit types syntagmatiques). Le livre de Raymond Bellour, *L'Analyse du film*, Albatros, est essentiel aussi. Dans un travail inédit, André Parente fait une étude critique de cette sémiologie, en insistant sur le postulat de narrativité : *Narrativité et non-narrativité filmiques*.

2. Metz, I, p. 96-99, et 51 : Metz reprend le thème d'Edgar Morin d'après lequel le « cinématographe » est devenu « cinéma » en s'engageant dans la voie narrative. Cf. Morin, *Le Cinéma ou l'homme imaginaire*, Éd. de Minuit, ch. III.

Et il reconnaît que cette narration même suppose indirectement le montage : c'est qu'il y a beaucoup de codes langagiers qui interfèrent avec le code narratif ou la syntagmatique (non seulement les montages, mais les ponctuations, les rapports audio-visuels, les mouvements d'appareil...). De même, Christian Metz n'éprouve pas de difficultés insurmontables à rendre compte des troubles délibérés de narration dans le cinéma moderne : il suffit d'invoquer des changements de structure dans la syntagmatique [3]. La difficulté est donc ailleurs : c'est que, pour Metz, la narration renvoie à un ou plusieurs codes comme à des déterminations langagières sous-jacentes d'où elle découle dans l'image au titre de donnée apparente. Il nous semble au contraire que la narration n'est qu'une conséquence des images apparentes elles-mêmes et de leurs combinaisons directes, jamais une donnée. La narration dite classique découle directement de la composition organique des images-mouvement (montage), ou de leur spécification en images-perception, images-affection, images-action, suivant les lois d'un schème sensori-moteur. Nous verrons que les formes modernes de narration découlent des compositions et des types de l'image-temps : même la « lisibilité ». Jamais la narration n'est une donnée apparente des images, ou l'effet d'une structure qui les sous-tend ; c'est une conséquence des images apparentes elles-mêmes, des images sensibles en elles-mêmes, telles qu'elles se définissent d'abord pour elles-mêmes.

La source de la difficulté, c'est l'assimilation de l'image cinématographique à un énoncé. Cet énoncé narratif, dès lors, opère nécessairement par ressemblance ou analogie, et, pour autant qu'il procède avec des signes, ce sont des « signes analogiques ». La sémiologie a donc besoin d'une double transformation : d'une part la réduction de l'image à un signe analogique appartenant à un énoncé ; d'autre part la codification de ces signes pour découvrir la structure langagière

---

3. Metz avait commencé par souligner la faiblesse de la paradigmatique, et la prédominance de la syntagmatique dans le code narratif du cinéma, (*Essais*, I, p. 73, 102). Mais ses disciples se proposent de montrer que, si le paradigme prend une importance proprement cinématographique (et aussi d'autres facteurs structuraux), il en sort de nouveaux modes de narration, « dysnarratifs ». Metz reprend la question dans *Le Signifiant imaginaire*, 10-18. Rien n'est changé pour autant dans les postulats de la sémiologie, comme nous le verrons.

(non-analogique) sous-jacente à ces énoncés. Tout se passera entre l'énoncé par analogie, et la structure « digitale » ou digitalisée de l'énoncé [4].

Mais précisément, dès qu'on a substitué un énoncé à l'image, on a donné à l'image une fausse apparence, on lui a retiré son caractère apparent le plus authentique, le mouvement [5]. Car l'image-mouvement n'est pas analogique au sens de ressemblance : elle ne ressemble pas à un objet qu'elle représenterait. C'est ce que Bergson montrait dès le premier chapitre de *Matière et mémoire* : si l'on extrait le mouvement du mobile, il n'y a plus aucune distinction de l'image et de l'objet, parce que la distinction ne vaut que par immobilisation de l'objet. L'image-mouvement, c'est l'objet, c'est la chose même saisie dans le mouvement comme fonction continue. L'image-mouvement, c'est la modulation de l'objet lui-même. « Analogique » se retrouve ici, mais en un sens qui n'a plus rien à voir avec la ressemblance, et qui désigne la modulation, comme dans les machines dites analogiques. On objecte que la modulation à son tour renvoie d'une part à la ressemblance, ne serait-ce que pour évaluer les degrés dans un continuum, d'autre part à un code capable de « digitaliser » l'analogie. Mais, là encore, ce n'est vrai que si l'on immobilise le mouvement. Le semblable et le digital, la ressemblance et le code, ont au moins en commun d'être des *moules*, l'un par forme sensible, l'autre par structure intelligible : c'est pourquoi ils peuvent si bien communiquer l'un avec l'autre [6].

---

4. De ce point de vue, il faut d'abord montrer que le jugement de ressemblance ou d'analogie est déjà soumis à des codes. Ces codes toutefois ne sont pas proprement cinématographiques, mais socio-culturels en général. Il faut donc ensuite montrer que les énoncés analogiques eux-mêmes, dans chaque domaine, renvoient à des codes spécifiques qui ne déterminent plus la ressemblance, mais la structure interne : « Ce n'est pas seulement de l'extérieur que le message visuel est partiellement investi par la langue (...), mais aussi bien de l'intérieur et dans sa visualité même, qui n'est intelligible que parce que les structures en sont partiellement non-visuelles. (...) Tout n'est pas iconique dans l'icône (...). » Une fois qu'on s'est donné l'analogie par ressemblance, on passe donc nécessairement à un « au-delà de l'analogie » : cf. Christian Metz, *Essais*, II, p. 157-159 ; et Umberto Eco, « Sémiologie des messages visuels », *Communications*, n° 15, 1970.

5. Il est curieux que, pour distinguer l'image cinématographique et la photo, Metz n'invoque pas le mouvement, mais la narrativité (I, p. 53 : « passer d'une image à deux images, c'est passer de l'image au langage »). Les sémiologues se réclament d'ailleurs explicitement d'une suspension du mouvement, par opposition, disent-ils, au « regard cinéphilique ».

6. Sur cette circularité « analogique-digital », cf. Roland Barthes, *Éléments de sémiologie*, Médiations, p. 124-126 (II.4.3).

Mais la *modulation* est tout autre chose ; c'est une mise en variation du moule, une transformation du moule à chaque instant de l'opération. Si elle renvoie à un ou plusieurs codes, c'est par greffes, greffes de code qui multiplient sa puissance (comme dans l'image électronique). Par elles-mêmes, les ressemblances et les codifications sont de pauvres moyens ; on ne peut pas faire grand-chose avec des codes, même en les multipliant, comme s'y efforce la sémiologie. C'est la modulation qui nourrit les deux moules, qui en fait des moyens subordonnés, quitte à en tirer une nouvelle puissance. Car la modulation est l'opération du Réel, en tant qu'elle constitue et ne cesse de reconstituer l'identité de l'image et de l'objet [7].

La thèse très complexe de Pasolini risque d'être mal comprise à cet égard. Umberto Eco lui reprochait son « ingénuité sémiologique ». Ce qui mettait Pasolini en fureur. C'est le destin de la ruse, de paraître trop naïve à des naïfs trop savants. Pasolini semble vouloir aller plus loin encore que les sémiologues : il veut que le cinéma soit une langue, qu'il soit pourvu d'une double articulation (le plan, équivalant au monème, mais aussi les objets apparaissant dans le cadre, « cinèmes » équivalant aux phonèmes). On dirait qu'il veut revenir au thème d'une langue universelle. Seulement il ajoute : c'est la langue (...) de la réalité. « Science descriptive de la réalité », telle est la nature méconnue de la sémiotique, au-delà des « langages existants », verbaux ou non. Ne veut-il pas dire que l'image-mouvement (le plan) comporte une première articulation par rapport à un changement ou à un devenir que le mouvement exprime, mais aussi une seconde articulation par rapport aux objets entre lesquels il s'établit, devenus en même temps parties intégrantes de l'image (cinèmes) ? Alors, il serait vain d'opposer à Pasolini que l'objet n'est qu'un référent, et l'image, une portion de signifié : les objets de la réalité sont devenus unités d'image, en même temps que l'image-mouvement, une réalité qui « parle » à travers ses objets [8]. Le cinéma,

---

7. Nous verrons que la conception du « modèle » (modelage) chez Bresson, élaborée à partir du problème de l'acteur, mais débordant beaucoup ce problème, est proche de la modulation. De même, le « type » ou « typage » chez Eisenstein. On ne comprend pas ces notions si on ne les oppose pas à l'opération du moule.

8. C'est toute la seconde partie du livre de Pasolini, *L'Expérience hérétique*, Payot. Pasolini montre *à quelles conditions* les objets réels doivent être considérés comme constitutifs de l'image, et l'image comme constitutive de la

en ce sens, n'a pas cessé d'atteindre à un langage d'objets, de manière très diverse, chez Kazan où l'objet est fonction comportementale, chez Resnais où il est fonction mentale, chez Ozu, fonction formelle ou nature morte, chez Dovjenko déjà, puis chez Paradjanov, fonction matérielle, matière lourde soulevée par l'esprit (« *Sayat Nova* » est sans doute le chef-d'œuvre d'un langage matériel d'objet).

En vérité, cette langue de la réalité n'est pas du tout un langage. C'est le système de l'image-mouvement, dont nous avons vu dans la première partie de cette étude qu'il se définissait sur un axe vertical et un axe horizontal, mais qui n'ont rien à voir avec le paradigme et le syntagme, et constituent deux « procès ». D'une part, l'image-mouvement exprime un tout qui change, et s'établit entre des objets : c'est un procès de *différenciation*. L'image-mouvement (le plan) a donc deux faces, d'après le tout qu'elle exprime, d'après les objets entre lesquels elle passe. Le tout ne cesse de se diviser d'après les objets, et de réunir les objets en un tout : « tout » change de l'un à l'autre. D'autre part, l'image-mouvement comporte des intervalles : si on la rapporte à un intervalle, apparaissent des espèces distinctes d'images, avec des signes par lesquels elles se composent, chacune en elle-même et les unes avec les autres (ainsi l'image-perception à une extrémité de l'intervalle, l'image-action à l'autre extrémité, l'image-affection dans l'intervalle même). C'est un procès de *spécification*. Ces composés de l'image-mouvement, du double point de vue de la spécification et de la différenciation, constituent une *matière signalétique* qui comporte des traits de modulation de toute

---

réalité. Il refuse de parler d'une « impression de réalité » que donnerait le cinéma : c'est la réalité tout court (p. 170), « le cinéma représente la réalité à travers la réalité », « je reste toujours dans le cadre de la réalité », sans l'interrompre en fonction d'un système symbolique ou linguistique (p. 199). C'est l'étude des conditions préalables que les critiques de Pasolini n'ont pas compris : ce sont des conditions de droit, qui constituent « le cinéma », bien que le cinéma n'existe pas en fait hors de tel ou tel film. En fait, donc, l'objet peut n'être qu'un référent dans l'image, et l'image, une image analogique qui renvoie elle-même à des codes. Mais rien n'empêchera que le film en fait ne se dépasse vers le droit, vers le cinéma comme « Ur-code » qui, indépendamment de tout système langagier, fait des objets réels les phonèmes de l'image, et de l'image, le monème de la réalité. L'ensemble de la thèse de Pasolini perd tout sens dès qu'on néglige cette étude des conditions de droit. Si une comparaison philosophique pouvait valoir, on dirait que Pasolini est post-kantien (les conditions de droit sont les conditions de la réalité même), tandis que Metz et ses disciples restent kantiens (rabattement du droit sur le fait).

sorte, sensoriels (visuels et sonores), kinésiques, intensifs, affectifs, rythmiques, tonaux, et même verbaux (oraux et écrits). Eisenstein les comparait d'abord à des idéogrammes, puis, plus profondément, au monologue intérieur comme proto-langage ou langue primitive. Mais, même avec ses éléments verbaux, ce n'est pas une langue ni un langage. C'est une masse plastique, une matière a-signifiante et a-syntaxique, une matière non linguistiquement formée, bien qu'elle ne soit pas amorphe et soit formée sémiotiquement, esthétiquement, pragmatiquement [9]. C'est une condition, antérieure en droit à ce qu'elle conditionne. Ce n'est pas une énonciation, ce ne sont pas des énoncés. C'est un *énonçable*. Nous voulons dire que, lorsque le langage s'empare de cette matière (et il le fait nécessairement), alors elle donne lieu à des énoncés qui viennent dominer ou même remplacer les images et les signes, et qui renvoient pour leur compte à des traits pertinents de la langue, syntagmes et paradigmes, tout différents de ceux d'où on était parti. Aussi devons-nous définir, non pas la sémiologie, mais la « sémiotique », comme le système des images et des signes indépendamment du langage en général. Quand on rappelle que la linguistique n'est qu'une partie de la sémio-

---

9. Eisenstein abandonne vite sa théorie de l'idéogramme pour une conception du monologue intérieur, auquel il pense que le cinéma donne une extension beaucoup plus grande encore que la littérature : « La forme du film, nouveaux problèmes », *Le Film : sa forme, son sens*, Bourgois, p. 148-159. Il rapproche d'abord le monologue intérieur d'une langue primitive ou d'un proto-langage, comme l'avaient fait certains linguistes de l'école de Marr (cf. le texte d'Eichenbaum sur le cinéma, en 1927, *Cahiers du cinéma*, n° 220-221, juin 1970). Mais le monologue intérieur est plutôt proche d'une manière visuelle et sonore chargée de traits d'expression divers : la grande séquence de « *La Ligne générale* », après la réussite de l'écrémeuse, en serait un cas exemplaire. Pasolini aussi passe de l'idée de langue primitive à celle d'une matière constituant le monologue intérieur : il n'est pas arbitraire « de dire que le cinéma est fondé sur un système de signes différent du système des langues écrites-parlées, c'est-à-dire que le cinéma est une autre langue. Mais non pas une autre langue au sens où le bantou est différent de l'italien... » (p. 161-162). Le linguiste Hjelmslev appelle précisément « matière » cet élément non linguistiquement formé, bien que parfaitement formé sous d'autres points de vue. Il dit « non sémiotiquement formé » parce qu'il identifie la fonction sémiotique à la fonction linguistique. Ce pourquoi Metz tend à exclure cette matière dans son interprétation de Hjelmslev (cf. *Langage et cinéma*, Albatros, ch. X). Mais sa spécificité comme matière signalétique est pourtant présupposée par le langage : contrairement à la plupart des linguistes et des critiques de cinéma inspirés par la linguistique, Jakobson attache beaucoup d'importance à la conception du monologue intérieur chez Eisenstein (« Entretien sur le cinéma », in *Cinéma, théorie, lectures*, Klincksieck).

tique, on ne veut plus dire, comme pour la sémiologie, qu'il y a des langages sans langue, mais que la langue n'existe que dans sa réaction à une *matière non-langagière* qu'elle transforme. C'est pourquoi les énoncés et narrations ne sont pas une donnée des images apparentes, mais une conséquence qui découle de cette réaction. La narration est fondée dans l'image même, mais elle n'est pas donnée. Quant à la question de savoir s'il y a des énoncés proprement cinématographiques, intrinsèquement cinématographiques, écrits dans le cinéma muet, oraux dans le cinéma parlant, c'est une tout autre question, qui porte sur la spécificité de ces énoncés, sur les conditions de leur appartenance au système des images et des signes, bref sur la réaction inverse.

2

La force de Peirce, quand il inventa la sémiotique, fut de concevoir les signes à partir des images et de leurs combinaisons, non pas en fonction de déterminations déjà langagières. Ce qui l'amena à la plus extraordinaire classification des images et des signes, dont nous donnons seulement un résumé sommaire. Peirce part de l'image, du phénomène ou de ce qui apparaît. L'image lui semble de trois sortes, pas plus : la priméité (quelque chose qui ne renvoie qu'à soi-même, qualité ou puissance, pure possibilité, par exemple le rouge qu'on retrouve identique à soi-même dans la proposition « tu n'as pas mis ta robe rouge » ou « tu es en rouge ») ; la secondéité (quelque chose qui ne renvoie à soi que par autre chose, l'existence, l'action-réaction, l'effort-résistance) ; la tiercéité (quelque chose qui ne renvoie à soi qu'en rapportant une chose à une autre chose, la relation, la loi, le nécessaire). On remarquera que les trois sortes d'images ne sont pas seulement ordinales, première, deuxième, troisième, mais cardinales : il y a deux dans la seconde, si bien qu'il y a une priméité dans la secondéité, et il y a trois dans la troisième. Si la troisième marque l'achèvement, c'est parce que l'on ne peut pas la composer avec des dyades, mais que des combinaisons de triades en elles-mêmes ou avec les autres modes peuvent donner n'importe quelle multiplicité. Ceci dit, le signe apparaît chez Peirce comme combinant les trois sortes d'images, mais non pas de n'importe quelle façon : le signe est une image qui vaut pour une autre image (son objet), sous le rapport d'une troisième image qui en constitue « l'interprétant », celui-ci étant à son tour un signe, à l'infini. D'où Peirce, en combinant les trois modes d'image et les trois aspects du signe, tire neuf éléments de signes, et dix signes correspondants (parce que toutes les combinaisons d'éléments ne sont pas logiquement possibles) [10]. Si l'on demande quelle est la fonction du signe par rapport à l'image, il semble que ce soit une fonction cognitive : non pas que le signe fasse connaître son objet, il présuppose au contraire la connaissance de l'objet dans un autre signe, mais y ajoute de nouvelles connaissances en fonction de l'interprétant. C'est comme deux procès à l'infini. Ou bien, ce qui revient au même, on dira que le signe a pour fonction de « rendre efficientes les relations » : non pas que les relations et les lois manquent d'actualité en tant qu'images, mais elles manquent encore de cette efficience qui les fait agir « quand il le faut », et que seule la connaissance leur donne [11]. Mais, dès lors, il se peut que Peirce se retrouve aussi linguiste que les sémiologues. Car, si les éléments de signe n'impliquent encore aucun privilège du langage, il n'en est déjà plus de même pour le signe, et les signes linguistiques sont peut-être les seuls à constituer une connaissance pure, c'est-à-dire à absorber et résorber tout le contenu de l'image en tant que conscience ou apparition. Ils ne laissent pas subsister de matière irréductible à l'énoncé, et réintroduisent ainsi une subordination de la sémiotique à la langue. Peirce n'aurait donc pas maintenu assez longtemps sa position de départ, il aurait renoncé à constituer la sémiotique comme « science descriptive de la réalité » (Logique).

10. Peirce, *Écrits sur le signe*, commentaire de Gérard Deledalle, Seuil. Nous reproduisons le tableau suivant Deledalle, p. 240 :

	PREMIER	SECOND	TROISIÈME
Représentamen	Qualisigne (1.1)	Sinsigne (1.2)	Légisigne (1.3)
Objet	Icône (2.1)	Indice (2.2)	Symbole (2.3)
Interprétant	Rhème (3.1)	Dicisigne (3.2)	Argument (3.3)

11. Peirce, p. 30.

C'est parce que, dans sa phénoménologie, il se donne les trois types d'images comme un fait, au lieu de les déduire. Nous avons vu dans l'étude précédente que la priméité, la secondéité et la tiercéité correspondaient à l'image-affection, à l'image-action et à l'image-relation. Mais toutes trois se déduisent de l'image-mouvement comme matière, dès qu'on la rapporte à l'intervalle de mouvement. Or cette déduction n'est possible que si l'on pose d'abord une image-perception. Certes, la perception est strictement identique à toute image, dans la mesure où toutes les images agissent et réagissent les unes sur les autres, sur toutes leurs faces et dans toutes leurs parties. Mais, quand on les rapporte à l'intervalle de mouvement qui sépare dans *une* image un mouvement reçu et un mouvement exécuté, elles ne varient plus que par rapport à celle-ci, qui sera dite « percevoir » le mouvement reçu, sur une de ses faces, et « faire » le mouvement exécuté, sur une autre face ou dans d'autres parties. Alors se forme une image-perception spéciale qui n'exprime plus simplement le mouvement, mais le rapport du mouvement à l'intervalle de mouvement. Si l'image-mouvement est déjà perception, l'image-perception sera perception de perception, et la perception aura deux pôles, suivant qu'elle s'identifie au mouvement ou à son intervalle (variation de toutes les images les unes par rapport aux autres, *ou* variation de toutes les images par rapport à l'une d'entre elles). Et la perception ne constituera pas dans l'image-mouvement un premier type d'image sans se prolonger dans les autres types, s'il y en a : perception d'action, d'affection, de relation, etc. L'image-perception sera donc comme un degré zéro dans la déduction qui s'opère en fonction de l'image-mouvement : il y aura une « zéroïté », avant la priméité de Peirce. Quant à la question : y a-t-il encore dans l'image-mouvement d'autres types d'images que l'image-perception ?, elle est résolue par les divers aspects de l'intervalle : l'image-perception recevait le mouvement sur une face, mais l'image-affection est ce qui occupe l'intervalle (priméité), l'image-action, ce qui exécute le mouvement sur l'autre face (secondéité), et l'image-relation, ce qui reconstitue l'ensemble du mouvement avec tous les aspects de l'intervalle (tiercéité fonctionnant comme clôture de la déduction). Ainsi l'image-mouvement donne lieu à un ensemble sensori-moteur, qui fonde la narration dans l'image.

Entre l'image-perception et les autres, il n'y a pas d'intermédiaire, puisque la perception se prolonge d'elle-même dans les autres images. Mais, pour les autres cas, il y a nécessairement un intermédiaire qui indique le prolongement comme passage [12]. C'est pourquoi, finalement, nous nous trouvions devant six types d'images sensibles apparentes, et non pas trois : *l'image-perception*, *l'image-affection*, *l'image-pulsion* (intermédiaire entre l'affection et l'action), *l'image-action*, *l'image-réflexion* (intermédiaire entre l'action et la relation), *l'image-relation*. Et comme, d'une part, la déduction constitue une genèse des types, et que, d'autre part, son degré zéro, l'image-perception, communique aux autres une composition bipolaire adaptée à chaque cas, nous nous trouverons pour chaque type d'image devant des signes de composition, deux au moins, et au moins un signe de genèse. Nous prenons donc le terme « signe » en un tout autre sens que Peirce : c'est une image particulière qui renvoie à un type d'image, soit du point de vue de sa composition bipolaire, soit du point de vue de sa genèse. Il est évident que tout ceci implique la première partie de cette étude ; le lecteur peut donc le sauter, quitte à retenir seulement la récapitulation des signes précédemment déterminés, où nous empruntions à Peirce un certain nombre de termes en en changeant le sens. Ainsi l'image-perception a pour signes de composition le *dicisigne* et le *reume*. Le dicisigne renvoie à une perception de perception, et se présente ordinairement au cinéma quand la caméra « voit » un personnage qui voit ; il implique un cadre ferme, et constitue ainsi une sorte d'état solide de la perception. Mais le *reume* renvoie à une perception fluide ou liquide qui ne cesse de passer à travers le cadre. *L'engramme*, enfin, est le signe génétique ou l'état gazeux de la perception, la perception moléculaire, que les deux autres supposent. L'image-affection a pour signe de composition l'icône, qui peut être de qualité ou de puissance ; c'est une qualité ou une puissance qui ne sont qu'exprimées (donc par un visage) sans être actualisées. Mais c'est le *qualisigne*, ou le *potisigne*, qui constitue l'élément génétique, parce qu'ils construisent la qualité ou la puissance dans un espace quel-

---

12. Chez Peirce, il n'y a pas d'intermédiaires, mais seulement des types « dégénérés » ou des types « accrétifs » : cf. Deledalle, *Théorie et pratique du signe*, Payot, p. 55-64.

conque, c'est-à-dire dans un espace qui n'apparaît pas encore comme milieu réel. L'image-pulsion, intermédiaire entre l'affection et l'action, se compose de *fétiches*, fétiches du Bien ou du Mal : ce sont des fragments arrachés à un milieu dérivé, mais qui renvoient génétiquement aux *symptômes* d'un monde originaire opérant sous le milieu. L'image-action implique un milieu réel actualisé, devenu suffisant, tel qu'une situation globale va susciter une action, ou au contraire une action va dévoiler une partie de situation : aussi les deux signes de composition sont-ils le *synsigne* et *l'indice*. Le lien intérieur de la situation et de l'action, de toute façon, constitue l'élément génétique ou *l'empreinte*. L'image-réflexion, qui va de l'action à la relation, se compose lorsque l'action et la situation entrent dans des rapports indirects : les signes sont alors des *figures*, d'attraction ou d'inversion. Et le signe génétique est *discursif*, c'est-à-dire une situation ou une action de discours, indépendamment de la question : le discours lui-même est-il effectué dans un langage ? L'image-relation rapporte enfin le mouvement au tout qu'il exprime, et fait varier le tout d'après la répartition de mouvement : les deux signes de composition seront la *marque*, ou la circonstance, par laquelle deux images sont unies d'après une habitude (relation « naturelle »), et la *démarque*, circonstance par laquelle une image se trouve arrachée à sa relation ou série naturelles ; le signe de genèse sera le *symbole*, la circonstance par laquelle nous sommes déterminés à comparer deux images, même arbitrairement unies (relation « abstraite »).

L'image-mouvement est la matière même, comme Bergson l'a montré. C'est une matière non linguistiquement formée, bien qu'elle le soit sémiotiquement, et constitue la première dimension de la sémiotique. En effet, les différentes espèces d'images qui se déduisent nécessairement de l'image-mouvement, les six espèces, sont les éléments qui font de cette matière une matière signalétique. Et les signes eux-mêmes sont les traits d'expression qui composent ces images, les combinent et ne cessent de les recréer, portés ou charriés par la matière en mouvement.

Alors, un dernier problème se pose : pourquoi Peirce pense-t-il que tout se termine avec la tiercéité, avec l'image-relation, et qu'il n'y a rien au-delà ? Sans doute est-ce vrai du point de vue de l'image-mouvement : celle-ci se trouve encadrée par les relations qui la rapportent au tout qu'elle exprime, si bien qu'une logique des relations semble clore les transformations de l'image-mouvement en déterminant les changements correspondants du tout. Nous avons vu, en ce sens, qu'un cinéma comme celui d'Hitchcock, prenant explicitement pour objet la relation, achevait le circuit de l'image-mouvement et portait à sa perfection logique le cinéma qu'on pouvait appeler classique. Mais nous avons rencontré des signes qui, rongeant l'image-action, exerçaient aussi leur effet en amont et en aval, sur la perception, sur la relation, et remettaient en cause l'ensemble de l'image-mouvement : ce sont les opsignes ou sonsignes. L'intervalle du mouvement n'était plus ce par rapport à quoi l'image-mouvement se spécifiait en image-perception, à une extrémité de l'intervalle, en image-action à l'autre extrémité, et en image-affection entre les deux, de manière à constituer un ensemble sensori-moteur. Au contraire, le lien sensori-moteur était rompu, et l'intervalle de mouvement faisait apparaître comme telle *une autre image que l'image-mouvement*. Le signe et l'image inversaient donc leur rapport, puisque le signe ne supposait plus l'image-mouvement comme matière qu'il représentait sous ses formes spécifiées, mais se mettait à présenter l'autre image dont il allait lui-même spécifier la matière et constituer les formes, de signe en signe. C'était la seconde dimension de la sémiotique pure, non-langagière. Allait surgir toute une série de nouveaux signes, constitutifs d'une matière transparente, ou d'une image-temps irréductible à l'image-mouvement, mais non pas sans rapport déterminable avec elle. Nous ne pouvions plus considérer la tiercéité de Peirce comme la limite du système des images et des signes, puisque l'opsigne (ou sonsigne) relançait tout, de l'intérieur.

3

L'image-mouvement a deux faces, l'une par rapport à des objets dont elle fait varier la position relative, l'autre par rapport à un tout dont elle exprime un changement absolu. Les positions sont dans l'espace, mais le tout qui change est dans le temps. Si l'on assimile l'image-mouvement au plan, on appelle cadrage la première face du plan tournée vers les objets, et montage l'autre face tournée vers le tout. D'où une première thèse : c'est le montage lui-même qui constitue le tout, et nous donne ainsi l'image *du* temps. Il est donc l'acte principal du cinéma. Le temps est nécessairement une représentation indirecte, parce qu'il découle du montage qui lie une image-mouvement à une autre. C'est pourquoi la liaison ne peut pas être une simple juxtaposition : le tout n'est pas plus une addition que le temps une succession de présents. Comme Eisenstein le répétait sans cesse, il faut que le montage procède par alternances, conflits, résolutions, résonances, bref toute une activité de sélection et de coordination, pour donner au temps sa véritable dimension, comme au tout sa consistance. Cette position de principe implique que l'image-mouvement soit elle-même au présent, et rien d'autre. Que le présent soit le seul temps direct de l'image cinématographique semble même une évidence. Pasolini encore s'appuiera sur elle pour soutenir une conception très classique du montage : précisément parce qu'il sélectionne et coordonne les « moments significatifs », le montage a la propriété de « rendre le présent passé », de transformer notre présent instable et incertain en « un passé clair, stable et descriptible », bref d'accomplir le temps. Il a beau ajouter que c'est l'opération de la mort, non pas une mort toute faite, mais une mort dans la vie ou un être pour la mort (« la mort accomplit un fulgurant montage de notre vie ») [13]. Cette note noire renforce la conception classique et grandiose du montage-roi : le temps comme représentation indirecte qui découle de la synthèse d'images.

Mais cette thèse a un autre aspect, qui semble contredire le premier : il faut bien que la synthèse d'images-mouvement s'appuie sur des caractères intrinsèques de chacune. C'est chaque image-mouvement qui exprime le tout qui change, en fonction des objets entre lesquels le mouvement s'établit. C'est donc le plan qui doit être déjà un montage potentiel, et l'image-mouvement, une matrice ou cellule de temps. De ce point de vue, le temps dépend du mouvement lui-même et lui appartient : on peut le définir, à la manière des

---

13. Pasolini, p. 211-212. On trouve déjà chez Epstein, du même point de vue, une belle page sur le cinéma et la mort : « la mort nous fait ses promesses par cinématographe... » (*Écrits sur le cinéma*, Seghers, I, p. 199).

philosophes anciens, comme le nombre du mouvement. Le montage sera donc un rapport de nombre, variable suivant la nature intrinsèque des mouvements considérés dans chaque image, dans chaque plan. Un mouvement uniforme dans le plan fait appel à une simple mesure, mais des mouvements variés et différentiels, à un rythme, les mouvements proprement intensifs (comme la lumière et la chaleur), à une tonalité, et l'ensemble de toutes les potentialités d'un plan, à une harmonie. D'où les distinctions d'Eisenstein entre un montage métrique, rythmique, tonal et harmonique. Eisenstein lui-même voyait une certaine opposition entre le point de vue synthétique, d'après lequel le temps découlait du montage, et le point de vue analytique, d'après lequel le temps monté dépendait de l'image-mouvement [14]. Selon Pasolini, « le présent se transforme en passé », en vertu du montage, mais ce passé « apparaît toujours comme un présent », en vertu de la nature de l'image. La philosophie avait déjà rencontré une opposition semblable, dans la notion de « nombre du mouvement », puisque le nombre apparaissait tantôt comme une instance indépendante, tantôt comme une simple dépendance de ce qu'il mesurait. Ne faut-il pas pourtant maintenir les deux points de vue, comme les deux pôles d'une représentation indirecte du temps : le temps dépend du mouvement, mais par l'intermédiaire du montage ; il découle du montage, mais comme subordonné au mouvement ? La réflexion classique tourne dans cette espèce d'alternative, montage *ou* plan.

Encore faut-il que le mouvement soit normal : c'est seulement s'il remplit des conditions de normalité que le mouvement peut se subordonner le temps, et en faire un nombre

---

14. Il arrive qu'Eisenstein se reproche d'avoir trop privilégié le montage ou la coordination par rapport aux parties coordonnées et à leur « approfondissement analytique » : ainsi dans le texte « Montage 1938 », *Le Film : sa forme, son sens*. Mais nous verrons combien il est difficile, dans les textes d'Eisenstein, de distinguer ce qui est sincère, et ce qui est une parade aux critiques staliniennes. En fait, dès le début, Eisenstein insistait sur la nécessité de considérer l'image ou le plan comme une « cellule » organique, et non comme un élément indifférent : dans un texte de 1929, « Méthodes de montage », les méthodes rythmique, tonale et harmonique considèrent déjà le contenu intrinsèque de chaque plan, suivant un approfondissement qui tient de plus en plus compte de toutes les « potentialités » de l'image. Il n'en reste pas moins que les deux points de vue, celui du montage et celui de l'image ou du plan, entrent dans un rapport d'opposition, même si cette opposition doit se résoudre « dialectiquement ».

qui le mesure indirectement. Ce que nous appelons normalité, c'est l'existence de centres : centres de révolution du mouvement même, d'équilibre des forces, de gravité des mobiles, et d'observation pour un spectateur capable de connaître ou de percevoir le mobile, et d'assigner le mouvement. Un mouvement qui se dérobe au centrage, d'une manière ou d'une autre, est comme tel anormal, aberrant. L'antiquité se heurtait à ces aberrations de mouvement, qui affectaient même l'astronomie, et devenaient de plus en plus considérables quand on passait dans le monde sublunaire des hommes (Aristote). Or le mouvement aberrant remet en question le statut du temps comme représentation indirecte ou nombre du mouvement, puisqu'il échappe aux rapports de nombre. Mais, loin que le temps lui-même en soit ébranlé, il y trouve plutôt l'occasion de surgir directement, et de secouer sa subordination par rapport au mouvement, de renverser cette subordination. Inversement, donc, une présentation directe du temps n'implique pas l'arrêt du mouvement, mais plutôt la promotion du mouvement aberrant. Ce qui fait de ce problème un problème cinématographique autant que philosophique, c'est que l'image-mouvement semble être en elle-même un mouvement fondamentalement aberrant, anormal. Epstein fut peut-être le premier à dégager théoriquement ce point, dont les spectateurs au cinéma faisaient l'expérience pratique : non seulement les accélérés, ralentis et inversions, mais le non-éloignement du mobile (« un fuyard allait à toute allure, et pourtant nous restait face à face »), les changements constants d'échelle et de proportion (« sans commun dénominateur possible »), les faux-raccords de mouvement (ce qu'Eisenstein appelait de son côté « raccords impossibles ») [15].

Plus récemment, Jean-Louis Schefer, dans un livre où la théorie forme une sorte de grand poème, montrait que le spectateur ordinaire du cinéma, l'homme sans qualités, trouvait son corrélat dans l'image-mouvement comme mouvement extraordinaire. C'est que l'image-mouvement ne repro-

---

15. Epstein, *Écrits*, Seghers, p. 184, 199 (et sur les « espaces mouvants », les « temps flottants » et les « causes ballantes », p. 364-379). Sur « les raccords impossibles », cf. Eisenstein, p. 59. Noël Burch fait une analyse des faux-raccords de la scène des popes d'« *Ivan le terrible* » dans *Praxis du cinéma*, Gallimard, p. 61-63.

duit pas un monde, mais constitue un monde autonome, fait de ruptures et de disproportions, privé de tous ses centres, s'adressant comme tel à un spectateur qui n'est plus lui-même centre de sa propre perception. Le *percipiens* et le *percipi* ont perdu leurs points de gravité. Schefer en tire la conséquence la plus rigoureuse : l'aberration de mouvement propre à l'image cinématographique libère le temps de tout enchaînement, elle opère une présentation directe du temps en renversant le rapport de subordination qu'il entretient avec le mouvement normal ; « le cinéma est la seule expérience dans laquelle le temps m'est donné comme une perception ». Sans doute Schefer invoque-t-il un crime primordial, essentiellement lié à cette situation du cinéma, tout comme Pasolini invoquait une mort primordiale pour l'autre situation. C'est un hommage à la psychanalyse, qui n'a jamais donné au cinéma qu'un seul objet, une seule rengaine, la scène dite primitive. Mais il n'y a pas d'autre crime que le temps même. Ce que le mouvement aberrant révèle, c'est le temps comme tout, comme « ouverture infinie », comme antériorité sur tout mouvement normal défini par la motricité : il faut que le temps soit antérieur au déroulement réglé de toute action, qu'il y ait « une naissance du monde qui ne soit pas liée parfaitement à l'expérience de notre motricité » et que « le plus lointain souvenir d'image soit séparé de tout mouvement des corps » [16]. Si le mouvement normal se subordonne le temps dont il nous donne une représentation indirecte, le mouvement aberrant témoigne pour une antériorité du temps qu'il nous présente directement, du fond de la disproportion des échelles, de la dissipation des centres, du faux-raccord des images elles-mêmes.

Ce qui est en question, c'est l'évidence d'après laquelle l'image cinématographique est au présent, nécessairement au présent. S'il en est ainsi, le temps ne peut être représenté qu'indirectement, à partir de l'image-mouvement présente et par l'intermédiaire du montage. Mais n'est-ce pas la plus fausse évidence, au moins sous deux aspects ? D'une part il n'y a pas de présent qui ne soit hanté d'un passé et d'un futur, d'un passé qui ne se réduit pas à un ancien présent,

---

16. Jean-Louis Schefer, *L'Homme ordinaire du cinéma*, Cahiers du cinéma-Gallimard.

d'un futur qui ne consiste pas en un présent à venir. La simple succession affecte les présents qui passent, mais chaque présent coexiste avec un passé et un futur sans lesquels il ne passerait pas lui-même. Il appartient au cinéma de saisir ce passé et ce futur qui coexistent avec l'image présente. Filmer ce qui est *avant* et ce qui est *après*... Peut-être faut-il faire passer à l'intérieur du film ce qui est avant le film, et après le film, pour sortir de la chaîne des présents. Par exemple les personnages : Godard dit qu'il faut savoir ce qu'ils étaient avant d'être placés dans le tableau, et après. « Le cinéma c'est ça, le présent n'y existe jamais, sauf dans les mauvais films [17]. » C'est très difficile, parce qu'il ne suffit pas d'éliminer la fiction, au profit d'une réalité brute qui nous renverrait d'autant plus aux présents qui passent. Il faut au contraire tendre vers une limite, faire passer dans le film la limite d'avant le film et d'après le film, saisir dans le personnage la limite qu'il franchit lui-même pour entrer dans le film et pour en sortir, pour entrer dans la fiction comme dans un présent qui ne se sépare pas de son avant et de son après (Rouch, Perrault). Nous verrons que c'est précisément le but du cinéma-vérité ou du cinéma direct : non pas atteindre à un réel tel qu'il existerait indépendamment de l'image, mais atteindre à un avant et un après tels qu'ils coexistent avec l'image, tels qu'ils sont inséparables de l'image. Ce serait le sens du cinéma direct, au point où il est une composante de tout cinéma : atteindre à la présentation directe du temps.

Non seulement l'image est inséparable d'un avant et d'un après qui lui sont propres, qui ne se confondent pas avec les images précédentes et suivantes, mais d'autre part elle bascule elle-même dans un passé et un futur dont le présent n'est plus qu'une limite extrême, jamais donnée. Soit la profondeur de champ chez Welles : lorsque Kane va rejoindre son ami le journaliste pour la rupture, c'est dans le temps qu'il se meut, il occupe une place dans le temps plutôt qu'il ne change de place dans l'espace. Et lorsque l'enquêteur au début de « *M. Arkadin* » émerge dans la grande cour, il émerge littéralement du temps plus qu'il ne vient d'ailleurs. Soit les travellings de Visconti : au début de « *Sandra* », quand l'héroïne retourne à sa maison natale, et s'arrête pour acheter le fichu

---

17. Godard, à propos de « *Passion* », *Le Monde*, 27 mai 1982.

noir dont elle couvrira sa tête, et la galette qu'elle mangera comme une nourriture magique, elle ne parcourt pas de l'espace, elle s'enfonce dans le temps. Et dans un film de quelques minutes, « *Note sur un fait divers* », un lent travelling suit le chemin désert de l'écolière violée et assassinée, et retire à l'image tout présent pour la charger d'un passé composé pétrifié comme d'un futur antérieur inéluctable [18]. Chez Resnais aussi, c'est dans le temps qu'on s'enfonce, non pas au gré d'une mémoire psychologique qui ne nous donnerait qu'une représentation indirecte, non pas au gré d'une image-souvenir qui nous renverrait encore à un ancien présent, mais suivant une mémoire plus profonde, mémoire du monde explorant directement le temps, atteignant dans le passé ce qui se dérobe au souvenir. Combien le flash-back semble dérisoire à côté d'explorations du temps si puissantes, telle la marche silencieuse sur les tapis épais de l'hôtel qui met chaque fois l'image au passé, dans « *L'Année dernière à Marienbad* ». Les travellings de Resnais et de Visconti, la profondeur de champ de Welles, opèrent une temporalisation de l'image ou forment une image-temps directe, qui accomplit le principe : l'image cinématographique n'est au présent que dans les mauvais films. « Plutôt qu'un mouvement physique, il s'agit surtout d'un déplacement dans le temps [19]. » Et sans doute les procédés sont multiples : c'est au contraire l'écrasement de la profondeur et la planitude de l'image qui, chez Dreyer et d'autres auteurs, ouvriront directement l'image sur le temps comme quatrième dimension. C'est, nous le verrons, parce qu'il y a des variétés de l'image-temps comme il y avait des types de l'image-mouvement. Mais toujours l'image-temps directe nous fait accéder à cette dimension proustienne d'après laquelle les personnes et les choses occupent dans le temps une place incommensurable à celle qu'ils tiennent dans l'espace. Proust parle alors en termes de cinéma, le Temps montant sur les corps sa lanterne magique et faisant coexister les plans en profondeur [20]. C'est cette montée, cette émancipation du temps qui assure le règne du raccord impossible et du mouvement aberrant. Le postu-

---

18. Cf. l'analyse de Claude Beylie, in *Visconti, Études cinématographiques*.

19. René Prédal, *Alain Resnais, Études cinématographiques*, p. 120.

20. Proust, *À la recherche du temps perdu*, Pléiade, III, p. 924.

lat de « l'image au présent » est un des plus ruineux pour toute compréhension du cinéma.

Mais ces caractères n'ont-ils pas marqué très tôt le cinéma (Eisenstein, Epstein) ? Le thème de Schefer ne vaut-il pas pour l'ensemble du cinéma ? Comment en faire le trait d'un cinéma moderne, qui se distinguerait du cinéma « classique » ou de la représentation indirecte du temps ? Nous pourrions une fois de plus invoquer une analogie de la pensée : s'il est vrai que les aberrations de mouvement ont été repérées très tôt, elles furent en quelque sorte compensées, normalisées, « montées », ramenées à des lois qui sauvaient le mouvement, mouvement extensif du monde ou mouvement intensif de l'âme, et qui maintenaient la subordination du temps. En fait, il faudra attendre Kant pour opérer le grand renversement : le mouvement aberrant est devenu le plus quotidien, la quotidienneté même, et ce n'est plus le temps qui dépend du mouvement, mais l'inverse... Une histoire semblable apparaît au cinéma. Longtemps, les aberrations de mouvement furent reconnues, mais conjurées. Ce sont les intervalles de mouvement qui mettent d'abord en cause sa communication, et introduisent un écart ou une disproportion entre un mouvement reçu et un mouvement exécuté. Toutefois, rapportée à un tel intervalle, l'image-mouvement y trouve le principe de sa différenciation en image-perception (mouvement reçu) et image-action (mouvement exécuté). Ce qui était aberration par rapport à l'image-mouvement cesse de l'être par rapport à ces deux images : c'est l'intervalle lui-même qui joue maintenant le rôle de centre, et le schème sensori-moteur restaure la proportion perdue, la rétablit sur un nouveau mode, entre la perception et l'action. Le schème sensori-moteur procède par sélection et coordination. La perception s'organise en obstacles et distances à franchir, tandis que l'action invente le moyen de les franchir, de les surmonter, dans un espace qui constitue tantôt un « englobant », tantôt une « ligne d'univers » : le mouvement se sauve en devenant relatif. Et sans doute ce statut n'épuise pas l'image-mouvement. Dès que celle-ci cesse d'être rapportée à un intervalle comme centre sensori-moteur, le mouvement retrouve son absoluité, et toutes les images réagissent les unes sur les autres, sur toutes leurs faces et dans toutes leurs parties. C'est le régime de l'universelle variation, qui déborde

les limites humaines du schème sensori-moteur, vers un
monde non-humain où mouvement égale matière, ou bien
vers un monde surhumain qui témoigne pour un nouvel
esprit. C'est là que l'image-mouvement atteint au sublime,
comme à l'absolu du mouvement, soit dans le sublime matériel de Vertov, soit dans le sublime mathématique de Gance,
soit dans le sublime dynamique de Murnau ou Lang. Mais
de toute façon l'image-mouvement reste première, et ne
donne lieu qu'indirectement à une représentation du temps,
par l'intermédiaire du montage comme composition organique du mouvement relatif, ou recomposition supra-organi-
que du mouvement absolu. Même Vertov, quand il transporte la perception dans la matière, et l'action dans l'interaction universelle, peuplant l'univers de micro-intervalles,
invoque un « négatif du temps » comme l'ultime produit
de l'image-mouvement par le montage [21].

Or, dès les premières apparences, il se passe autre chose
dans le cinéma dit moderne : non pas quelque chose de plus
beau, de plus profond ni de plus vrai, mais quelque chose
d'autre. C'est que le schème sensori-moteur ne s'exerce plus,
mais n'est pas davantage dépassé, surmonté. Il est brisé du
dedans. C'est-à-dire que les perceptions et les actions ne
s'enchaînent plus, et que les espaces ne se coordonnent plus
ni ne se remplissent. Des personnages, pris dans des situations optiques et sonores pures, se trouvent condamnés à
l'errance ou à la balade. Ce sont de purs voyants, qui n'existent plus que dans l'intervalle de mouvement, et n'ont même
pas la consolation du sublime, qui leur ferait rejoindre la
matière ou conquérir l'esprit. Ils sont plutôt livrés à quelque
chose d'intolérable, qui est leur quotidienneté même. C'est
là que se produit le renversement : le mouvement n'est plus
seulement aberrant, mais l'aberration vaut maintenant pour
elle-même et désigne le temps comme sa cause directe. « Le
temps sort de ses gonds » : il sort des gonds que lui assignaient
les conduites dans le monde, mais aussi les mouvements de
monde. Ce n'est plus le temps qui dépend du mouvement,

---

21. Vertov, *Articles, journaux, projets,* 10-18, p. 129-132. « Négatif » ne doit
évidemment pas s'entendre au sens de la négation, mais d'indirect ou de
dérivé : c'est la dérivée de l'« équation visuelle » du mouvement, qui permet
aussi de résoudre cette équation primitive. La solution, ce sera « le déchiffre-
ment communiste de la réalité ».

c'est le mouvement aberrant qui dépend du temps. Au rapport *situation sensori-motrice → image indirecte du temps* se substitue une relation non-localisable *situation optique et sonore pure → image-temps directe*. Les opsignes et sonsignes sont des présentations directes du temps. Les faux-raccords sont la relation non-localisable elle-même : les personnages ne les sautent plus, mais s'y engouffrent. Où est passé Gertrud ? dans les faux-raccords... [22]. Certes, ils ont toujours été là, dans le cinéma, comme les mouvements aberrants. Mais qu'est-ce qui fait qu'ils prennent une valeur singulièrement nouvelle, au point que « *Gertrud* » à l'époque n'est pas compris, et choque la perception même ? Au choix, on insistera sur la continuité du cinéma tout entier, ou sur la différence du classique et du moderne. Il fallait le moderne pour relire tout le cinéma comme déjà fait de mouvements aberrants et de faux-raccords. L'image-temps directe est le fantôme qui a toujours hanté le cinéma, mais il fallait le cinéma moderne pour donner un corps à ce fantôme. Cette image est virtuelle, par opposition à l'actualité de l'image-mouvement. Mais, si virtuel s'oppose à actuel, il ne s'oppose pas à réel, au contraire. On dira encore que cette image-temps suppose le montage, autant que le faisait la représentation indirecte. Mais le montage a changé de sens, il prend une nouvelle fonction : au lieu de porter sur les images-mouvement dont il dégage une image indirecte du temps, il porte sur l'image-temps, il en dégage les rapports de temps dont le mouvement aberrant ne fait plus que dépendre. Suivant un mot de Lapoujade, le montage est devenu « montrage » [23].

Ce qui semble rompu, c'est le cercle où nous étions renvoyés du plan au montage, et du montage au plan, l'un constituant l'image-mouvement, l'autre l'image indirecte du temps. Malgré tous ses efforts (et surtout ceux d'Eisenstein), la conception classique avait du mal à se débarrasser de l'idée d'une construction verticale parcourue dans les deux sens, où le montage opérait sur des images-mouvement. On a souvent remarqué, dans le cinéma moderne, que le montage était déjà dans l'image, ou que les composantes d'une image impliquaient déjà le montage. Il n'y a plus d'alternative entre

<hr>

22. Cf. Narboni, Sylvie Pierre et Rivette, « Montage », *Cahiers du cinéma*, n° 210, mars 1969.
23. Robert Lapoujade, « Du montage au montrage », in *Fellini, L'Arc*.

le montage et le plan (chez Welles, Resnais ou Godard). Tantôt le montage passe dans la profondeur de l'image, tantôt il se met à plat : il ne demande plus comment les images s'enchaînent, mais « qu'est-ce que *montre* l'image ? »[24]. Cette identité du montage avec l'image même ne peut apparaître que sous les conditions de l'image-temps directe. Dans un texte d'une grande portée, Tarkovsky dit que l'essentiel, c'est la manière dont le temps s'écoule dans le plan, sa tension ou sa raréfaction, « la pression du temps dans le plan ». Il a l'air de s'inscrire ainsi dans l'alternative classique, plan *ou* montage, et d'opter vigoureusement pour le plan (« la figure cinématographique n'existe qu'à l'intérieur du plan »). Mais ce n'est qu'une apparence, puisque la force ou pression de temps sort des limites du plan, et que le montage lui-même opère et vit dans le temps. Ce que Tarkovsky refuse, c'est que le cinéma soit comme un langage opérant avec des unités même relatives de différents ordres : le montage n'est pas une unité d'ordre supérieur qui s'exercerait sur les unités-plans, et qui donnerait ainsi aux images-mouvement le temps comme qualité nouvelle[25]. L'image-mouvement peut être parfaite, elle reste amorphe, indifférente et statique si elle n'est déjà pénétrée par les injections de temps qui mettent le montage en elle, et altèrent le mouvement. « Le temps dans un plan doit s'écouler indépendamment et, si l'on peut dire, de son propre chef » : c'est seulement à cette condition que le plan déborde l'image-mouvement, et le montage, la représentation indirecte du temps, pour communier tous deux dans une image-temps directe, l'un déterminant la forme ou plutôt la force du temps dans l'image, l'autre les rapports de temps ou de forces dans la succession des images (rapports qui ne se réduisent précisément pas à la succession, pas plus que l'image ne se réduit au mouvement). Tarkovsky

---

24. Bonitzer, *Le Champ aveugle*, Cahiers du cinéma-Gallimard, p. 130 : « Le montage redevient à l'ordre du jour, mais sous une forme interrogative que ne lui a jamais donnée Eisenstein. »

25. Tarkovsky, « De la figure cinématographique », *Positif*, n° 249, décembre 1981 : « Le temps au cinéma devient la base des bases, comme le son dans la musique, la couleur dans la peinture. (...) Le montage est loin de donner une nouvelle qualité... » Cf. les commentaires de Michel Chion sur ce texte de Tarkovsky, *Cahiers du cinéma*, n° 358, avril 1984, p. 41 : « Son intuition profonde de l'essence du cinéma, quand il refuse de l'assimiler à un langage combinant des unités telles que plan, images, sons, etc. »

intitule son texte « De la figure cinématographique », parce qu'il appelle figure ce qui exprime le « typique », mais l'exprime dans une pure singularité, quelque chose d'unique. C'est le signe, c'est la fonction même du signe. Mais, tant que les signes trouvent leur matière dans l'image-mouvement, tant qu'ils forment les traits d'expression singuliers d'une matière en mouvement, ils risquent d'évoquer encore une généralité qui les ferait confondre avec un langage. La représentation du temps n'en est extraite que par association et généralisation, ou comme concept (d'où les rapprochements d'Eisenstein entre le montage et le concept). Telle est l'ambiguïté du schème sensori-moteur, agent d'abstraction. C'est seulement quand le signe s'ouvre directement sur le temps, quand le temps fournit la matière signalétique elle-même, que le type, devenu temporel, se confond avec le trait de singularité séparé de ses associations motrices. C'est là que se réalise le vœu de Tarkovsky : que « le cinématographe arrive à fixer le temps dans ses indices [dans ses signes] perceptibles par les sens ». Et, d'une certaine façon, le cinéma n'avait jamais cessé de le faire ; mais, d'une autre façon, il ne pouvait en prendre conscience que dans le cours de son évolution, à la faveur d'une crise de l'image-mouvement. Suivant une formule de Nietzsche, ce n'est jamais au début que quelque chose de nouveau, un art nouveau, peut révéler son essence, mais, ce qu'il était depuis le début, il ne peut le révéler qu'à un détour de son évolution.

chapitre 3
du souvenir aux rêves
troisième commentaire de bergson

Bergson distingue deux sortes de « reconnaissance ». *La reconnaissance automatique ou habituelle* (la vache reconnaît l'herbe, je reconnais mon ami Pierre...) opère par prolongement : la perception se prolonge en mouvements d'usage, les mouvements prolongent la perception pour en tirer des effets utiles. C'est une reconnaissance sensori-motrice qui se fait surtout par mouvements : des mécanismes moteurs se sont constitués et accumulés que la vue de l'objet suffit à déclencher. D'une certaine manière nous ne cessons de nous éloigner du premier objet : nous passons d'un objet à *un autre*, suivant un mouvement horizontal ou des associations d'images, mais en restant sur *un seul et même plan* (la vache passe d'une touffe d'herbe à une autre, et, avec mon ami Pierre, je passe d'un objet de conversation à un autre). Très différent est le second mode de reconnaissance, *la reconnaissance attentive*. Là, je renonce à prolonger ma perception, je ne peux pas la prolonger. Mes mouvements, plus subtils et d'une autre nature, font retour à l'objet, reviennent sur l'objet, pour en souligner certains contours et en tirer « quelques traits caractéristiques ». Et nous recommençons pour dégager d'autres traits et contours, mais chaque fois nous devons repartir à zéro. Au lieu d'une addition d'objets distincts sur un même plan, voilà maintenant que l'objet reste *le même*, mais passe par *différents plans* [1]. Dans le premier cas, nous avions, nous percevions de la chose une image sensori-motrice. Dans

---

1. Bergson, *Matière et mémoire*, p. 249-251 (114-116). Et *L'Énergie spirituelle*, « L'effort intellectuel », p. 940-941 (166-167). Nous citons les œuvres

l'autre cas, nous constituons de la chose une image optique (et sonore) pure, nous faisons une description.

Comment se distinguent les deux sortes d'images ? Il semblerait d'abord que l'image sensori-motrice est plus riche, parce qu'elle est la chose même, du moins la chose en tant qu'elle se prolonge dans les mouvements par lesquels nous nous en servons. Tandis que l'image optique pure semble nécessairement plus pauvre et raréfiée : comme dit Robbe-Grillet, elle n'est pas la chose, mais une « description » qui tend à remplacer la chose, qui « gomme » l'objet concret, qui n'en choisit que certains traits, quitte à faire place à d'autres descriptions qui retiendront d'autres lignes ou traits, toujours provisoires, toujours mis en doute, déplacés ou remplacés. On objecte que l'image cinématographique, même sensori-motrice, est nécessairement une description. Mais alors il faut opposer deux sortes de descriptions : l'une est organique (comme lorsqu'on dit qu'une chaise est faite pour s'asseoir, ou l'herbe pour être mangée), tandis que l'autre est physico-géométrique, inorganique. Déjà chez Rossellini on a pu remarquer à quel point l'usine vue par la bourgeoise, dans « *Europe 51* » était un « abstract » visuel et sonore, fort peu « dénoté concrètement », réduit à quelques traits. Et dans « *Les Carabiniers* » Godard fait de chaque plan une description qui remplace l'objet, et qui laissera place à une autre description, si bien que, au lieu de décrire organiquement un objet, on nous montre de pures descriptions qui se défont en même temps qu'elles se tracent [2]. Si le nouveau cinéma comme le nouveau roman ont une grande importance philosophique et logique, c'est d'abord par la théorie des descriptions qu'ils impliquent, et dont Robbe-Grillet fut l'initiateur [3].

---

de Bergson dans l'édition du Centenaire ; la pagination des éditions courantes est indiquée entre parenthèses. Nous avons analysé le premier chapitre de *MM* dans le tome précédent. Nous abordons ici le second chapitre, qui introduit un point de vue très différent. Le troisième chapitre, qui concerne essentiellement le temps, sera commenté plus loin.

2. Claude Ollier, lui-même écrivain du nouveau roman, dit à propos des « *Carabiniers* » : Godard « effectue pour chaque plan un très rapide recensement de ses virtualités descriptives et suggestives, avant de s'en tenir à l'une d'elles, puis de l'abandonner, aussitôt qu'indiquée, exactement comme il constitue l'œuvre entière par approches successives renouvelées, et juste au moment où il trouve, la défait, donne même l'impression de s'en désintéresser, sinon de la détruire volontairement » (*Souvenirs écran*, Cahiers du cinéma-Gallimard, p. 129).

3. C'est avec Russell que la théorie des descriptions devient une des bases de la logique moderne. Mais Bergson, dans *Matière et mémoire*, ne fait pas

À ce point, tout se renverse. L'image sensori-motrice ne retient en fait de la chose que ce qui nous intéresse, ou ce qui se prolonge dans la réaction d'un personnage. Sa richesse est donc apparente, et vient de ce qu'elle associe à la chose beaucoup d'autres choses qui lui ressemblent sur le même plan, en tant qu'elles suscitent toutes des mouvements semblables : c'est l'herbe en général qui intéresse l'herbivore. C'est en ce sens que le schème sensori-moteur est agent d'abstraction. Inversement, l'image optique pure a beau n'être qu'une description, et concerner un personnage qui ne sait plus ou ne peut plus réagir à la situation, la sobriété de cette image, la rareté de ce qu'elle retient, ligne ou simple point, « menu fragment sans importance », portent chaque fois la chose à une essentielle singularité, et décrivent l'inépuisable, renvoyant sans fin à d'autres descriptions. C'est donc l'image optique qui est véritablement riche, ou « typique ».

Du moins elle le serait si nous savions à quoi elle sert. De l'image sensori-motrice on pouvait dire aisément qu'elle servait, puisqu'elle enchaînait une image-perception à une image-action, réglait déjà la première sur la seconde et prolongeait l'une dans l'autre. Mais tout autre est le cas de l'image optique pure, non seulement parce que c'est un autre type d'image, un autre type de perception, mais aussi parce que son mode d'enchaînement n'est pas le même. Il y aurait une réponse simple, provisoire, et c'est celle que Bergson fait d'abord : l'image optique (et sonore) dans la reconnaissance attentive ne se prolonge pas en mouvement, mais entre en rapport avec une « image-souvenir » qu'elle appelle. Peut-être faut-il concevoir aussi d'autres réponses possibles, plus ou moins voisines, plus ou moins distinctes : ce qui entrerait en rapport, ce serait du réel et de l'imaginaire, du physique et du mental, de l'objectif et du subjectif, de la description et de la narration, *de l'actuel et du virtuel...* L'essentiel, de toute manière, est que les deux termes en rapport différent en nature, mais pourtant « courent l'un derrière l'autre », renvoient l'un à l'autre, se réfléchissent sans qu'on puisse

---

seulement une psychologie de la reconnaissance, il propose une logique de la description tout à fait différente de Russell. La conception de Robbe-Grillet, logiquement très forte, prolonge souvent celle de Bergson, et lui est apparentée. Cf. *Pour un nouveau roman*, « Temps et description » (« un double mouvement de création et de gommage... »).

dire lequel est premier, et tendent à *la limite* à se confondre en tombant dans un même point d'indiscernabilité. À tel ou tel aspect de la chose correspond une zone de souvenirs, de rêves ou de pensées : chaque fois, c'est un plan ou un circuit, si bien que la chose passe par une infinité de plans ou de circuits qui correspondent à ses propres « couches » ou à ses aspects. À une autre description correspondrait une autre image mentale virtuelle, et inversement : un autre circuit. L'héroïne d'« *Europe 51* » voit certains traits de l'usine, et croit voir des condamnés : « j'ai cru voir des condamnés... » (On remarquera qu'elle n'évoque pas un simple souvenir, l'usine ne lui rappelle pas une prison, l'héroïne invoque une vision mentale, presque une hallucination). Elle aurait pu saisir d'autres traits, et avoir une autre vision : l'entrée des ouvriers, l'appel de la sirène, j'ai cru voir des survivants en sursis courir vers de sombres abris...

Comment dire que c'est le même objet (l'usine) qui passe par différents circuits, puisque chaque fois la description a effacé l'objet, en même temps que l'image mentale en créait un autre ? Chaque circuit efface et crée un objet. Mais c'est justement dans ce « double mouvement de création et de gommage » que les plans successifs, les circuits indépendants, s'annulant, se contredisant, se reprenant, bifurquant, vont constituer à la fois les couches d'une seule et même réalité physique, et les niveaux d'une seule et même réalité mentale, mémoire ou esprit. Comme dit Bergson, « on voit bien que le progrès de l'attention a pour effet de créer à nouveau, non seulement l'objet aperçu, mais les systèmes de plus en plus vastes auxquels il peut se rattacher ; de sorte qu'à mesure que les cercles B, C, D représentent une plus haute expansion de la mémoire, leur réflexion atteint en B′, C′, D′ des couches plus profondes de la réalité » [4]. Ainsi, chez Rossellini, l'île de

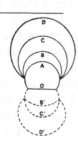

4. C'est le premier grand schéma de Bergson, *MM*, p. 250 (115) : la difficulté apparente de ce schéma porte sur le circuit « le plus étroit », qui n'est pas présenté sous une forme AA′, mais AO, parce qu'il « ne contient que l'objet O lui-même avec l'image consécutive qui revient le couvrir » (souvenir immédiatement consécutif à la perception). Nous verrons plus loin la raison pour laquelle il y a un tel circuit minimum qui joue nécessairement le rôle de limite intérieure.

« *Stromboli* » passe par des descriptions de plus en plus profondes, les abords, la pêche, l'orage, l'éruption, en même temps que l'étrangère s'élève de plus en plus haut dans l'île, jusqu'à ce que la description s'abîme en profondeur et que l'esprit se brise sous une trop forte tension. Des pentes du volcan déchaîné, le village est vu tout en bas, brillant sur le flot noir, tandis que l'esprit murmure : « je suis fini, j'ai peur, quel mystère, quelle beauté, mon Dieu... ». Il n'y a plus d'images sensori-motrices avec leurs prolongements, mais des liens circulaires beaucoup plus complexes entre des images optiques et sonores pures d'une part, d'autre part des images venues du temps ou de la pensée, sur des plans qui coexistent tous en droit, constituant l'âme et le corps de l'île.

2

La situation purement optique et sonore (description) est une image actuelle, mais qui, au lieu de se prolonger en mouvement, s'enchaîne avec une image virtuelle et forme avec elle un circuit. La question est de savoir plus exactement ce qui est apte à jouer le rôle d'image virtuelle. Ce que Bergson appelle « image-souvenir » semble au premier abord avoir les qualités requises. Certes, les images-souvenir interviennent déjà dans la reconnaissance automatique : elles s'insèrent entre l'excitation et la réponse, et contribuent à mieux ajuster le mécanisme moteur en le renforçant d'une causalité psychologique. Mais, en ce sens, elles n'interviennent qu'accidentellement et secondairement dans la reconnaissance automatique, alors qu'elles sont essentielles à la reconnaissance attentive : celle-ci se fait *par* elles. C'est dire que, avec les images-souvenir, apparaît un tout nouveau sens de la subjectivité. Nous avons vu que la subjectivité se manifestait déjà dans l'image-mouvement : elle surgit dès qu'il y a un écart entre un mouvement reçu et un mouvement exécuté, une action et une réaction, une excitation et une réponse, une image-perception et une image-action. Et, si l'affection elle aussi est une dimension de cette première subjectivité, c'est parce qu'elle appartient à l'écart, elle en constitue le « dedans », elle l'occupe en quelque sorte, mais sans le remplir ou le combler. Maintenant, au contraire,

l'image-souvenir vient remplir l'écart, le comble effectivement, de telle manière qu'elle nous ramène individuellement
à la perception, au lieu de la prolonger en mouvement géné-
rique. Elle profite de l'écart, elle le suppose, puisqu'elle s'y
insère, mais elle est d'une autre nature. La subjectivité prend
donc un nouveau sens, qui n'est plus moteur ou matériel,
mais temporel et spirituel : ce qui « s'ajoute » à la matière,
et non plus ce qui la distend ; l'image-souvenir, et non plus
l'image-mouvement [5].

Le rapport de l'image actuelle avec des images-souvenir
apparaît dans le flash-back. C'est précisément un circuit
fermé qui va du présent au passé, puis nous ramène au présent. Ou plutôt, comme dans « Le jour se lève » de Carné,
c'est une multiplicité de circuits dont chacun parcourt une
zone de souvenirs et revient à un état de plus en plus profond,
de plus en plus inexorable, de la situation présente. Le héros
de Carné, à la fin de chaque circuit, se retrouve dans sa
chambre d'hôtel investie par la police, chaque fois plus proche de l'issue fatale (les vitres brisées, le trou des balles sur
le mur, la succession des cigarettes...). On sait bien toutefois
que le flash-back est un procédé conventionnel, extrinsèque :
il se signale en général par un fondu-enchaîné, et les images
qu'il introduit sont souvent surexposées ou tramées. C'est
comme un écriteau : « attention ! souvenir ». Il peut donc
indiquer par convention une causalité psychologique, mais
encore analogue à un déterminisme sensori-moteur, et, malgré ses circuits, ne fait qu'assurer la progression d'une narration linéaire. La question du flash-back est celle-ci : il doit
recevoir sa propre nécessité d'ailleurs, tout comme les images-souvenir doivent recevoir d'ailleurs la marque interne du
passé. Il faut qu'on ne puisse pas raconter l'histoire au présent. Il faut donc que quelque chose d'autre justifie ou impose
le flash-back, et marque ou authentifie l'image-souvenir. La
réponse de Carné est très claire à cet égard : c'est le destin
qui déborde le déterminisme et la causalité, c'est lui qui trace
une surlinéarité, c'est lui qui donne à la fois une nécessité au
flash-back et une marque du passé aux images-souvenir.
Ainsi, dans « Le jour se lève », le son de la ritournelle obsédante vient du fond du temps pour justifier le flash-back, et

_____
5. *MM*, p. 213-220 (68-77).

la « colère » emporte le héros tragique jusqu'au fond du temps pour le livrer au passé [6]. Mais, si le flash-back et l'image-souvenir trouvent ainsi leur fondation dans le destin, c'est seulement de manière relative ou conditionnelle. Car le destin peut se manifester directement par d'autres voies, et affirmer une pure puissance du temps qui déborde toute mémoire, un déjà-passé qui excède tout souvenir : nous ne pensons pas seulement aux figures expressionnistes d'aveugles ou de clochards dont Carné a parsemé son œuvre, mais aux immobilisations et pétrifications des « *Visiteurs du soir* », à l'usage du mime dans « *Les Enfants du paradis* », et plus généralement à la lumière, dont Carné se sert suivant le style français, gris lumineux qui passe par toutes les nuances atmosphériques et constitue le grand circuit du soleil et de la lune.

Mankiewicz est sans doute le plus grand auteur à flash-back. Mais l'utilisation qu'il en fait est si spéciale qu'on pourrait l'opposer à celle de Carné, comme les deux pôles extrêmes de l'image-souvenir. Il ne s'agit plus du tout d'une explication, d'une causalité ou d'une linéarité qui devraient se dépasser dans le destin. Il s'agit au contraire d'un inexplicable secret, d'une fragmentation de toute linéarité, de bifurcations perpétuelles comme autant de ruptures de causalité. Le temps chez Mankiewicz est exactement celui que Borges décrit dans *Le Jardin aux sentiers qui bifurquent* : ce n'est pas l'espace, c'est le temps qui bifurque, « trame de temps qui s'approche, bifurque, se coupe ou s'ignore pendant des siècles, embrassant toutes les possibilités ». C'est là que le flash-back trouve sa raison : à chaque point de bifurcation du temps. La multiplicité des circuits trouve donc un nouveau sens. Ce ne sont pas seulement plusieurs personnes qui ont chacune un flash-back, c'est le flash-back qui est à plusieurs personnes (trois dans « *La Comtesse aux pieds nus* », trois dans « *Chaînes conjugales* », deux dans « *Tout sur Ève* »). Et ce ne sont pas seulement les circuits qui bifurquent entre eux, c'est chaque circuit qui bifurque avec soi-même, comme un cheveu fourchu. Dans les trois circuits de « *Chaînes conjugales* », chacune des femmes se demande à sa manière quand et comment son mariage a commencé à

---

6. Cf. l'analyse du « *Jour se lève* » par André Bazin, *Le Cinéma français de la Libération à la nouvelle vague*, Cahiers du cinéma-Éditions de l'Étoile, p. 53-75.

déraper, à prendre une voie bifurcante. Et même quand il y a une seule bifurcation, tel le goût pour la boue dans une créature fière et splendide (« *La Comtesse aux pieds nus* »), ses répétitions ne sont pas des accumulations, ses manifestations ne se laissent pas aligner, ni reconstituer un destin, mais ne cessent de morceler tout état d'équilibre, et d'imposer chaque fois un nouveau « coude », une nouvelle rupture de causalité, qui bifurque elle-même avec la précédente, dans un ensemble de relations non-linéaires [7]. Une des plus belles fourches de Mankiewicz est dans « *On murmure dans la ville* », où le médecin, venu annoncer au père que sa fille était enceinte, se retrouve en train de parler d'amour à la fille et la demande en mariage, dans un paysage onirique. Deux personnages sont ennemis pour l'éternité, dans un univers d'automates ; mais il y a un monde où l'un des deux malmène l'autre et lui impose un costume de clown, et un monde où l'autre prend une tenue d'inspecteur, domine à son tour, jusqu'à ce que les automates déchaînés brassent toutes les possibilités, tous les mondes et tous les temps (« *Le Limier* »). Les personnages de Mankiewicz ne se développent jamais dans une évolution linéaire : les stades que parcourt Ève, prendre la place de l'actrice, lui voler son amant, séduire le mari de l'amie, faire chanter l'amie, n'entrent pas dans une progression, mais constituent chaque fois une déviation qui fait un circuit, laissant subsister sur l'ensemble un secret dont héritera la nouvelle Ève à la fin du film, point de départ pour d'autres bifurcations.

Il n'y a en fait ni ligne droite, ni cercle qui boucle. « *All about Eve* », ce n'est pas exactement « Tout sur Ève », c'est plutôt « un bout », comme le dit un personnage du film : « elle pourra vous en dire un bout sur ce thème... ». Et, dans « *Soudain l'été dernier* », s'il n'y a qu'un seul flash-back, quand la jeune fille retrouve à la fin le souvenir abominable qui la ronge, c'est que les autres flashes-back ont été inhibés, remplacés par des récits et des hypothèses, sans annuler pourtant les bifurcations correspondantes qui laissent subsister pour toujours un inexplicable secret. En effet, la pédérastie du fils n'explique rien. La jalousie de la mère est une première bifurcation, dès qu'elle est supplantée par la jeune fille ; la

---

7. Sur cette notion de bifurcation, cf. Prigogine et Stengers, *La Nouvelle Alliance*, Gallimard, p. 190.

pédérastie en est une seconde, quand le fils se sert de la jeune fille comme il se servait de sa mère, appâts pour les garçons ; mais il y en a encore une, encore un circuit, qui reprend la description des fleurs carnivores et le récit de l'affreux destin des petites tortues dévorées, lorsque le flash-back découvre sous la pédérastie du fils un mystère orgiaque, des goûts cannibaliques dont il finit victime, lacéré, démembré par ses jeunes amants de misère, aux sons d'une musique barbare de bidonville. Et là encore, à la fin, il semble que tout se relance, et que la mère « dévorera » le jeune médecin qu'elle a pris pour son fils. Toujours chez Mankiewicz, le flash-back découvre sa raison d'être dans ces récits coudés qui brisent la causalité et, au lieu de dissiper l'énigme, la renvoient à d'autres énigmes encore plus profondes. Chabrol retrouvera cette force et cet usage du flash-back dans « *Violette Nozière* », quand il voudra marquer les bifurcations constantes de l'héroïne, la variété de ses visages, l'irréductible diversité des hypothèses (voulait-elle ou non épargner sa mère, etc. ?) [8].

Ce sont donc les bifurcations du temps qui donnent au flash-back une nécessité, et aux images-souvenir une authenticité, un poids de passé sans lequel elles resteraient conventionnelles. Mais pourquoi, comment ? La réponse est simple : les points de bifurcation sont le plus souvent si imperceptibles qu'ils ne peuvent se révéler qu'après coup, à une mémoire attentive. C'est une histoire qui ne peut être racontée qu'au passé. C'était déjà la question constante de Fitzgerald, dont Mankiewicz est très proche : Qu'est-ce qui s'est passé ? Comment en sommes-nous arrivés là [9] ? C'est cela qui préside aux trois flashes-back de femmes dans « *Chaînes conjugales* », comme aux souvenirs d'Harry dans « *La Comtesse aux pieds nus* ». C'est peut-être la question de toutes les questions.

---

8. Philippe Carcassonne a fait une excellente analyse du flash-back chez Mankiewicz, comme brisant la linéarité et récusant la causalité : « Le flash-back voudrait suggérer une complémentarité des temps qui dépasserait la dimension temporelle ; le passé n'est pas seulement l'avant du présent, c'en est aussi la pièce manquante, l'inconscient, et bien souvent l'ellipse. » Carcassonne fait le rapprochement avec Chabrol : « Bien loin de dissiper l'énigme, le retour en arrière sert souvent à la souligner, voire à la rendre plus opaque, en indiquant la chaîne lacunaire des énigmes qui l'ont précédée » (« Coupez ! » *Cinématographe*, n° 51, octobre 1979).

9. Jean Narboni a marqué d'autres points de comparaison entre les deux auteurs : « Mankiewicz à la troisième personne », *Cahiers du cinéma*, n° 153, mars 1964.

On a souvent parlé du caractère théâtral de l'œuvre de Mankiewicz, mais il y a aussi un élément romanesque (ou plus exactement « nouvelliste », car c'est la nouvelle qui demande : qu'est-ce qui s'est passé ?). Ce qui n'a pas été suffisamment analysé, toutefois, c'est le rapport entre les deux, leur fusion originale qui fait que Mankiewicz recrée une pleine spécificité cinématographique. D'une part, l'élément romanesque, le récit, apparaît dans la mémoire. La mémoire en effet, suivant une formule de Janet, est conduite de récit. Dans son essence même elle est voix, qui parle, se parle ou murmure, et rapporte ce qui s'est passé. D'où la voix off qui accompagne le flash-back. Souvent chez Mankiewicz ce rôle spirituel de la mémoire fait place à une créature plus ou moins liée à l'au-delà : le fantôme de « L'Aventure de Mme Muir », le revenant de « On murmure dans la ville », les automates du « Limier ». Dans « Chaînes conjugales », il y a la quatrième amie, celle qu'on ne verra jamais, qu'on entrevoit mal une fois, et qui a fait savoir aux trois autres qu'elle partait avec un de leurs maris (mais lequel ?) : c'est sa voix off qui surplombe les trois flashes-back. De toute façon, la voix comme mémoire encadre le flash-back. Mais, d'autre part, ce que celui-ci « montre », ce que celle-là rapporte, ce sont encore des voix : bien sûr des personnages et des décors qui s'offrent à la vue, mais essentiellement parlants et sonores. C'est l'élément théâtral : le dialogue entre les personnages rapportés, et même parfois le personnage rapporté fait déjà lui-même un récit (« Tout sur Ève »). Dans un des flashes-back de « Chaînes conjugales » apparaît la scène du dîner où le mari professeur et la femme publicitaire reçoivent la patronne de celle-ci : tous les mouvements de personnages et de caméra sont déterminés par la violence montante de leur dialogue, et par la répartition de deux sources sonores contraires, celle de l'émission de radio, celle de la musique classique que le professeur oppose. L'essentiel concerne donc l'intimité du rapport entre l'élément romanesque de la mémoire comme conduite de récit, et l'élément théâtral des dialogues, paroles et sons comme conduites des personnages.

Or ce rapport interne reçoit chez Mankiewicz une détermination très originale. Ce qui est rapporté est toujours un dérapage, une déviation, une bifurcation. Mais, bien que la bifurcation ne puisse en principe être découverte qu'après

71

coup, par flash-back, il y a un personnage qui a pu la pressentir, ou la saisir sur le moment, quitte à s'en servir plus tard pour le bien ou pour le mal. Mankiewicz excelle dans ces scènes. Ce n'est pas seulement le rôle d'Harry dans « *La Comtesse aux pieds nus* », ce sont deux grandes scènes de « *Tout sur Ève* ». D'abord, l'habilleuse-secrétaire de l'actrice a compris immédiatement la fourberie d'Ève, son caractère fourchu : au moment même où Ève faisait son récit mensonger, elle a tout entendu de la pièce à côté, hors champ, et rentre dans le champ pour regarder Ève intensément et manifester brièvement son doute. Et puis, plus tard, le diabolique critique de théâtre surprendra une autre bifurcation d'Ève, quand elle s'efforce de séduire l'amant de l'actrice. Il entend, et peut-être aperçoit, par la porte entrebâillée, comme entre deux champs. Il saura s'en servir plus tard, mais il a compris sur le moment (et c'est à des moments différents que chacun des personnages comprend, à la faveur d'une nouvelle bifurcation). Or, dans tous ces cas, nous ne sortons pas de la mémoire. Seulement, au lieu d'une mémoire constituée, comme fonction du passé qui rapporte un récit, nous assistons à la naissance de la mémoire, comme fonction du futur qui retient ce qui se passe pour en faire l'objet à venir de l'autre mémoire. C'est ce que Mankiewicz a compris très profondément : la mémoire ne pourrait jamais évoquer et raconter le passé si elle ne s'était déjà constituée au moment où le passé était encore présent, donc dans un but à venir. C'est même en cela qu'elle est une conduite : c'est dans le présent qu'on se fait une mémoire, pour s'en servir dans le futur quand le présent sera passé [10]. C'est cette mémoire du présent qui fait communiquer du dedans les deux éléments, la mémoire romanesque telle qu'elle apparaît dans le récit rapporteur, le présent théâtral tel qu'il apparaît dans les dialogues rapportés. C'est ce tiers circulant qui donne à l'ensemble une valeur totalement cinématographique. C'est ce rôle d'épieur, ou de témoin involontaire, qui donne toute sa force au cinéma de Mankiewicz : naissance visuelle et

---

10. C'est en ce sens que Janet l'entendait, en définissant la mémoire comme conduite de récit : je me souviens, je me constitue une mémoire pour raconter. Mais déjà Nietzsche, qui définissait la mémoire comme conduite de promesse : je me constitue une mémoire pour être capable de promettre, de tenir une promesse.

auditive de la mémoire. D'où la manière dont on retrouve chez lui les deux aspects distincts du hors-champ : un à-côté renvoyant au personnage qui surprend la bifurcation, un au-delà renvoyant au personnage qui la rapporte au passé (parfois le même personnage, parfois un autre).

Mais, s'il est vrai que le flash-back et l'image-souvenir trouvent ainsi leur raison dans ces bifurcations du temps, cette raison, tout comme nous l'avons vu dans le cas très différent de Carné, peut agir directement, sans passer par le flash-back, en dehors de toute mémoire. C'est notamment vrai pour les deux grands films théâtraux, shakespeariens, « *Jules César* » et « *Cléopâtre* ». Il est vrai que le caractère historique de ces films tient déjà lieu de mémoire (et, dans « *Cléopâtre* », la technique des fresques qui s'animent). Reste que les bifurcations du temps y prennent un sens direct qui déjoue le flash-back. L'interprétation du Jules César de Shakespeare par Mankiewicz insiste sur l'opposition psychologique de Brutus et de Marc-Antoine. C'est que Brutus apparaît comme un personnage absolument linéaire : sans doute est-il déchiré par son affection pour César, sans doute est-il orateur et politique habiles, mais son amour de la république lui trace une voie toute droite. Nous disions qu'il n'y avait pas chez Mankiewicz de personnage à développement linéaire. Il y a pourtant Brutus. Mais, justement, après avoir parlé au peuple, il permet à Marc-Antoine de parler à son tour, sans rester lui-même ou laisser un *observateur* : il se retrouvera proscrit, promis à la défaite, seul et acculé au suicide, figé dans sa rectitude avant d'avoir pu rien comprendre à ce qui s'est passé. Marc-Antoine au contraire est l'être fourchu par excellence : se présentant comme soldat, jouant de son parler malhabile, à la voix rauque, aux articulations incertaines, aux accents plébéiens, il tient un discours extraordinaire tout en bifurcations, qui va retourner le peuple romain (l'art de Mankiewicz et la voix de Brando s'unissent ici dans une des plus belles scènes de cinéma-théâtre). Dans « *Cléopâtre* », enfin, c'est Cléopâtre qui est devenue l'éternelle bifurcante, la fourchue, l'ondoyante, tandis que Marc-Antoine (maintenant joué par Burton) n'est plus que livré à son amour fou, coincé entre le souvenir de César et la proximité d'Octave. Caché derrière un pilier, il assistera à l'une des bifurcations de Cléopâtre en face d'Octave, et s'enfuira dans le fond, mais toujours pour lui revenir. Lui aussi mourra sans comprendre ce qui a pu se passer, bien qu'il retrouve l'amour de Cléopâtre dans une ultime bifurcation de celle-ci. Tous les roses montant jusqu'aux ors témoignent pour l'universel ondoiement de Cléopâtre. Mankiewicz a répudié ce film, qui n'en reste pas moins splendide ; peut-être une de ses principales raisons était-elle qu'on lui a imposé trop de justifications rationnelles et pesantes des bifurcations de la reine.

Nous retrouvons la même conclusion : ou bien le flash-back est un simple écriteau conventionnel, ou bien il reçoit une justification d'ailleurs, le destin de Carné, le temps qui bifurque de Mankiewicz. Mais, dans ces derniers cas, ce qui donne au flash-back une nécessité ne le fait que relativement, conditionnellement, et peut s'exprimer autrement. C'est qu'il n'y a pas seulement une insuffisance du flash-back par rapport à l'image-souvenir ; *il y a plus profondément une insuffisance de l'image-souvenir par rapport au passé.* Bergson n'a pas cessé de rappeler que l'image-souvenir ne tenait pas d'elle-même la marque de passé, c'est-à-dire de « virtualité » qu'elle représente et incarne, et qui la distingue des autres types d'images. Si l'image se fait « image-souvenir », c'est seulement dans la mesure où elle a été chercher un « souvenir pur » là où il était, pure virtualité contenue dans les zones cachées du passé tel qu'en soi-même... : « Les purs souvenirs, appelés du fond de la mémoire se développent en souvenirs-images » ; « Imaginer n'est pas se souvenir. Sans doute un souvenir, à mesure qu'il s'actualise, tend à vivre dans une image, mais la réciproque n'est pas vraie, et l'image pure et simple ne me reportera au passé que si c'est en effet dans le passé que je suis allé la chercher, suivant ainsi le progrès continu qui l'a amenée de l'obscurité à la lumière [11]. » Contrairement à notre première hypothèse, ce n'est donc pas l'image-souvenir qui suffit à définir la nouvelle dimension de la subjectivité. Nous demandions : quand une image présente et actuelle a perdu son prolongement moteur, avec quelle image virtuelle entre-t-elle en rapport, les deux images formant un circuit où elles courent l'une derrière l'autre et se réfléchissent l'une dans l'autre ? Or l'image-souvenir n'est pas virtuelle, elle actualise pour son compte une virtualité

---

11. *MM*, p. 270 (140) et p. 278 (150).

(que Bergson appelle « souvenir pur »). C'est pourquoi l'image-souvenir ne nous livre pas le passé, mais représente seulement l'ancien présent que le passé « a été ». L'image-souvenir est une image actualisée ou en voie d'actualisation, qui ne forme pas avec l'image actuelle et présente un circuit d'indiscernabilité. Est-ce parce que le circuit est trop large, ou au contraire pas assez ? En tout cas, encore une fois, l'héroïne d'« *Europe 51* » n'évoque pas une image-souvenir. Et même quand un auteur procède par flash-back, il subordonne le flash-back à d'autres processus qui le fondent, et l'image-souvenir, à des images-temps plus profondes (non seulement Mankiewicz, mais Welles, Resnais, etc.).

Il est certain que la reconnaissance attentive, quand elle réussit, se fait *par* images-souvenir : c'est l'homme que j'ai rencontré la semaine dernière à tel endroit... Mais c'est justement cette réussite qui permet au flux sensori-moteur de reprendre son cours temporairement interrompu. Si bien que Bergson ne cesse pas de tourner autour de la conclusion suivante, qui va également hanter le cinéma : la reconnaissance attentive nous renseigne beaucoup plus quand elle échoue que quand elle réussit. Lorsqu'on n'arrive pas à se rappeler, le prolongement sensori-moteur reste suspendu, et l'image actuelle, la perception optique présente, ne s'enchaîne ni avec une image motrice, ni même avec une image-souvenir qui rétablirait le contact. Elle entre plutôt en rapport avec des éléments authentiquement virtuels, sentiments de déjà-vu ou de passé « en général » (j'ai dû voir déjà cet homme quelque part...), images de rêve (j'ai l'impression de l'avoir vu en rêve...), fantasmes ou scènes de théâtre (il a l'air de tenir un rôle qui m'est familier...). Bref, ce n'est pas l'image-souvenir ou la reconnaissance attentive qui nous donne le juste corrélat de l'image optique-sonore, ce sont plutôt les troubles de la mémoire et les échecs de la reconnaissance.

3

C'est pourquoi le cinéma européen s'est confronté très tôt à un ensemble de phénomènes, amnésie, hypnose, hallucination, délire, vision des mourants, et surtout cauchemar et rêve. C'était un aspect important du cinéma soviétique, et de ses alliances variables avec le futurisme, le constructivisme, le formalisme ; de l'expressionnisme allemand et de ses alliances variables avec la psychiatrie, avec la psychanalyse ; ou de l'école française et de ses alliances variables avec le surréalisme. Le cinéma européen y voyait un moyen de rompre avec les limites « américaines » de l'image-action, et aussi d'atteindre à un mystère du temps, d'unir l'image, la pensée et la caméra dans une même « subjectivité automatique », par opposition à la conception trop objective des Américains [12]. En effet, ce qu'il y a de commun d'abord entre tous ces états, c'est qu'un personnage se trouve en proie à des sensations visuelles et sonores (ou même tactiles, cutanées, cénesthésiques) qui ont perdu leur prolongement moteur. Ce peut être une situation-limite, l'imminence ou la conséquence d'un accident, la proximité de la mort, mais aussi les états plus banals du sommeil, du rêve ou d'un trouble d'attention. Et, en second lieu, ces sensations et perceptions actuelles ne sont pas moins coupées d'une reconnaissance mémorielle que d'une reconnaissance motrice : aucun groupe déterminé de souvenirs ne vient leur correspondre, et s'ajuster à la situation optique et sonore. Mais, ce qui est très différent, c'est tout un « panorama » temporel, un ensemble instable de souvenirs flottants, images d'un passé *en général* qui défilent avec une rapidité vertigineuse, comme si le temps conquérait une liberté profonde. On dirait qu'à l'impuissance motrice du personnage répond maintenant une mobilisation totale et anarchique du passé. Les fondus et les surimpressions se déchaînent. C'est ainsi que l'expressionnisme a tenté de restituer la « vision panoramique » de ceux qui se sentent vitalement menacés ou perdus : images surgies de l'inconscient d'une opérée, « *Narcose* » d'Alfred Abel, d'un agressé, « *Attaque* » de Metzner, d'un homme en train de se noyer, « *Le Dernier Moment* » de Fejos. (« *Le jour se lève* » tend vers

---

12. Epstein, dans toute son œuvre écrite, a insisté sur ces états subjectifs et oniriques qui caractérisaient selon lui le cinéma européen, notamment français : *Écrits*, II, p. 64 sq. Le cinéma soviétique affrontait les états de rêve (Eisenstein, Dovjenko...), mais aussi des états pathologiques du type amnésie, avec reconstitution de lambeaux de souvenirs : Ermler, « *L'Homme qui a perdu la mémoire* ». La rencontre de l'expressionnisme avec la psychanalyse se fit directement vers 1927, dans le film de Pabst auquel Abraham et Sachs collaborèrent, malgré les réticences de Freud : « *Les Mystères d'une âme* », qui traitait des états obsessionnels d'un homme qui rêve de tuer sa femme avec un couteau.

cette limite, le héros s'approchant d'une mort inévitable). Il en est de même pour les états de rêve ou d'extrême relâchement sensori-moteur : les perspectives purement optiques ou sonores d'un présent désinvesti n'ont plus de lien qu'avec un passé déconnecté, souvenirs d'enfance flottants, fantasmes, impressions de déjà-vu. C'est encore le contenu le plus immédiat ou le plus apparent de « *8 1/2* » de Fellini : depuis le surmenage et la chute de tension du héros, jusqu'à la vision panoramique finale, en passant par le cauchemar du souterrain et de l'homme-cerf-volant qui sert d'ouverture au film.

La théorie bergsonienne du rêve montre que le dormeur n'est nullement fermé aux sensations du monde extérieur et intérieur. Toutefois, il les met en rapport, non plus avec des images-souvenir particulières, mais avec des nappes de passé fluides et malléables qui se contentent d'un ajustement très large ou flottant. Si l'on se reporte au schéma précédent de Bergson, *le rêve représente le circuit apparent le plus vaste ou « l'enveloppe extrême » de tous les circuits* [13]. Ce n'est plus le lien sensori-moteur de l'image-action dans la reconnaissance habituelle, mais ce ne sont pas davantage les circuits variables perception-souvenir qui viennent y suppléer dans la reconnaissance attentive, ce serait plutôt la liaison faible et désagrégative entre une sensation optique (ou sonore) et une vision panoramique, entre une image sensorielle quelconque et une image-rêve totale.

Quelle est plus précisément la différence entre une image-souvenir et une image-rêve ? Nous partons d'une image-perception, dont la nature est d'être actuelle. Le souvenir, au contraire, ce que Bergson appelle « souvenir pur », est nécessairement une image virtuelle. Mais, dans le premier cas, il devient lui-même actuel dans la mesure où il est appelé par l'image-perception. Il s'actualise dans une image-souvenir qui correspond à l'image-perception. Le cas du rêve fait apparaître deux différences importantes. D'une part les perceptions du dormeur subsistent, mais à l'état diffus d'une poussière de sensations actuelles, extérieures et intérieures,

---

13. *MM*, p. 251 (116). Dans les chapitres II et III de *Matière et mémoire*, et III, IV et V de *L'Énergie spirituelle*, Bergson témoigne de son intérêt constant pour les phénomènes de mémoire, de rêve et d'amnésie, mais aussi de « déjà-vu », de « vision panoramique » (vision des mourants, « noyés et pendus »). Il invoque quelque chose d'analogue à l'accélération cinématographique : *ES*, p. 895 (106).

qui ne sont pas saisies pour elles-mêmes, échappant à la conscience. D'autre part l'image virtuelle qui s'actualise ne le fait pas directement, mais s'actualise dans une autre image, qui joue elle-même le rôle d'image virtuelle s'actualisant dans une troisième, à l'infini : le rêve n'est pas une métaphore, mais une série d'anamorphoses qui tracent un très grand circuit. Ces deux caractères sont liés. Quand le dormeur est livré à la sensation lumineuse actuelle d'une surface verte trouée de taches blanches, le rêveur qui gît dans le dormeur peut évoquer l'image d'une prairie parsemée de fleurs, mais celle-ci ne s'actualise qu'en devenant déjà l'image d'un billard garni de boules, qui ne s'actualise pas sans devenir autre chose à son tour. Ce ne sont pas des métaphores, mais un devenir qui peut en droit se poursuivre à l'infini. Dans « *Entracte* » de René Clair, le tutu de la danseuse vue d'en dessous « s'épanouit comme une fleur », et la fleur « ouvre et referme sa corolle, élargit ses pétales, allonge ses étamines », pour repasser dans des jambes de danseuse qui s'écartent ; les lumières de la ville deviennent un « amas de cigarettes enflammées » dans les cheveux d'un homme qui joue aux échecs, cigarettes qui deviennent à leur tour « les colonnes d'un temple grec, puis d'un silo, tandis que l'échiquier laisse transparaître la place de la Concorde »[14]. Dans « *Un chien andalou* » de Buñuel, l'image du nuage effilé qui coupe la lune s'actualise, mais en passant dans celle du rasoir qui coupe l'œil, gardant ainsi le rôle d'image virtuelle par rapport à la suivante. Une touffe de poils devient oursin, qui se transforme en chevelure circulaire, pour faire place à un cercle de badauds. Si le cinéma américain a saisi au moins une fois ce statut de l'image-rêve, ce fut dans les conditions du burlesque de Buster Keaton, en vertu de son affinité naturelle avec le surréalisme, ou plutôt le dadaïsme. Dans le rêve de « *Sherlock Junior* », l'image de la chaise déséquilibrée dans le jardin fait place à la culbute dans la rue, puis au précipice au bord duquel le héros se penche, mais dans la gueule d'un lion, puis au désert et au cactus sur lequel il s'assied, puis à la petite colline qui donne naissance à une île battue par les flots, où il plonge dans une étendue déjà devenue neigeuse, d'où il sort pour se retrouver dans le

---

14. Mitry, *Le Cinéma expérimental*, Seghers, p. 96.

jardin. Il arrive que les images-rêve soient disséminées le long du film, de manière à pouvoir être reconstituées dans leur ensemble. Ainsi, avec « *La Maison du Dr Edwardes* » d'Hitchcock, le vrai rêve n'apparaît pas dans la séquence en carton-pâte de Dali, mais est distribué en éléments distants : ce sont les raies d'une fourchette sur une nappe qui deviendront rayures d'un pyjama, pour sauter dans les stries d'une couverture blanche, qui donnera l'espace évasé d'un lavabo, repris lui-même par un verre de lait grossi, livrant à son tour un champ de neige marqué par des traces parallèles de ski. Série d'images disséminées qui forment un grand circuit, dont chacune est comme la virtualité de l'autre qui l'actualise, jusqu'à ce que toutes ensemble rejoignent la sensation cachée qui n'a jamais cessé d'être actuelle dans l'inconscient du héros, celle du toboggan meurtrier.

Les images-rêve à leur tour semblent bien avoir deux pôles, qu'on peut distinguer d'après leur production technique. L'un procède par des moyens riches et surchargés, fondus, surimpressions, décadrages, mouvements complexes d'appareil, effets spéciaux, manipulations de laboratoire, allant jusqu'à l'abstrait, tendant à l'abstraction. L'autre au contraire est très sobre, opérant par franches coupures ou montage-cut, procédant seulement à un perpétuel décrochage qui « fait » rêve, mais entre objets demeurant concrets. La technique de l'image renvoie toujours à une métaphysique de l'imagination : c'est comme deux manières de concevoir le passage d'une image à l'autre. À cet égard, les états oniriques sont par rapport au réel un peu comme les états « anomaux » d'une langue par rapport à la langue courante : tantôt surcharge, complexification, sursaturation, tantôt au contraire élimination, ellipse, rupture, coupure, décrochage. Si ce second pôle apparaît nettement dans le « *Sherlock Junior* » de Keaton, le premier anime le grand rêve du « *Dernier des hommes* » de Murnau, où les battants de porte démesurés se fondent, se superposent et tendent vers des angles abstraits infiniment agités. L'opposition est particulièrement manifeste entre « *Entracte* » et « *Un chien andalou* » : le film de René Clair multiplie tous les procédés, et les fait tendre à l'abstraction cinétique de la folle course finale, tandis que le film de Buñuel opère avec les plus sobres moyens, et maintient la forme circulaire dominante dans des objets tou-

jours concrets qu'il fait se succéder par coupes franches [15].
Mais, quel que soit le pôle choisi, l'image-rêve obéit à la
même loi : un grand circuit où chaque image actualise la
précédente et s'actualise dans la suivante, pour revenir éventuellement à la situation qui l'a déclenché. Pas plus que
l'image-souvenir il n'assure donc l'indiscernabilité du réel et
de l'imaginaire. L'image-rêve est soumise à la condition
d'attribuer le rêve à un rêveur, et la conscience du rêve (le
réel) au spectateur. Buster Keaton accentue volontairement
la scission en faisant un cadre qui ressemble à un écran, de
telle manière que le héros passe de la semi-obscurité de la
salle au monde de l'écran tout illuminé...

Peut-être y a-t-il moyen de dépasser cette scission dans le
grand circuit, par des états de rêverie, de rêve éveillé, d'étrangeté ou de féérie. Pour l'ensemble de ces états, différents du
rêve explicite, Michel Devillers proposait une notion très intéressante, celle de « rêve impliqué » [16]. L'image optique et
sonore est bien coupée de son prolongement moteur, mais elle
ne compense plus cette perte en entrant en rapport avec des
images-souvenir ou des images-rêve explicites. Si nous essayons pour notre compte de définir cet état de rêve impliqué, nous dirons que l'image optique et sonore se prolonge
alors en *mouvement de monde*. Il y a bien retour au mouvement
(d'où son insuffisance encore). Mais ce n'est plus le personnage
qui réagit à la situation optique-sonore, c'est un mouvement
de monde qui supplée au mouvement défaillant du personnage. Il se produit une sorte de mondialisation ou « monda-
nisation », de dépersonnalisation, de pronominalisation du

---

15. Maurice Drouzy (*Luis Buñuel architecte du rêve*, Lherminier, p. 40-43),
analysant l'opposition des deux films, remarque qu'« *Un chien andalou* » procède surtout par plans fixes, et ne comporte que quelques plongées, fondus
et travellings avant ou arrière, une seule contre-plongée, un seul panoramique,
un seul ralenti ; ce pourquoi Buñuel lui-même y voyait une réaction contre les
films d'avant-garde de l'époque (non seulement « *Entracte* », mais « *La Coquille
et le Clergyman* » de Germaine Dulac, dont la richesse de moyens fut une des
raisons pour lesquelles Artaud, inventeur de l'idée et scénariste, se retourna
contre ce film). Toutefois, la conception sobre implique elle-même des prouesses techniques d'un autre genre : ainsi, sur les problèmes qui se posaient à
Keaton dans le rêve de « *Sherlock Junior* » (le procédé des transparences
n'existant pas), cf. David Robinson, *Buster Keaton*, Image et son, p. 53-54.

16. Michel Devillers, « Rêves informulés », *Cinématographe*, n° 35, février
1978. L'auteur cite notamment Louis Malle : « la grande nuit des *Amants*
repose sur une rêverie où l'implication tient à une dépersonnalisation ».

mouvement perdu ou empêché [17]. La route n'est pas glissante sans glisser sur elle-même. L'enfant terrifié ne peut pas fuir devant le danger, mais le monde se met à fuir pour lui et l'emporte avec soi, comme sur un tapis roulant. Les personnages ne bougent pas, mais, comme dans un film d'animation, la caméra fait bouger le chemin sur lequel ils se déplacent « immobiles à grand pas ». Le monde prend sur soi le mouvement que le sujet ne peut plus ou ne peut pas faire. C'est un mouvement virtuel, mais qui s'actualise au prix d'une expansion de l'espace tout entier et d'un étirement du temps. C'est donc la limite du plus grand circuit. Certes, ces phénomènes apparaissent déjà dans le rêve : dans le rêve de « *Los Olvidados* » de Buñuel, la Vierge au quartier de viande, l'enfant est lentement aspiré vers la viande plus qu'il ne s'élance lui-même ; dans le cauchemar de « *Fantôme* » de Murnau, le rêveur poursuit le carrosse, mais lui-même est poussé par l'ombre des maisons qui le poursuivent. Toutefois, il nous semble que le rêve explicite contient ou retient ces mouvements de monde, qui se libèrent au contraire dans le rêve impliqué.

Une des premières grandes œuvres en ce sens fut « *La Chute de la maison Usher* » d'Epstein : les perceptions optiques de choses, paysages ou meubles, se prolongent en gestes infiniment étirés qui dépersonnalisent le mouvement. Le ralenti libère le mouvement de son mobile pour en faire un glissement de monde, un glissement de terrain, jusqu'à la chute finale de la maison. « *Peter Ibbetson* » d'Hathaway est moins un film américain de rêve qu'un rêve impliqué, culminant avec l'avalanche de pierres et l'écroulement du château fait de nuages. Le film unique de Laughton, « *La Nuit du chasseur* », nous fait assister à la grande poursuite des enfants par le prédicant ; mais celui-ci est dépossédé de son propre mouvement de poursuite au profit de sa silhouette comme ombre chinoise, tandis que la Nature entière prend sur soi le mouvement de fuite des enfants, et que la barque où ils se réfugient semble elle-même un abri immobile sur une île flottante ou un tapis roulant. Dans la plupart de ses films, Louis Malle a procédé plus ou moins évidemment par mouvement de monde, d'où la féérie de cette œuvre : le coup

---

17. Cette notion (« le fait d'être aspiré par le monde ») a son origine dans les travaux psychiatriques de Binswanger.

de foudre des « *Amants* » se confond avec le prolongement du parc et de la lune dans la promenade en barque ; les états de corps eux-mêmes s'enchaînent avec des mouvements de monde. Dès « *Ascenseur pour l'échafaud* », c'était l'arrêt de l'ascenseur qui inhibait le mouvement du meurtrier pour y substituer des mouvements de monde entraînant les autres personnages. Tout culmine dans « *Black Moon* », où les mouvements dépersonnalisés entraînent l'héroïne à la licorne d'un monde à un autre, et un autre encore : c'est en fuyant les images initiales de la violence que l'héroïne passe d'un monde à l'autre, au sens où Sartre dit que chaque rêve est un monde, et même chaque phase ou chaque image de rêve [18]. Chacun est marqué d'animaux, peuplé d'inversions (inversions sonores de la parole, aberrations de comportements telles que la vieille dame converse avec les rats et tète le sein de la jeune fille). Chez Malle, c'est toujours un mouvement de monde qui porte le personnage jusqu'à l'inceste, à la prostitution ou à l'infamie, et le rend capable d'un crime comme en rêvait le vieil homme mythomane (« *Atlantic city* »). Dans l'ensemble du cinéma féérique, ces mouvements mondialisés, dépersonnalisés, pronominalisés, avec leur ralenti ou leur précipitation, avec leurs inversions, passent aussi bien par la Nature que par l'artifice et l'objet fabriqué. C'était déjà toute une féérie de l'artifice et de l'inversion que L'Herbier avait montée dans « *La Nuit fantastique* », pour prolonger les états d'un dormeur apparent. Et le néo-réalisme lui-même ne se renie pas, mais au contraire reste fidèle à ses buts, quand il prolonge les situations optiques et sonores dans des mouvements artificiels, et pourtant cosmiques, qui entraînent les personnages : non seulement la féérie de De Sica dans « *Miracle à Milan* », mais tous les parcs d'attraction de Fellini, avec trottoirs roulants, toboggans, tunnels, escalators, fusée ou grand huit, qui « doivent conduire le visiteur-spectateur d'un espace-temps spécifique à un autre espace-temps pareillement autonome » (notamment « *Cité des femmes* ») [19].

Par excellence, la comédie musicale est le mouvement dépersonnalisé et pronominalisé, la danse qui trace un monde onirique en se faisant. Chez Berkeley, les girls multipliées et

---

18. Sartre, *L'Imaginaire*, Gallimard, p. 324-325.
19. Amengual, *Fellini II, Études cinématographiques*, p. 90.

reflétées forment un prolétariat féérique dont les corps, les jambes et les visages sont les pièces d'une grande machine à transformation : les « figures » sont comme des vues kaléidoscopiques qui se contractent et se dilatent dans un espace terrestre ou aquatique, le plus souvent saisies d'en haut, tournant autour de l'axe vertical et se transformant les unes dans les autres pour aboutir à de pures abstractions [20]. Certes, même chez Berkeley, à plus forte raison dans la comédie musicale en général, le danseur ou le couple gardent une individualité comme source créatrice du mouvement. Mais, ce qui compte, c'est la manière dont le génie individuel du danseur, la subjectivité, passe d'une motricité personnelle à un élément supra-personnel, à un mouvement de monde que la danse va tracer. C'est le moment de vérité où le danseur marche encore, mais déjà somnambule qui va être possédé par le mouvement qui semble l'appeler : on le trouve chez Fred Astaire dans la promenade qui devient danse insensiblement (« *The Band Wagon* » de Minnelli) aussi bien que chez Kelly, dans la danse qui semble naître de la dénivellation du trottoir (« *Chantons sous la pluie* » de Donen). Entre le pas moteur et le pas de danse, il y a parfois ce qu'Alain Masson appelle un « degré zéro », comme une hésitation, un décalage, un retardement, une série de ratés préparatoires (« *Suivons la flotte* » de Sandrich), ou au contraire une brusque naissance (« *Top hat* »). On a souvent opposé le style d'Astaire et celui de Kelly. Et certainement, chez l'un, le centre de gravité passe hors de son corps mince, flotte hors de lui, défie la verticalité, tangue, parcourt une ligne qui n'est plus que celle de sa silhouette, de son ombre ou de ses ombres, si bien que ce sont ses ombres qui dansent avec lui (« *Swing time* » de Stevens). Tandis que, chez l'autre, le centre de gravité s'enfonce verticalement dans un corps dense, pour dégager et faire lever de l'intérieur le mannequin qu'est le danseur. « De puissants mouvements de balancier accroissent souvent l'enthousiasme et la force d'un Kelly, la manière dont il se donne du ressort avec un bond est parfois facile à percevoir. Les gestes d'Astaire s'enchaînent au contraire par une volonté claire de l'intelligence, sans jamais abandonner au corps le mouvement », et

---

20. Sur la verticalité et la vision kaléidoscopique chez Busby Berkeley, cf. Mitry, *Histoire du cinéma*, Delarge, IV, p. 185-188, et V, p. 582-583.

définissent des « ombres successives et parfaites » [21]. On dirait
les deux extrêmes de la grâce tels que Kleist les définissait,
« dans le corps d'un homme dépourvu de toute conscience
et de celui qui possède une conscience infinie », Kelly et
Astaire. Mais, dans les deux cas, la comédie musicale ne se
contente pas de nous faire entrer dans la danse, ou, ce qui
revient au même, de nous faire rêver. L'acte cinématographique consiste en ceci que le danseur lui-même entre en danse,
comme on entre en rêve. Si la comédie musicale nous présente
explicitement tant de scènes fonctionnant comme des rêves
ou de pseudo-rêves à métamorphoses (« *Chantons sous la
pluie* », « *The Band Wagon* », et surtout « *Un Américain à
Paris* » de Minnelli), c'est parce qu'elle est tout entière un
gigantesque rêve, mais un rêve impliqué, et qui implique lui-
même le passage d'une réalité supposée au rêve.

Toutefois, même supposée, cette réalité est très ambiguë.
On peut en effet présenter les choses de deux façons. Ou
bien on considère que la comédie musicale nous donne
d'abord des images sensori-motrices ordinaires, où les personnages se trouvent dans des situations auxquelles ils vont
répondre par leurs actions, mais que, plus ou moins progressivement, leurs actions et mouvements personnels se transforment par la danse en mouvement de monde qui déborde
la situation motrice, quitte à y revenir, etc. Ou bien, au contraire, on considère que le point de départ n'était qu'en apparence une situation sensori-motrice : c'était plus profondément une situation optique et sonore pure qui avait déjà
perdu son prolongement moteur, c'était une pure description
qui avait déjà remplacé son objet, un pur et simple décor.
Alors le mouvement de monde répond directement à l'appel
des opsignes et des sonsignes (et le « degré zéro » ne témoigne plus d'une transformation progressive, mais de l'annula-
tion des liens sensori-moteurs ordinaires). Dans un cas, pour
parler comme Masson, on passe du narratif au spectaculaire,
on accède au rêve impliqué ; dans l'autre cas, on va du spectaculaire au spectacle, comme du décor à la danse, dans
l'intégralité d'un rêve impliqué qui enveloppe même la marche. Les deux points de vue se superposent dans la comédie

---

21. Alain Masson, *La Comédie musicale*, Stock, p. 49-50. (Et, sur ce que
Masson appelle « le degré zéro » ou « entrer en danse », cf. p. 112-114, 122,
220).

musicale, mais il est évident que le second est plus compréhensif. Chez Stanley Donen, la situation sensori-motrice laisse transparaître des « vues plates », cartes postales ou clichés de paysages, villes, silhouettes. Elle laisse place à ces situations purement optiques et sonores, où la couleur prend une valeur fondamentale, et où l'action elle-même aplatie ne se distingue plus d'un élément mobile du décor coloré. Alors la danse surgit directement comme la puissance onirique qui donne profondeur et vie à ces vues plates, qui déploie tout un espace dans le décor et au-delà, qui donne à l'image un monde, l'entoure d'une atmosphère de monde (« *Pique-nique en pyjama* », « *Chantons sous la pluie* », non seulement la danse dans la rue, mais le final de Broadway). « La danse assurera donc la transition entre la vue plate et l'ouverture de l'espace [22]. » Elle sera le mouvement de monde qui correspond, dans le rêve, à l'image optique et sonore.

Il revenait à Minnelli de découvrir que la danse ne donne pas seulement un monde fluide aux images, mais qu'il y a autant de mondes que d'images : « chaque image, disait Sartre, s'entoure d'une atmosphère de monde ». La pluralité des mondes est la première découverte de Minnelli, sa position astronomique dans le cinéma. Mais alors comment passer d'un monde à l'autre ? Et c'est la seconde découverte : la danse n'est plus seulement mouvement de monde, mais passage d'un monde à un autre, entrée dans un autre monde, effraction et exploration. Il ne s'agit plus de passer d'un monde réel en général aux mondes oniriques particuliers, puisque le monde réel supposerait déjà ces passerelles que les mondes du rêve semblent nous interdire, comme dans l'inversion de « *Brigadoon* » où l'on ne voit plus que dans une immense plongée la réalité dont nous sépare le village immortel et clos. Chaque monde, chaque rêve chez Minnelli est fermé sur soi, refermé sur tout ce qu'il contient, y compris le rêveur. Il a ses somnambules prisonniers, ses femmes-panthères, ses gardiennes et ses sirènes. Chaque décor atteint à sa plus grande puissance, et devient pure description de monde qui remplace la situation [23]. La couleur est rêve, non

---

22. Cf. l'excellente analyse de Donen par Alain Masson, p. 99-103.

23. Tristan Renaud, « Minnelli », *Dossiers du cinéma* : « Le décor n'est pas intégré à la mise en scène pour en devenir un des éléments constituants, il en est le moteur », au point que la dynamique des films de Minnelli, plus impor-

pas parce que le rêve est en couleurs, mais parce que les couleurs chez Minnelli acquièrent une haute valeur absorbante, presque dévoratrice. Il faut donc s'insinuer, se laisser absorber, sans toutefois se perdre ou se faire happer. La danse n'est plus le mouvement de rêve qui trace un monde, mais elle s'approfondit, redouble en devenant le seul moyen d'entrer dans un autre monde, c'est-à-dire dans le monde d'un autre, dans le rêve ou dans le passé d'un autre. « *Yolanda* » et « *Le Pirate* » seront les deux grandes réussites où Astaire, puis Kelly, s'introduisent respectivement dans un rêve de jeune fille, non sans danger mortel [24]. Et, dans toutes les œuvres qui ne sont pas de comédie musicale, mais simples comédies ou drames, il faut à Minnelli un équivalent de danse et de chanson qui, toujours, introduit le personnage dans le rêve de l'autre. Dans « *Lame de fond* », la jeune femme ira jusqu'au fond du cauchemar de son mari, sur un air de Brahms, pour atteindre au rêve et à l'amour du frère inconnu, passant ainsi d'un monde à un autre. C'est un escalator comme mouvement de monde qui, dans « *L'Horloge* », casse le talon de chaussure de la jeune fille et l'emporte dans le rêve éveillé du soldat permissionnaire. Avec le grandiose « *Les Quatre Cavaliers de l'apocalypse* », il faut le lourd galop des cavaliers et le souvenir terrible du père foudroyé pour arracher l'esthète à son propre rêve et le faire pénétrer dans le cauchemar généralisé de la guerre. La réalité dès lors sera nécessairement conçue tantôt comme le fond d'un cauchemar, lorsque le héros meurt d'être ainsi prisonnier du rêve de l'Autre (non seulement « *Les Quatre Cavaliers* », mais dans « *Brigadoon* » la mort de celui qui tente de s'échapper), tantôt comme un accord des rêves entre eux, suivant une fin heureuse où chacun se retrouve en s'absorbant dans l'opposé (ainsi, dans « *La Femme modèle* », le danseur qui réconcilie les deux mondes en lutte). Le rapport du décor-description et du mouvement-danse n'est plus, comme chez Donen, celui d'une vue plate avec un déploiement d'espace, mais celui

---

tante que le récit, « pourrait se réduire à un voyage à travers un certain nombre de décors qui mesureraient très exactement l'évolution du personnage ».

24. Jacques Fieschi a analysé cette « part sombre » du rêve chez Minnelli : dans « *Yolanda* », les lavandières griffues tentent de capturer l'homme avec des draps ; et, dans « *Le Pirate* », l'homme n'est pas seulement absorbé dans le rêve de la jeune fille, mais celle-ci entre dans une transe violente sous l'influence de la boule du magicien (*Cinématographe*, n° 34, janvier 1978, p. 16-18).

d'un monde absorbant avec un passage entre mondes, pour le meilleur ou pour le pire. Jamais autant que chez Minnelli la comédie musicale n'a approché d'un mystère de la mémoire, du rêve et du temps, comme d'un point d'indiscernabilité du réel et de l'imaginaire. Étrange et fascinante conception du rêve, où le rêve est d'autant plus impliqué qu'il renvoie toujours au rêve d'un autre, ou bien, comme dans le chef-d'œuvre « *Mme Bovary* », constitue lui-même pour son sujet réel une puissance dévorante, impitoyable.

Peut-être le renouvellement du burlesque par Jerry Lewis doit-il beaucoup de ses facteurs à la comédie musicale. On pourrait résumer sommairement la succession des âges du burlesque : tout a commencé par une exaltation démesurée des situations sensori-motrices, où les enchaînements de chacune étaient grossis et précipités, prolongés à l'infini, où les croisements et les chocs entre leurs séries causales indépendantes étaient multipliés, formant un ensemble proliférant. Et dans le deuxième âge cet élément subsistera, avec des enrichissements et des purifications (les trajectoires de Keaton, les séries montantes de Lloyd, les séries décomposées de Laurel et Hardy). Mais ce qui caractérise ce deuxième âge, c'est l'introduction d'un très fort élément émotif, affectif, dans le schéma sensori-moteur : il s'incarne tantôt dans la pure qualité du visage impassible et réflexif de Buster Keaton, tantôt dans la puissance du visage intensif et variable de Chaplin, suivant les deux pôles de l'image-affection ; toutefois, dans les deux cas, il s'insère et se répand dans la forme de l'action, soit qu'il ouvre la « petite forme » de Chaplin, soit qu'il comble et convertisse la « grande forme » de Keaton. Cet élément affectif se retrouve dans les Pierrots lunaires du burlesque : Laurel est lunatique, mais aussi Langdon dans ses sommeils irrésistibles et ses rêves éveillés, et le personnage muet d'Harpo Marx, dans la violence de ses pulsions et la paix de sa harpe. Mais toujours, même chez Langdon, l'élément affectif reste pris dans les dédales du schéma sensori-moteur ou de l'image-mouvement, donnant aux chocs et rencontres de séries causales une nouvelle dimension qui leur manquait au premier âge. Le troisième âge du burlesque implique le parlant, mais le parlant n'intervient ici que comme le support ou la condition d'une nouvelle image : c'est l'image mentale qui porte à sa limite la trame sensori-motrice, en en réglant cette fois les détours, les rencontres, les chocs sur une chaîne de relations logiques aussi irréfutables qu'absurdes ou provocatrices. Cette image mentale, c'est l'image discursive telle qu'elle apparaît dans les grands discours des films parlants de Chaplin ; c'est aussi l'image-argument dans les non-sens de Groucho Marx ou de Fields. Si sommaire que soit cette analyse, elle peut faire pressentir comment un quatrième stade ou âge va surgir : une rupture des liens sensori-moteurs, une instauration de pures situations optiques et sonores qui, au lieu de se prolonger en action, entrent dans un circuit revenant sur elles-mêmes, puis relancent un autre circuit. C'est ce qui apparaît avec Jerry Lewis. Le décor vaut pour lui-même, description pure ayant remplacé son objet, comme la célèbre maison de jeunes filles tout entière vue en coupe, dans « *Ladies' Man* », tandis que l'action fait place au grand ballet de la Dévoreuse et du héros devenu danseur. C'est en ce sens que le burlesque de Jerry Lewis prend source dans la comédie musicale[25]. Et même sa démarche semble autant de ratés de danse, un « degré zéro » prolongé et renouvelé, varié de toutes les manières possibles, jusqu'à ce que naisse la danse parfaite (« *The Pasty* »).

Les décors présentent une intensification des formes, des couleurs et des sons. Le personnage de Jerry Lewis, involué plutôt qu'infantile, est tel que tout lui résonne dans la tête et dans l'âme ; mais, inversement, ses moindres gestes esquissés ou inhibés, et les sons inarticulés qu'il émet, résonnent à leur tour, parce qu'ils déclenchent un mouvement de monde qui va jusqu'à la catastrophe (la destruction du décor chez le professeur de musique dans « *The Pasty* »), ou qui passe d'un monde à un autre, dans un broiement de couleurs, une métamorphose des formes et une mutation des sons (« *The Nutty Professor* »). Lewis reprend une figure classique du cinéma américain, celle du *looser*, du perdant-né, qui se définit par ceci : il « en fait trop ». Mais voilà que, dans la dimension burlesque, ce « trop » devient un mouvement de monde qui le sauve et va le rendre gagnant. Son corps est agité de spasmes et de courants divers, d'ondes successives, comme lorsqu'il va lancer les dés (« *Hollywood or Bust* »). Ce n'est plus l'âge de l'outil ou de la machine, tels qu'ils apparaissent dans les

---

25. Cf. Robert Benayoun, *Bonjour monsieur Lewis*, Losfeld.

stades précédents, notamment dans les machines de Keaton que nous avons décrites. C'est le nouvel âge de l'électronique, et de l'objet téléguidé qui substitue des signes optiques et sonores aux signes sensori-moteurs. Ce n'est plus la machine qui se dérègle et devient folle, comme la machine à nourrir des « *Temps modernes* », c'est la froide rationalité de l'objet technique autonome qui réagit sur la situation et ravage le décor : non seulement la maison électronique et les tondeuses à gazon dans « *It's Only Money* », mais les caddies qui détruisent le libre-service (« *The Disorderly Orderly* ») et l'aspirateur qui dévore tout dans le magasin, marchandises, vêtements, clients, revêtement mural (« *Who's Minding the Store* ») [26]. Le nouveau burlesque ne vient plus d'une production d'énergie par le personnage, qui se propagerait et s'amplifierait comme naguère. Il naît de ce que le personnage se met (involontairement) sur un faisceau énergétique qui l'entraîne, et qui constitue précisément le mouvement de monde, une nouvelle manière de danser, de moduler : « l'ondulatoire à faible amplitude se substitue au mécanique de forte pesée et à l'envergure des gestes » [27]. C'est le cas, pour une fois, où l'on peut dire que Bergson est dépassé : le comique n'est plus du mécanique plaqué sur du vivant, mais du mouvement de monde emportant et aspirant le vivant. L'utilisation par Jerry Lewis de techniques modernes très poussées (notamment le circuit électronique qu'il a inventé) n'a d'intérêt que parce qu'elle correspond à la forme et au contenu de cette nouvelle image burlesque. Pures situations optiques et sonores, qui ne se prolongent plus en action, mais renvoient à une onde. Et c'est cette onde, mouvement de monde sur lequel le personnage est mis comme en orbite, qui va susciter les plus beaux thèmes de Jerry Lewis, dans cet onirisme très spécial ou cet état de

---

26. Les trois films cités sont de Tashlin. Mais la collaboration des deux hommes rend le partage difficile, et l'autonomie active de l'objet reste une constante des films de Lewis. Gérard Recasens (*Jerry Lewis*, Seghers) peut voir un fondement du comique de Lewis dans ce qu'il appelle « la personnification de l'objet », qu'il distingue des outils et machines du burlesque précédent : cette distinction fait appel à l'électronique, mais aussi à un nouveau type de mouvements et de gestes.

27. Gérard Rabinovitch a analysé cette mutation des gestes et des mouvements, nouveaux sports, danses et gymnastiques, qui correspondent avec l'âge électronique (*Le Monde*, 27 juillet 1980, p. XIII). On trouve chez Jerry Lewis toutes sortes de mouvements qui anticipent les danses récentes du type « break » ou « smurf ».

rêve impliqué : les « proliférations » par lesquelles le personnage burlesque en essaime d'autres (les six oncles de « *Family
Jewels* »), ou en implique d'autres qui se résorbent (les trois
de « *Three on a Couch* ») ; les « générations spontanées » de
visages, de corps ou de foules ; les « agglutinations » de personnages qui se rencontrent, se soudent et se séparent (« *The
Big Mouth* ») [28].

Ce nouvel âge du burlesque, Tati l'inventait de son côté,
sans qu'il y ait ressemblance mais beaucoup de correspon-
dances entre les deux auteurs. Avec Tati, la vitre, la « vitrine »,
devenait la situation optique et sonore par excellence. Le hall
d'attente de « *Playtime* », le parc d'exposition de « *Trafic* »
(aussi essentiels que le parc d'attractions chez Fellini) étaient
autant de décors-descriptions, opsignes et sonsignes qui constituaient la nouvelle matière du burlesque [29]. Le son, comme
nous le verrons, entre dans des rapports profondément créateurs avec le visuel, puisque tous deux cessent d'être inté-
grés dans de simples schèmes sensori-moteurs. Il suffit que
M. Hulot surgisse, avec sa démarche qui donne à chaque pas
naissance à un danseur qu'elle reprend et relance à nouveau :
une onde cosmique pénètre, comme le vent et la tempête dans
le petit hôtel de plage des « *Vacances de M. Hulot* » ; la maison
électronique de « *Mon oncle* » se détraque dans un mouvement dépersonnalisé, pronominalisé ; le restaurant de « *Playtime* » se défait dans un élan qui supprime une description
pour en faire naître une autre. M. Hulot est toujours prêt à
être emporté par les mouvements de monde qu'il fait naître,
ou plutôt qui l'attendent pour naître eux-mêmes. C'est une
ondulation de faible amplitude, tout le génie de Tati, mais qui
fait proliférer partout les M. Hulot, forme et défait les groupes, soude et sépare les personnages, dans une sorte de ballet
moderne, comme celui des petits pavés dans le jardin de
« *Mon oncle* », ou la scène d'apesanteur des mécaniciens de
« *Trafic* ». Le feu d'artifice anticipé, dans « *Les Vacances de*

---

28. Cf., du point de vue de l'onirisme chez Lewis, les deux grandes analyses
d'André Labarthe (*Cahiers du cinéma*, n° 132, juin 1962) et de Jean-Louis
Comolli (n° 197, février 1968). Comolli parle d'une « ubiquité des ondes [qui]
se propagent ».

29. Cf. Jean-Louis Schefer, « La vitrine », et Serge Daney « Éloge de Tati »,
Cahiers du cinéma, n° 303, septembre 1979. Dès « *Les Vacances de M. Hulot* »,
Bazin avait montré comment les situations s'ouvraient sur une image-temps
(*Qu'est-ce que le cinéma ?*, « M. Hulot et le temps », Éd. du Cerf).

M. Hulot », c'est déjà, comme Daney dit de « *Parade* », le sillage lumineux des couleurs dans un paysage électronique.

Tati sécrétait son propre onirisme, et réfrénait tout mouvement de comédie musicale qui pouvait en sortir, au profit de figures sonores et visuelles capables de constituer un nouvel op'art, un nouveau son'art. C'est Jacques Demy qui renoue, non pas avec la comédie musicale, mais avec un opéra chanté, un opéra populaire, dit-il. Il renoue peut-être avec ce qu'il y avait de plus original chez René Clair, quand la situation devenait pur décor valant pour lui-même, tandis que l'action faisait place à un ballet populaire chanté, où les groupes et les personnages se poursuivaient, se croisaient, jouaient au furet et aux quatre coins. On assiste chez Demy à des situations optiques et sonores incarnées par les décors-descriptions colorés, et qui ne se prolongent plus dans des actions, mais dans des chants opérant en quelque sorte un « décrochage », un « décalage » de l'action. On retrouve les deux niveaux : d'une part, des situations sensori-motrices définies par la ville, son peuple, ses classes, les relations, actions et passions des personnages. Mais, d'autre part, et plus profondément, la ville se confond avec ce qui fait décor en elle, passage Pommeraye ; et l'action chantée devient un mouvement de ville et de classes, où les personnages se croisent sans se connaître, ou bien au contraire se retrouvent, s'opposent, s'unissent, se brassent et se séparent dans une situation purement optique et sonore qui trace autour d'elle un rêve impliqué, « cercle enchanté » ou véritable « enchantement »[30]. Comme chez Lewis et chez Tati, c'est le décor qui remplace la situation, et le chassé-croisé qui remplace l'action.

---

30. Dès « *Lola* » (que Demy avait conçu comme une comédie chantée), Claude Ollier notait ces croisements ou recoupements de personnages, et ces « décalages » de l'action : *Souvenirs écran*, p. 42. De même, dans « *Une chambre en ville* », Jacques Fieschi note les scènes qui entrecroisent les personnages dans l'appartement de la colonelle, comme dans un « cercle enchanté » qui déborde la narration ; et Dominique Rinieri insiste sur l'autonomie picturale du décor, et le « décrochage de l'action » dans la musique (cf. *Cinématographe*, n° 82, octobre 1982).

1

Le cinéma ne présente pas seulement des images, il les entoure d'un monde. C'est pourquoi il a cherché très tôt des circuits de plus en plus grands qui uniraient une image actuelle à des images-souvenir, des images-rêve, des images-monde. N'est-ce pas cette extension que Godard met en question, dans « *Sauve qui peut la vie* », quand il s'en prend à la vision des mourants (« je ne suis pas mort, puisque ma vie n'a pas défilé sous mes yeux ») ? Ne fallait-il pas suivre la direction contraire ? Contracter l'image, au lieu de la dilater. Chercher le plus petit circuit qui fonctionne comme limite intérieure de tous les autres, et qui accole l'image actuelle à une sorte de double immédiat, symétrique, consécutif ou même simultané. Les circuits plus larges du souvenir ou du rêve supposent cette base étroite, cette pointe extrême, et non l'inverse. Une telle tendance apparaît déjà dans les liaisons par flash-back : chez Mankiewicz, un court-circuit se fait entre le personnage qui raconte « au passé », et le même en tant qu'il a surpris quelque chose pour pouvoir le raconter ; chez Carné, dans « *Le jour se lève* », tous les circuits de souvenirs qui nous ramènent chaque fois à la chambre d'hôtel reposent sur un petit circuit, le souvenir récent du meurtre qui vient justement d'avoir lieu dans cette même chambre. Si l'on va jusqu'au bout de cette tendance, on dira que l'image actuelle a elle-même une image virtuelle qui lui correspond comme un double ou un reflet. En termes bergsoniens, l'objet réel se réfléchit dans une image en miroir comme dans l'objet virtuel qui, de son côté et en même temps, enveloppe ou réfléchit le réel : il y a « coalescence » entre les deux [1]. Il y a formation d'une image biface, actuelle *et* virtuelle. C'est comme si une image en miroir, une photo, une carte postale s'animaient, prenaient de l'indépendance et passaient dans l'actuel, quitte à ce que l'image actuelle revienne dans le miroir, reprenne place dans la carte postale ou la photo, suivant un double mouvement de libération et de capture.

On reconnaît ici le genre de *description* tout à fait particulier qui, au lieu de porter sur un objet supposé distinct, ne cesse à la fois d'absorber et de créer son propre objet, d'après l'exigence de Robbe-Grillet [2]. Des circuits de plus en plus vastes pourront se développer, correspondant à des couches de plus en plus profondes de la réalité et à des niveaux de plus en plus hauts de la mémoire ou de la pensée. Mais c'est ce circuit le plus resserré de l'image actuelle et de *son* image virtuelle qui porte l'ensemble, et sert de limite intérieure. Nous avons vu comment, sur les parcours plus larges, la perception et le souvenir, le réel et l'imaginaire, le physique et le mental, ou plutôt leurs images se poursuivaient sans cesse, courant l'une derrière l'autre et renvoyant l'une à l'autre autour d'un point d'indiscernabilité. Mais ce point d'indiscernabilité, c'est précisément le plus petit cercle qui le constitue, c'est-à-dire la coalescence de l'image actuelle et de l'image virtuelle, l'image biface, actuelle et virtuelle à la fois. Nous appelions opsigne (et sonsigne) l'image actuelle coupée de son prolongement moteur : elle composait alors de grands circuits, elle entrait en communication avec ce qui pouvait apparaître comme des images-souvenir, des images-rêve, des images-monde. Mais voilà que l'opsigne trouve son véritable élément génétique quand l'image optique actuelle cristallise avec *sa propre* image virtuelle, sur le petit circuit intérieur. C'est une image-cristal, qui nous donne la raison, ou plutôt le

---

1. Bergson, *MM*, p. 274 (145) ; *ES*, p. 917 (136). Nous avons vu dans le chapitre précédent comment le schéma bergsonien des circuits présentait une apparence d'anomalie quand on considérait le cercle « le plus étroit », « le plus voisin de la perception immédiate » : *MM*, p. 250 (114).

2. C'est Jean Ricardou qui a développé la théorie des descriptions dans cette double direction de la « capture » et de la « libération » : tantôt des personnages et événements supposés réels se figent dans une « représentation », tantôt l'inverse : *Le Nouveau Roman*, Seuil, p. 112-121. Ces procédés sont fréquents dans les films de Robbe-Grillet.

« cœur » des opsignes et de leurs compositions. Ceux-ci ne sont plus que des éclats de l'image-cristal.

L'image-cristal, ou la description cristalline, a bien deux faces qui ne se confondent pas. C'est que la confusion du réel et de l'imaginaire est une simple erreur de fait, et n'affecte pas leur discernabilité : la confusion se fait seulement « dans la tête » de quelqu'un. Tandis que l'indiscernabilité constitue une illusion objective ; elle ne supprime pas la distinction des deux faces, mais la rend inassignable, chaque face prenant le rôle de l'autre dans une relation qu'il faut qualifier de présupposition réciproque, ou de réversibilité [3]. En effet, il n'y a pas de virtuel qui ne devienne actuel par rapport à l'actuel, celui-ci devenant virtuel sous ce même rapport : c'est un envers et un endroit parfaitement réversibles. Ce sont des « images mutuelles », comme dit Bachelard, où s'opère un échange [4]. L'indiscernabilité du réel et de l'imaginaire, ou du présent et du passé, de l'actuel et du virtuel, ne se produit donc nullement dans la tête ou dans l'esprit, mais est le caractère objectif de certaines images existantes, doubles par nature. Deux ordres de problèmes se posent alors, l'un de structure, l'autre de genèse. D'abord, quels sont ces consolidés d'actuel et de virtuel qui définissent une structure cristalline (en un sens esthétique général plutôt qu'en un sens scientifique) ? Et, plus tard, quelle est l'opération génétique qui apparaît dans ces structures ?

Le cas le plus connu est le miroir. Les miroirs en biais, les miroirs concaves et convexes, les miroirs vénitiens sont inséparables d'un circuit, comme on le voit dans toute l'œuvre d'Ophuls, et chez Losey, particulièrement dans « *Eva* » et « *The Servant* » [5]. Ce circuit lui-même est un échange : l'image en miroir est virtuelle par rapport au personnage actuel que

---

3. Cf. ce que Hjelmslev dit du « contenu » et de l'« expression » : « Il est impossible de soutenir qu'il soit légitime d'appeler l'une de ces grandeurs expression, et l'autre contenu, et non l'inverse ; elles ne sont définies que comme solidaires l'une de l'autre, et ni l'une ni l'autre ne peut l'être plus précisément. Prises séparément, on ne peut les définir que par opposition et de façon relative, comme des fonctifs d'une même fonction qui s'opposent l'un à l'autre » (*Prolégomènes à une théorie du langage*, Éd. de Minuit, p. 85).

4. Bachelard, *La Terre et les rêveries de la volonté*, Corti, p. 290 (à propos du cristal).

5. Sur « le mouvement d'appareil à 360° avec plusieurs miroirs », cf. Ciment, *Le Livre de Losey*, Stock, p. 261-262, 274.

le miroir saisit, mais elle est actuelle dans le miroir qui ne laisse plus au personnage qu'une simple virtualité et le repousse hors champ. L'échange est d'autant plus actif que le circuit renvoie à un polygone au nombre de côtés croissant : tel un visage réfléchi sur les facettes d'une bague, un acteur vu dans une infinité de jumelles. Quand les images virtuelles prolifèrent ainsi, leur ensemble absorbe toute l'actualité du personnage, en même temps que le personnage n'est plus qu'une virtualité parmi les autres. Cette situation était préfigurée dans « *Citizen Kane* » de Welles, lorsque Kane passe entre deux miroirs face à face ; mais elle surgit à l'état pur dans le célèbre palais des glaces de « *La Dame de Shanghai* », où le principe d'indiscernabilité atteint à son sommet : image-cristal parfaite où les miroirs multipliés ont pris l'actualité des deux personnages qui ne pourront la reconquérir qu'en les brisant tous, se retrouvant côte à côte et se tuant l'un l'autre.

L'image actuelle et *son* image virtuelle constituent donc le plus petit circuit intérieur, à la limite une pointe ou un point, mais un point physique qui n'est pas sans éléments distincts (un peu comme l'atome épicurien). Distincts, mais indiscernables, tels sont l'actuel et le virtuel qui ne cessent de s'échanger. Quand l'image virtuelle devient actuelle, elle est alors visible et limpide, comme dans le miroir ou la solidité du cristal achevé. Mais l'image actuelle devient virtuelle pour son compte, renvoyée ailleurs, invisible, opaque et ténébreuse, comme un cristal à peine dégagé de la terre. Le couple actuel-virtuel se prolonge donc immédiatement en opaque-limpide, expression de leur échange. Seulement, il suffit que les conditions (notamment de température) se modifient pour que la face limpide s'assombrisse, et que la face opaque acquière ou retrouve la limpidité. L'échange est relancé. Il y a bien distinction des deux faces, mais non pas discernabilité tant que les conditions ne sont pas précisées. Cette situation semble nous rapprocher de la science. Et ce n'est pas un hasard si on la trouve développée chez Zanussi en fonction d'une inspiration scientifique. Ce qui intéresse Zanussi, cependant, c'est le « pouvoir » de la science, son rapport avec la vie, et d'abord sa projection dans la vie des hommes de science eux-mêmes [6]. « *La Structure du cristal* » montre précisément

6. Serge Daney remarquait que, dans les cinémas de l'Est européen, le pouvoir scientifique prend une grande extension, parce qu'il est le seul qui

deux hommes de science dont l'un brille, possède déjà toute la lumière de la science officielle, de la science pure, tandis que l'autre s'est replié dans une vie opaque et des tâches obscures. Mais, sous un autre aspect, n'est-ce pas la face obscure qui devient lumineuse, même si cette lumière n'est plus celle de la science, même si elle se rapproche de la foi comme d'une « illumination » augustinienne, tandis que les représentants de la science pure deviennent singulièrement opaques et poursuivent les entreprises d'une volonté de puissance inavouable (« *Camouflage* », « *L'Impératif* ») ? Zanussi fait partie de ces auteurs qui, depuis Dreyer, ont su nourrir le dialogue d'un contenu religieux, métaphysique ou scientifique, tout en le maintenant comme la détermination la plus quotidienne, la plus triviale. Et cette réussite vient justement d'un principe d'indiscernabilité. Qu'est-ce qui est lumineux, le clair schéma scientifique d'une coupe de cerveau, ou la boîte crânienne opaque d'un moine en prière (« *Illumination* ») ? Entre les deux faces distinctes, un doute subsistera toujours, nous empêchant de savoir laquelle est limpide, laquelle est sombre, eu égard aux conditions. Dans « *La Constante* », les deux protagonistes « restent au milieu de leur combat, gelés et couverts de boue, tandis que le soleil se lève » [7]. C'est que les conditions renvoient au milieu, comme les conditions météorologiques qu'on retrouve constamment chez Zanussi. Le cristal ne se réduit plus à la position extérieure de deux miroirs face à face, mais à la disposition interne d'un germe par rapport au milieu. Quel sera le germe capable d'ensemencer le milieu, cette étendue désertique et neigeuse qui se déploie dans les films de Zanussi ? Ou bien, malgré l'effort des hommes, le milieu restera-t-il amorphe, en même temps que le cristal se vide de son intériorité, et que le germe est seulement un germe de mort, maladie mortelle ou suicide (« *Spirale* ») ? L'échange ou l'indiscernabilité se poursuivent donc de trois façons dans le circuit cristallin : l'actuel et le virtuel (ou les deux miroirs face à face) ; le limpide et l'opaque ; le germe et le milieu. Zanussi

peut être montré et soumis à la critique (le pouvoir politique étant intouchable) : d'où la coexistence d'un vécu quotidien et d'un discours scientifique « off ». Cf. *La Rampe*, Cahiers du cinéma-Gallimard, p. 99 (à propos de Zanussi et de Makavejev).

7. Peter Cowie, « La chute d'un corps », *Cinématographe*, n° 87, mars 1983, p. 6. Cet article contient une excellente analyse d'ensemble de l'œuvre de Zanussi.

tente de faire passer le cinéma tout entier sous ces divers aspects d'un principe d'incertitude.

Zanussi a fait de l'homme de science un acteur, c'est-à-dire un être dramatique par excellence. Mais c'était déjà la situation de l'acteur en lui-même : le cristal est une scène, ou plutôt une piste, avant d'être un amphithéâtre. L'acteur est accolé à son rôle public : il rend actuelle l'image virtuelle du rôle, qui devient visible et lumineux. L'acteur est un « monstre », ou plutôt les monstres sont des acteurs-nés, siamois ou homme-tronc, parce qu'ils trouvent un rôle dans l'excès ou le défaut qui les frappent. Mais plus l'image virtuelle du rôle devient actuelle et limpide, plus l'image actuelle de l'acteur passe dans les ténèbres et devient opaque : il y aura une entreprise privée de l'acteur, une sombre vengeance, une activité criminelle ou justicière singulièrement obscure. Et cette activité souterraine se dégagera, se fera visible à son tour, à mesure que le rôle interrompu retombera dans l'opaque. On reconnaît le thème dominant de l'œuvre de Tod Browning, déjà dans le muet. Un faux homme-tronc se donne à son rôle et se fait vraiment couper les bras, par amour de celle qui ne supportait pas la main des hommes, mais tente de se reconquérir en organisant le meurtre d'un rival intact (« L'Inconnu »). Dans « Le Club des trois », le ventriloque Echo ne peut plus parler que par sa marionnette, mais se reconquiert dans l'entreprise criminelle qu'il poursuit déguisé en vieille dame, quitte à confesser son crime par la bouche de celui qu'on accusait à tort. Les monstres de « Freaks » ne sont des monstres que parce qu'on les a forcés à passer dans leur rôle manifeste, et c'est par une sombre vengeance qu'ils se retrouvent, regagnent une étrange clarté qui vient sous les éclairs interrompre leur rôle [8]. Avec « Le Corbeau », c'est dans le courant d'une transformation que « l'acteur » est frappé de paralysie, quand il allait faire servir son rôle d'évêque à une intention criminelle : comme si

---

8. Cf. l'analyse de Browning par Jean-Marie Sabatier, *Les Classiques du cinéma fantastique*, Balland, p. 83-85 : « Toute l'œuvre de Browning repose sur la dialectique spectacle-réalité. (...) Cette aptitude du comédien à se transformer d'homme réel en homme rêvé, avec l'accroissement de puissance que cela suppose, ne découle pas vraiment du thème du dédoublement tel qu'on le trouve chez les Romantiques allemands ou dans le mythe Jekyll-Hyde. Plutôt que d'un double, c'est d'un reflet qu'il s'agit, un reflet qui n'existe qu'en fonction du regard d'autrui, tandis que, sous le masque, le visage demeure dans l'ombre. »

l'échange monstrueux se gelait tout d'un coup. Une lenteur anormale, étouffante, pénètre en général les personnages de Browning, dans le cristal. Ce qui apparaît chez Browning, ce n'est nullement une réflexion sur le théâtre ou le cirque, comme on le verra chez d'autres, mais une double face de l'acteur, que le cinéma pouvait seul saisir en instaurant son propre circuit. L'image virtuelle du rôle public devient actuelle, mais par rapport à l'image virtuelle d'un crime privé, qui devient actuelle à son tour et remplace la première. On ne sait plus où est le rôle et où est le crime. Peut-être fallait-il une extraordinaire entente entre un acteur et un auteur : Browning et Lon Chaney. Ce circuit cristallin de l'acteur, sa face transparente et sa face opaque, c'est le travesti. Si Browning ainsi a atteint à une poésie de l'inassignable, il semble que deux grands films de travesti aient hérité de son inspiration : « *Meurtre* » d'Hitchcock, et « *La Vengeance d'un acteur* » d'Ichikawa, avec ses splendides fonds noirs.

Dans une liste aussi hétéroclite, nous devons ajouter le navire. Lui aussi est une piste, un circuit. On dirait que, comme dans les tableaux de Turner, se fendre en deux n'est pas un accident, mais une puissance propre au navire. C'est Herman Melville qui, dans son œuvre romanesque, a fixé pour toujours cette structure. Germe ensemençant la mer, le navire est pris entre ses deux faces cristallines : une face limpide qui est le navire d'en haut, où tout doit être visible, selon l'ordre ; une face opaque qui est le navire d'en bas, et qui se passe sous l'eau, la face noire des soutiers. Mais on dirait que la face limpide actualise une sorte de théâtre ou de dramaturgie qui s'empare des passagers eux-mêmes, tandis que le virtuel passe dans la face opaque, et s'actualise à son tour dans les règlements de compte entre machinistes, dans la perversité diabolique d'un chef d'équipage, dans la monomanie d'un capitaine, dans la vengeance secrète de Noirs insurgés [9]. C'est le circuit de deux images virtuelles qui ne cessent de devenir actuelles l'une par rapport à l'autre, et ne cessent de se relancer. Ce n'est pas tant le « *Moby Dick* » de Huston qui donne la version cinématographique du navire, c'est plutôt « *La Dame de Shanghai* » de Welles, chez

---

9. Sur le navire, la vision, le visible et l'invisible, le transparent et l'opaque dans l'œuvre de Melville, cf. Régis Durand, *Melville*, L'Âge d'homme, et Philippe Jaworski, *Le Désert et l'empire*, thèse Paris VII.

qui l'on trouve décidément la plupart des figures de l'image-cristal : le yacht nommé « le Circé » témoigne d'une face visible et d'une face invisible, d'une face limpide à laquelle se laisse prendre un instant le héros naïf, tandis que l'autre face, l'opaque, la grande scène obscure de l'aquarium aux monstres, monte en silence et grandit à mesure que la première s'estompe ou se brouille. Et, d'une autre manière, c'est Fellini qui retrouve, au-delà de la piste de cirque, un circuit du navire comme dernier destin. Déjà le paquebot d'« *Amarcord* » se tenait comme un énorme germe de mort ou de vie sur la mer de plastique. Mais, dans « *Et vogue le navire* », le navire fait proliférer les faces d'un polygone croissant. Il se fend d'abord en deux suivant le bas et le haut : tout l'ordre visible du navire et de ses matelots est au service de la grande entreprise dramaturgique des passagers-chanteurs ; mais, quand ces passagers d'en haut viennent voir le prolétariat d'en bas, c'est celui-ci qui devient à son tour spectateur, auditeur du concours de chant qu'il impose à ceux d'en haut, ou du concours musical dans les cuisines. Puis la fente change d'orientation, divise maintenant sur le pont les passagers-chanteurs et les naufragés-prolétaires : là encore l'échange se fait entre l'actuel et le virtuel, le limpide et l'opaque, dans une combinaison musicale à la Bartók. Puis encore, la fente est devenue presque dédoublement : l'obscur navire de guerre, aveugle et fermé, terrifiant, qui vient réclamer les fugitifs, s'actualise d'autant mieux que le navire transparent a accompli sa dramaturgie funéraire, dans un splendide circuit d'images de plus en plus rapides où les deux navires finissent par sauter et s'abîmer, rendant à la mer ce qui revient à la mer, un milieu amorphe éternellement, un rhinocéros mélancolique qui vaut pour Moby Dick. C'est l'image mutuelle, c'est le cycle du navire-cristal dans une fin de monde picturale et musicale, et, parmi les derniers gestes, le jeune terroriste maniaque qui ne peut s'empêcher de jeter une bombe ultime dans l'étroite meurtrière du sombre navire.

Le navire peut être aussi le navire des morts, la nef d'une simple chapelle comme lieu d'un échange. La survivance virtuelle des morts peut s'actualiser, mais n'est-ce pas au prix de notre existence qui devient virtuelle à son tour ? Est-ce les morts qui nous appartiennent, ou nous qui appartenons aux morts ? Et les aimons-nous contre les vivants, ou pour et avec la vie ? Le beau film de Truffaut, « *La Chambre verte* », organise ces quatre faces qui forment un curieux cristal vert, une émeraude. À un moment, le héros se cache dans un cagibi à la vitre dépolie, aux reflets verts, où il semble avoir une existence glauque, inassignable entre les vivants et les morts. Et dans le cristal de la chapelle on voit les mille cierges, buisson de feu auquel il manque toujours une branche pour former la « figure parfaite ». Manquera toujours le dernier cierge de celui ou de celle qui n'a pu allumer que l'avant-dernier, dans une irréductible persistance de la vie qui rend le cristal infini.

Le cristal est expression. L'expression va du miroir au germe. C'est le même circuit qui passe par trois figures, l'actuel et le virtuel, le limpide et l'opaque, le germe et le milieu. En effet, d'une part le germe est l'image virtuelle qui va faire cristalliser un milieu actuellement amorphe ; mais d'autre part celui-ci doit avoir une structure virtuellement cristallisable, par rapport à laquelle le germe joue maintenant le rôle d'image actuelle. Là encore l'actuel et le virtuel s'échangent dans une indiscernabilité qui laisse subsister chaque fois la distinction. Dans une séquence célèbre de « *Citizen Kane* », la petite boule de verre se brise en tombant des mains du mourant, mais la neige qu'elle contenait semble venir vers nous par rafales pour ensemencer les milieux que nous allons découvrir. On ne sait pas d'avance si le germe virtuel (« Rosebud ») va s'actualiser, parce qu'on ne sait pas d'avance si le milieu actuel a la virtualité correspondante. Peut-être est-ce ainsi qu'il faut comprendre la splendeur des images de « *Cœur de verre* », chez Herzog, et le double aspect du film. La recherche du cœur et du secret alchimiques, du cristal rouge, n'est pas séparable de la recherche des limites cosmiques, comme la plus haute tension de l'esprit et le degré le plus profond de la réalité. Mais il faudra que le feu du cristal se communique à toute la manufacture pour que le monde, de son côté, cesse d'être un milieu amorphe aplati qui s'arrête au bord d'un gouffre, et révèle en soi des potentialités cristallines infinies (« la terre surgit des eaux, je vois une terre nouvelle... ») [10]. C'est Herzog qui a dressé dans ce

---

10. Sur le rapprochement des paysages d'Herzog avec la peinture cristalline et visionnaire de Friedrich, cf. Alain Masson, « La toile et l'écran », *Positif*, n° 159.

film les plus grandes images-cristal de l'histoire du cinéma. Il y a chez Tarkovsky une tentative analogue, reprise de film en film, mais toujours refermée : « *Le Miroir* » constitue un cristal tournant, à deux faces si on le rapporte au personnage adulte invisible (sa mère, sa femme), à quatre faces si on le rapporte aux deux couples visibles (sa mère et l'enfant qu'il a été, sa femme et l'enfant qu'il a). Et le cristal tourne sur lui-même, comme une tête chercheuse qui interroge un milieu opaque : Qu'est-ce que la Russie, qu'est-ce que la Russie... ? Le germe semble se figer dans ces images trempées, lavées, lourdement translucides, avec ses faces tantôt bleuâtres et tantôt brunes, tandis que le milieu vert semble sous la pluie ne pas pouvoir dépasser l'état d'un cristal liquide qui garde son secret. Faut-il croire que la planète molle « *Solaris* » donne une réponse, et qu'elle réconciliera l'océan et la pensée, le milieu et le germe, assignant à la fois la face transparente du cristal (la femme retrouvée) et la forme cristallisable de l'univers (la demeure retrouvée) ? « *Solaris* » n'ouvre pas cet optimisme, et « *Stalker* » rend le milieu à l'opacité d'une zone indéterminée, et le germe, à la morbidité de ce qui avorte, une porte close. Le lavé de Tarkovsky (la femme qui se lave les cheveux contre un mur humide dans « *Le Miroir* »), les pluies qui rythment chaque film, aussi intenses que chez Antonioni ou chez Kurosawa, mais avec d'autres fonctions, font sans cesse renaître la question : quel buisson ardent, quel feu, quelle âme, quelle éponge étanchera cette terre ? Serge Daney remarquait que, à la suite de Dovjenko, certains cinéastes soviétiques (ou de l'Europe de l'Est comme Zanussi) avaient gardé le goût des matières lourdes, natures mortes denses, qui se trouvaient au contraire éliminées par l'image-mouvement dans le cinéma occidental[11]. Dans l'image-cristal il y a cette recherche mutuelle, aveugle et tâtonnante, de la matière et de l'esprit : au-delà de l'image-mouvement, « en quoi nous sommes encore pieux ».

---

11. Serge Daney, *Libération*, 29 janvier 1982 : « Les Américains ont poussé très loin l'étude du mouvement continu (...), d'un mouvement qui vide l'image de son poids, de sa matière. (...) En Europe, en URSS même, certains se paient le luxe d'interroger le mouvement sur son autre versant : ralenti et discontinu. Paradjanov, Tarkovsky (mais déjà Eisenstein, Dovjenko ou Barnet) regardent la matière s'accumuler et s'engorger, une géologie d'éléments, d'ordures et de trésors se faire au ralenti. Ils font le cinéma du glacis soviétique, cet empire immobile. Que cet empire le veuille ou non. »

Le germe et le miroir sont encore repris, l'un dans l'œuvre en train de se faire, l'autre dans l'œuvre réfléchie dans l'œuvre. Ces deux thèmes, qui ont traversé tous les autres arts, devaient affecter aussi le cinéma. Tantôt c'est le film qui se réfléchit dans une pièce de théâtre, dans un spectacle, un tableau, ou, mieux, dans un film à l'intérieur du film ; tantôt c'est le film qui se prend pour objet dans le procès de sa constitution ou de son échec à se constituer. Et tantôt les deux thèmes sont bien distincts : chez Eisenstein, le montage d'attractions donnait déjà des images en miroir ; dans « *L'Année dernière à Marienbad* » de Resnais et Robbe-Grillet, les deux grandes scènes de théâtre sont des images en miroir (et c'est tout l'hôtel de Marienbad qui est un cristal pur, avec sa face transparente, sa face opaque et leur échange) [12]. Inversement, « *8 1/2* » de Fellini est une image en germe, en train de se faire et qui se nourrit de ses échecs (sauf peut-être dans la grande scène du télépathe qui introduit une image en miroir). « *L'État des choses* » de Wenders est d'autant plus en germe qu'il avorte, se disperse et ne peut se réfléchir que dans les raisons qui l'empêchent. Buster Keaton, qu'on présente parfois comme un génie sans réflexion, est peut-être le premier avec Vertov à avoir introduit le film dans le film. Et une fois, c'est dans « *Sherlock junior* », plutôt sous la forme d'une image en miroir ; une autre fois dans « *Le Caméraman* », sous forme d'un germe qui passe par le cinéma direct, même manié par un singe ou par un reporter, et constitue le film en train de se faire. Tantôt au contraire, à la manière des *Faux-monnayeurs* de Gide, les deux thèmes ou les deux cas se croisent et se réunissent, deviennent indiscernables [13]. Dans « *Passion* » de Godard, les tableaux vivants picturaux et musicaux sont en train de se faire, mais aussi l'ouvrière, la femme et le patron sont l'image en miroir de ce qui, pourtant, les reflète eux-mêmes. Chez Rivette, la représentation théâtrale est une image en miroir mais, juste-

---

12. Daniel Rocher a fait une analyse détaillée du blanc et du noir, du limpide et de l'opaque, de leur répartition et de leurs échanges, dans « *L'Année dernière à Marienbad* » : cf. *Alain Resnais et Alain Robbe-Grillet, Études cinématographiques*. Et Robert Benayoun, insistant sur les carrelages, les gels blancs et les gemmes noires : Marienbad « est une sorte de cristal des voyantes » (*Alain Resnais arpenteur de l'imaginaire*, Stock, p. 97).

13. Raymond Bellour et Alain Virmaux ont confronté de manière très générale « *8 1/2* » de Fellini avec le roman de Gide : *Fellini I, Études cinématographiques*.

ment parce qu'elle ne cesse pas d'avorter, est le germe de ce qui n'arrive pas à se produire ni à se réfléchir : d'où le rôle si bizarre des répétitions de Périclès dans « *Paris nous appartient* », ou de Phèdre dans « *L'Amour fou* ». C'était encore une autre formule dans « *L'Histoire immortelle* » de Welles : tout le film était l'image en miroir d'une légende remise en scène par le vieil homme, mais valait aussi pour la première fois qui ferait germer la légende elle-même et la rendrait à la mer [14].

Il était fatal que le cinéma, dans la crise de l'image-action, passe par des réflexions mélancoliques hégéliennes sur sa propre mort : n'ayant plus d'histoire à raconter, il se prendrait lui-même pour objet et ne pourrait plus raconter que sa propre histoire (Wenders). Mais, en fait, si l'œuvre en miroir et l'œuvre en germe ont toujours accompagné l'art sans jamais l'exténuer, c'est que celui-ci y trouvait plutôt un moyen de constitution pour certaines images spéciales. De même, le film dans le film ne marque pas une fin de l'Histoire, et n'a pas plus de suffisance en lui-même que le flash-back ou le rêve : c'est seulement un procédé qui doit recevoir sa nécessité d'ailleurs. En effet, c'est un mode de composition de l'image-cristal. Si l'on emploie ce mode, il faut donc qu'il soit fondé sur des considérations capables de lui donner une plus haute justification. On remarquera que, dans tous les arts, l'œuvre dans l'œuvre a souvent été liée à la considération d'une surveillance, d'une enquête, d'une vengeance, d'une conspiration ou d'un complot. C'était déjà vrai pour le théâtre dans le théâtre d'Hamlet, mais aussi pour le roman de Gide. Nous avons vu l'importance que ce thème du complot prenait dans le cinéma, avec la crise de l'image-action ; et ce n'est pas seulement chez Rivette, c'est dans « *L'Année dernière à Marienbad* » que se répand une invincible atmosphère de conspiration. Pourtant, il n'y aurait là qu'un point de vue très accessoire si le cinéma n'avait les plus fortes raisons de lui donner une profondeur nouvelle et spécifique. Le cinéma comme art vit lui-même dans un rapport direct avec un complot permanent, une conspiration internationale qui le conditionne du dedans, comme l'ennemi le plus

---

14. Frédéric Vitoux souligne l'aspect cristallin des images du marin conduit dans la demeure : « Une lumière jaune très vive tombe sur le marin et l'auréole, alors que l'ensemble de la pièce et Mr Clay lui-même restent dans la pénombre froide des éclairages gris-bleu » (*Positif*, n° 167, mars 1975, p. 57).

intime, le plus indispensable. Cette conspiration est celle de l'argent ; ce qui définit l'art industriel, ce n'est pas la reproduction mécanique, mais le rapport devenu intérieur avec l'argent. À la dure loi du cinéma, une minute d'image qui coûte une journée de travail collectif, il n'y a pas d'autre riposte que celle de Fellini : « quand il n'y aura plus d'argent, le film sera fini ». L'argent est l'envers de toutes les images que le cinéma montre et monte à l'endroit, si bien que les films sur l'argent sont déjà, quoique implicitement, des films dans le film ou sur le film [15]. C'est cela, le véritable « état des choses » : il n'est pas dans une fin du cinéma, comme dit Wenders, mais plutôt, comme il le montre, dans un rapport constitutif entre le film en train de se faire et l'argent comme tout du film. Wenders, dans « *L'État des choses* », montre l'hôtel désert et dévasté, et l'équipe du film dont chacun retourne à sa solitude, victime d'un complot dont la clé est ailleurs ; et cette clé, la seconde partie du film la découvre comme l'envers, la roulotte du producteur en fuite qui va se faire assassiner, entraînant la mort du cinéaste, de manière à rendre évident qu'il n'y a pas, qu'il n'y aura jamais d'équivalence ou d'égalité dans l'échange mutuel caméra-argent.

C'est ce qui mine le cinéma, la vieille malédiction : l'argent, c'est du temps. S'il est vrai que le mouvement supporte comme invariant un ensemble d'échanges ou une équivalence, une symétrie, le temps est par nature la conspiration de l'échange inégal ou l'impossibilité d'une équivalence. C'est en ce sens qu'il est de l'argent : des deux formules de Marx, M-A-M est celle de l'équivalence, mais A-M-A' est celle de l'équivalence impossible ou de l'échange truqué, dissymétrique. Godard présentait « *Passion* » comme posant précisément ce problème de l'échange. Et si Wenders, comme nous l'avons vu pour ses premiers films, traitait la caméra comme l'équivalent général de tout mouvement de translation, il découvre dans « *L'État des choses* » l'impossibilité d'une équivalence caméra-temps, le temps

---

15. La revue *Cinématographe* a consacré deux numéros spéciaux à « l'argent au cinéma », nᵒˢ 26 et 27, avril et mai 1977. En analysant les films où l'argent joue un grand rôle, on rencontre, comme naturellement, le thème du film qui se réfléchit dans le film. On notera un article prémonitoire de Mireille Latil, « Bresson et l'argent », qui analyse le rôle et l'importance de l'argent dans l'œuvre de Bresson bien avant la création du film du même nom.

étant de l'argent ou de la circulation de l'argent. L'Herbier avait tout dit, dans une conférence étonnante et moqueuse : l'espace et le temps devenant de plus en plus chers dans le monde moderne, l'art avait dû se faire art industriel international, c'est-à-dire cinéma, pour *acheter* de l'espace et du temps comme « titres imaginaires du capital humain » [16]. Ce n'était pas le thème explicite du chef-d'œuvre « *L'Argent* », mais c'en était le thème implicite (et dans un film du même titre, inspiré de Tolstoï, Bresson montre que l'argent, parce qu'il est de l'ordre du temps, rend impossible toute réparation du mal, toute équivalence ou juste rétribution, sauf bien sûr par la grâce). Bref, *c'est dans une même opération que le cinéma affronte son présupposé le plus intérieur, l'argent, et que l'image-mouvement cède la place à l'image-temps.* Ce que le film dans le film exprime, c'est ce circuit infernal entre l'image et l'argent, cette inflation que le temps met dans l'échange, cette « hausse bouleversante ». Le film, c'est le mouvement, mais le film dans le film, c'est l'argent, c'est le temps. L'image-cristal reçoit ainsi le principe qui la fonde : relancer sans cesse l'échange dissymétrique, inégal et sans équivalent, donner de l'image contre de l'argent, donner du temps contre des images, convertir le temps, la face transparente, et l'argent, la face opaque, comme une toupie sur sa pointe. Et le film sera fini quand il n'y aura plus d'argent...

2

L'image-cristal a beau avoir beaucoup d'éléments distincts, son irréductibilité consiste dans l'unité indivisible d'une image actuelle et de « son » image virtuelle. Mais qu'est-ce que cette image virtuelle en coalescence avec l'actuelle ? Qu'est-ce qu'une image mutuelle ? Bergson n'a cessé de poser la question, et de chercher la réponse dans l'abîme du temps. Ce qui est actuel, c'est toujours un présent. Mais, justement, le présent change ou passe. On peut toujours dire qu'il devient passé quand il n'est plus, quand un nouveau présent le

---

16. Marcel L'Herbier, « Le cinématographe et l'espace, chronique financière », reproduit in Noël Burch, *Marcel L'Herbier*, Seghers, p. 97-104.

remplace. Mais cela ne veut rien dire [17]. Il faut bien qu'il passe pour que le nouveau présent arrive, il faut bien qu'il passe en même temps qu'il est présent, au moment où il l'est. Il faut donc que l'image soit présente et passée, encore présente et déjà passée, à la fois, en même temps. Si elle n'était pas déjà passée en même temps que présente, jamais le présent ne passerait. Le passé ne succède pas au présent qu'il n'est plus, il coexiste avec le présent qu'il a été. Le présent, c'est l'image actuelle, et *son* passé contemporain, c'est l'image virtuelle, l'image en miroir. Selon Bergson, la « paramnésie » (illusion de déjà-vu, de déjà-vécu) ne fait que rendre sensible cette évidence : il y a un souvenir du présent, contemporain du présent lui-même, aussi bien accolé qu'un rôle à l'acteur. « Notre existence actuelle, au fur et à mesure qu'elle se déroule dans le temps, se double ainsi d'une existence virtuelle, d'une image en miroir. Tout moment de notre vie offre donc ces deux aspects : il est actuel et virtuel, perception d'un côté et souvenir de l'autre. (...) Celui qui prendra conscience du dédoublement continuel de son présent en perception et en souvenir (...) se comparera à l'acteur qui joue automatiquement son rôle, s'écoutant et se regardant jouer [18]. »

Si Bergson appelle l'image virtuelle « souvenir pur », c'est pour mieux la distinguer des images mentales, des images-souvenir, rêve ou rêverie, avec lesquelles on risque de la confondre. En effet, celles-ci sont bien des images virtuelles, mais actualisées ou en voie d'actualisation dans des consciences ou des états psychologiques. Et elles s'actualisent nécessairement par rapport à un nouveau présent, par rapport à un autre présent que celui qu'elles ont été : d'où ces circuits plus ou moins larges, évoquant des images mentales en fonction des exigences du nouveau présent qui se définit comme postérieur à l'ancien, et qui définit l'ancien comme antérieur d'après une loi de succession chronologique (l'image-souvenir sera donc datée). Au contraire, l'image virtuelle à l'état pur se définit, non pas en fonction d'un nouveau présent par rapport auquel elle serait (relativement) passée, mais en fonction de l'actuel présent *dont* elle est le

---

17. *ES*, p. 914 (131) : « Comment le souvenir ne naîtrait-il que lorsque tout est fini ? » On remarquera que Bergson ne parle pas de cristal : les seules images qu'il invoque sont optiques, acoustiques ou magnétiques.

18. *ES*, p. 917-919 (136-139).

passé, absolument et simultanément : particulière, elle est pourtant du « passé en général », en ce sens qu'elle n'a pas encore reçu de date [19]. Pure virtualité, elle n'a pas à s'actualiser, puisqu'elle est strictement corrélative de l'image actuelle avec laquelle elle forme le plus petit circuit qui sert de base ou de pointe à tous les autres. Elle est l'image virtuelle qui correspond à telle image actuelle, au lieu de s'actualiser, d'avoir à s'actualiser dans une *autre* image actuelle. C'est un circuit sur place actuel-virtuel, et non pas une actualisation du virtuel en fonction d'un actuel en déplacement. C'est une image-cristal, et non pas une image organique.

L'image virtuelle (souvenir pur) n'est pas un état psychologique ou une conscience : elle existe hors de la conscience, dans le temps, et nous ne devrions pas avoir plus de peine à admettre l'insistance virtuelle de souvenirs purs dans le temps que l'existence actuelle d'objets non-perçus dans l'espace. Ce qui nous trompe, c'est que les images-souvenir, et même les images-rêve ou rêverie, hantent une conscience qui leur donne nécessairement une allure capricieuse ou intermittente, puisqu'elles s'actualisent d'après les besoins momentanés de cette conscience. Mais, si nous demandons *où* la conscience va chercher ces images-souvenir, ces images-rêve ou rêverie qu'elle évoque suivant ses états, nous sommes ramenés aux pures images virtuelles dont celles-ci ne sont que des modes ou des degrés d'actualisation. De même qu'on perçoit les choses là où elles sont, et qu'il faut s'installer dans les choses pour percevoir, de même nous allons chercher le souvenir là où il est, nous devons nous installer d'un saut dans le passé en général, dans ces images purement virtuelles qui n'ont pas cessé de se conserver le long du temps. C'est dans le passé tel qu'il est en soi, tel qu'il se conserve en soi, que nous allons chercher nos rêves ou nos souvenirs, et non l'inverse [20]. C'est seulement à cette condition que l'image-souvenir portera le signe du passé qui la distingue d'une autre image, ou l'image-rêve, le signe distinctif d'une perspective temporelle : elles puisent le signe dans une « virtualité originelle ». C'est pourquoi, précédemment, nous pouvions assimiler les images virtuelles à des images mentales, images-souvenir, rêve ou rêverie : c'étaient autant de solutions insuffisantes, mais sur la

19. *Id.*, p. 918 (137).
20. Tous ces thèmes animent *MM*, ch. III.

voie de la bonne solution. Les circuits plus ou moins larges et toujours relatifs, entre le présent et le passé, renvoient, d'une part, à un petit circuit intérieur entre un présent et *son propre* passé, entre une image actuelle et *son* image virtuelle ; d'autre part, à des circuits eux-mêmes virtuels de plus en plus profonds, qui mobilisent chaque fois tout le passé, mais dans lesquels les circuits relatifs baignent ou plongent pour se dessiner actuellement et ramener leur récolte provisoire[21]. L'image-cristal a ces deux aspects : limite intérieure de tous les circuits relatifs, mais aussi enveloppe ultime, variable, déformable, aux confins du monde, au-delà même des mouvements du monde. Le petit germe cristallin et l'immense univers cristallisable : tout est compris dans la capacité d'amplification de l'ensemble constitué par le germe et l'univers. Les mémoires, les rêves, même les mondes ne sont que des circuits relatifs apparents qui dépendent des variations de ce Tout. Ce sont des degrés ou des modes d'actualisation qui s'échelonnent entre ces deux extrêmes de l'actuel et du virtuel : l'actuel et *son* virtuel sur le petit circuit, les virtualités en expansion dans les circuits profonds. Et c'est du dedans que le petit circuit intérieur communique avec les profonds, directement, à travers les circuits seulement relatifs.

Ce qui constitue l'image-cristal, c'est l'opération la plus fondamentale du temps : puisque le passé ne se constitue pas après le présent qu'il a été, mais en même temps, il faut que

---

21. D'où le second grand schéma de Bergson, le célèbre cône de *MM*, p. 302 (181) :

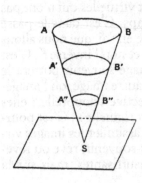

Sans doute le point S est-il l'actuel présent ; mais ce n'est pas un point à strictement parler, puisqu'il comprend déjà le passé de ce présent, l'image virtuelle qui double l'image actuelle. Quant aux sections du cône, AB, A′ B′..., ce ne sont pas des circuits psychologiques auxquels correspondraient des images-souvenirs, ce sont des circuits purement virtuels, dont chacun contient tout notre passé tel qu'il se conserve en soi (les souvenirs purs). Bergson ne laisse aucune équivoque à cet égard. Les circuits psychologiques d'images-souvenir, ou d'images-rêve, se constituent seulement quand nous « sautons » de S à l'une de ces sections, pour en actualiser telle ou telle virtualité qui doit dès lors descendre dans un nouveau présent S′.

le temps se dédouble à chaque instant en présent et passé, qui diffèrent l'un de l'autre en nature, ou, ce qui revient au même, dédouble le présent en deux directions hétérogènes, dont l'une s'élance vers l'avenir et l'autre tombe dans le passé [22]. Il faut que le temps se scinde en même temps qu'il se pose ou se déroule : il se scinde en deux jets dissymétriques dont l'un fait passer tout le présent, et dont l'autre conserve tout le passé. Le temps consiste dans cette scission, et c'est elle, c'est lui qu'on *voit dans le cristal*. L'image-cristal n'était pas le temps, mais on voit le temps dans le cristal. On voit dans le cristal la perpétuelle fondation du temps, le temps non-chronologique, Cronos et non pas Chronos. C'est la puissante Vie non-organique qui enserre le monde. Le visionnaire, le voyant, c'est celui qui voit dans le cristal, et, ce qu'il voit, c'est le jaillissement du temps comme dédoublement, comme scission. Seulement, ajoute Bergson, cette scission ne va jamais jusqu'au bout. Le cristal en effet ne cesse d'échanger les deux images distinctes qui le constituent, l'image actuelle du présent qui passe et l'image virtuelle du passé qui se conserve : distinctes et pourtant indiscernables, et d'autant plus indiscernables que distinctes, puisqu'on ne sait pas laquelle est l'une, laquelle est l'autre. C'est l'échange inégal, ou le point d'indiscernabilité, l'image mutuelle. Le cristal vit toujours à la limite, il est lui-même « limite fuyante entre le passé immédiat qui n'est déjà plus et l'avenir immédiat qui n'est pas encore (...), miroir mobile qui réfléchit sans cesse la perception en souvenir ». Ce qu'on voit dans le cristal, c'est donc un dédoublement que le cristal lui-même ne cesse de faire tourner sur soi, qu'il empêche d'aboutir, puisque c'est un perpétuel *Se-distinguer*, distinction en train de se faire et qui reprend toujours en soi les termes distincts, pour les relancer sans cesse. « La mise en abyme ne redouble pas l'unité, comme pourrait le faire un reflet externe ; en tant que miroitement interne, elle ne peut jamais que la dédoubler », et la soumettre « à la relance infinie de scissions toujours nouvelles » [23]. L'image-cristal est bien le point d'in-

---

22. *ES*, p. 914 (132). C'est le troisième schéma, que Bergson n'éprouve pas le besoin de dessiner :

23. Jean Ricardou, p. 73. De même, à propos de l'œuvre de Browning, Sabatier disait : c'est un reflet, non pas un double.

discernabilité des deux images distinctes, l'actuelle et la virtuelle, tandis que ce qu'on voit dans le cristal est le temps en personne, un peu de temps à l'état pur, la distinction même entre les deux images qui n'en finit pas de se reconstituer. Aussi y aura-t-il différents états du cristal, suivant les actes de sa formation et les figures de ce qu'on y voit. Nous analysions précédemment les éléments du cristal, mais non pas encore les états cristallins ; chacun de ces états, nous pouvons l'appeler maintenant *cristal de temps* [24].

Les grandes thèses de Bergson sur le temps se présentent ainsi : le passé coexiste avec le présent qu'il a été ; le passé se conserve en soi, comme passé en général (non-chronologique) ; le temps se dédouble à chaque instant en présent et passé, présent qui passe et passé qui se conserve. On a souvent réduit le bergsonisme à l'idée suivante : la durée serait subjective, et constituerait notre vie intérieure. Et sans doute fallait-il que Bergson s'exprime ainsi, du moins au début. Mais, de plus en plus, il dira tout autre chose : la seule subjectivité, c'est le temps, le temps non-chronologique saisi dans sa fondation, et c'est nous qui sommes intérieurs au temps, non pas l'inverse. Que nous soyons dans le temps a l'air d'un lieu commun, c'est pourtant le plus haut paradoxe. Le temps n'est pas l'intérieur en nous, c'est juste le contraire, l'intériorité dans laquelle nous sommes, nous nous mouvons, vivons et changeons. Bergson est beaucoup plus proche de Kant qu'il ne le croit lui-même : Kant définissait le temps comme forme d'intériorité, au sens où nous sommes intérieurs au temps (seulement, Bergson conçoit cette forme tout autrement que Kant). Dans le roman, c'est Proust qui saura dire que le temps ne nous est pas intérieur, mais nous intérieurs au temps qui se dédouble, qui se perd lui-même et se retrouve en lui-même, qui fait passer le présent et conserver le passé. Dans le cinéma, c'est peut-être trois films qui montreront comment nous habitons le temps, comment nous nous mouvons en lui, dans cette forme qui nous emporte, nous ramasse et nous élargit : « *Zvenigora* » de Dovjenko, « *Vertigo* » d'Hitchcock, « *Je t'aime je t'aime* » de Resnais. Dans le film de Resnais, l'hypersphère opaque est une des plus belles images-cristal, tandis que ce qu'on voit dans le

---

24. C'est Félix Guattari qui a formé cette notion de « cristal de temps » : *L'Inconscient machinique*, Éd. Recherches.

cristal est le temps en personne, le jaillissement du temps. La subjectivité n'est jamais la nôtre, c'est le temps, c'est-à-dire l'âme ou l'esprit, le virtuel. L'actuel est toujours objectif, mais le virtuel est le subjectif : c'était d'abord l'affect, ce que nous éprouvons dans le temps ; puis le temps lui-même, pure virtualité qui se dédouble en affectant et affecté, « l'affection de soi par soi » comme définition du temps.

3

Supposons un état idéal qui serait le cristal parfait, achevé. Les images d'Ophuls sont des cristaux parfaits. Leurs facettes sont des miroirs en biais, comme dans « *Madame de...* ». Et les miroirs ne se contentent pas de réfléchir l'image actuelle, ils constituent le prisme, la lentille où l'image dédoublée ne cesse de courir après soi pour se rejoindre, comme sur la piste de cirque de « *Lola Montès* ». Sur la piste ou dans le cristal, les personnages emprisonnés s'agitent, agissants et agis, un peu comme les héros de Raymond Roussel exécutant leurs prouesses au sein d'un diamant ou d'une cage de verre, sous une lumière irisée (« *La Tendre Ennemie* »). On ne peut guère que tourner dans le cristal : ainsi la ronde des épisodes, mais aussi des couleurs (« *Lola Montès* »), des valses, mais aussi des boucles d'oreille (« *Madame de...* »), des visions en rond du meneur de jeu de « *La Ronde* ». La perfection cristalline ne laisse subsister aucun dehors : il n'y a pas de dehors du miroir ou du décor, mais seulement un envers où passent les personnages qui disparaissent ou meurent, abandonnés par la vie qui se réinjecte dans le décor. Dans « *Le Plaisir* », l'arrachement du masque du vieillard danseur ne montre aucun dehors, mais un envers qui renvoie et reconduit au bal le médecin pressé [25]. Et jusque

25. Michel Devillers, « Ophuls ou la traversée du décor », *Cinématographe*, n° 33, décembre 1977. Dans le même numéro, Louis Audibert (« Max Ophuls et la mise en scène ») analyse une double tension de l'image-cristal chez Ophuls : d'une part la face transparente, et la face opaque (caches, grilles, cordages, jalousies) du cristal lui-même ; d'autre part l'immobilité, et le mouvement de ce qu'on voit dans le cristal. « Chaque personnage est suivi dans sa course jusqu'à un point d'immobilité qui coïncide généralement avec une figure ou un décor stationnaire, bref instant d'incertitude. (...) Le mouvement, dans de fabuleuses ellipses, arrache le temps à la misérable dimension de l'espace. » Ainsi la succession des valses dans « *Madame de...* ».

dans ses apartés tendres et familiers, l'impitoyable M. Loyal de « *Lola Montès* » ne cesse de réinjecter sur scène l'héroïne défaillante. Si l'on pense aux rapports en général du théâtre et du cinéma, on ne se trouve plus dans la situation classique où les deux arts sont deux moyens différents d'actualiser une même image virtuelle, mais on ne se trouve pas non plus dans la situation d'un « montage d'attraction », où un spectacle théâtral (ou de cirque, etc.), étant filmé, joue lui-même le rôle d'une image virtuelle qui viendrait prolonger les images actuelles en leur succédant un moment, durant une séquence. La situation est tout autre : l'image actuelle et l'image virtuelle coexistent et cristallisent, elles entrent dans un circuit qui nous ramène constamment de l'une à l'autre, elles forment une seule et même « scène » où les personnages appartiennent au réel et pourtant jouent un rôle. Bref, c'est tout le réel, la vie tout entière, qui est devenu spectacle, conformément aux exigences d'une perception optique et sonore pure. La scène, alors, ne se contente pas de fournir une séquence, elle devient l'unité cinématographique qui remplace le plan ou constitue elle-même un plan-séquence. C'est une théâtralité proprement cinématographique, le « surcroît de théâtralité » dont parlait Bazin, et que seul le cinéma peut donner au théâtre.

L'origine en serait peut-être dans les chefs-d'œuvre de Tod Browning. Toutefois, les monstres d'Ophuls n'ont même plus besoin d'apparence monstrueuse. Ils poursuivent leur ronde dans les images gelées, glacées. Et que voit-on dans le cristal parfait ? C'est le temps, mais qui s'est déjà enroulé, arrondi lui-même, en même temps qu'il se scindait. « *Lola Montès* » peut comporter des flashes-back : ce film suffirait à confirmer, si c'était nécessaire, à quel point le flash-back est un procédé secondaire qui ne vaut qu'en servant une démarche plus profonde. Car, ce qui compte, ce n'est pas le lien de l'actuel et misérable présent (le cirque) avec l'image-souvenir des anciens présents magnifiques. L'évocation existe bien ; ce qu'elle révèle plus profondément, c'est le dédoublement du temps, qui fait passer tous les présents et les fait tendre vers le cirque comme vers leur avenir, mais aussi qui conserve tous les passés et les met dans le cirque comme autant d'images virtuelles ou de souvenirs purs. Lola Montès elle-même éprouve le vertige de ce dédoublement quand, ivre et fiévreuse, elle va se jeter du haut du chapiteau dans le minuscule filet qui l'attend en bas : toute la scène est vue comme dans la lentille du porte-plume cher à Raymond Roussel. Le dédoublement, la différenciation des deux images, actuelle et virtuelle, ne va pas jusqu'au bout, puisque le circuit qui en résulte ne cesse de nous ramener des unes aux autres. C'est seulement un vertige, une oscillation.

Chez Renoir aussi, dès « *La Petite Marchande d'allumettes* » où l'arbre de Noël apparaît garni de cristaux, les automates et les vivants, les objets et les reflets entrent dans un circuit de coexistence et d'échange qui constitue une « théâtralité à l'état pur ». Et c'est dans « *Le Carrosse d'or* » que cette coexistence et cet échange seront portés au plus haut point, avec les deux côtés de la caméra ou de l'image, l'image actuelle et l'image virtuelle. Mais que dire lorsque l'image cesse d'être plane ou biface, et que la profondeur de champ y joint un troisième côté ? C'est la profondeur de champ, par exemple dans « *La Règle du jeu* », qui assure un emboîtement de cadres, une cascade de miroirs, un système de rimes entre maîtres et valets, vivants et automates, théâtre et réalité, actuel et virtuel. C'est la profondeur de champ qui substitue la scène au plan. On hésitera d'autant plus à lui donner le rôle que voulait Bazin, d'une pure fonction de réalité. La profondeur a plutôt pour fonction de constituer l'image en cristal, et d'absorber le réel qui passe ainsi dans le virtuel autant que dans l'actuel [26]. Il y a toutefois une grande différence entre les cristaux de Renoir et d'Ophuls. Chez Renoir, le cristal n'est jamais pur et parfait, il a une faille, un point de fuite, un « crapaud ». Il est toujours fêlé. Et c'est cela que la profondeur de champ manifeste : il n'y a pas simplement enroulement d'une ronde dans le cristal, mais quelque chose va fuir au fond, en profondeur, par le troisième côté ou la troisième dimension, par la fêlure. C'était déjà vrai du miroir de l'image plane, comme dans « *Le Carrosse d'or* », mais c'était moins visible, tandis

---

26. Bazin a bien marqué cette substitution de la scène au plan, telle que l'opère la profondeur de champ : *Jean Renoir*, Champ libre, p. 80-84 (et *Qu'est-ce que le cinéma ?* Éd. du Cerf, p. 74-76). Mais, pour lui, la profondeur de champ a une fonction de réalité, même et surtout quand elle souligne l'ambiguïté du réel. Il nous semble plutôt qu'il y a beaucoup de fonctions différentes de la profondeur suivant les auteurs ou même les films. Michaël Romm y voyait une fonction de théâtralité (*L'Art du cinéma* de Pierre Lherminier, Seghers, p. 227-229). Et il en est souvent ainsi chez Renoir, quitte à ce que la fonction change ou évolue dans le courant du plan-séquence.

que la profondeur rend évident que le cristal est là pour que quelque chose en fuie, dans le fond, par le fond. « *La Règle du jeu* » fait coexister l'image actuelle des hommes et l'image virtuelle des bêtes, l'image actuelle des vivants et l'image virtuelle des automates, l'image actuelle des personnages et l'image virtuelle de leurs rôles durant la fête, l'image actuelle des maîtres et leur image virtuelle chez les domestiques, l'image actuelle des domestiques et leur image virtuelle chez les maîtres. Tout est images en miroir, échelonnées en profondeur. Mais la profondeur de champ ménage toujours dans le circuit un fond par lequel quelque chose peut fuir : la fêlure. À la question : qui ne joue pas la règle du jeu ?, il est curieux que l'on ait donné diverses réponses, et que Truffaut par exemple dise que c'est l'aviateur. L'aviateur pourtant reste enfermé dans le cristal, prisonnier de son rôle, et se dérobe quand la femme lui propose de fuir avec elle. Comme le remarquait Bamberger, le seul personnage qui soit hors règle, interdit du château et pourtant lui appartenant, ni dehors ni dedans, mais toujours au fond, c'est le garde-chasse, le seul à ne pas avoir de double ou de reflet. Faisant irruption malgré l'interdit, poursuivant le valet braconnier, assassinant par erreur l'aviateur, c'est lui qui casse le circuit, qui fait éclater le cristal fêlé et en fait fuir le contenu, à coups de fusil.

« *La Règle du jeu* » est un des plus beaux films de Renoir, mais ne nous donne pas la clef des autres. C'est qu'il est pessimiste, et procède par violence. Et il fait violence d'abord à l'idée complète de Renoir. Cette idée complète, c'est que le cristal ou la scène ne se contentent pas de mettre en circuit l'image actuelle et l'image virtuelle, et d'absorber le réel dans un théâtre généralisé. Sans qu'il y ait besoin de violence, et par le développement d'une expérimentation, quelque chose sortira du cristal, un nouveau Réel en ressortira par-delà l'actuel et le virtuel. Tout se passe comme si le circuit servait à essayer des rôles, comme si l'on y essayait des rôles jusqu'à ce qu'on ait trouvé le bon, avec lequel on fuit pour entrer dans une réalité décantée. Bref, le circuit, la ronde ne sont pas fermés, parce qu'ils sont sélectifs, et font chaque fois sortir un gagnant. On a parfois reproché à Renoir son goût du bricolage et de l'improvisation, tant dans la mise en scène que dans la direction d'acteurs. C'est plutôt une vertu créatrice, liée à la substitution de la scène au plan. Selon Renoir, le théâtre est inséparable, à la fois pour les personnages et pour les acteurs, de cette entreprise qui consiste à expérimenter et sélectionner des rôles, jusqu'à ce qu'on trouve celui qui déborde du théâtre et entre dans la vie[27]. Dans ses moments pessimistes, Renoir doute qu'il puisse y avoir un gagnant : alors il n'y a plus que les coups de feu du garde qui font sauter le cristal, comme dans « *La Règle du jeu* », ou les remous de la rivière gonflée sous l'orage et piquée par la pluie, dans « *Partie de campagne* ». Mais, suivant son tempérament, Renoir parie pour un gain : quelque chose se forme à l'intérieur du cristal, qui réussira à sortir par la fêlure et à s'épanouir librement. C'était déjà le cas de Boudu, qui retrouve le fil de l'eau en sortant du théâtre intime et renfermé du libraire où il a essayé beaucoup de rôles. Ce sera le cas d'Harriet dans le film grandiose « *Le Fleuve* », où les enfants abrités dans une sorte de cristal ou de kiosque hindou essaient des rôles, dont certains tournent au tragique, dont meurt tragiquement le petit frère, mais dont la jeune fille va faire son apprentissage, jusqu'à ce qu'elle y trouve la puissante volonté de vie qui se confond avec le fleuve et le rejoint au dehors. Film étrangement proche de Lawrence. Pour Renoir, le théâtre est premier, mais parce que la vie doit en sortir. Le théâtre ne vaut que comme recherche d'un art de vivre, c'est ce qu'apprend le couple disparate du « *Petit théâtre* ». « Où donc finit le théâtre, où commence la vie ? » reste la question toujours posée par Renoir. On naît dans un cristal, mais le cristal ne retient que la mort, et la vie doit en sortir, après s'être essayée. Même adulte, le professeur du « *Déjeuner sur l'herbe* » connaîtra cette aventure. La danse déchaînée à la fin de « *French Cancan* » n'est pas une ronde, un reflux de la vie dans le circuit, dans la scène de théâtre, comme chez

---

27. Sur l'« apparente désinvolture » de Renoir, cf. Bazin, p. 69-71. C'est que souvent, chez Renoir, l'acteur joue le rôle d'un personnage en train de jouer lui-même un rôle : ainsi Boudu essaie des rôles successifs chez le libraire, et, dans « *La Règle du jeu* », le braconnier essaie le rôle de valet de chambre, comme le marquis tous les aspects du rôle de marquis. Rohmer parlera en ce sens d'une espèce d'outrance chez Renoir, et marque la fonction sélective qui s'en dégage : « Cette outrance connaît des répits, comme si l'acteur, fatigué de faire semblant, reprenait son souffle, non pas en redevenant lui-même (le comédien), mais en s'identifiant au personnage. De sorte que la crédibilité est renforcée : le personnage, jouant son personnage, redevient, quand il ne joue pas, le personnage, tandis que le comédien, jouant le personnage, ne redevient que le comédien » (*Le Goût de la beauté*, Cahiers du cinéma-Éditions de l'Étoile, p. 208).

Ophuls, mais au contraire un galop, une façon dont le théâtre s'ouvre à la vie, se déverse dans la vie, entraînant Nini dans une eau courante agitée. À la fin du « *Carrosse d'or* », trois personnages auront trouvé leur rôle vivant, tandis que Camilla restera dans le cristal, mais pour y essayer encore des rôles dont l'un lui fera découvrir peut-être la vraie Camilla [28].

C'est pourquoi, tout en participant pleinement au goût général de l'école française pour l'eau, Renoir en fait un usage si spécial. Il y a selon lui deux états de l'eau, l'eau gelée de la vitre, du miroir plan ou du cristal profond, et l'eau vive et courante (ou bien le vent, qui tient le même rôle dans « *Le Déjeuner sur l'herbe* »). Beaucoup plus que du naturalisme, c'est proche de Maupassant, qui voit souvent les choses à travers une vitre, avant d'en suivre le cours sur une rivière. Dans « *Partie de campagne* », c'est par la fenêtre que les deux hommes observent la famille qui arrive, chacun des deux jouant son rôle, l'un de cynique et l'autre de sentimental scrupuleux. Mais, quand l'action se développe sur la rivière, l'épreuve de vie fait tomber les rôles, et montre dans le cynique un bon garçon, tandis que le sentimental apparaît comme séducteur sans scrupules.

Ce qu'on voit à travers la vitre ou dans le cristal, c'est le temps, dans son double mouvement de faire passer les présents, d'en remplacer l'un par l'autre en allant vers l'avenir, mais aussi de conserver tout le passé, de le faire tomber dans une profondeur obscure. Ce dédoublement, cette différenciation, n'allait pas jusqu'au bout chez Ophuls, parce que le temps s'enroulait, et que ses deux aspects se relançaient dans le circuit dont ils rechargeaient les pôles en bouchant l'avenir. Maintenant, au contraire, le dédoublement peut aboutir, mais précisément à condition qu'une des deux tendances sorte du cristal, par le point de fuite. De l'indiscernabilité de l'actuel et du virtuel, une nouvelle distinction doit sortir, comme une nouvelle réalité qui ne préexistait pas. Tout ce qui est passé retombe dans le cristal, et y reste : c'est l'ensemble des rôles gelés, figés, tout faits, trop conformes, que les personnages ont essayés tour à tour, rôles morts ou de la mort, la danse macabre des souvenirs dont parle Bergson, comme dans le château de « *La Règle du jeu* » ou la forteresse

---

28. Cf. Truffaut, in *Bazin*, p. 260-262. C'est dans « *Le Carrosse d'or* » qu'on trouve la question de Renoir : « où donc finit le théâtre, où commence la vie ? ».

de « *La Grande Illusion* ». Certains de ces rôles peuvent être héroïques, comme les deux officiers ennemis poursuivant des rites déjà dépassés, ou charmants, comme l'épreuve du premier amour : ils n'en sont pas moins condamnés, parce que déjà voués au souvenir. Et pourtant l'essai des rôles est indispensable. Il est indispensable pour que l'autre tendance, celle des présents qui passent et se remplacent, sorte de la scène et s'élance vers un avenir, crée cet avenir comme jaillissement de vie. Les deux évadés seront sauvés par le sacrifice de l'autre. Harriet sera sauvée parce qu'elle saura renoncer au rôle de son premier amour. Sauvé des eaux, Boudu sera aussi sauvé par les eaux, abandonnant les rôles successifs que lui confiaient les rêves trop intimes du libraire et de sa femme. On sort du théâtre pour atteindre à la vie, mais on en sort insensiblement, au fil de l'eau courante, c'est-à-dire du temps. C'est en en sortant que le temps se donne un avenir. D'où l'importance de la question : où commence la vie ? Le temps dans le cristal s'est différencié en deux mouvements, mais c'est l'un des deux qui se charge de l'avenir et de la liberté, à condition de sortir du cristal. Alors le réel sera créé, en même temps qu'il échappe à l'éternel renvoi de l'actuel et du virtuel, du présent et du passé. Quand Sartre reprochait à Welles (et à « *Citizen Kane* ») d'avoir reconstitué le temps sur la base du passé, au lieu de le comprendre en fonction d'une dimension d'avenir, il n'avait peut-être pas conscience que le cinéaste le plus proche de ses vœux était Renoir. C'est Renoir qui avait une vive conscience de l'identité de la liberté avec un avenir, collectif ou individuel, avec un élan vers l'avenir, une ouverture d'avenir. C'est même la conscience politique de Renoir, la manière dont il conçoit la Révolution française ou le Front populaire.

Il y a peut-être encore un troisième état : le cristal saisi dans sa formation et sa croissance, rapporté aux « germes » qui le composent. Il n'y a jamais, en effet, de cristal achevé ; tout cristal est infini en droit, en train de se faire, et se fait avec un germe qui s'incorpore le milieu et le force à cristalliser. La question n'est plus de savoir ce qui sort du cristal et comment, mais au contraire comment y entrer. C'est que chaque entrée est elle-même un germe cristallin, un élément composant. On reconnaît la méthode qui sera de plus en plus celle de Fellini. Il avait commencé par des films d'errance, qui relâchaient les liens sensori-moteurs, et faisaient lever des images optiques et sonores pures, roman-photo, photo-enquête, music-hall, fête... Mais il s'agissait encore de fuir, de partir, de s'en aller. Il s'agira de plus en plus d'entrer dans un nouvel élément, et de multiplier les entrées. Il y a des entrées géographiques, psychiques, historiques, archéologiques, etc. : toutes les entrées dans Rome, ou dans le monde des clowns. Parfois une entrée est explicitement double ; ainsi le passage du Rubicon dans « *Fellini Roma* » est une évocation historique, mais comique, par l'intermédiaire d'un souvenir d'école. On peut par exemple pour « *8 1/2* » faire le dénombrement de ces entrées comme autant de types d'images : le souvenir d'enfance, le cauchemar, la distraction, la rêverie, le fantasme, le déjà-vécu [29]. D'où cette présentation en alvéoles, ces images cloisonnées, ces cases, niches, loges et fenêtres qui marquent le « *Satyricon* », « *Juliette des esprits* », « *La Cité des femmes* ». Il se passe deux choses à la fois. D'une part, les images purement optiques et sonores cristallisent : elles attirent leur contenu, le font cristalliser, le composent d'une image actuelle et de son image virtuelle, de son image en miroir. Ce sont autant de germes ou d'entrées : chez Fellini, les numéros, les attractions ont remplacé la scène, et destitué la profondeur de champ. Mais d'autre part, entrant en coalescence, elles constituent un seul et même cristal en voie de croissance infinie. C'est que le cristal entier n'est que l'ensemble ordonné de ses germes ou la transversale de toutes ses entrées.

Fellini a pleinement saisi le principe économique d'après lequel il n'y a de payante que l'entrée. Il n'y a pas d'unité de Rome, sauf celle du spectacle qui en réunit toutes les entrées. Le spectacle devient universel, et ne cesse de croître, précisément parce qu'il n'a pas d'autre objet que les entrées dans le spectacle, qui sont autant de germes à cet égard. Amengual a profondément défini cette originalité du spectacle chez Fellini, sans distinction regardants-regardés, sans spectateurs, sans sortie, sans coulisses ni scène : moins un théâtre qu'une sorte de Luna-Park géant, où le mouvement, devenu mouvement de monde, nous fait passer d'une vitrine

---

29. Ce n'est pas seulement vrai de Fellini. Pour « *L'Année dernière à Marienbad* », Ollier faisait un dénombrement complet des types d'images : image-souvenir, désir, pseudo-souvenir, fantasme, hypothèse, raisonnement... (« Ce soir à Marienbad », *La Nouvelle Revue française*, octobre et novembre 1961).

à une autre, d'une entrée à une autre à travers les cloisons[30]. On comprend dès lors la différence entre Fellini et Renoir ou Ophuls : le cristal de Fellini ne comporte aucune fêlure par laquelle on pourrait, on devrait sortir pour atteindre à la vie ; mais il n'a pas non plus la perfection d'un cristal préalable et taillé qui retiendrait la vie pour la geler. C'est un cristal toujours en formation, en expansion, qui fait cristalliser tout ce qu'il touche, et auquel ses germes donnent un pouvoir de croissance indéfinie. Il est la vie comme spectacle, et pourtant dans sa spontanéité.

Est-ce dire que toutes les entrées se valent ? Oui, sans doute, en tant que germes. Bien sûr, les germes gardent la distinction qu'il y avait entre les types d'images optiques et sonores qu'ils font cristalliser, perceptions, souvenirs, rêves, fantasmes... Mais ces distinctions deviennent indiscernables, parce qu'il y a homogénéité du germe et du cristal, celui-ci tout entier n'étant qu'un germe plus vaste en train de croître. Seulement, d'autres différences s'introduisent, en tant que le cristal est un ensemble ordonné : certains germes avortent et d'autres réussissent, certaines entrées s'ouvrent, d'autres se referment, telles les fresques de Rome qui s'effacent au regard et deviennent opaques. On ne peut pas dire d'avance, même si l'on a des pressentiments. Reste qu'une sélection se fait (quoique d'une tout autre manière que chez Renoir). Soit les entrées ou les germes successifs dans un des chefs-d'œuvre de Fellini, « Les Clowns ». Le premier, comme souvent chez Fellini, est le souvenir d'enfance ; mais il va cristalliser avec des impressions de cauchemar et de misère (le clown débile). La seconde entrée, c'est l'enquête historique et sociologique, avec interview de clowns : les clowns et les lieux filmés entrent en résonance avec l'équipe en train de filmer, et forment encore une impasse. La troisième, la pire,

---

30. Barthélemy Amengual a consacré deux articles à l'idée de spectacle et à son évolution chez Fellini : *Fellini I et II*. Il montre comment, dans les premiers films, il s'agit encore de partir et de trouver une sortie ; mais, dès « *Les Nuits de Cabiria* », on revient ; et ensuite il n'est même plus question de sortir : I, p. 15-16. Amengual analyse la forme alvéolaire et cloisonnée du Luna-Park géant ou de l'« exposition universelle » que Fellini construit de film en film : II, p. 89-93. Il l'oppose à juste titre à Renoir, mais en termes sévères pour Renoir (I, p. 26). Nous ne voyons pourtant pas en quoi le thème « théâtre-vie » chez Renoir est moins profond que la conception fellinienne du spectacle, à condition évidemment de replacer ces pensées chacune dans son contexte cinématographique : hors de ce contexte, elles ne sont rien ni l'une ni l'autre.

est plutôt archéologique, dans les archives de la télévision. Au moins nous persuade-t-elle, au point où nous en sommes de l'ordonnance, que l'imaginaire vaut mieux que l'archive (seul l'imaginaire peut développer le germe). Alors la quatrième entrée est kinésique : ce n'est pourtant pas une image-mouvement qui représenterait un spectacle de cirque, c'est une image en miroir qui représente un mouvement de monde, un mouvement dépersonnalisé, et réfléchit la mort du cirque dans la mort du clown. C'est la perception hallucinatoire de la mort du clown, la galopade funèbre (« plus vite, plus vite ») où le char mortuaire se transforme en bouteille de champagne d'où le clown gicle. Et cette quatrième entrée se rebouche à son tour, dans le vide et le silence, à la manière d'une fin de fête. Mais un vieux clown, abandonné à la quatrième entrée (il était essoufflé, le mouvement allait trop vite), va en ouvrir une cinquième, purement sonore et musicale : avec sa trompette il a invoqué son compère disparu, et l'autre trompette a répondu. À travers la mort c'était comme un « commencement de monde », un cristal sonore, ces deux trompettes chacune seule, et pourtant toutes deux en miroir, en écho...[31].

L'ordonnance du cristal est bipolaire, ou plutôt biface. En entourant le germe, tantôt elle lui communique une accélération, une précipitation, parfois un sautillement, une fragmentation qui vont constituer la face opaque du cristal ; et tantôt elle lui confère une limpidité qui est comme l'épreuve de l'éternel. Sur une face serait écrit « Sauvés ! », et sur l'autre « Perdus ! », dans un paysage d'apocalypse comme le désert du « *Satyricon* »[32]. Mais on ne peut pas dire d'avance ; une face opaque peut même devenir limpide par transformation insensible, et une face limpide se révéler décevante et s'obscurcir, comme la Claudia de « *8 1/2* ». Tout sera-t-il sauvé, comme le fait croire la ronde finale de « *8 1/2* », qui entraîne tous les germes autour de l'enfant blanc ? Tout sera-t-il perdu, comme dans les tressautements mécaniques et les fragmentations mortuaires qui mènent à la femme automate de « *Casanova* » ? Ce n'est jamais tout l'un ou tout l'autre, et la face opaque du cristal, par exemple le paquebot

---

31. Cf. l'analyse des « *Clowns* » par Mireille Latil-Le Dantec, in *Fellini II*.
32. Cf. les pages d'Henry Miller pour un projet d'opéra avec Varèse : *Le Cauchemar climatisé*, Gallimard, p. 195-199.

de la mort sur la mer de plastique dans « *Amarcord* », indique aussi l'autre face qui se dégage et ne meurt pas, tandis que la face limpide, comme la fusée de l'avenir dans « *8 1/2* », attend que les germes sortent de leur alvéole ou de leur précipitation mortuaires pour les emporter. En fait, la sélection est si complexe, et l'intrication si serrée, que Fellini créait un mot, quelque chose comme « procadence », pour désigner à la fois le cours inexorable de la décadence et la possibilité de fraîcheur ou de création qui l'accompagne nécessairement (c'est en ce sens qu'il se dit pleinement « complice » de la décadence et du pourrissement).

Ce qu'on voit dans le cristal, c'est toujours le jaillissement de la vie, du temps, dans son dédoublement ou sa différenciation. Toutefois, par opposition à Renoir, non seulement plus rien ne sort du cristal, puisque celui-ci ne cesse de croître, mais on dirait que les signes de la sélection se sont inversés. Chez Fellini, c'est le présent, c'est la file des présents qui passent qui constitue la danse macabre. Ils courent, mais au tombeau, non pas vers l'avenir. Fellini est l'auteur qui a su faire les plus prodigieuses galeries de monstres : un travelling les parcourt, s'arrêtant sur l'un ou sur l'autre, mais c'est toujours au présent qu'ils sont saisis, oiseaux de proie dérangés par la caméra, plongeant en elle un instant. Le salut ne peut être que de l'autre côté, du côté des passés qui se conservent : là, un plan fixe isole un personnage, le sort de la file, et lui donne, ne serait-ce qu'un instant, une chance en elle-même éternelle, une virtualité qui vaudra pour toujours même si elle ne s'actualise pas. Ce n'est pas que Fellini ait un goût particulier pour la mémoire et les images-souvenir : il n'y a pas chez lui un culte des anciens présents. C'est plutôt comme chez Péguy, où la succession horizontale des présents qui passent dessine une course à la mort, tandis qu'à chaque présent correspond une ligne verticale qui l'unit en profondeur à son propre passé, comme au passé des autres présents, constituant entre eux tous une seule et même coexistence, une seule et même contemporanéité, l'« internel » plutôt que l'éternel. Ce n'est pas dans l'image-souvenir, c'est dans le souvenir pur que nous restons contemporains de l'enfant que nous avons été, comme le croyant se sent contemporain du Christ. L'enfant en nous, dit Fellini, est contemporain de l'adulte, du vieil homme et de l'adolescent. Voilà que le passé qui se conserve prend toutes les vertus du commencement et du recommencement : c'est lui qui tient dans sa profondeur ou dans ses flancs l'élan de la nouvelle réalité, le jaillissement de la vie. Une des plus belles images d'« *Amarcord* » montre le groupe des lycéens, le timide, le pitre, le rêveur, le bon élève, etc., qui se retrouvent devant le grand hôtel une fois la saison finie ; et, tandis que tombent les cristaux de neige, chacun pour son compte et pourtant tous ensemble, ils esquissent tantôt un pas de danse maladroit, tantôt une imitation d'instrument de musique, l'un allant en ligne droite, l'autre traçant des cercles, un autre tournant sur lui-même... Il y a dans cette image une science de la distance exactement mesurée qui les sépare les uns des autres, et pourtant de l'ordonnance qui les réunit. Ils s'enfoncent dans une profondeur qui n'est plus celle de la mémoire, mais celle d'une coexistence où nous devenons leurs contemporains, comme eux deviennent les contemporains de toutes les « saisons » passées et à venir. Les deux aspects, le présent qui passe et qui va à la mort, le passé qui se conserve et retient le germe de vie, ne cessent d'interférer, de se recouper. C'est la file des curistes en cauchemar dans « *8 1/2* », mais interrompue par l'image en rêve de la jeune fille lumineuse, la blanche infirmière qui distribue les timbales. Quelles que soient la vitesse ou la lenteur, la file, le travelling est une chevauchée, une cavalcade, un galop. Mais le salut vient d'une ritournelle qui se pose ou s'enroule autour d'un visage, et l'extrait de la file. La « *Strada* » était déjà la quête du moment où la ritournelle errante se poserait sur l'homme enfin pacifié. Et sur qui se posera la ritournelle, calmant l'angoisse de « *8 1/2* », sur Claudia, sur l'épouse ou même sur la maîtresse, ou seulement sur l'enfant blanc, l'internel ou le contemporain de tous les passés, qui sauve tout ce qui peut être sauvé ?

L'image-cristal n'est pas moins sonore qu'optique, et Félix Guattari avait raison de définir le cristal de temps comme étant par excellence une « ritournelle »[33]. Ou, peut-être, la ritournelle mélodique n'est qu'une composante musicale qui

33. Guattari développe précisément son analyse du « cristal de temps » en fonction de la ritournelle ou de la « petite phrase » selon Proust : p. 239 sq. On se reportera aussi au texte de Clément Rosset sur la ritournelle, et notamment sur le Boléro de Ravel : « Archives », *La Nouvelle Revue française*, n° 373, février 1984. Et, sur le galop comme schéma musical défini à travers des cultures très différentes, cf. François-Bernard Mâche, *Musique, mythe, nature*, Klincksieck, p. 26.

s'oppose et se mélange à une autre composante, rythmique : le galop. Le cheval et l'oiseau seraient deux grandes figures, dont l'une emporte et précipite l'autre, mais dont l'autre renaît d'elle-même jusqu'au bris final ou à l'extinction (dans beaucoup de danses, un galop accéléré vient conclure les figures en rond). Le galop et la ritournelle, c'est ce qu'on entend dans le cristal, comme les deux dimensions du temps musical, l'un étant la précipitation des présents qui passent, l'autre l'élévation ou la retombée des passés qui se conservent. Or, si l'on pose le problème d'une spécificité de la musique de cinéma, il ne nous semble pas que cette spécificité puisse simplement se définir par une dialectique du sonore et de l'optique qui entreraient dans une nouvelle synthèse (Eisenstein, Adorno). Ce à quoi tend la musique de cinéma par elle-même, c'est à dégager la ritournelle et le galop comme deux éléments purs et suffisants, tandis que beaucoup d'autres composantes interviennent nécessairement dans la musique en général, sauf dans des cas exceptionnels, tel le Boléro. C'est déjà vrai du western, où la petite phrase mélodique vient interrompre les rythmes galopants (« *Le train sifflera trois fois* » de Zinnemann et Tiomkin) ; c'est encore plus évident de la comédie musicale, où le pas et la marche rythmiques, parfois militaires même chez les girls, s'affrontent avec la chanson mélodique. Mais aussi les deux éléments se mêlent comme dans « *Le jour se lève* » de Carné et Jaubert, où les basses et les percussions donnent le rythme tandis que la petite flûte lance la mélodie. Chez Grémillon, l'un des auteurs de cinéma les plus musiciens, le galop des farandoles renvoie au retour des ritournelles, les deux séparés ou unis (Roland-Manuel). Ce sont ces tendances qui aboutissent à une expression parfaite quand l'image cinématographique se fait image-cristal. Chez Ophuls, les deux éléments se confondent dans l'identification de la ronde et du galop, tandis que chez Renoir et chez Fellini ils se distinguent, l'un des deux prenant sur soi la force de vie, l'autre la puissance de mort. Mais, pour Renoir, la force de vie est du côté des présents qui s'élancent vers l'avenir, du côté du galop, que ce soit celui du frenchcancan ou de la Marseillaise, tandis que la ritournelle a la mélancolie de ce qui retombe déjà dans le passé. Pour Fellini, on dirait le contraire : le galop accompagne le monde qui court à sa fin, le tremblement de terre, la formidable entropie, le corbillard, mais la ritournelle éternise un commencement de monde et le soustrait au temps qui passe. La galopade des Augustes et la ritournelle des clowns blancs. Encore les choses ne sont jamais si simples, et il y a quelque chose d'inassignable dans la distinction des ritournelles et des galops. C'est ce qui rend extraordinaire l'alliance de Fellini et du musicien Nino Rota. À la fin de « *Prova d'orchestra* » on entend d'abord le plus pur galop des violons, mais se lève insensiblement une ritournelle qui lui succède, jusqu'à ce que les deux s'insinuent l'un dans l'autre de plus en plus intimement, s'étreignant comme des lutteurs, perdus-sauvés, perdus-sauvés... Les deux mouvements musicaux deviennent l'objet du film, et le temps lui-même devient sonore.

Le dernier état à considérer serait le cristal en décomposition. L'œuvre de Visconti en témoigne. Cette œuvre a atteint à sa perfection lorsque Visconti a su à la fois distinguer et faire jouer suivant des rapports variés quatre éléments fondamentaux qui le hantaient. En premier lieu, le monde aristocratique des riches, des anciens-riches aristocrates : c'est lui qui est cristallin, mais on dirait un cristal synthétique, parce qu'il est hors de l'Histoire et de la Nature, hors de la création divine. L'abbé du « *Guépard* » l'expliquera : nous ne comprenons pas ces riches, parce qu'ils ont créé un monde à eux, dont nous ne pouvons pas saisir les lois, et où ce qui nous paraît secondaire ou même inopportun prend une urgence, une importance extraordinaires, leurs motifs nous échappant toujours comme des rites dont on ignorerait la religion (ainsi le vieux prince qui regagne sa maison de campagne et commande le pique-nique). Ce monde n'est pas celui de l'artiste-créateur, bien que « *Mort à Venise* » mette en scène un musicien, mais justement dont l'œuvre a été trop intellectuelle, cérébrale. Ce n'est pas non plus un monde de simples amateurs d'art. Ils se sont plutôt entourés d'art, ils « savent » profondément l'art à la fois comme œuvre et comme vie, mais c'est ce savoir qui les sépare et de la vie et de la création, tel le professeur de « *Violence et passion* ». Ils se réclament de la liberté, mais d'une liberté dont ils ont la jouissance comme d'un privilège vide qui leur viendrait d'ailleurs, des aïeux dont ils descendent et de l'art dont ils s'entourent. Louis II veut « prouver sa liberté », tandis que le véritable créateur, Wagner, est d'une autre race, beaucoup plus prosaïque et moins abstraite en vérité. Louis II veut des rôles et encore des rôles, comme ceux qu'il arrache à l'acteur exténué. Le roi commande ses châteaux déserts, comme le prince son pique-nique, dans un mouvement qui vide l'art et la vie de toute intériorité. Le génie de Visconti culmine dans ces grandes scènes ou « compositions », souvent en rouge et or, opéra de « *Senso* », salons du « *Guépard* », château de Munich de « *Ludwig* », salles du grand hôtel de Venise ; salon de musique de « *L'Innocent* » : images cristallines d'un monde aristocratique. Mais, en second lieu, ces milieux cristallins sont inséparables d'un processus de décomposition qui les mine du dedans, et les assombrit, les opacifie : pourrissement des dents de Louis II, pourriture de la famille qui envahit le professeur de « *Violence et passion* », abjection de l'amour de la comtesse dans « *Senso* », abjection des amours de Louis II, et partout l'inceste comme dans la famille de Bavière, le retour de « *Sandra* », l'abomination des « *Damnés* », partout la soif de meurtre et de suicide, ou le besoin d'oubli et de mort, comme dit le vieux prince pour toute la Sicile. Ce n'est pas seulement que ces aristocrates sont en passe d'être ruinés, cette ruine qui approche n'est qu'une conséquence. C'est qu'un passé disparu, mais qui se survit dans le cristal artificiel, les attend, les aspire, les happe, leur retirant toute force en même temps qu'ils s'y enfoncent. Tel le célèbre travelling du début de « *Sandra* », qui n'est pas déplacement dans l'espace mais enfoncement dans un temps sans issue. Les grandes compositions de Visconti ont une saturation qui détermine leur obscurcissement. Tout se brouille, jusqu'à l'indiscernabilité des deux femmes dans « *L'Innocent* ». Comme dans « *Ludwig* », comme dans « *Les Damnés* », le cristal n'est pas séparable d'un processus d'opacification qui fait maintenant triompher les teintes bleuâtres, violettes, et sépulcrales, celles de la lune comme crépuscule des dieux ou dernier royaume des héros (le mouvement soleil-lune a donc une tout autre valeur que dans l'expressionnisme allemand, et surtout dans l'école française).

Le troisième élément de Visconti, c'est l'Histoire. Car, bien sûr, elle double la décomposition, l'accélère ou même l'explique : les guerres, la prise de pouvoir de nouvelles puissances, la montée de nouveaux riches, qui ne se proposent pas de pénétrer les lois secrètes du vieux monde, mais de le faire disparaître. Toutefois, l'Histoire ne se confond pas avec la décomposition interne du cristal, c'est un facteur autonome qui vaut pour lui-même, et auquel Visconti tantôt consacre des images splendides, tantôt donne une présence d'autant plus intense qu'elle est elliptique, hors champ. Dans « *Ludwig* », on verra très peu d'Histoire, on ne connaît les horreurs de la guerre et la prise de pouvoir de la Prusse qu'indirectement, d'autant plus fort peut-être que Louis II veut tout en ignorer : l'Histoire gronde à la porte. Dans « *Senso* », au contraire, elle est là, avec le mouvement italien, la célèbre bataille et déjà l'élimination des Garibaldiens. Dans « *Les Damnés* », avec l'ascension d'Hitler, l'organisation des SS, l'extermination des SA. Mais, présente ou hors champ, l'Histoire n'est jamais décor. Elle est saisie de biais, dans une perspective rasante, sous un rayon levant ou couchant, une sorte de laser qui vient couper le cristal, en désorganiser la substance, en hâter l'obscurcissement, en disperser les faces, sous une pression d'autant plus puissante qu'elle est extérieure, comme la peste à Venise, ou l'arrivée silencieuse des SS à l'aube...

Et puis il y a le quatrième élément, le plus important chez Visconti, parce qu'il assure l'unité et la circulation des autres. C'est l'idée, ou plutôt la révélation que *quelque chose* vient trop tard. Pris à temps, cela aurait pu peut-être éviter la décompostion naturelle et la désagrégation historique de l'image-cristal. Mais c'est l'Histoire, et la Nature elle-même, la structure du cristal, qui font que cela ne peut pas venir à temps. Déjà dans « *Senso* », « trop tard, trop tard », hurlait l'abject amant, trop tard en fonction de l'Histoire qui nous divise, mais aussi de notre nature aussi pourrie chez toi que chez moi. Le prince, dans « *Le Guépard* », entend le trop-tard qui s'étend sur toute la Sicile : l'île, dont Visconti ne montre jamais la mer, est si bien enfouie dans le passé de sa nature et de son histoire que même le nouveau régime ne pourra rien pour elle. « Trop tard » ne cessera de rythmer les images de « *Ludwig* », puisque c'est son destin. Ce quelque chose qui vient trop tard, c'est toujours la révélation sensible et sensuelle d'une unité de la Nature et de l'Homme. Aussi n'est-ce pas un simple manque, c'est le mode d'être de cette révélation grandiose. Le trop-tard n'est pas un accident qui se produit dans le temps, c'est une dimension du temps lui-même. Comme dimension du temps, c'est, à travers le cristal, celle qui s'oppose à la dimension statique du passé tel qu'il se survit et pèse à l'intérieur du cristal. C'est une sublime clarté qui s'oppose à l'opaque, mais il lui appartient d'arriver trop tard, dynamiquement. Comme révélation sensible, le trop-tard concerne l'unité de la nature et de l'homme, en tant que monde ou milieu. Mais, comme révélation sensuelle, l'unité se fait personnelle. C'est la bouleversante révélation du musicien, dans « *Mort à Venise* », quand il reçoit du jeune garçon la vision de ce dont son œuvre a manqué : la beauté sensuelle. C'est l'insoutenable révélation du professeur de « *Violence et passion* », quand il découvre dans le jeune homme un voyou, son amant de nature et son fils de culture. Déjà dans « *Ossessione* », le premier film de Visconti, la possibilité d'homosexualité surgissait comme la chance de salut, de sortir d'un étouffant passé, mais trop tard. On ne croira pas toutefois que l'homosexualité soit l'obsession de Visconti. Parmi les plus belles scènes du « *Guépard* » il y a celle où le vieux prince, ayant approuvé le mariage d'amour entre son neveu et la fille du nouveau riche, pour sauver ce qui peut être sauvé, reçoit dans une danse la révélation de la fille : leurs regards s'épousent, ils sont l'un pour l'autre, l'un à l'autre, tandis que le neveu est repoussé dans le fond, lui-même fasciné et annulé par la grandeur de ce couple, mais c'est trop tard pour le vieil homme comme pour la jeune fille.

Visconti n'a pas la maîtrise des quatre éléments dès le début de son œuvre : souvent ils se distinguent mal encore, ou empiètent l'un sur l'autre. Mais Visconti cherche, pressent. On a souvent remarqué que les pêcheurs de « *La terre tremble* » manifestent une lenteur, un hiératisme qui témoignaient d'une aristocratie naturelle, par opposition aux nouveaux riches ; et, si la tentative des pêcheurs échoue, ce n'est pas seulement à cause des mareyeurs, mais du poids d'un passé archaïque qui fait que leur entreprise est déjà trop tard[34]. Rocco lui-même n'est pas seulement un « saint », c'est un aristocrate par nature, dans sa famille de paysans pauvres : mais trop tard pour revenir au village, parce que la ville a déjà

---

34. Philippe de Lara, *Cinématographe*, n° 30, septembre 1977, p. 20 : « Si *Terra trema* était un film à personnages, le plus important serait le temps : ses rythmes, son découpage constituent la matière du film, c'est lui qui, dans la diégèse, est la cause principale de l'échec des pêcheurs. »

tout corrompu, parce que tout est devenu opaque, et parce que l'Histoire a déjà fait changer le village... C'est toutefois avec « *Le Guépard* », nous semble-t-il, que Visconti arrive à la pleine maîtrise comme à l'harmonie de ses quatre éléments. Le trop-tard lancinant devient aussi intense que le *Nevermore* d'Edgar Poe ; il explique également dans quelle direction Visconti aurait su traduire Proust [35]. Et l'on ne peut pas réduire la plainte de Visconti à son pessimisme aristocratique apparent : l'œuvre d'art sera faite de cette plainte, comme avec les douleurs et souffrances d'où nous tirons une statue. Le trop-tard conditionne l'œuvre d'art, et en conditionne la réussite, puisque l'unité sensible et sensuelle de la Nature avec l'homme est l'essence de l'art par excellence, en tant qu'il lui appartient de survenir trop tard à tous les autres égards sauf précisément celui-là : le temps retrouvé. Comme disait Baroncelli, le Beau devient vraiment une dimension chez Visconti, il « joue le rôle de la quatrième dimension » [36].

---

35. On peut faire la liste des thèmes qui unissent Visconti à Proust : le monde cristallin des aristocrates ; sa décomposition interne ; l'Histoire vue de biais (l'affaire Dreyfus, la guerre de 14) ; le trop-tard du temps perdu, mais qui donne aussi bien l'unité de l'art ou le temps retrouvé ; les classes définies comme familles d'esprit plutôt que comme groupes sociaux... Bruno Villien a fait une analyse comparée très intéressante du projet de Visconti et de celui de Losey (scénario d'Harold Pinter) : *Cinématographe*, n° 42, décembre 1978, p. 25-29. Pourtant, nous ne pouvons pas suivre cette analyse, parce qu'elle crédite Losey-Pinter d'une conscience du temps qui manquerait à Visconti, lequel donnerait de Proust une version presque naturaliste. Ce serait plutôt le contraire : Visconti est profondément un cinéaste du temps, tandis que le « naturalisme » propre à Losey l'amène à subordonner le temps à des mondes originaires et à leurs pulsions (nous avons essayé de le montrer précédemment). C'est un point de vue qui existe aussi chez Proust.

36. Baroncelli, *Le Monde*, 18 juin 1963.

chapitre 5
pointes de présent
et nappes de passé
quatrième commentaire de bergson

Le cristal révèle une image-temps directe, et non plus une image indirecte du temps qui découlerait du mouvement. Il n'abstrait pas le temps, il fait mieux, il en renverse la subordination par rapport au mouvement. Le cristal est comme une *ratio cognoscendi* du temps, et le temps, inversement, est *ratio essendi*. Ce que le cristal révèle ou fait voir, c'est le fondement caché du temps, c'est-à-dire sa différenciation en deux jets, celui des présents qui passent et celui des passés qui se conservent. À la fois le temps fait passer le présent et conserve en soi le passé. Il y a donc déjà deux images-temps possibles, l'une fondée sur le passé, l'autre sur le présent. Chacune est complexe, et vaut pour l'ensemble du temps.

Nous avons vu que Bergson donnait un statut très ferme à la première. C'est le schéma du cône renversé. Le passé ne se confond pas avec l'existence mentale des images-souvenir qui l'actualisent en nous. C'est dans le temps qu'il se conserve : il est l'élément virtuel dans lequel nous pénétrons pour chercher le « souvenir pur » qui va s'actualiser dans une « image-souvenir ». Et celle-ci n'aurait aucun signe du passé, si ce n'était dans le passé que nous avons été en chercher le germe. C'est comme pour la perception : de même que nous percevons les choses là où elles sont présentes, dans l'espace, nous nous en souvenons là où elles sont passées, dans le temps, et nous ne sortons pas moins de nous-mêmes dans un cas que dans l'autre. La mémoire n'est pas en nous, c'est nous qui nous mouvons dans une mémoire-Être, dans une mémoire-monde. Bref, le passé apparaît comme la forme la plus générale d'un déjà-là, d'une préexistence en général, que nos souvenirs supposent, même notre premier souvenir s'il y en avait un, et que nos perceptions, même la première, utilisent. De ce point de vue, le présent lui-même n'existe que comme un passé infiniment contracté qui se constitue à l'extrême pointe du déjà-là. Le présent ne passerait pas sans cette condition. Il ne passerait pas s'il n'était le degré le plus contracté du passé. Il est remarquable en effet que le successif n'est pas le passé, mais le présent qui passe. Le passé se manifeste au contraire comme la coexistence de cercles plus ou moins dilatés, plus ou moins contractés, dont chacun contient tout en même temps, et dont le présent est la limite extrême (le plus petit circuit qui contient tout le passé). Entre le passé comme préexistence en général et le présent comme passé infiniment contracté, il y a donc tous les cercles du passé qui constituent autant de *régions*, de *gisements*, de *nappes* étirées ou rétrécies : chaque région avec ses caractères propres, ses « tons », ses « aspects », ses « singularités », ses « points brillants », ses « dominantes ». Suivant la nature du souvenir que nous cherchons, nous devons sauter dans tel ou tel cercle. Bien sûr, ces régions (mon enfance, mon adolescence, ma maturité, etc.) ont l'air de se succéder. Mais elles ne se succèdent que du point de vue des anciens présents qui marquèrent la limite de chacune. Elles coexistent au contraire du point de vue de l'actuel présent qui représente chaque fois leur limite commune ou la plus contractée d'entre elles. Ce que dit Fellini est bergsonien : « nous sommes construits en mémoire, nous sommes *à la fois* l'enfance, l'adolescence, la vieillesse et la maturité ». Que se passe-t-il lorsque nous cherchons un souvenir ? Il faut s'installer dans le passé en général, puis nous devons choisir entre les régions : dans laquelle croyons-nous que le souvenir est caché, blotti, nous attendant, se dérobant ? (Est-ce un ami d'enfance ou de jeunesse, d'école ou de régiment... ?) Il faut sauter dans une région choisie, quitte à revenir au présent pour faire un autre saut, si le souvenir cherché ne nous répond pas et ne vient pas s'incarner dans une image-souvenir. Tels sont les caractères paradoxaux d'un temps non-chronologique : la préexistence d'un passé en général, la coexistence de toutes les nappes de passé, l'existence d'un degré le plus contracté[1]. C'est une conception qu'on retrouvera dans le premier grand film d'un cinéma du temps, « *Citizen Kane* » de Welles.

Et, chez Bergson, cette image-temps se prolonge naturellement dans une image-langage et une image-pensée. Ce que le passé est au temps, le sens l'est au langage, et l'idée l'est à la pensée. Le sens comme passé du langage est la forme de sa préexistence, ce dans quoi nous nous installons d'emblée pour comprendre les images de phrases, distinguer les images de mots et même de phonèmes que nous entendons. Aussi s'organise-t-il en cercles coexistants, nappes ou régions, entre lesquels nous choisissons d'après les signes auditifs actuels confusément saisis. De même, nous nous installons d'emblée dans l'idée, nous sautons dans tel ou tel de ses cercles pour former les images qui correspondent à la recherche actuelle. Ainsi les chronosignes ne cessent de se prolonger dans des lectosignes, dans des noosignes.

Mais, suivant un autre versant, le présent peut-il valoir à son tour pour l'ensemble du temps ? oui peut-être, si nous arrivons à le dégager de sa propre actualité, tout comme nous distinguons le passé de l'image-souvenir qui l'actualisait. Si le présent se distingue actuellement du futur et du passé, c'est parce qu'il est présence de quelque chose, qui cesse justement d'être présent quand il est remplacé par *autre chose*. C'est par rapport au présent d'autre chose que le passé et le futur se disent d'une chose. On passe alors au long d'événements différents, suivant un temps explicite ou une forme de succession qui fait que des choses diverses occupent l'une après l'autre le présent. Il n'en va plus du tout de même si l'on s'installe à l'intérieur d'un seul et même événement, si l'on s'enfonce dans l'événement qui se prépare, arrive et s'efface, si l'on substitue à la vue pragmatique longitudinale une vision purement optique, verticale ou plutôt en profondeur. L'événement ne se confond plus avec l'espace qui lui sert de lieu, ni avec l'actuel présent qui passe : « l'heure de l'événement finit avant que l'événement ne finisse, l'événement reprendra alors à une autre heure (...) ; tout l'événement est pour ainsi dire dans le temps où il ne se passe rien », et

---

1. C'est le développement des thèmes du chapitre III de *Matière et mémoire*, tels que nous les avons vus précédemment (le second schéma du temps, le cône) : p. 302-309 (181-190).

c'est dans le temps vide que nous anticipons le souvenir, désagrégeons ce qui est actuel et plaçons le souvenir une fois formé[2]. Il n'y a plus cette fois un futur, un présent et un passé successifs, suivant le passage explicite des présents qu'on discerne. D'après la belle formule de saint Augustin, il y a *un présent du futur, un présent du présent, un présent du passé*, tous impliqués dans l'événement, enroulés dans l'événement, donc simultanés, inexplicables. De l'affect au temps : on découvre un temps intérieur à l'événement, qui est fait de la simultanéité de ces trois présents impliqués, de ces *pointes de présent* désactualisées. C'est la possibilité de traiter le monde, la vie, ou simplement une vie, un épisode, comme un seul et même événement, qui fonde l'implication des présents. Un accident va arriver, il arrive, il est arrivé ; mais aussi bien c'est en même temps qu'il va avoir lieu, a déjà eu lieu, et est en train d'avoir lieu ; si bien que, devant avoir lieu, il n'a pas eu lieu, et, ayant lieu, n'aura pas lieu..., etc. C'est le paradoxe de Joséphine la souris chez Kafka : chante-t-elle, a-t-elle chanté, chantera-t-elle, ou bien rien de tout cela, bien que tout cela produise des différences inexplicables dans le présent collectif des souris[3] ? C'est en même temps que quelqu'un n'a plus la clé (c'est-à-dire l'avait), l'a encore (ne l'avait pas perdue), et la trouve (c'est-à-dire l'aura et ne l'avait pas). Deux personnes se connaissent, mais se connaissaient déjà et ne se connaissent pas encore. La trahison se fait, elle ne s'est jamais faite, et pourtant s'est faite et se fera, tantôt l'un trahissant l'autre, et tantôt l'autre, l'un, tout à la fois. Nous nous trouvons ici dans une image-temps directe

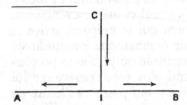

2. Ce beau texte de Groethuysen (« De quelques aspects du temps », *Recherches philosophiques*, V, 1935-1936) fait écho à Péguy, et à Bergson. Dans *Clio*, p. 230, Péguy distinguait l'histoire et la mémoire : « L'histoire est essentiellement longitudinale, la mémoire est essentiellement verticale. L'histoire consiste essentiellement à passer au long de l'événement. La mémoire consiste essentiellement, étant dedans l'événement, avant tout à n'en pas sortir, à y rester, et à le remonter en dedans. » Bergson avait proposé un schéma, ce qu'on pourrait appeler son quatrième schéma du temps, pour distinguer la vision spatiale qui passe le long de l'événement, et la vision temporelle qui s'enfonce dans l'événement : *MM*, p. 285 (159).

3. Kafka, *Un champion de jeûne*, IV.

d'une autre nature que la précédente : non plus la coexistence des nappes de passé, mais la simultanéité des pointes de présent. Nous avons donc deux sortes de chronosignes : les premiers sont des *aspects* (régions, gisements), les seconds sont des *accents* (pointes de vue).

Cette seconde espèce d'image-temps, nous la trouvons chez Robbe-Grillet, dans une sorte d'augustinisme. Il n'y a jamais chez lui succession des présents qui passent, mais simultanéité d'un présent de passé, d'un présent de présent, d'un présent de futur, qui rendent le temps terrible, inexplicable. La rencontre de « *L'Année dernière à Marienbad* », l'accident de « *L'Immortelle* », la clé de « *Trans-Europ express* », la trahison de « *L'Homme qui ment* » : les trois présents impliqués se reprennent toujours, se démentent, s'effacent, se substituent, se recréent, bifurquent et reviennent. C'est une image-temps puissante. On ne croira pas toutefois qu'elle supprime toute narration. Mais, ce qui est beaucoup plus important, elle donne à la narration une nouvelle valeur, puisqu'elle l'abstrait de toute action successive, pour autant qu'elle substitue une véritable image-temps à l'image-mouvement. Alors la narration va consister à distribuer les différents présents aux divers personnages, de sorte que chacun forme une combinaison plausible, possible en elle-même, mais que toutes ensemble soient « incompossibles », et que l'inexplicable soit par là maintenu, suscité. Dans « *L'Année dernière...* », c'est X qui a connu A (donc A ne se souvient pas ou ment), et c'est A qui ne connaît pas X (donc X se trompe ou la trompe). Finalement, les trois personnages correspondent aux trois présents différents, mais de manière à « compliquer » l'inexplicable au lieu de l'éclaircir, de manière à le faire exister au lieu de le supprimer : ce que X vit dans un présent de passé, A le vit dans un présent de futur, si bien que la différence sécrète ou suppose un présent de présent (le troisième, le mari), tous impliqués l'un dans les autres. La répétition distribue ses variations sur les trois présents. Dans « *L'Homme qui ment* », les deux personnages ne sont pas simplement le même : leur différence ne se pose qu'en rendant la trahison inexplicable, puisqu'elle s'attribue différemment, mais simultanément, à chacun d'eux comme identique à l'autre. Dans « *Le Jeu avec le feu* », il faut que l'enlèvement de la fille soit le moyen de le conjurer, mais aussi que le moyen de le conjurer soit l'enlè-

vement même, si bien qu'elle n'a jamais été enlevée au moment
où elle l'est et le sera, et s'enlève elle-même au moment où
elle ne l'a pas été. Toutefois, ce nouveau mode de narration
reste encore humain, bien qu'il constitue une forme haute de
non-sens. Il ne nous dit pas encore l'essentiel. L'essentiel
apparaît plutôt si l'on considère un événement terrestre qui
serait supposé se transmettre à des planètes différentes, et
dont l'une le recevrait en même temps (à la vitesse de la
lumière), mais l'autre, plus vite, et l'autre encore, moins vite,
donc avant qu'il se soit fait, et après. L'une ne l'aurait pas
encore reçu, l'autre l'aurait déjà reçu, l'autre le recevrait, sous
trois présents simultanés impliqués dans le même univers. Ce
serait un temps sidéral, un système de relativité, où les personnages seraient moins humains que planétaires, et les accents moins subjectifs qu'astronomiques, dans une pluralité
de mondes constituant l'univers [4]. Une cosmologie pluraliste,
où il n'y a pas seulement des mondes divers (comme chez
Minnelli), mais où un seul et même événement se joue dans
ces différents mondes, sous des versions incompatibles.

Soumettre l'image à une puissance de répétition-variation,
c'était déjà l'apport de Buñuel, et une façon de libérer le
temps, de renverser sa subordination au mouvement. Seulement, dans la plus grande partie de l'œuvre de Buñuel, nous
avons vu que le temps restait un temps cyclique, où tantôt
l'oubli (« *Susana* »), tantôt l'exacte répétition (« *L'Ange exter-
minateur* ») marquaient la fin d'un cycle et le début possible
d'un autre, dans un cosmos encore unique. L'influence s'est
donc peut-être inversée dans la dernière période de Buñuel,
où celui-ci adapte à ses propres fins une inspiration venue de
Robbe-Grillet. On a remarqué que le régime du rêve ou du
fantasme changeait dans cette dernière période [5]. Mais il s'agit
moins d'un état de l'imaginaire que d'un approfondissement
du problème du temps. Dans « *Belle de jour* », la paralysie
finale du mari a lieu et n'a pas lieu (il se lève tout d'un coup
pour parler vacances avec sa femme) ; « *Le Charme discret de
la bourgeoisie* » montre moins un cycle de repas ratés que les

4. Daniel Rocher a confronté *Marienbad* et le coup de dés de Mallarmé,
« nombre issu stellaire », « compte total en formation » : *Alain Resnais et Alain
Robbe-Grillet, Études cinématographiques.*

5. Cf. Jean-Claude Bonnet, « L'innocence du rêve », *Cinématographe*, n° 92,
septembre 1983, p. 16.

diverses versions du même repas sous des modes et dans des mondes irréductibles. Dans « *Le Fantôme de la liberté* », les cartes postales sont réellement pornographiques, bien qu'elles représentent seulement des monuments dénués de toute ambiguïté ; et la petite fille est perdue, bien qu'elle n'ait pas cessé d'être là et sera retrouvée. Et dans « *Cet obscur objet du désir* » éclate une des plus belles inventions de Buñuel : au lieu de faire jouer différents rôles à un même personnage, mettre deux personnages, et deux actrices, pour une même personne. On dirait que la cosmologie naturaliste de Buñuel, fondée sur le cycle et la succession des cycles, fait place à une pluralité de mondes simultanés, à une simultanéité de présents dans différents mondes. Ce ne sont pas des points de vue subjectifs (imaginaires) dans un même monde, mais un même événement dans des mondes objectifs différents, tous impliqués dans l'événement, univers inexplicable. Buñuel atteint alors à une image-temps directe, que son point de vue naturaliste et cyclique lui interdisait précédemment.

Plus instructive encore est la confrontation de Robbe-Grillet et de Resnais dans « *L'Année dernière à Marienbad* ». Ce qui semble extraordinaire dans cette collaboration, c'est que deux auteurs (puisque Robbe-Grillet ne fut pas seulement scénariste) aient produit une œuvre aussi consistante, tout en la concevant de manière si différente, presque opposée. Peut-être révèlent-ils par là la vérité de toute collaboration véritable, où l'œuvre est non seulement vue, mais fabriquée suivant des processus de création tout à fait différents, qui s'épousent dans une réussite renouvelable, mais chaque fois unique. Cette confrontation de Resnais et de Robbe-Grillet est complexe, brouillée par leurs déclarations les plus amicales, et peut s'évaluer à trois niveaux divers. D'abord il y a un niveau de cinéma « moderne », marqué par la crise de l'image-action. « *L'Année dernière...* » fut même un moment important de cette crise : la faillite des schèmes sensori-moteurs, l'errance des personnages, la montée des clichés et des cartes postales ne cessèrent d'inspirer l'œuvre de Robbe-Grillet. Et, chez lui, les liens de la femme captive n'ont pas seulement une valeur érotique et sadique, c'est la manière la plus simple d'arrêter le mouvement [6]. Mais chez

---

6. « Les personnages sadiques dans mes romans ont toujours ceci de particulier qu'ils essaient d'immobiliser quelque chose qui bouge » ; dans *Trans-*

Resnais aussi les errances, les immobilisations, les pétrifications, les répétitions témoigneront constamment pour une dissolution générale de l'image-action. Le second niveau serait celui du réel et de l'imaginaire : on a remarqué que, pour Resnais, il y a toujours du réel qui subsiste, et notamment des coordonnées spatio-temporelles qui maintiennent leur réalité, quitte à entrer en conflit avec l'imaginaire. C'est ainsi que Resnais maintient que quelque chose s'est effectivement passé « l'année dernière... », et, dans ses films suivants, établit une topographie et une chronologie d'autant plus rigoureuses que ce qui s'y passe est imaginaire ou mental[7]. Tandis que, chez Robbe-Grillet, tout se passe « dans la tête » des personnages, ou, mieux, du spectateur lui-même. Pourtant, cette différence indiquée par Robbe-Grillet ne convient guère. Rien ne se passe dans la tête du spectateur qui ne provienne du caractère de l'image. Nous avons vu que, dans l'image, la distinction se fait toujours entre le réel et l'imaginaire, l'objectif et le subjectif, le physique et le mental, l'actuel et le virtuel, mais que cette distinction devient reversible, et en ce sens indiscernable. *Distincts et pourtant indiscernables*, tels sont l'imaginaire et le réel chez l'un et l'autre des deux auteurs. Si bien que la différence entre les deux ne peut qu'apparaître autrement. Elle se présenterait plutôt comme le précise Mireille Latil : les grands continuums de réel et d'imaginaire chez Resnais, par opposition aux blocs discontinus ou aux « chocs » de Robbe-Grillet. Mais ce nouveau critère ne semble pas pouvoir se développer au niveau du couple imaginaire-réel, il fait nécessairement intervenir un troisième niveau, qui est le temps[8].

C'est Robbe-Grillet qui suggère que sa différence avec

Europ express, la jeune femme n'arrête pas de se déplacer dans tous les sens : « lui, il est là, il regarde, et j'ai l'impression qu'on sent naître chez lui le désir d'arrêter ça ». C'est donc la transformation d'une situation motrice en situation optique pure. Texte cité par André Gardies, *Alain Robbe-Grillet*, Seghers, p. 74.

7. Mireille Latil-Le Dantec, « Notes sur la fiction et l'imaginaire chez Resnais et Robbe-Grillet », *Alain Resnais et Alain Robbe-Grillet*, p. 126. Sur une chronologie de Marienbad, cf. *Cahiers du cinéma*, n°ˢ 123 et 125.

8. Beaucoup de commentateurs reconnaissent cette nécessité de dépasser le niveau du réel et de l'imaginaire : à commencer par les partisans d'une sémiologie d'inspiration linguistique, qui trouvent dans Robbe-Grillet un exemple privilégié (cf. Chateau et Jost, *Nouveau cinéma, nouvelle sémiologie*, Éd. de Minuit, et Gardies, *Le Cinéma de Robbe-Grillet*, Albatros). Mais, pour eux, le troisième niveau est celui du « signifiant », tandis que notre recherche porte sur l'image-temps et sa puissance a-signifiante.

Resnais doit être cherchée finalement au niveau du temps. La dissolution de l'image-action, et l'indiscernabilité qui s'ensuit, se feraient tantôt au profit d'une « architecture du temps » (ce serait le cas de Resnais), tantôt au profit d'un « présent perpétuel » coupé de sa temporalité, c'est-à-dire d'une structure privée de temps (cas de Robbe-Grillet lui-même) [9]. Pourtant, là encore, on hésite à croire qu'un perpétuel présent implique moins d'image-temps qu'un éternel passé. Le pur présent n'appartient pas moins au temps que le passé pur. La différence est donc dans la nature de l'image-temps, plastique dans un cas, architecturale dans l'autre. C'est que Resnais conçoit « *L'Année dernière* », comme ses autres films, sous la forme de nappes ou régions de passé, tandis que Robbe-Grillet voit le temps sous la forme de pointes de présent. Si « *L'Année dernière* » pouvait se partager, on dirait que l'homme X est plus proche de Resnais, et la femme A plus proche de Robbe-Grillet. L'homme en effet tente d'envelopper la femme de nappes continues dont le présent n'est que la plus étroite, comme le cheminement d'une vague, tandis que la femme, tantôt douteuse, tantôt raidie, tantôt presque convaincue, saute d'un bloc à un autre, ne cesse de franchir un abîme entre deux pointes, entre deux présents simultanés. De toute façon, les deux auteurs ne sont plus dans le domaine du réel et de l'imaginaire, mais dans le temps, nous le verrons, dans le domaine encore plus redoutable du vrai et du faux. Certes, le réel et l'imaginaire continuent leur circuit, mais seulement comme la base d'une plus haute figure. Ce n'est plus, ou ce n'est plus seulement le *devenir indiscernable* d'images distinctes, ce sont des *alternatives indécidables* entre des cercles de passé, des *différences inextricables* entre des pointes de présent. Avec Resnais et Robbe-Grillet, une entente s'est produite, d'autant plus forte que fondée sur deux conceptions opposées du temps qui percutaient l'une dans l'autre. La coexistence de nappes de passé virtuel, la simultanéité de pointes de présent désactualisé sont les deux signes directs du Temps en personne.

Dans un film d'animation, « *Chronopolis* », Piotr Kamler

---

9. C'est la différence que Robbe-Grillet proposait entre Proust et Faulkner (*Pour un nouveau roman*, p. 32). Et, dans le chapitre « Temps et description », il dira que le nouveau roman et le cinéma moderne s'occupent fort peu du temps ; il reproche à Resnais de s'être trop intéressé à la mémoire et à l'oubli.

modelait le temps avec deux éléments, des petites boules maniées avec des pointes, et des nappes malléables enveloppant les boules. Les deux éléments formaient des instants, des sphères polies et de cristal, mais qui s'assombrissaient vite, à moins que... (nous verrons la suite de cette histoire animée).

2

Il est inexact de considérer l'image cinématographique comme étant par nature au présent. Il arrive pourtant à Robbe-Grillet de reprendre à son compte cette considération, mais c'est par ruse ou par moquerie : pourquoi en effet mettrait-il tant de soin à obtenir des images-présent, si c'était une donnée de l'image ? Et la première fois qu'une image-temps directe apparut au cinéma, ce ne fut pas sous les aspects du présent (même impliqué), ce fut au contraire sous la forme des nappes de passé, avec « *Citizen Kane* » de Welles. Là, le temps sortait de ses gonds, renversait son rapport de dépendance avec le mouvement, la temporalité se montrait pour elle-même et pour la première fois, mais sous forme d'une coexistence de grandes régions à explorer. Le schéma de « *Citizen Kane* » peut paraître simple : Kane étant mort, des témoins sont interrogés qui vont évoquer leurs images-souvenir dans une série de flashes-back subjectifs. C'est pourtant plus complexe. L'enquête est dirigée sur « Rosebud » (qu'est-ce que c'est ? ou qu'est-ce que ce mot signifie ?). Et l'enquêteur procédera par sondages, chacun des témoins interrogés vaudra pour une coupe de la vie de Kane, un cercle ou une nappe de passé virtuel, un continuum. Et chaque fois la question est : est-ce dans ce continuum, est-ce dans cette nappe que gît la chose (ou l'être) nommée Rosebud ? Certes, ces régions de passé ont un cours chronologique qui est celui des anciens présents auxquels elles renvoient. Mais, si ce cours peut être aisément bouleversé, c'est justement parce qu'en elles-mêmes, et par rapport à l'actuel présent d'où part la recherche (Kane mort), elles sont toutes coexistantes, chacune contenant toute la vie de Kane sous tel ou tel aspect. Chacune a ce que Bergson appelle des « points brillants », des singularités, mais chacune recueille autour de ces points la totalité de Kane ou sa vie tout entière comme une « nébulosité vague » [10]. Bien sûr, c'est à ces nappes que les témoins puiseront pour évoquer les images-souvenir, c'est-à-dire reconstituer les anciens présents. Mais elles sont elles-mêmes aussi différentes des images-souvenir qui les actualisent que le passé pur peut l'être de l'ancien présent qu'il a été. Chaque témoin saute dans le passé en général, s'installe d'emblée dans telle ou telle région coexistante, avant d'incarner certains points de la région dans une image-souvenir.

Ce qui montre que l'unité n'est pas dans l'image-souvenir, c'est que celle-ci éclate dans deux directions. Elle induit deux sortes d'images très distinctes, et le montage célèbre de « *Citizen Kane* » va déterminer l'ensemble des rapports entre les deux (rythme). Les premières reconstituent des séries motrices d'anciens présents, des « actualités » ou même des habitudes. Ce sont des champs et contrechamps, dont la succession témoigne pour les habitudes conjugales de Kane, jours mornes et temps morts. Ce sont des plans d'ensemble courts dont la surimpression témoigne pour l'effet cumulatif d'une volonté de Kane (faire de Susan une chanteuse). Sartre y voyait l'équivalent du fréquentatif anglais, temps de l'habitude ou du présent qui passe. Mais qu'arrive-t-il lorsque les efforts accumulés de Susan débouchent sur une scène en plan long et profondeur de champ, sa tentative de suicide ? Cette fois, l'image procède à une véritable exploration d'une nappe de passé. Les images en profondeur expriment des régions du passé comme tel, chacune avec ses accents propres ou ses potentiels, et marquent des temps critiques de la volonté de puissance de Kane. Le héros agit, marche et bouge ; mais c'est dans le passé qu'il s'enfonce lui-même et se meut : le temps n'est plus subordonné au mouvement, mais le mouvement, au temps. Ainsi dans la grande scène où Kane rejoint en profondeur l'ami avec lequel il va rompre, c'est dans le passé qu'il se meut lui-même ; ce mouvement, *ce fut* la rupture. Et, au début de « *M. Arkadin* », l'aventurier qui s'avance dans la grande cour resurgit d'un passé dont il va nous faire explorer les zones [11]. Bref, avec ce second cas, l'image-souvenir ne passe plus dans une succession d'anciens présents qu'elle reconstitue, mais se dépasse dans des régions de passé

---

10. Cf. *MM*, p. 310 (190).
11. Petr Kral, « Le film comme labyrinthe », *Positif*, n° 256, juin 1982 : « on traverse à la fois la cour et les années écoulées ».

coexistant qui la rendent possible. Telle est la fonction de la profondeur de champ : explorer chaque fois une région de passé, un continuum.

Faut-il reprendre les problèmes de la profondeur de champ, que Bazin avait su poser et clore, en inventant la notion de « plan-séquence » ? Le premier problème concernait la nouveauté du procédé. Et il semble vrai, à cet égard, que la profondeur régnait dans l'image dès le début du cinéma, tant qu'il n'y avait ni montage ni découpage, ni mobilité de caméra, et que les différents plans spatiaux étaient nécessairement donnés tous ensemble. Elle ne cesse pas pour autant quand les plans se distinguent réellement, mais peuvent être réunis dans un nouvel ensemble qui les rapporte chacun à soi-même. Il y a là déjà deux formes de profondeur qui ne se laissent pas confondre au cinéma, pas plus qu'en peinture. Elles ont pourtant en commun de constituer une profondeur dans l'image ou dans le champ, et non pas encore une profondeur *de* champ, une profondeur *de* l'image. Si l'on considère la peinture du XVIe siècle, on voit une ferme distinction, mais qui s'exerce sur des plans parallèles et successifs, chacun autonome, défini par des personnages ou des éléments côte à côte, bien que tous conspirent dans l'ensemble. Mais chaque plan, et surtout le premier, mène son affaire et ne vaut que pour soi dans la grande affaire du tableau qui les harmonise. Ce sera un nouveau changement, capital, au XVIIe siècle, lorsqu'un élément d'un plan renverra directement à un élément d'un autre plan, lorsque les personnages s'interpelleront directement d'un plan à un autre, dans une organisation de tableau suivant la diagonale, ou d'après une trouée qui donne maintenant le privilège à l'arrière-plan et le fait communiquer immédiatement avec l'avant-plan. Le tableau « se creuse intérieurement ». Alors la profondeur devient profondeur *de* champ, tandis que les dimensions du premier plan prennent une grandeur anormale, et que celles de l'arrière-plan se réduisent, dans une perspective violente qui unit d'autant plus le proche au lointain [12].

La même histoire traverse le cinéma. La profondeur fut

---

12. Sur l'opposition de ces deux conceptions de la profondeur, aux XVIe et XVIIe siècles, cf. Wölfflin, *Principes fondamentaux de l'histoire de l'art*, Gallimard, ch. II. Wölfflin analyse les espaces « baroques » du XVIIe suivant les diagonales du Tintoret, les anomalies de dimensions de Vermeer, les trouées de Rubens, etc.

longtemps produite par une simple juxtaposition des plans indépendants, une succession de plans parallèles dans l'image : par exemple la conquête de Babylone dans « *Intolérance* » de Griffith montre en profondeur les lignes de défense des assiégés, de l'avant-plan à l'arrière-plan, chacune ayant sa valeur propre et réunissant des éléments côte à côte dans un ensemble harmonieux. C'est d'une tout autre manière que Welles invente une profondeur de champ suivant une diagonale ou une trouée qui traversent tous les plans, met des éléments de chaque plan en interaction avec les autres, et surtout fait communiquer directement l'arrière-plan avec l'avant-plan (ainsi la scène du suicide où Kane entre violemment par la porte du fond, toute petite, tandis que Susan se meurt dans l'ombre en plan moyen, et que le verre énorme apparaît en gros plan). De telles diagonales apparaîtront chez Wyler, comme dans « *Les Meilleures Années de notre vie* », quand un personnage est occupé à une scène secondaire, mais pittoresque, au premier plan, tandis qu'un autre personnage donne un coup de téléphone décisif à l'arrière-plan : le premier surveille le second suivant une diagonale qui relie l'arrière et l'avant, et les fait réagir. Avant Welles, cette profondeur de champ semble n'avoir eu pour précurseurs que Renoir, avec « *La Règle du jeu* », et Stroheim, surtout avec « *Les Rapaces* ». En redoublant la profondeur avec de grands angulaires, Welles obtient les grandeurs démesurées du premier plan jointes aux réductions de l'arrière-plan qui prend d'autant plus de force ; le centre lumineux est au fond, tandis que des masses d'ombre peuvent occuper le premier plan, et que de violents contrastes peuvent rayer l'ensemble ; les plafonds deviennent nécessairement visibles, soit dans le déploiement d'une hauteur elle-même démesurée, soit au contraire dans un écrasement suivant la perspective. Le volume de chaque corps déborde tel ou tel plan, plonge dans l'ombre ou en sort, et exprime le rapport de ce corps avec les autres situés en avant ou en arrière : un art des masses. C'est là que le terme de « baroque » convient littéralement, ou un néo-expressionnisme. Dans cette libération de la profondeur qui se subordonne maintenant toutes les autres dimensions il faut voir non seulement la conquête d'un continuum, mais le caractère temporel de ce continuum : c'est une continuité de durée qui fait que la profondeur déchaînée est du temps, non plus de l'espace [13]. Elle est irréductible aux dimensions de l'espace. Tant que la profondeur restait prise dans la simple succession des plans parallèles, elle représentait déjà le temps, mais d'une manière indirecte qui le maintenait subordonné à l'espace et au mouvement. La nouvelle profondeur, au contraire, forme directement une région de temps, une région de passé qui se définit par les aspects ou éléments *optiques* empruntés aux différents plans en interaction [14]. C'est un ensemble de liaisons non-localisables, toujours d'un plan à un autre, qui constitue la région de passé ou le continuum de durée.

Le second problème concerne la fonction de cette profondeur de champ. On sait que Bazin lui assignait une fonction de réalité, puisque le spectateur devait lui-même organiser sa perception dans l'image au lieu de la recevoir toute faite. Ce que niait Mitry, qui voyait dans la profondeur de champ une organisation non moins contraignante, forçant le spectateur à suivre la diagonale ou la trouée. La position de Bazin était toutefois complexe : il montrait que ce gain de réalité pouvait être obtenu par un « surcroît de théâtralité », comme on l'a vu pour « *La Règle du jeu* » [15]. Mais fonction de théâtralité,

13. Claudel disait que la profondeur, par exemple chez Rembrandt, était une « invitation à se souvenir » (« la sensation a éveillé le souvenir, et le souvenir, à son tour atteint, ébranle successivement les couches superposées de la mémoire », *L'œil écoute*, Œuvres en prose, Pléiade, p. 195). Bergson et Merleau-Ponty ont montré comment la « distance » (*MM*, ch. I), comment la « profondeur » (*Phénoménologie de la perception*) étaient une dimension temporelle.
14. Cf. Wölfflin, p. 99, 185.
15. La discussion Bazin-Mitry porte sur les deux problèmes. Mais il semble que Mitry soit beaucoup plus proche de Bazin qu'il ne le croit. En premier lieu, y a-t-il nouveauté de la profondeur de champ chez Welles, ou est-ce plutôt le retour à un vieux procédé inséparable de l'ancien cinéma, comme le rappelle Mitry ? Pourtant, c'est Mitry lui-même qui montre comment, dans « *Intolérance* », il y a seulement juxtaposition de plans parallèles, et non pas interaction comme chez Renoir et Welles (avec les grands angulaires) : il donne donc raison à Bazin sur ce point essentiel. Cf. *Esthétique et psychologie du cinéma*, Éd. Universitaires, II, p. 40. En second lieu, la fonction de cette nouvelle profondeur est-elle une fonction de réalité plus libre, ou est-elle aussi contraignante qu'une autre, comme le pense Mitry ? Toutefois, Bazin reconnaissait volontiers le caractère théâtral de la profondeur de champ, chez Wyler autant que chez Renoir. Il analyse un plan de Wyler, dans « *La Vipère* », où la caméra fixe enregistre l'ensemble d'une scène en profondeur, comme au théâtre. Mais, justement, l'élément cinématographique fait que le personnage situé dans le salon peut sortir deux fois du cadre, d'abord à droite en avant-plan, puis à gauche dans le fond, avant de s'écrouler dans l'escalier : le hors-cadre fonctionne tout autrement que des coulisses (« William Wyler ou le janséniste de la mise en scène », *Revue du cinéma*, n°s 10 et 11, février et mars

ou de réalité, ne semble pas épuiser ce problème compliqué. Il nous semble qu'il y a beaucoup de fonctions de la profondeur de champ, et qu'elles se rejoignent toutes dans une image-temps directe. Ce serait le propre de la profondeur de champ, renverser la subordination du temps au mouvement, exhiber le temps pour lui-même. Nous ne disons certes pas que la profondeur de champ ait l'exclusivité de l'image-temps. Car il y a beaucoup d'images-temps directes, à leur tour. Il y a des images-temps qui se créent par suppression de la profondeur (aussi bien profondeur dans le champ que profondeur de champ) ; et ce cas de la planitude de l'image est lui-même très divers, c'est une conception variée du temps, puisque ce n'est pas de la même manière que procèdent Dreyer, Robbe-Grillet, Syberberg... Ce que nous voulons dire, c'est que la profondeur de champ crée un certain type d'image-temps directe, qu'on peut définir par la mémoire, les régions virtuelles de passé, les aspects de chaque région. Ce serait moins une fonction de réalité qu'une fonction de mémoration, de temporalisation : non pas exactement un souvenir, mais « une invitation à se souvenir... ».

Il faut constater le fait avant d'essayer de l'expliquer : la plupart des fois où la profondeur de champ trouve une pleine nécessité, c'est en rapport avec la mémoire. Et là encore le cinéma est bergsonien : il ne s'agit pas d'une mémoire psychologique, faite d'images-souvenir, telle que le flash-back peut la représenter conventionnellement. Il ne s'agit pas d'une succession de présents qui passent suivant le temps chronologique. Il s'agit *ou bien* d'un effort d'évocation produit dans un actuel présent, et précédant la formation des images-souvenir, *ou bien* de l'exploration d'une nappe de passé d'où surgiront ultérieurement ces images-souvenir. C'est un en-deçà, et un au-delà, de la mémoire psychologique : les deux pôles d'une métaphysique de la mémoire. Ces deux extrêmes de la mémoire, Bergson les présente ainsi : l'extension des nappes de passé, la contraction de l'actuel présent [16]. Et les deux sont liés, puisque évoquer le souvenir,

---

1948). Le cinéma produit ici un « surcroît de théâtralité », qui va finalement renforcer l'impression de réalité. Ce qu'on peut dire, c'est donc que Bazin, tout en reconnaissant la pluralité des fonctions de la profondeur de champ, maintenait un primat de la fonction de réalité.

16. *MM*, p. 184 (31) : les deux formes de la mémoire sont les « nappes de souvenirs » et la « contraction » du présent.

c'est sauter dans une région de passé où l'on suppose qu'il gît virtuellement, toutes les nappes ou régions coexistant par rapport à l'actuel présent contracté d'où procède l'évocation (tandis qu'elles se succèdent psychologiquement par rapport aux présents qu'elles ont été). Le fait à constater, c'est que la profondeur de champ nous montre tantôt l'évocation en acte, tantôt les nappes virtuelles de passé qu'on explore pour y trouver le souvenir cherché. Le premier cas, la contraction, apparaît souvent dans « *Citizen Kane* » : par exemple une plongée se dirige sur Susan alcoolique et perdue dans la grande pièce du cabaret, pour la forcer à évoquer. Ou bien, dans « *La Splendeur des Amberson* », toute une scène fixe en profondeur se justifie parce que le jeune garçon veut, sans en avoir l'air, forcer sa tante à se rappeler un souvenir essentiel pour lui [17]. Et aussi dans « *Le Procès* », la contre-plongée du début marque le point de départ des efforts du héros, cherchant à tout prix ce que la justice peut lui reprocher. Le second cas apparaît dans la plupart des scènes en profondeur transversale dans « *Citizen Kane* », où chacune correspond à une nappe de passé dont on se demande : est-ce là que gît le secret virtuel, Rosebud ? Et dans « *M. Arkadin* », où les personnages successifs sont des nappes de passé, relais vers d'autres nappes, toutes coexistantes par rapport à l'effort initial contracté. On voit bien que l'image-souvenir par elle-même a peu d'intérêt, mais qu'elle suppose deux choses qui la dépassent : une variation des nappes de passé pur où on peut la trouver, une contraction de l'actuel présent d'où part la recherche toujours reprise. La profondeur de champ ira de l'un à l'autre, de l'extrême contraction aux grandes nappes, et inversement. Welles « déforme l'espace et le temps à la fois, les dilate et les rétrécit tour à tour, il domine une

---

17. Bazin a souvent analysé cette scène de la cuisine, mais sans la faire dépendre de la fonction de mémoration qui s'y exerce (ou tente de s'y exercer). Il en est pourtant souvent de même chez Wyler, la profondeur étant liée aux retrouvailles de deux personnages : ainsi un plan-séquence des « *Meilleures Années de notre vie* » analysé par Bazin dans son article sur Wyler ; mais aussi un plan de « *L'Insoumise* » analysé par Mitry, où deux personnages se retrouvent et s'affrontent dans une sorte de défi de mémoire (l'héroïne a remis sa robe rouge...). Dans ce dernier exemple, la profondeur de champ opère une contraction maxima, que ne pourrait produire un champ-contrechamp : la caméra est en contre-plongée derrière l'un des personnages, et saisit à la fois la main crispée de l'un et le visage frémissant de l'autre (Mitry).

situation ou s'y enfonce » [18]. Les plongées et contre-plongées forment des contractions, comme les travellings obliques et latéraux forment des nappes. La profondeur de champ s'alimente à ces deux sources de la mémoire. Non pas l'image-souvenir (ou le flash-back), mais l'effort actuel d'évocation, pour la susciter, et l'exploration des zones virtuelles de passé, pour la trouver, la sélectionner, la faire descendre.

Beaucoup de critiques aujourd'hui considèrent la profondeur de champ comme un procédé technique qui risque de nous cacher des apports encore plus importants de Welles. Certes, ces apports existent. Mais la profondeur garde toute son importance, au-delà de la technique, si l'on en fait une fonction de mémoration, c'est-à-dire une figure de la temporalisation. En découlent toutes sortes d'aventures de la mémoire, qui sont moins des accidents psychologiques que des avatars du temps, des troubles de sa constitution. Les films de Welles développent ces troubles suivant une progression rigoureuse. Bergson distinguait deux grands cas : le souvenir passé peut encore être évoqué dans une image, mais celle-ci ne sert plus à rien, parce que le présent d'où part l'évocation a perdu son prolongement moteur qui rendrait l'image utilisable ; ou bien le souvenir ne peut même plus être évoqué en image, quoiqu'il subsiste dans une région de passé, mais l'actuel présent ne peut plus l'atteindre. Tantôt les souvenirs « sont encore évoqués, mais ne peuvent plus s'appliquer sur des perceptions correspondantes », tantôt « l'évocation des souvenirs est elle-même empêchée » [19]. On trouve l'équivalent dramatique de ces cas dans les films de Welles où la temporalisation opère par la mémoire.

Tout commence avec « *Citizen Kane* ». On a souvent dit que la profondeur intériorisait le montage dans la scène, dans la mise en scène, mais ce n'est que partiellement vrai. Sans doute le plan-séquence est-il une nappe de passé, avec ses nébuleuses et ses points brillants qui vont alimenter l'image-souvenir et déterminer ce qu'elle retient d'un ancien présent. Mais le montage subsiste comme tel sous trois autres aspects :

18. Jean Collet, « La soif du mal, ou Orson Welles et la soif d'une transcendance », *Orson Welles, Études cinématographiques*, p. 115 (sur un seul point nous ne pouvons pas suivre ce texte, comme nous le verrons plus loin, c'est l'appel à une transcendance).
19. *MM*, p. 253 (118-119) : ce sont les deux formes principales des maladies de la mémoire, selon Bergson.

le rapport des plans-séquences ou des nappes de passé avec les plans courts de présents qui passent ; le rapport des nappes entre elles, les unes avec les autres (comme disait Burch, plus un plan est long, plus il est important de savoir où et comment le finir) ; le rapport des nappes avec l'actuel présent contracté qui les évoque. À cet égard, chaque témoin de « *Citizen Kane* » a son effort d'évocation qui correspond à la nappe de passé à laquelle il est voué. Mais tous ces efforts coïncident dans l'actualité « Kane vient de mourir, Kane est mort » qui constitue une sorte de point fixe donné dès le début (de même dans « *M. Arkadin* » et dans « *Othello* »). Et c'est par rapport à la mort comme point fixe que toutes les nappes de passé coexistent, l'enfance, la jeunesse, l'adulte et le vieillard. Si le montage reste ainsi chez Welles l'acte cinématographique par excellence, il n'en change pas moins de sens : au lieu de produire à partir du mouvement une image indirecte du temps, il va organiser l'ordre des coexistences ou les relations non-chronologiques dans l'image-temps directe. Diverses nappes de passé seront évoquées, et incarneront leurs aspects dans des images-souvenir. Et, chaque fois, c'est sur le thème : est-ce là que gît le souvenir pur « Rosebud » ? Rosebud ne sera trouvé dans aucune des régions explorées, quoiqu'il soit dans l'une d'entre elles, dans celle de l'enfance, mais tellement enfoui qu'on passe à côté. Bien plus, quand Rosebud s'incarne de son propre mouvement dans une image, c'est à la lettre *pour personne*, dans l'âtre où brûle le traîneau jeté. Non seulement Rosebud aurait pu être n'importe quoi, mais, en tant qu'il est quelque chose, il descend dans une image qui brûle d'elle-même, et ne sert à rien, n'intéresse personne [20]. Par là il jette un soupçon sur toutes les nappes de passé qui ont été évoquées par tel ou tel personnage, même intéressé : les images auxquelles elles ont donné lieu étaient peut-être aussi vaines, à leur tour, puisqu'il n'y a plus de présent pour les accueillir, et que Kane est mort solitaire, en éprouvant le vide de toute sa vie, la stérilité de toutes ses nappes.

Dans « *La Splendeur des Amberson* », ce n'est plus un soupçon induit par la singularité « Rosebud », c'est une

---

20. Contre des rapprochements arbitraires, Amengual a raison d'opposer point par point Rosebud (ou la boule de verre) et la madeleine de Proust : il n'y a aucune recherche du temps perdu chez Welles. Cf. *Études cinématographiques*, p. 64-65.

certitude qui frappe de plein fouet l'ensemble. Les nappes de passé sont encore évocables et évoquées : le mariage d'orgueil d'Isabelle, l'enfance de George, sa jeunesse, la famille des Amberson... Mais les images qu'on en tire ne servent plus à rien, parce qu'elles ne peuvent plus s'insérer dans un présent qui les prolongerait en action : la ville s'est tellement transformée, la nouvelle motricité des automobiles a remplacé celle des calèches, le présent a si profondément changé que les souvenirs ne sont plus utilisables. C'est pourquoi le film ne commence pas par une mort, mais par un commentaire qui précède toute image, et qui trouve sa conclusion lorsque la chute de la famille s'est produite : « c'est fait, mais ceux qui voulaient y assister étaient morts, et ceux qui étaient vivants avaient oublié l'homme et ce qu'ils avaient souhaité ». Les souvenirs ont perdu tout prolongement, et ne servent même plus à réjouir les prophètes, les malveillants ou les vengeurs. La mort s'est si bien infiltrée qu'il n'y a plus besoin d'une mort au début. Toutes les évocations coïncident avec des morts, et toutes les morts coïncident avec la mort sublime du major, dans le courant du film : « il savait qu'il devait se préparer à pénétrer dans une région inconnue où il n'était même pas sûr d'être reconnu comme un Amberson ». Les souvenirs tombent dans le vide, parce que le présent s'est dérobé et court ailleurs, leur retirant toute insertion possible. Il est douteux pourtant que Welles veuille simplement montrer la vanité du passé. S'il y a un nihilisme de Welles, ce n'est pas celui-là. La mort comme point fixe a un autre sens. Voilà plutôt ce qu'il montre, et déjà dans « *Citizen Kane* » : dès qu'on atteint aux nappes de passé, c'est comme si l'on était emporté par les ondulations d'une grande vague, le temps sort de ses gonds, on entre dans la temporalité comme état de *crise permanente*[21].

Un troisième pas est franchi avec « *La Dame de Shanghai* ». Car précédemment les nappes de passé débordaient de toutes parts les images-souvenir ; mais leur évocation leur faisait produire de telles images, même si ces images flottaient et n'avaient d'autre application que la mort. La situation est

---

21. « La base même de l'existence est tragique. L'homme ne vit pas, comme on nous le répète, une crise passagère. Tout est crise depuis toujours » (cité par Michel Estève, « Notes sur les fonctions de la mort dans l'univers de Welles », *Études cinématographiques*, p. 41).

maintenant très différente : les nappes ou régions de passé sont toujours là, elles se distinguent encore, et pourtant ne sont plus évocables, ne s'accompagnent plus d'aucune image-souvenir. Mais alors comment se signalent-elles, puisque aucune image-souvenir ne s'en porte garant et n'y puise une marque ? On dirait que le passé surgit en lui-même, mais sous forme de personnalités indépendantes, aliénées, déséquilibrées, larvaires en quelque sorte, fossiles étrangement actifs, radio-actifs, inexplicables dans le présent où ils surgissent, d'autant plus nocifs et autonomes. Non plus des souvenirs, mais des hallucinations. C'est la folie, la personnalité scindée, qui témoigne maintenant pour le passé. L'histoire de « *La Dame de Shanghai* » est celle d'un héros d'abord naïf pris dans le passé des autres, saisi, happé (il y a là une ressemblance avec les thèmes de Minnelli sans qu'on puisse parler d'influence, qui déplairait à Welles). Ce sont trois personnages en déséquilibre, comme trois nappes de passé qui viennent submerger le héros, sans que celui-ci puisse rien évoquer de ces nappes, ni même décider entre elles. C'est Grisby, l'homme qui surgit comme un diable à ressort ; et sur cette nappe le héros se trouvera poursuivi pour meurtre, quand on lui proposait en apparence un meurtre truqué. C'est l'avocat Bannister, avec sa canne, sa paralysie, sa claudication monstrueuse, qui voudra le faire condamner quand il lui proposait une défense assurée. C'est la femme, la reine démente du quartier chinois, dont il est amoureux fou, tandis qu'elle se sert de son amour, du fond d'un passé indéchiffrable issu d'Orient. Le héros devient d'autant plus fou qu'il ne peut rien reconnaître de ces passés, qui s'incarnent dans des personnalités aliénées, peut-être des projections de la sienne devenues indépendantes [22]. Et encore les Autres existent, ont une réalité et mènent le jeu dans « *La Dame de Shanghai* ». Un quatrième pas sera franchi dans « *M. Arkadin* » : comment rendre inévocable *son propre* passé ? Il faudra que le héros feigne l'amnésie, pour lancer un enquêteur qui doit retrouver les person-

---

22. Le héros est un homme ordinaire, mais « conscient de sa folie ». Affronté à ces passés qu'il ne connaît ni ne reconnaît, il dira : « Je me croyais en proie au délire, puis la raison me revint, c'est alors que je me crus fou. » Gérard Legrand montre qu'on peut concevoir deux niveaux : Welles acteur, qui joue le personnage d'O'Hara, en creux, en somnambule halluciné ; Welles auteur, qui se projette dans les trois personnages hallucinants (*Positif*, n° 256, juin 1982).

nalités larvaires émanant des régions de ce passé, hantant des lieux divers qui ne sont plus que des relais dans l'exploration du temps. Ces témoins, Arkadin les assassinera un à un en suivant les traces de l'enquête. Il prétend récupérer toutes ses scissions, dans une unité paranoïaque grandiose qui ne connaîtrait plus qu'un présent sans mémoire, enfin la vraie amnésie. Le nihilisme de Welles trouve sa formule héritée de Nietzsche : supprimez vos souvenirs, ou supprimez-vous vous-mêmes... Que tout commence et se termine par la disparition d'Arkadin, comme pour « *Citizen Kane* », n'empêche pas l'inexorable progression, de film en film : Welles ne se contente plus de montrer l'inutilité d'une évocation du passé, dans un état permanent de crise du temps, il montre l'impossibilité de toute évocation, le devenir-impossible de l'évocation, dans un état du temps plus fondamental encore. Les régions de passé garderont leur secret, et l'appel au souvenir reste vide. L'enquêteur ne dira même pas ce qu'il sait, mais, sous la pression du temps, suppliera seulement la fille de dire qu'il le lui a dit.

« *Le Procès* » enchaîne avec « *M. Arkadin* ». Dans quelle nappe de passé le héros cherchera-t-il la faute dont il est coupable ? Plus rien n'y est évocable, mais tout en est hallucinatoire. Personnages figés et statue voilée. Il y a la région des femmes, il y a la région des livres, celle de l'enfance et des fillettes, celle de l'art, celle de la religion. Le présent n'est plus qu'une porte vide à partir de laquelle on ne peut plus évoquer le passé, puisque celui-ci est déjà sorti pendant qu'on attendait. Chaque région du passé sera explorée, dans ces longs plans dont Welles a le secret : par exemple la longue course dans une claie allongée, tandis que le héros est poursuivi par une meute de fillettes hurlantes (déjà « *La Dame de Shanghai* » montrait une course analogue du pseudo-meurtrier dans un espace à claire-voie). Mais les régions de passé ne livrent plus d'images-souvenirs, elles délivrent des présences hallucinatoires : les femmes, les livres, les fillettes, l'homosexualité, les tableaux. Seulement, dans tout cela, on dirait que certaines nappes se sont affaissées, d'autres exhaussées, de telle manière que se juxtaposent ici ou là tel âge et tel autre âge comme en archéologie. *Plus rien n'est décidable* : les nappes coexistantes juxtaposent maintenant leurs segments. Le livre le plus sérieux est aussi un livre pornographique, les adultes les plus

149

menaçants sont aussi des enfants qu'on bat, les femmes sont au service de la justice, mais la justice est peut-être menée par des fillettes, et la secrétaire de l'avocat, avec ses doigts palmés, est-elle une femme, une fillette, un dossier feuilleté ? On dirait qu'en se cassant et se déséquilibrant les régions de passé sont entrées dans l'élément d'une justice supérieure qui les brasse, d'un passé en général où les existences se paient l'une à l'autre le prix de leur injustice (suivant une formule présocratique). La réussite de Welles en fonction de Kafka, c'est d'avoir su montrer comment des régions spatialement distantes et chronologiquement distinctes communiquaient entre elles, au fond d'un temps illimité qui les rendait contiguës : c'est à cela que sert la profondeur de champ, les cases les plus éloignées communiquent directement dans le fond [23]. Mais quel est ce fond commun à toutes les nappes, d'où elles sortent et où elles retombent en se cassant ? Quelle est cette justice supérieure, dont toutes les régions sont seulement l'auxiliaire ?

Les nappes de passé existent, ce sont des strates, où nous puisons nos images-souvenir. Mais ou bien elles ne sont même pas utilisables, en raison de la mort comme présent permanent, région la plus contractée ; ou bien elles ne sont même plus évocables, parce qu'elles se cassent et se disloquent, se dispersent dans une substance non stratifiée. Et peut-être les deux se rejoignent, peut-être ne trouvons-nous la substance universelle qu'au point contracté de la mort. Mais ce n'est pas une confusion, c'est deux états différents du temps, le temps comme crise perpétuelle, et, plus profondément, le temps comme matière première, immense et terrifiante, comme universel devenir. Il y a chez Herman Melville un texte qui semble spécialement destiné à Welles : nous allons de bandelette en bandelette, de strate en strate au sein de la pyramide, au prix d'horribles efforts, et tout cela pour découvrir qu'il n'y a personne dans la chambre funéraire – à moins que ne commence ici « la substance non stratifiée » [24].

---

23. C'est la topographie du *Procès* (et aussi du *Château*) qui fait appel à une profondeur de champ : des lieux très distants ou même opposés, en avant-plan, sont contigus dans l'arrière-plan. Si bien que l'espace, comme dit Michel Ciment, ne cesse de disparaître : « Le spectateur, à mesure que le film se développe, perd tout sens spatial, et la maison du peintre, le tribunal, l'église communiquent désormais entre eux » (*Les Conquérants d'un nouveau monde*, Gallimard, p. 219).

24. Herman Melville, *Pierre ou les ambiguïtés*, Gallimard.

Ce n'est certes pas un élément transcendant, mais une justice immanente, la Terre, et son ordre non-chronologique en tant que chacun de nous naît directement d'elle et non de parents : autochtonie. C'est en elle que nous mourons, et expions notre naissance. Chez Welles, en général on meurt à plat ventre, le corps déjà dans la terre, et en se traînant, en rampant. Toutes les strates coexistantes communiquent et se juxtaposent dans un milieu vital boueux. La terre comme temps primordial des autochtones. Et c'est ce que voient la cohorte des grands personnages de Welles : le héros de « *Touch of Evil* » qui meurt dans la terre humide et noirâtre, celui du « *Procès* » qui meurt dans le trou de la terre, mais déjà le major Amberson agonisant qui parlait avec peine, « et nous, nous sommes sortis de la terre... alors de toute façon nous avons dû être dans la terre... ». La terre a pu s'affaisser sous les eaux, pour entretenir ses monstres primitifs, comme dans la scène de l'aquarium et le récit des requins de « *La Dame de Shanghai* ». Et Macbeth, surtout « *Macbeth* ». C'est là que Bazin a su voir l'élément des personnages de Welles : « ce décor de carton goudronné, ces Écossais barbares, vêtus de peaux de bêtes et qui brandissent des sortes de lance-croix de bois noueux, ces lieux insolites ruisselants d'eau dominés par des brumes qui ne laissent jamais deviner un ciel où l'on doute qu'il y ait des étoiles, forment littéralement un univers de préhistoire, non celle de nos ancêtres les Gaulois ou des Celtes, mais d'une préhistoire de la conscience à la naissance du temps et du péché, quand le ciel et la terre, l'eau et le feu, le bien et le mal ne sont point encore distinctement séparés »[25].

3

Peut-être Resnais est-il le plus proche de Welles, son disciple le plus indépendant, le plus créateur, qui transforme tout le problème. C'est que, chez Welles, un point fixe sub-

25. Bazin, *Orson Welles*, Éd. du Cerf, p. 90. Michel Chion trouve déjà le même motif dans l'ouverture de « *Citizen Kane* » : « Sur une musique caverneuse, archaïque, des paysages disparates se succèdent dans une atmosphère de chaos primitif, de tohu-bohu où les éléments, la terre et l'eau, sont encore mélangés. Seules traces de vie, des singes, référence à un passé pré-humain... » (*La Voix au cinéma*, Cahiers du cinéma-Éditions de l'Étoile, p. 78).

siste, même s'il communique avec la terre (contre-plongée). C'est un présent offert à la vue, la mort de quelqu'un, tantôt donnée dès le début, tantôt préfigurée. C'est aussi un présent sonore, la voix du récitant, la voix off, qui constitue un centre radiophonique dont le rôle est essentiel chez Welles[26]. Et c'est par rapport à ce point fixe que toutes les strates ou nappes de passé coexistent et se confrontent. Or, la première nouveauté de Resnais, c'est la disparition du centre ou du point fixe. La mort ne fixe pas un actuel présent, tant il y a de morts qui hantent les nappes de passé (« 9 millions de morts hantent ce paysage », « 200 000 morts en 9 secondes... »). La voix off n'est plus centrale, soit parce qu'elle entre dans des rapports de dissonance avec l'image visuelle, soit parce qu'elle se divise ou se multiplie (les voix différentes qui disent « je suis né... » dans « Mon oncle d'Amérique »). En règle générale, le présent se met à flotter, frappé d'incertitude, éparpillé dans le va-et-vient des personnages, ou déjà absorbé par le passé[27]. Même dans la machine à remonter le temps (« Je t'aime je t'aime »), le présent qui se définit par les quatre minutes de décompression nécessaires n'aura pas le temps de se fixer, de se compter, mais renverra le cobaye à des niveaux toujours divers. Dans « Muriel », la nouvelle Boulogne n'a pas de centre, pas plus que l'appartement aux meubles transitoires : aucune des personnes n'a de présent, sauf peut-être la dernière qui ne trouve que du vide. Bref, la confrontation des nappes de passé se fait directement, chacune pouvant servir de présent relatif à l'autre : Hiroshima sera pour la femme le présent de Nevers, mais Nevers sera

---

26. Michel Chion, rappelant l'influence que la radio n'a cessé d'exercer sur Welles, parle d'une « immobilité centrale de la voix », même quand c'est la voix de personnages en mouvement. Et, parallèlement, les corps mobiles tendent eux-mêmes à une inertie massive qui va incarner le point fixe de la voix. Cf. « Notes sur la voix chez Orson Welles », Orson Welles, Cahiers du cinéma, p. 93.

27. Dans « Hiroshima mon amour », le présent est le lieu d'un oubli qui porte déjà sur lui-même, et le personnage du Japonais est comme estompé. Dans « L'Année dernière à Marienbad », Marie-Claire Ropars peut résumer l'ensemble de la manière suivante : « Au moment où le récit, imaginaire ou non, d'une première rencontre à Marienbad a fini de rejoindre la seconde rencontre et de la modifier, à ce moment l'histoire présente de cette seconde rencontre bascule à son tour dans le passé, et la voix du narrateur recommence à l'évoquer à l'imparfait, comme si déjà une troisième rencontre s'amorçait, reléguant dans l'ombre celle qui vient de se dérouler, comme si plutôt toute cette histoire ne cessait jamais d'être passée... » (L'Écran de la mémoire, Seuil, p. 115).

pour l'homme le présent d'Hiroshima. Resnais avait commencé par une mémoire collective, celle des camps de concentration nazis, celle de Guernica, celle de la Bibliothèque nationale. Mais il découvre le paradoxe d'une mémoire à deux, d'une mémoire à plusieurs : les différents niveaux de passé ne renvoient plus à un même personnage, à une même famille ou à un même groupe, mais à des personnages tout à fait différents comme à des lieux non-communicants qui composent une mémoire mondiale. Il accède à une relativité généralisée, et va jusqu'au bout de ce qui n'était qu'une direction chez Welles : construire des *alternatives indécidables* entre nappes de passé. Par là aussi on comprend son antagonisme avec Robbe-Grillet, et l'ambiguïté féconde de la collaboration entre les deux auteurs : une architecture de la mémoire telle qu'elle explique ou développe les niveaux de passé coexistants, et non plus un art des pointes tel qu'il implique des présents simultanés. Dans les deux cas il y a disparition du centre ou du point fixe, mais de manière opposée [28].

Essayons de faire des fiches techniques qui marqueraient un ordre de progression dans certains films de Resnais, plutôt qu'une dialectique et des oppositions. « *Je t'aime je t'aime* » : malgré l'appareil de science-fiction, c'est la figure du temps la plus simple, parce que la mémoire y concerne un seul personnage. Certes, la machine-mémoire ne consiste pas à se souvenir, mais à revivre un instant précis du passé. Seulement, ce qui est possible pour l'animal, pour la souris, ne l'est pas pour l'homme. L'instant passé pour l'homme est comme un point brillant qui appartient à une nappe, et ne peut en être détaché. Instant ambigu, il participe même à deux nappes, l'amour pour Catrine et le déclin de cet amour [29]. Si bien que le héros ne pourra le revivre qu'en parcourant à nouveau ces nappes, et en en parcourant dès lors beaucoup d'autres (avant qu'il connût Catrine, après la mort de Catrine...). Toutes

---

28. C'est Bernard Pingaud qui a le plus insisté sur cette disparition du point fixe chez Resnais (par opposition à Welles), déjà dans « *Hiroshima mon amour* » : cf. *Premier plan*, n° 18, octobre 1961.

29. Il s'agit de l'instant précis où la machine est censée faire remonter le héros, minute où il sortait de l'eau sur la plage, et qui sera reprise et modifiée dans tout le film. Gaston Bounoure dit : « Claude a nagé, nage et nagera autour de cette minute dans laquelle toute sa vie est enclose. Incorruptible et inaccessible, elle scintille tel un diamant dans le labyrinthe du temps » (*Alain Resnais*, Seghers, p. 86).

sortes de régions sont ainsi brassées dans la mémoire d'un homme qui saute de l'une à l'autre, et semblent émerger tour à tour d'un marécage originel, universel clapotement incarné par la nature éternelle de Catrine (« tu es étale, tu es un marécage, de la nuit, de la boue... tu sens la marée basse... »). « *L'Année dernière à Marienbad* » est une figure plus complexe, parce que la mémoire y est à deux personnages. Mais c'est une mémoire encore commune, puisqu'elle se rapporte aux mêmes données, affirmées par l'un, niées ou déniées par l'autre. En effet, le personnage X gravite sur un circuit de passé qui comprend A comme point brillant, comme « aspect », tandis que A est dans des régions qui ne comprennent pas X ou ne le comprennent que de manière nébuleuse. A se laissera-t-elle attirer sur la nappe de X, ou bien celle-ci sera-t-elle déchirée, disloquée par les résistances de A qui s'enroule dans ses propres nappes ? « *Hiroshima mon amour* » complique encore la situation. Il y a deux personnages, mais chacun a sa propre mémoire étrangère à l'autre. Il n'y a plus rien de commun. C'est comme deux régions de passé incommensurables, Hiroshima, Nevers. Et tandis que le Japonais refuse que la femme entre dans sa propre région (« J'ai tout vu... tout... – Tu n'as rien vu à Hiroshima, rien... »), la femme attire dans la sienne le Japonais volontaire et consentant, jusqu'à un certain point. N'est-ce pas pour chacun une manière d'oublier sa propre mémoire, et de se faire une mémoire à deux, comme si la mémoire maintenant devenait monde et se détachait de leurs personnes ? « *Muriel* » : il y a deux mémoires encore, chacune marquée par une guerre, Boulogne, l'Algérie. Mais cette fois chacune comprend plusieurs nappes ou régions de passé qui renvoient aux personnages différents : trois niveaux autour de la lettre de Boulogne (celui qui a écrit la lettre, celui qui l'a ou ne l'a pas envoyée, celle qui ne l'a pas reçue), deux niveaux autour de la guerre d'Algérie (le jeune soldat et l'hôtelier). C'est une mémoire-monde, à plusieurs personnes et à plusieurs niveaux, qui se démentent, se dénoncent ou se happent mutuellement. « *La guerre est finie* » ne nous semble pas marquer une mutation, un retour au présent, mais un approfondissement du même problème. C'est que le présent du héros n'est lui-même qu'un « âge », un certain âge de l'Espagne qui n'est jamais donnée comme présente. Il y a l'âge de la guerre civile, auquel le comité en exil reste fixé. Il y a le nouvel âge des jeunes terroristes radicaux. Et le présent du héros, « permanent » de l'organisation, n'est lui-même qu'un âge de l'Espagne, niveau qui se distingue de celui de la guerre civile autant que de la jeune génération qui ne l'a pas connue. Ce qui apparaît comme passé, présent, futur, c'est aussi bien trois âges de l'Espagne, de manière à produire quelque chose de nouveau, soit en décidant entre eux, soit dans les marges de l'indécidable. L'idée d'âge tend à se distinguer, à prendre une portée politique, historique ou même archéologique autonome. « *Mon oncle d'Amérique* » pourra continuer cette exploration des âges : trois personnages dont chacun a plusieurs niveaux, plusieurs âges. Il y a des constantes : chaque âge, chaque nappe, se définira par un territoire, des lignes de fuite, des blocages de ces lignes ; ce sont les déterminations topologiques, cartologiques, proposées par Laborit. Mais d'un âge à l'autre, et d'un personnage à l'autre, la répartition varie. Les âges deviennent des âges du monde, dans leurs variations, parce qu'ils concernent les animaux mêmes (l'homme et la souris retrouvent un destin commun, contrairement à ce qui se passait dans « *Je t'aime je t'aime* »), mais aussi parce qu'ils concernent un cosmos surhumain, l'île et son trésor. C'est en ce sens que Bergson parlait de durées inférieures et supérieures à l'homme, toutes coexistantes. Enfin « *La vie est un roman* » développe pour elle-même l'idée de trois âges du monde, trois âges du château, trois âges coexistants rapportés à l'humain, mais chacun possédant et absorbant ses propres personnages, au lieu de se rapporter tous à des personnes données : l'âge de l'Ancien, et l'utopie ; l'âge du Moderne, et le colloque, l'organisation techno-démocratique ; l'âge de l'Enfance, et la légende. D'un bout à l'autre de l'œuvre de Resnais on s'enfonce dans une mémoire qui déborde les conditions de la psychologie, mémoire à deux, mémoire à plusieurs, mémoire-monde, mémoire-âges du monde.

Mais la question reste entière : qu'est-ce que les nappes de passé dans le cinéma de Resnais, soit niveaux d'une même mémoire, soit régions de plusieurs mémoires, soit constitution d'une mémoire-monde, soit exposition des âges du monde ? C'est là qu'il faut distinguer plusieurs aspects. En premier lieu, chaque nappe de passé est un continuum. Si les travellings de Resnais sont célèbres, c'est parce qu'ils définissent ou plutôt construisent des continuums, des circuits à vitesse variable, en suivant les rayonnages de la Bibliothèque nationale, en plongeant dans les tableaux de telle ou telle période de Van Gogh. Mais il semble appartenir à chaque continuum, dans un genre, d'être malléable. C'est ce que les mathématiciens appellent « la transformation du boulanger » : un carré peut être étiré en rectangle dont les deux moitiés formeront un nouveau carré, si bien que la surface totale est redistribuée à chaque transformation. Si l'on considère une région de cette surface aussi petite que l'on veut, deux points infiniment proches finiront par être séparés, chacun réparti dans une moitié, à l'issue d'un certain nombre de transformations [30]. Chaque transformation a un « âge interne », et l'on pourra considérer une coexistence de nappes ou de continuums d'âges différents. Cette coexistence ou ces transformations forment une topologie. Par exemple les différentes coupes correspondant à chacun des personnages de « *Mon oncle d'Amérique* », ou les diverses périodes de « *Van Gogh* » : autant de strates. Dans « *L'Année dernière à Marienbad* », on se trouve dans une situation à deux personnages, A et X, telle que X se pose sur une nappe où il est tout proche de A, tandis que A se trouve sur une nappe d'un autre âge où elle est au contraire distante et séparée de X. Ce ne sont pas seulement les caractères géométriques accentués, c'est le troisième personnage, M, qui témoigne ici pour la transformation d'un même continuum. La question de savoir si deux continuums de genre différent, chacun pourvu d'un « âge moyen », peuvent à leur tour être assimilés à la transformation du même, apparaît avec « *Hiroshima mon amour* », de telle manière que l'un soit une modification de l'autre dans toutes ses régions : Hiroshima-Nevers (ou d'un personnage à l'autre dans « *Mon oncle d'Amérique* »). C'est

---

30. On trouvera une analyse des transformations du boulanger, et de la notion d'âge qui leur correspond, chez Prigogine et Stengers, *La Nouvelle Alliance*, p. 245-257. Les auteurs en tirent des conséquences originales, en rapport avec Bergson. Il y a en effet un rapport étroit entre les transformations de Prigogine et les sections du cône bergsonien. De tout cela nous ne retenons que les aspects les plus simples, les moins scientifiques. Il s'agit en effet de montrer que Resnais n'applique pas des données de la science au cinéma, mais crée par ses propres moyens cinématographiques quelque chose qui a son correspondant dans les mathématiques et la physique (non moins que dans la biologie, explicitement invoquée par « *Mon oncle d'Amérique* »). On peut parler d'un rapport implicite entre Resnais et Prigogine autant que d'un rapport implicite entre Godard et René Thom.

ainsi que la notion d'âge, âges du monde, âges de la mémoire, est profondément fondée dans le cinéma de Resnais : les événements ne se succèdent pas seulement, ils n'ont pas seulement un cours chronologique, ils ne cessent d'être remaniés d'après leur appartenance à telle ou telle nappe de passé, à tel ou tel continuum d'âge, tous coexistants. X a-t-il ou non connu A ? Ridder a-t-il tué Catrine, ou fut-ce un accident, dans « Je t'aime je t'aime » ? La lettre dans « *Muriel* » fut-elle envoyée sans être reçue, et qui l'a écrite ? Ce sont des alternatives indécidables entre nappes de passé, parce que leurs transformations sont strictement probabilitaires du point de vue de la coexistence des âges. Tout dépend de la nappe sur laquelle on se place. Et c'est toujours la différence qu'on retrouve entre Resnais et Robbe-Grillet : ce que l'un obtient par la discontinuité des pointes de présent (sauts), l'autre l'obtient par la transformation des nappes continues de passé. Il y a un probabilisme statistique chez Resnais, très différent de l'indéterminisme de type « quantique » chez Robbe-Grillet.

Et pourtant Resnais conquiert aussi bien le discontinu que Robbe-Grillet la continuité. C'est le deuxième aspect qui apparaît chez Resnais, découlant du premier. En effet, les transformations ou nouvelles répartitions d'un continuum aboutiront toujours et nécessairement à une fragmentation : une région si petite soit-elle sera fragmentée, en même temps que ses points les plus proches passeront chacun dans une moitié ; toute région d'un continuum « pourra commencer par se déformer de manière continue, mais finira par être coupée en deux, et ses parties à leur tour seront fragmentées » (Stengers). « *Muriel* », et surtout « *Je t'aime je t'aime* » manifestent au plus haut point cette inévitable fragmentation des nappes de passé. Mais déjà « *Van Gogh* » fait coexister des périodes dont la dernière, la provençale, accélère les travellings à travers les toiles, et aussi multiplie les plans de coupe, étend les fondus au noir, sous un « montage haché » qui se termine dans un noir profond [31]. Bref, les continuums ou strates ne cessent de se fragmenter en même temps qu'ils se remanient, d'un âge à l'autre. Dans « *Je t'aime je t'aime* », un perpétuel brassage va rendre proche ce qui était lointain, lointain le proche. Le continuum ne cesse de se fragmenter,

---

31. Cf. René Prédal, *Alain Resnais*, *Études cinématographiques*, p. 23.

pour donner un autre continuum, lui-même en fragmentation. Les fragmentations sont inséparables de la topologie, c'est-à-dire de la transformation d'un continuum. Il y a là un accent technique essentiel pour le cinéma. De même que chez Welles, nous le verrons, le montage court ne s'oppose pas aux panoramiques et travellings : il en est le strict corrélat et marque l'âge de leur transformation. Comme disait Godard, il arrive à Resnais de faire un travelling avec deux plans fixes, mais aussi bien de produire une fragmentation par travelling, comme de la rivière japonaise aux quais de la Loire [32]. C'est peut-être dans « *Providence* » que la coupure et le continuum atteignent à la plus haute unité : l'un réunit les états de corps (crépitements organiques), les états de monde (orage et tonnerre), les états de l'histoire (rafales de mitrailleuses, éclatement de bombes), tandis que l'autre opère les redistributions et transformations de ces états. Comme en mathématiques, les coupures ne désignent plus des solutions de continuité, mais des répartitions variables entre les points du continuum.

En troisième lieu, Resnais n'a jamais caché le goût qu'il éprouvait dans ses travaux préparatoires pour une biographie complète des personnages, une cartographie détaillée des lieux qu'ils fréquentent et des itinéraires, un établissement de véritables diagrammes : même « *L'Année dernière...* » n'échappera pas à cette exigence du côté de Resnais. C'est que les biographies permettent déjà de déterminer les différents « âges » de chaque personnage. Mais, bien plus, une carte correspond à chaque âge, c'est-à-dire à un continuum ou à une nappe de passé. Et le diagramme est l'ensemble des transformations du continuum, l'empilement des strates ou la superposition des nappes coexistantes. Les cartes et les diagrammes subsistent donc comme parties intégrantes du

---

32. Un des plus beaux livres sur Resnais est celui de Gaston Bounoure, par sa force et sa densité. Il est le premier à mettre les courts métrages et les longs métrages dans des rapports qui éclairent les uns par les autres. Il comprend la mémoire chez Resnais comme une mémoire-monde qui déborde infiniment le souvenir, et mobilise toutes les facultés (par exemple, p. 72). Et surtout il analyse le rapport du plan continu et du montage haché comme deux corrélats : cf. son commentaire de « *Muriel* », de ce qu'il appelle « saisons » (ce que nous appelons « âges »), et de l'identité coupure-continuum, coupe-glissement (p. 62-65). Sur la fragmentation dans « *Muriel* », on se reportera aussi à Didier Goldschmidt, « Boulogne mon amour », *Cinématographe*, n° 88, avril 1983.

film. Les cartes apparaissent d'abord comme des descriptions d'objets, lieux et paysages : des séries d'objets servent de témoin dès « Van Gogh », puis dans « Muriel », dans « Mon oncle d'Amérique »[33]. Mais ces objets sont avant tout fonctionnels, et la fonction chez Resnais n'est pas le simple usage de l'objet, c'est la fonction mentale ou le niveau de pensée qui lui correspondent : « Resnais conçoit le cinéma non comme un instrument de représentation de la réalité, mais comme le meilleur moyen pour approcher le fonctionnement psychique[34]. » « Van Gogh » se proposait déjà de traiter les choses peintes comme des objets réels dont les fonctions seraient le « monde intérieur » de l'artiste. Et ce qui rend « Nuit et brouillard » si déchirant, c'est que Resnais réussit à montrer à travers les choses et les victimes, non seulement le fonctionnement du camp, mais les fonctions mentales, froides, diaboliques, presque impossibles à comprendre, qui président à son organisation. Dans la Bibliothèque nationale, les livres, chariots, rayonnages, escaliers, ascenseurs et couloirs constituent les éléments et les niveaux d'une gigantesque mémoire où les hommes eux-mêmes ne sont plus que des fonctions mentales, ou des « messagers neuroniques »[35]. En vertu de ce fonctionnalisme, la cartographie est essentiellement mentale, cérébrale, et Resnais a toujours dit que ce qui l'intéressait, c'était le cerveau, le cerveau comme monde, comme mémoire, comme « mémoire du monde ». C'est de la manière la plus concrète que Resnais accède à un cinéma, crée un cinéma qui n'a plus qu'un seul personnage, la Pensée. Chaque carte en ce sens est un continuum mental, c'est-à-dire une nappe de passé qui fait correspondre une distribution des fonctions à une répartition des objets. La méthode cartographique chez Resnais, et de coexistence des cartes, se distingue de la méthode photographique chez Robbe-Grillet,

---

33. Marie-Claire Ropars-Wuilleumier, p. 69 : « Ce n'est pas par hasard [dans *"Muriel"*] que tout commence dans des gros plans alternés d'objets quotidiens, un bouton de porte, une bouilloire, et s'achève sur un appartement vide où se figent des roses qui semblent soudain artificielles. » Et Robert Benayoun : « Resnais dans l'ouverture de *Mon oncle d'Amérique* fait défiler un catalogue d'objets témoins en juxtaposition avec des paysages ou des portraits sans établir entre eux de préséance » (*Alain Resnais arpenteur de l'imaginaire*, Stock, p. 185). On se reportera au chapitre de René Prédal, « Des objets plus parlants que les êtres ».
34. Youssef Ishaghpour, *D'une image à l'autre*, Médiations, p. 182.
35. Bounoure, p. 67.

et de sa simultanéité d'instantanés, même quand les deux méthodes aboutissent à un produit commun. Le diagramme chez Resnais sera une superposition de cartes qui définit un ensemble de transformations de nappe en nappe, avec les redistributions de fonctions et les fragmentations d'objets : les âges superposés d'Auschwitz. « *Mon oncle d'Amérique* » sera une grande tentative de cartographie mentale diagrammatique, où les cartes se superposent et se transforment, dans un même personnage et d'un personnage à l'autre.

Mais c'est l'accent sur la mémoire qui semble faire problème, en quatrième lieu. Il est évident que, si l'on réduit la mémoire à l'image-souvenir et au flash-back, Resnais ne lui accorde aucun privilège et n'a que peu de chose à voir avec elle : on n'aura pas de peine à montrer que les rêves et cauchemars, les fantasmes, les hypothèses et anticipations, toutes les formes de l'imaginaire sont plus importantes que les flashes-back[36]. Certes, il y en a de célèbres dans « *Hiroshima mon amour* », mais dans « *L'Année dernière à Marienbad* » on ne sait déjà plus ce qui est flash-back ou pas, et dans « *Muriel* » il n'y en a pas, pas plus que dans « *Je t'aime je t'aime* » (« il n'y a absolument pas de flash-back ou quelque chose de ce genre », dit Resnais). « *Nuit et brouillard* » peut même être considéré comme la somme de toutes les manières d'échapper au flash-back, et à la fausse piété de l'image-souvenir. Mais par là nous ne dépassons pas une constatation qui vaut pour tous les grands cinéastes du temps : le flash-back n'est qu'une convention commode qui, quand elle est utilisée, doit toujours recevoir sa nécessité d'ailleurs. Dans le cas de Resnais, cette insuffisance du flash-back n'empêche pourtant pas que toute son œuvre soit fondée sur la coexistence des nappes de passé, le présent n'intervenant même plus comme centre d'évocation. La machine de « *Je t'aime je*

---

36. Robert Benayoun, par exemple, récuse d'avance toute interprétation de Resnais par la mémoire, ou même par le temps (p. 163, 177). Mais il ne justifie guère son point de vue, et il semble que pour lui la mémoire et le temps se réduisent au flash-back. Resnais pour son compte est plus nuancé, plus bergsonien aussi : « J'ai toujours protesté contre le mot mémoire, mais pas contre le mot imaginaire ni contre le mot conscience. (...) Si le cinéma n'est pas un moyen de jongler avec le temps spécifiquement, en tout cas c'est le moyen qui s'y adapte le plus. (...) Ce n'est pas parti d'une volonté délibérée. Je crois que le thème de la mémoire est présent chaque fois qu'une pièce est écrite ou qu'un tableau est peint. (...) Moi, je préfère les mots conscience, imaginaire, plutôt que mémoire, mais la conscience est bien sûr de la mémoire » (p. 212-213).

t'aime » brasse et fragmente des nappes de passé dans lesquelles le personnage est absolument pris, et revit. « *Nuit et
brouillard* » se propose d'inventer une mémoire d'autant plus
vivante qu'elle ne passerait plus par l'image-souvenir. Comment expliquer une telle situation apparemment paradoxale ?

Il faut revenir à la distinction bergsonienne entre le « souvenir pur », toujours virtuel, et « l'image-souvenir », qui ne
fait que l'actualiser par rapport à un présent. Dans un texte
essentiel, Bergson dit que le souvenir pur ne doit surtout pas
être confondu avec l'image-souvenir qui en découle, mais se
tient comme un « magnétiseur » derrière les hallucinations
qu'il suggère [37]. Le souvenir pur est chaque fois une nappe
ou un continuum qui se conserve dans le temps. Chaque
nappe de passé a sa distribution, sa fragmentation, ses points
brillants, ses nébuleuses, bref un âge. Quand je m'installe sur
une telle nappe, il peut arriver deux choses : ou bien j'y
découvre le point que je cherchais, qui va donc s'actualiser
dans une image-souvenir, mais on voit bien que celle-ci ne
possède pas par elle-même la marque de passé dont elle ne
fait qu'hériter. Ou bien je ne découvre pas le point, parce
qu'il est sur une autre nappe qui m'est inaccessible, appartient
à un autre âge. « *L'Année dernière à Marienbad* » est précisément une histoire de magnétisme, d'hypnotisme, où l'on peut
considérer que X a des images-souvenir, et que A n'en a pas
ou n'en a que de très vagues, parce qu'ils ne sont pas sur la
même nappe [38]. Mais un troisième cas peut apparaître : nous
constituons un continuum avec des fragments de différents
âges, nous nous servons des transformations qui s'opèrent
entre deux nappes pour constituer une nappe *de* transformation. Par exemple, dans un rêve, il n'y a plus une image-
souvenir qui incarne un point particulier de telle nappe, il y
a des images qui s'incarnent l'une dans l'autre, chacune renvoyant à un point de nappe différente. Il se peut que, quand
nous lisons un livre, regardons un spectacle ou un tableau,
et à plus forte raison quand nous sommes nous-mêmes auteur,
un processus analogue se déclenche : nous constituons une
nappe de transformation qui invente une sorte de continuité

---

37. *ES*, p. 915 (133). Et *MM*, p. 276-277 (147-148).
38. Cf. Robbe-Grillet, *L'Année dernière à Marienbad*, Éd. de Minuit, p. 13 :
« Tout le film est l'histoire d'une persuasion. » Et Resnais invoque l'hypnose,
Cahiers du cinéma, n° 123, septembre 1961.

ou de communication transversales entre plusieurs nappes, et tisse entre elles un ensemble de relations non-localisables. Nous dégageons ainsi le temps non-chronologique. Nous tirons une nappe qui, à travers toutes les autres, saisit et prolonge la trajectoire des points, l'évolution des régions. Et sans doute c'est une besogne qui risque l'échec : tantôt nous ne produisons qu'une poussière incohérente faite d'emprunts juxtaposés, tantôt nous ne formons que des généralités qui retiennent seulement des ressemblances. C'est tout le domaine des faux souvenirs par lesquels nous nous trompons nous-mêmes, ou essayons de tromper les autres (« *Muriel* »). Mais il se peut que l'œuvre d'art réussisse à inventer ces nappes paradoxales, hypnotiques, hallucinatoires, dont le propre est à la fois d'être un passé, mais toujours à venir. C'est une troisième possibilité qui fut proposée pour Marienbad : M serait le romancier-dramaturge dont X et A seraient seulement les personnages, ou plutôt les deux nappes dont il va tirer une transversale. C'est surtout dans « *Providence* », un des plus beaux films de Resnais, que nous assistons à ces redistributions, ces fragmentations, ces transformations qui ne cessent d'aller d'une nappe à une autre, mais pour en créer une nouvelle qui les emporte toutes, remonte jusqu'à l'animal et s'étend jusqu'aux confins du monde. Il y a beaucoup de difficultés, de ratés dans ce travail du vieux romancier ivre : par exemple trois terrasses empruntées à trois âges, et le footballeur, de quelle nappe est-il issu, faudra-t-il le garder ? Benayoun retrouve l'essentiel quand il dit : « L'absence de succession enfance, adolescence et âge adulte chez Resnais (...) le pousse peut-être à reconstituer sur le plan créateur une synthèse du cycle vital, partant de la naissance et peut-être de l'âge intra-utérin, jusqu'à la mort et ses préexpériences, quitte à les fondre toutes à l'occasion dans le même personnage [39]. » L'œuvre d'art traverse les âges coexistants, à moins d'en être empêchée, d'être fixée sur une nappe épuisée, dans une fragmentation mortifiée (« *Les statues meurent aussi* »). La réussite apparaît quand l'artiste, comme Van Gogh, atteint à cet excès qui transforme les âges de la mémoire ou du monde : une opération « magnétique », et cette opération explique le « montage » plus qu'elle ne s'explique par lui.

---

39. Benayoun, p. 205.

Il n'y a pas d'auteur moins enfoui dans le passé. C'est un cinéma qui, à force d'esquiver le présent, empêche le passé de se dégrader en souvenir. Chaque nappe de passé, chaque âge sollicite à la fois toutes les fonctions mentales : le souvenir, mais aussi l'oubli, le faux souvenir, l'imagination, le projet, le jugement... Ce qui est gros de toutes les fonctions, chaque fois, c'est le sentiment. « *La vie est un roman* » commence par « amour, amour ». C'est le sentiment qui s'étend sur une nappe, et se nuance d'après sa fragmentation. Resnais a souvent déclaré que ce n'était pas les personnages qui l'intéressaient, mais les sentiments qu'ils pouvaient en extraire comme leurs ombres, d'après les régions de passé où ils se situaient. Les personnages sont du présent, mais les sentiments plongent dans le passé. Les sentiments deviennent personnages, telles les ombres peintes dans le parc sans soleil (« *L'Année dernière à Marienbad* »). La musique, ici, prend toute son importance. Resnais peut donc estimer tantôt qu'il dépasse la psychologie, tantôt qu'il y reste, suivant que l'on considère une psychologie des personnages ou une psychologie des sentiments purs. Et le sentiment, c'est ce qui ne cesse de s'échanger, de circuler d'une nappe à l'autre, au fur et à mesure des transformations. Mais, quand les transformations forment elles-mêmes une nappe qui traverse toutes les autres, c'est comme si le sentiment libérait la conscience ou la pensée dont il était gros : une prise de conscience d'après laquelle les ombres sont les réalités vivantes d'un théâtre mental, les sentiments, les vraies figures d'un « jeu cérébral » très concret. C'est l'hypnose qui révèle la pensée à elle-même. Dans un même mouvement, Resnais dépasse les personnages vers les sentiments, et les sentiments vers la pensée dont ils sont les personnages. C'est pourquoi Resnais répète qu'il ne s'intéresse qu'à ce qui se passe dans le cerveau, aux mécanismes cérébraux, mécanismes monstrueux, chaotiques ou créateurs [40]. Si les sentiments sont des âges du monde, la pensée

---

40. Dans ses interviews, Resnais revient souvent sur ces deux thèmes : les sentiments par-delà les personnages, et la prise de conscience ou la pensée critique qui en découle. C'est une méthode *d'hypnose critique*, plus proche de ce que Dali appelait méthode de paranoïa critique que des procédés de Brecht. René Prédal a bien dégagé cet aspect : « Si Brecht obtenait au théâtre ce résultat par la distanciation, Resnais provoque au contraire une véritable fascination. Cette sorte d'hypnose, aux origines purement esthétiques, dédramatise l'anecdote, empêche l'identification aux personnages et dirige l'attention du public sur les seuls sentiments qui animent le héros » (p. 163).

est le temps non-chronologique qui leur correspond. Si les sentiments sont des nappes de passé, la pensée, le cerveau, est l'ensemble des relations non-localisables entre toutes ces nappes, la continuité qui les enroule et les déroule comme autant de lobes, les empêchant de s'arrêter, de se figer dans une position de mort. Suivant le romancier Biély, « nous sommes le déroulement d'un film cinématographique soumis à l'action minutieuse de forces occultes : que s'arrête le film et nous nous figerons à jamais dans une pose artificielle d'épouvante » [41]. Dans le cinéma, dit Resnais, quelque chose doit se passer « autour de l'image, derrière l'image et même à l'intérieur de l'image ». C'est ce qui arrive quand l'image devient image-temps. Le monde est devenu mémoire, cerveau, superposition des âges ou des lobes, mais le cerveau lui-même est devenu conscience, continuation des âges, création ou poussée de lobes toujours nouveaux, recréation de matière à la façon du styrène. L'écran même est la membrane cérébrale où s'affrontent immédiatement, directement, le passé et le futur, l'intérieur et l'extérieur, sans distance assignable, indépendamment de tout point fixe (ce qui fait peut-être l'étrangeté de « *Stavisky* »). L'image n'a plus pour caractères premiers l'espace et le mouvement, mais la topologie et le temps.

---

41. « *Je t'aime je t'aime* » correspond bien à cette formule. Il y a une réelle affinité, nous semble-t-il, entre l'œuvre de Resnais et le grand roman d'Andrei Biély, *Petersbourg*, fondé sur ce que Biély appelle « la biologie des ombres » et « le jeu cérébral ». Chez Biély, la ville et le cerveau sont topologiquement en contact ; « tout ce qui défilait devant ses yeux, tableaux, piano, miroirs, nacre, marqueterie des guéridons, tout n'était qu'excitation de la membrane cérébrale, à moins que ce ne fût déficience du cervelet » ; et un continuum ne cesse de se faire entre états organiques viscéraux, états politiques de la société, états météorologiques du monde. « *Providence* » à cet égard est particulièrement proche du roman de Biély. Il y a méthode d'hypnose critique chez les deux auteurs. Cf. Biély, *Petersbourg*, L'Âge d'homme.

chapitre 6
les puissances du faux

Nous pouvons opposer point par point deux régimes de
l'image, un régime organique et un régime cristallin, ou
plus généralement un régime cinétique et un régime chronique. Le premier point concerne les descriptions. On appellera « organique » une description qui suppose l'indépendance de son objet. Il ne s'agit pas de savoir si l'objet
est réellement indépendant ; il ne s'agit pas de savoir si ce
sont des extérieurs ou des décors. Ce qui compte, c'est que,
décors ou extérieurs, le milieu décrit soit posé comme indépendant de la description que la caméra en fait, et vaille
pour une réalité supposée préexistante. On appelle au contraire « cristalline » une description qui vaut pour son objet,
qui le remplace, le crée et le gomme à la fois comme dit
Robbe-Grillet, et ne cesse de faire place à d'autres descriptions qui contredisent, déplacent ou modifient les précédentes. C'est maintenant la description même qui constitue
le seul objet décomposé, multiplié. On le voit dans les
domaines les plus divers, les vues plates et les aplats de
couleurs de la comédie musicale, les « transparences frontales anti-perspective » chez Syberberg. Il arrive qu'on aille
d'un régime à l'autre, comme dans « *La Vengeance d'un
acteur* » (Ichikawa) où un brouillard jaune s'estompe et
passe sur une toile peinte. Mais la différence n'est pas entre
les décors et les extérieurs. Le néo-réalisme, la nouvelle
vague n'ont pas cessé de tourner en extérieur, pour en
extraire ces descriptions pures qui développent une fonction créatrice et destructrice. En fait, les descriptions organiques qui présupposent l'indépendance d'un milieu quali-

fié servent à définir des situations sensori-motrices, tandis que les descriptions cristallines, qui constituent leur propre objet, renvoient à des situations purement optiques et sonores détachées de leur prolongement moteur : un cinéma de voyant, non plus d'actant.

Le second point découle du premier, et concerne le rapport du réel et de l'imaginaire. Dans une description organique, le réel supposé se reconnaît à sa continuité, même interrompue, aux raccords qui la rétablissent, aux lois qui déterminent les successions, les simultanéités, les permanences : c'est un régime de relations localisables, d'enchaînements actuels, de connexions légales, causales et logiques. Il est certain que ce régime inclut l'irréel, le souvenir, le rêve, l'imaginaire, mais par opposition. L'imaginaire en effet apparaîtra sous la forme du caprice et de la discontinuité, chaque image étant en décrochage avec une autre dans laquelle elle se transforme. Ce sera un second pôle de l'existence, qui se définira par la pure apparition à la conscience, et non plus par les connexions légales. Les images de ce type s'actualiseront dans la conscience, en fonction des besoins de l'actuel présent ou des crises du réel. Un film pourra être fait tout entier d'images-rêve, celles-ci garderont leur capacité de décrochage et de métamorphose perpétuels qui les oppose aux images-réel. Le régime organique comprendra donc ces deux modes d'existence comme deux pôles en opposition l'un avec l'autre : les enchaînements d'actuels du point de vue du réel, les actualisations dans la conscience du point de vue de l'imaginaire. Tout autre est le régime cristallin : l'actuel est coupé de ses enchaînements moteurs, ou le réel de ses connexions légales, et le virtuel, de son côté, se dégage de ses actualisations, se met à valoir pour lui-même. Les deux modes d'existence se réunissent maintenant dans un circuit où le réel et l'imaginaire, l'actuel et le virtuel, courent l'un derrière l'autre, échangent leur rôle et deviennent indiscernables [1]. C'est là qu'on parlera le plus précisément d'image-cristal : la coalescence d'une image actuelle et de *son* image virtuelle, l'indis-

---

cernabilité des deux images distinctes. D'un régime à l'autre, de l'organique au cristallin, les passages peuvent se faire de manière insensible, ou les empiètements se produire sans cesse (par exemple Mankiewicz). Il n'y en a pas moins deux régimes qui diffèrent en nature.

Le troisième point ne concerne plus la description, mais la narration. La narration organique consiste dans le développement des schèmes sensori-moteurs suivant lesquels les personnages réagissent à des situations, ou bien agissent de manière à dévoiler la situation. C'est une narration véridique, en ce sens qu'elle prétend au vrai, même dans la fiction. Un tel régime est complexe parce qu'il peut faire intervenir des ruptures (ellipses), des insertions de souvenirs et de rêves, et surtout parce qu'il implique un certain usage de la parole comme facteur de développement. Cependant, nous ne considérons pas encore la spécificité de ce facteur. Nous constatons seulement que le schème sensori-moteur se déploie concrètement dans un « espace hodologique » (Kurt Lewin), qui se définit par un champ de forces, des oppositions et tensions entre ces forces, des résolutions de ces tensions d'après la distribution des buts, obstacles, moyens, détours... La forme abstraite correspondante est l'espace euclidien, parce que celui-ci est le milieu dans lequel les tensions se résolvent d'après un principe d'économie, suivant des lois dites d'extremum, de minimum et de maximum : par exemple le chemin le plus simple, le détour le plus adéquat, la parole la plus efficace, le minimum de moyen pour un maximum d'effet. Cette économie de la narration apparaît donc aussi bien dans la figure concrète de l'image-action et de l'espace hodologique, dans la figure abstraite de l'image-mouvement et de l'espace euclidien. Les mouvements et les actions peuvent présenter beaucoup d'anomalies apparentes, ruptures, insertions, superpositions, décompositions, ils n'obéissent pas moins à des lois qui renvoient à la distribution des *centres de forces* dans l'espace. De manière générale, nous pouvons dire que le temps est l'objet d'une représentation indirecte pour autant qu'il découle de l'action, dépend du mouvement, est conclu de l'espace. Aussi, si bouleversé soit-il, il reste un temps chronologique en principe.

Tout autre est la narration cristalline, puisqu'elle implique un écroulement des schèmes sensori-moteurs. Les situations

167

sensori-motrices ont fait place à des situations optiques et sonores pures auxquelles les personnages, devenus voyants, ne peuvent plus ou ne veulent plus réagir, tant il faut qu'ils arrivent à « voir » ce qu'il y a dans la situation. C'est la condition dostoïevskienne telle qu'elle est reprise par Kurosawa : dans les situations les plus urgentes, « *L'Idiot* » éprouve le besoin de voir les données d'un problème plus profond que la situation, et encore plus urgent (de même dans la plupart des films de Kurosawa). Mais, chez Ozu, dans le néo-réalisme, dans la nouvelle vague, la vision n'est même plus un présupposé ajouté à l'action, un préliminaire qui se déploie comme condition, elle prend toute la place et tient lieu d'action. Alors le mouvement peut tendre à zéro, le personnage rester fixe, ou le plan lui-même : redécouverte du plan fixe. Mais ce n'est pas cela qui compte, car le mouvement peut aussi bien s'exagérer, être incessant, devenir un mouvement de monde, un mouvement brownien, un piétinement, un chassé-croisé, une multiplicité de mouvements d'échelles différentes. Ce qui compte, c'est que les anomalies de mouvement deviennent l'essentiel au lieu d'être accidentelles ou éventuelles. C'est le règne des faux-raccords tel que Dreyer l'instaure [2]. Autant dire que la narration cristalline va briser la complémentarité d'un espace hodologique vécu et d'un espace euclidien représenté. Ayant perdu ses connexions sensori-motrices, l'espace concret cesse de s'organiser d'après des tensions et des résolutions de tension, d'après des buts, des obstacles, des moyens et même des détours. On a pu dire, d'un point de vue qui ne concernait pas le cinéma, mais qui y trouve une pleine confirmation : « Avant l'espace hodologique, il y a ce chevauchement de perspectives qui ne permet pas de saisir l'obstacle déterminé, parce qu'il n'y a pas de dimensions par rapport auxquelles l'ensemble unique s'ordonnerait. La *fluctuatio animi* qui précède l'action résolue n'est pas hésitation entre plusieurs objets ou même entre plusieurs voies, mais recouvrement mouvant d'ensembles

---

2. À propos de « *L'Année dernière à Marienbad* », Sylvette Baudrot dit : le film « est entièrement composé de faux-raccords (...), il n'y a que des raccords de sentiments ». De même dans « *Muriel* », ou dans « *La guerre est finie* » : « Si le personnage passait de droite à gauche dans un plan, il fallait que dans le plan suivant il passe de gauche à droite, ou qu'il vienne de face, pour que ça choque, pour que ça contraste » (*Alain Resnais*, L'Arc, n° 31, p. 50).

incompatibles, presque semblables et pourtant disparates[3]. »
C'est là qu'une narration cristalline vient prolonger les descriptions cristallines, leurs répétitions et variations, à travers
une crise de l'action. Mais, en même temps que l'espace
concret cesse d'être hodologique, l'espace abstrait cesse
d'être euclidien, perdant à son tour les connexions légales et
les lois d'extremum qui le régissaient. Certes, nous savons les
dangers d'invoquer des déterminations scientifiques hors de
leur domaine. C'est le danger d'une métaphore arbitraire, ou
bien celui d'une application pénible. Mais peut-être ces dangers sont conjurés si l'on se contente d'extraire des opérateurs
scientifiques tel ou tel caractère conceptualisable qui renvoie
lui-même à des domaines non scientifiques, et converge avec
la science sans faire application ni métaphore. C'est en ce
sens qu'on peut parler d'espaces riemaniens chez Bresson,
dans le néo-réalisme, dans la nouvelle vague, dans l'école de
New York, d'espaces quantiques chez Robbe-Grillet, d'espaces probabilitaires et topologiques chez Resnais, d'espaces
cristallisés chez Herzog et Tarkovsky. Nous disons par exemple qu'il y a espace riemanien lorsque le raccordement des
parties n'est pas prédéterminé, mais peut se faire de multiples
façons : c'est un espace déconnecté, purement optique, sonore, ou même tactile (à la manière de Bresson). Il y a aussi
les espaces vides, amorphes, qui perdent leurs coordonnées
euclidiennes, à la manière d'Ozu, ou d'Antonioni. Il y a les
espaces cristallisés, quand les paysages deviennent hallucinatoires dans un milieu qui ne retient plus que des germes
cristallins et des matières cristallisables.

Or, ce qui caractérise ces espaces, c'est que leurs caractères
ne peuvent pas s'expliquer de façon seulement spatiale. Ils
impliquent des relations non localisables. Ce sont des présentations directes du temps. Nous n'avons plus une image
indirecte du temps qui découle du mouvement, mais une
image-temps directe dont le mouvement découle. Nous
n'avons plus un temps chronologique qui peut être bouleversé par des mouvements éventuellement anormaux, nous
avons un temps chronique, non-chronologique, qui produit
des mouvements nécessairement « anormaux », essentiellement « faux ». On peut dire aussi que le montage tend à

---

3. Gilbert Simondon, *L'Individu et sa genèse physico-biologique*, P.U.F.,
p. 233.

disparaître au profit du plan-séquence, avec ou sans profondeur. Mais ce n'est pas vrai en principe, et le montage reste le plus souvent l'acte cinématographique essentiel. Seulement, il change de sens : au lieu de composer les images-mouvement de telle manière qu'en sorte une image indirecte du temps, il décompose les rapports dans une image-temps directe de telle manière qu'en sortent tous les mouvements possibles. Ce ne sont pas les souvenirs ni les rêves qui déterminent ces rapports chroniques. Les images-souvenir ou rêve sont en voie d'actualisation dans les schèmes sensori-moteurs, et en supposent l'élargissement ou l'affaiblissement, mais non la rupture au profit d'autre chose. Si le temps apparaît directement, c'est dans *les pointes de présent désactualisées*, c'est dans *les nappes de passé virtuelles*. L'image indirecte du temps se construit dans le régime organique suivant les situations sensori-motrices, mais les deux images-temps directes se voient dans le régime cristallin d'après des situations optiques et sonores pures.

Un quatrième point, plus complexe ou plus général, en découle. Si l'on considère l'histoire de la pensée, on constate que le temps a toujours été la mise en crise de la notion de vérité. Non pas que la vérité varie d'après les époques. Ce n'est pas le simple contenu empirique, c'est la forme ou plutôt la force pure du temps qui met en crise la vérité. Cette crise éclate dès l'antiquité, dans le paradoxe des « futurs contingents ». S'il est *vrai* qu'une bataille navale *peut* avoir lieu demain, comment éviter l'une des deux conséquences suivantes : ou bien l'impossible procède du possible (puisque, si la bataille a lieu, il ne se peut plus qu'elle n'ait pas lieu), ou bien le passé n'est pas nécessairement vrai (puisqu'elle pouvait ne pas avoir lieu)[4]. Il est facile de traiter de sophisme ce paradoxe. Il n'en montre pas moins la difficulté de penser un rapport direct de la vérité avec la forme du temps, et nous condamne à cantonner le vrai loin de l'existant, dans l'éternel ou dans ce qui imite l'éternel. Il faudra attendre Leibniz pour avoir de ce paradoxe la solution la plus ingénieuse, mais aussi la plus étrange et contournée. Leibniz dit que la bataille navale

---

4. Cf. P.-M. Schuhl, *Le Dominateur et les possibles*, P.U.F. (sur le rôle de ce paradoxe dans la philosophie grecque). Jules Vuillemin a repris l'ensemble de la question dans *Nécessité ou contingence*, Éd. de Minuit.

peut avoir lieu ou ne pas avoir lieu, mais que ce n'est pas dans le même monde : elle a lieu dans un monde, n'a pas lieu dans un autre monde, et ces deux mondes sont possibles, mais ne sont pas « compossibles » entre eux [5]. Il doit donc forger la belle notion d'*incompossibilité* (très différente de la contra-diction) pour résoudre le paradoxe en sauvant la vérité : selon lui, ce n'est pas l'impossible, c'est seulement l'incompossible qui procède du possible ; et le passé peut être vrai sans être nécessairement vrai. Mais la crise de la vérité connaît ainsi une pause plutôt qu'une solution. Car rien ne nous empêchera d'affirmer que les incompossibles appartiennent au même monde, que les mondes incompossibles appartiennent au même univers : « Fang par exemple détient un secret, un inconnu frappe à sa porte... Fang peut tuer l'intrus, l'intrus peut tuer Fang, tous deux peuvent réchapper, tous deux peu-vent mourir, et cætera... Vous arrivez chez moi, mais dans l'un des passés possibles vous êtes mon ennemi, dans un autre, mon ami... » [6]. C'est la réponse de Borges à Leibniz : la ligne droite comme force du temps, comme labyrinthe du temps, est aussi la ligne qui bifurque et ne cesse de bifurquer, passant par des *présents incompossibles*, revenant sur des *passés non-nécessairement vrais*.

En découle un nouveau statut de la narration : la narration cesse d'être véridique, c'est-à-dire de prétendre au vrai, pour se faire essentiellement falsifiante. Ce n'est pas du tout « cha-cun sa vérité », une variabilité concernant le contenu. C'est une puissance du faux qui remplace et détrône la forme du vrai, parce qu'elle pose la simultanéité de présents incompos-sibles, ou la coexistence de passés non-nécessairement vrais. La description cristalline atteignait déjà à l'indiscernabilité

---

5. Cf. Leibniz, *Théodicée*, § 414-416 : dans ce texte étonnant, qui nous semble une source de toute la littérature moderne, Leibniz présente les « futurs contingents » comme autant d'appartements qui composent une pyramide de cristal. Dans un appartement, Sextus ne va pas à Rome et cultive son jardin à Corinthe ; dans un autre, il devient roi en Thrace ; mais dans un autre, il va à Rome et prend le pouvoir... On remarquera que ce texte se présente sous une narration très complexe, inextricable, bien qu'il prétende sauver la Vérité : c'est d'abord un dialogue de Valla avec Antoine, où s'insère un autre dialogue entre Sextus et l'oracle d'Apollon, puis auquel succède un troisième dialogue, Sextus-Jupiter, qui fait place à l'entrevue Théodore-Pallas, à l'issue de laquelle Théodore se réveille.

6. Borges, *Fictions*, « Le jardin aux sentiers qui bifurquent », Gallimard, p. 130.

du réel et de l'imaginaire, mais la narration falsifiante qui lui correspond fait un pas de plus, et pose au présent des différences inexplicables, au passé des alternatives indécidables entre le vrai et le faux. L'homme véridique meurt, tout modèle de vérité s'écroule, au profit de la nouvelle narration. Nous n'avons pas parlé de l'auteur essentiel à cet égard : c'est Nietzsche, qui, sous le nom de « volonté de puissance », substitue la puissance du faux à la forme du vrai, et résout la crise de la vérité, veut la régler une fois pour toutes, mais, à l'opposé de Leibniz, au profit du faux et de sa puissance artiste, créatrice...

Du roman au cinéma, l'œuvre de Robbe-Grillet témoigne de la puissance du faux comme principe de production des images. Ce n'est pas un simple principe de réflexion ou de prise de conscience : « attention ! c'est du cinéma ». C'est une source d'inspiration. Les images doivent être produites de telle manière que le passé ne soit pas nécessairement vrai, ou que du possible procède l'impossible. Lorsque Robbe-Grillet se réclame du détail qui fait faux dans l'image (par exemple « *L'Homme qui ment* » ne devrait pas avoir le même complet-cravate à plusieurs années de distance), on comprend que la puissance du faux est aussi bien le principe le plus général qui détermine l'ensemble des rapports dans l'image-temps directe. Dans un monde, deux personnages se connaissent, dans un autre monde ils ne se connaissent pas, dans un autre c'est l'un qui connaît l'autre, dans un autre enfin c'est l'autre qui connaît l'un. Ou bien deux personnages se trahissent, l'un seulement trahit l'autre, aucun ne trahit, l'un et l'autre sont le même qui se trahit sous deux noms différents : contrairement à ce que croyait Leibniz, tous ces mondes appartiennent au même univers et constituent les modifications de la même histoire. La narration n'est plus une narration véridique qui s'enchaîne avec des descriptions réelles (sensori-motrices). C'est tout à la fois que la description devient son propre objet, et que la narration devient temporelle *et* falsifiante. La formation du cristal, la force du temps et la puissance du faux sont strictement complémentaires, et ne cessent de s'impliquer comme les nouvelles coordonnées de l'image. Il n'y a là nul jugement de valeur, car ce nouveau régime n'engendre pas moins que l'ancien ses formules toutes faites, ses recettes, ses applications laborieuses et vides, ses ratés, ses arbitraires, ses « seconde-main » qu'on nous présente comme des chefs-d'œuvre. Ce qui est intéressant, c'est le nouveau statut de l'image, ce nouveau type de description-narration en tant qu'il inspire d'abord de grands auteurs très différents [7]. On pourrait tout résumer en disant que le faussaire devient le personnage même du cinéma : non plus le criminel, le cow-boy, l'homme psycho-social, le héros historique, le détenteur de pouvoir, etc., comme dans l'image-action, mais le faussaire pur et simple, au détriment de toute action. Le faussaire pouvait exister naguère sous une forme déterminée, menteur ou traître, mais il prend maintenant une figure illimitée qui imprègne tout le film. À la fois il est l'homme des descriptions pures, et fabrique l'image-cristal, l'indiscernabilité du réel et de l'imaginaire ; il passe dans le cristal, et fait voir l'image-temps directe ; il suscite les alternatives indécidables, les différences inexplicables entre le vrai et le faux, et par là même impose une puissance du faux comme adéquate au temps, par opposition à toute forme du vrai qui disciplinerait le temps. « *L'Homme qui ment* » est un des plus beaux films de Robbe-Grillet : ce n'est pas un menteur localisé, mais un faussaire illocalisable et chronique, dans des espaces paradoxaux. On dira aussi que « *Stavisky* », dans l'œuvre de Resnais, n'est pas un film parmi les autres : même s'il n'est pas le plus important, il contient le secret des autres, un peu comme *L'Image dans le tapis* d'Henry James. On pourrait prendre aussi chez Godard un film encore plus mineur, pourtant fondamental, parce qu'il présente sous une forme systématique et ramassée ce dont toute l'œuvre ne cessera de s'inspirer, une puissance du faux que Godard a su imposer comme nouveau style, et qui va des descriptions pures à la narration falsifiante, sous le rapport d'une image-temps directe : c'est « *Le Grand Escroc* », interprétation libre d'un épisode du grand roman d'Herman Melville [8]. « *L'Homme qui*

7. Cf. Alain Bergala, « Le vrai, le faux, le factice », *Cahiers du cinéma*, n° 351, septembre 1983. Il dénonce les formules toutes faites qui découlent de ce nouveau régime de l'image (et évidemment tout régime d'images a ses contrefaçons qui surviennent très vite). Bergala suggère un critère : il faut que le décor ne reste pas mort, prétendant valoir pour lui-même, mais s'enchaîne avec une narration falsifiante, qui ne soit pas arbitraire de son côté, mais ait une nécessité. Déjà à propos de Welles il intitulait une planche d'images « Les puissances du faux » (*Orson Welles, Cahiers du cinéma*, p. 69). On se reportera à un article important de Pascal Bonitzer, « L'art du faux : métamorphoses » (*Raoul Ruiz, Cahiers du cinéma*).

8. Le roman de Melville, *The confidence man*, a été traduit par Henri Thomas sous le titre *Le Grand Escroc*, Éd. de Minuit (l'expression se trouve

ment », « *Stavisky* » seraient aussi comme « *Le Grand Escroc* », ils formeraient tous ensemble le manifeste simplifié, grossi, provocant, mal reçu, « mal vu mal dit », du nouveau cinéma.

La narration véridique se développe organiquement, suivant des connexions légales dans l'espace et des rapports chronologiques dans le temps. Certes, l'ailleurs pourra voisiner avec l'ici, et l'ancien avec le présent ; mais cette variabilité des lieux et des moments ne met pas en question les rapports et connexions, ils en déterminent plutôt les termes ou éléments, si bien que la narration implique une enquête ou des témoignages qui la rapportent au vrai. L'enquêteur, les témoins peuvent même prendre une figure explicite autonome, comme dans les films proprement « judiciaires ». Mais, explicite ou non, c'est toujours à un *système du jugement* que la narration se rapporte : même quand l'acquittement se fait au bénéfice du doute, ou quand le coupable ne l'est que par destin. La narration falsifiante, au contraire, échappe à ce système, elle brise le système du jugement, parce que la puissance du faux (non pas l'erreur ou le doute) affecte l'enquêteur et le témoin tout autant que le présumé coupable. « Dans *Stavisky*, les témoignages apparaissent du vivant même du personnage, qui les réfute. Puis, à l'intérieur de ces témoignages, apparaissent d'autres témoins, qui parlent déjà d'un mort [9]. » C'est que les éléments eux-mêmes ne cessent de changer avec les rapports de temps dans lesquels ils entrent, et les termes, avec leurs connexions. La narration ne cesse de se modifier tout entière, à chacun de ses épisodes, non pas d'après des variations subjectives, mais suivant des lieux déconnectés et des moments déchronologisés. Il y a une raison profonde de cette nouvelle situation : contrairement à la forme du vrai qui est unifiante et tend à l'identification d'un personnage (sa découverte ou simplement sa cohérence), la puissance du faux n'est pas séparable d'une irréductible multiplicité. « Je est un autre » a remplacé Moi = Moi.

La puissance du faux n'existe que sous l'aspect d'une série de puissances, se renvoyant toujours les unes aux autres et passant les unes dans les autres. Si bien que les enquêteurs,

---

chez Melville). Le court film de Godard (1964) faisait partie d'une série composant « *Les plus belles escroqueries du monde* ». Le découpage en a été publié dans *L'Avant-scène du cinéma*, n° 46.

9. Ishaghpour, *D'une image à l'autre*, Médiations, p. 206.

les témoins, les héros innocents ou coupables participeront de la même puissance du faux dont ils incarneront les degrés, à chaque étape de la narration. Même « l'homme véridique finit par comprendre qu'il n'a jamais cessé de mentir », disait Nietzsche. Le faussaire sera donc inséparable d'une chaîne de faussaires dans lesquels il se métamorphose. Il n'y a pas de faussaire unique, et, si le faussaire dévoile quelque chose, c'est l'existence derrière lui d'un autre faussaire, fût-il l'État comme dans les opérations financières de « *Stavisky* » ou du « *Grand Escroc* ». L'homme véridique fera partie de la chaîne, à un bout, comme l'artiste, à l'autre bout, énième puissance du faux. Et la narration n'aura pas d'autre contenu que l'exposition de ces faussaires, leur glissement de l'un à l'autre, leurs métamorphoses les uns dans les autres. Dans la littérature et la philosophie, les deux plus grands textes qui aient développé de telles chaînes de faussaires ou de telles séries de puissances sont le dernier livre de *Zarathoustra*, chez Nietzsche, et le roman de Melville, *Le Grand Escroc*. L'un expose le « cri multiple » de l'Homme supérieur qui passe par le devin, les deux rois, l'homme à la sangsue, l'enchanteur, le dernier pape, le plus hideux des hommes, le mendiant volontaire et l'ombre : tous des faussaires. L'autre expose une série de faussaires qui comprend un albinos muet, un nègre cul-de-jatte, un homme au crêpe, un homme en gris, un homme à la casquette, un homme au registre, un docteur aux herbes, jusqu'au Cosmopolite au vêtement bigarré, le grand hypnotiseur, la « crapule métaphysique », chacun se métamorphosant dans l'autre, tous affrontant des « hommes véridiques » qui ne sont pas moins faux qu'eux-mêmes [10]. Godard esquisse une telle série dont les personnages seront la représentante du cinéma-vérité, le policier, le grand escroc lui-même, enfin l'auteur, le portrait de l'artiste en chéchia. « *L'Année dernière à Marienbad* » ne rapportait l'hypnotisée

---

10. Comme dit Régis Durand, résumant un des procédés narratifs de Melville, « quelqu'un répète une histoire qu'il tient d'un autre personnage, lequel invoque pour se justifier le témoignage d'autres personnages qui ne sont autres que le premier diversement déguisé. (...) L'homme à la casquette en arrive à mettre en doute les prétendues calamités dont [on] lui fait le récit ; or ces calamités sont celles qui seraient arrivées à un homme qui n'est autre que lui-même sous un déguisement différent, et dont le récit a été transmis par un autre individu qui est aussi une autre version de lui-même » (*Melville, signes et métaphores*, L'Âge d'homme, p. 129-130).

(la femme véridique ?) à l'hypnotiseur qu'à condition de découvrir, derrière, un autre hypnotiseur encore. Ou la série de « *Muriel* », tous faussaires à quelque égard. Les séries de Robbe-Grillet se développent sur le mode de « *Trans-Europ express* » : Élias, l'homme du faux, renvoie à Éva, l'agent double, sous le rapport du gangster Frank qui suppose une organisation, renvoyant elle-même à Jean et Marc, l'auteur et son critique, mais qui repassent dans le commissaire Lorentz... Une telle construction semble commune à des films très différents, à des auteurs très indépendants. On citera le film d'Hugo Santiago, auquel collaborèrent Borges et Casares, « *Les Autres* » : après la mort de son fils, le libraire se métamorphose en une série de faussaires, le mage, l'homme à la baguette, l'homme au miroir, et le fils lui-même, qui constituent toute la narration, tandis que la caméra saute de point en point pour opérer de pures descriptions (l'observatoire vide). Partout ce sont les métamorphoses du faux qui remplacent la forme du vrai.

C'est cela l'essentiel : comment le nouveau régime de l'image (l'image-temps directe) opère avec des descriptions optiques et sonores pures, cristallines, et des narrations falsifiantes, purement chroniques. C'est en même temps que la description cesse de présupposer une réalité, et la narration de renvoyer à une forme du vrai : d'où le « *Documenteur* » d'Agnès Varda, où le documentaire décrit des situations qui ne sont plus qu'optiques et sonores (les murs, la ville), pour une histoire qui ne fait plus qu'invoquer l'abolition du vrai, suivre les gestes déconnectés de l'héroïne. Et sans doute chaque grand auteur a sa manière de concevoir la description, la narration et leurs rapports [11]. Chaque fois aussi le visuel et le parlant entrent dans de nouveaux rapports. C'est que, nous le verrons, un troisième élément intervient encore, qui est le récit, distinct de la description et de la narration. Mais, pour s'en tenir à ces deux instances, on doit dire qu'elles forment la base qui s'est imposée après la nouvelle vague. La révolution néo-réaliste gardait encore référence à une forme du vrai, bien qu'elle la renouvelât profondément, et que certains

---

11. Par exemple, chez Robbe-Grillet, ce sont les scènes érotiques qui jouent le rôle de descriptions, tendant à l'immobilité (lier, attacher la femme), tandis que la narration passe par tous les moyens de transport comme sources de faux mouvements.

auteurs s'en soient émancipés dans leur évolution (Fellini, et même Visconti). Mais la nouvelle vague rompait délibérément avec la forme du vrai pour y substituer des puissances de vie, des puissances cinématographiques estimées plus profondes. Si l'on cherche la descendance de la nouvelle vague ou l'influence de Godard dans certains films récents, nous voyons immédiatement des caractères qui suffisent à en définir l'aspect le plus apparent. « *Faux-fuyants* », de Bergala et Limosin, raconte l'histoire d'un homme en voiture qui en écrase involontairement un autre et prend la fuite, puis enquête, entre en rapport de plus en plus étroit avec la fille de sa victime, sans qu'on sache ce qu'il veut. Mais la narration ne se développe pas organiquement, c'est plutôt comme si le délit de fuite glissait le long d'une chaîne, se métamorphosait chaque fois, suivant les personnages comme autant de faussaires dont chacun pour son compte opère un faux-fuyant (nous en comptons huit en tout), jusqu'à ce que le délit s'inverse, et que le témoin originel devienne à son tour le délinquant, qu'un dernier délit de fuite laissera mourir dans la neige, tandis que le circuit se boucle sur un coup de téléphone qui rapporte cette mort au premier personnage. Or une telle narration falsifiante se trouve entrecoupée par d'étranges scènes qui n'ont d'autre fonction que de description pure : l'homme téléphone à la fille, qui fait du baby-sitting, uniquement pour qu'elle décrive l'appartement où elle est ; puis il demande à la fille de venir le regarder, pour rien, quand il n'y a strictement rien à voir, quand il s'apprête à entrer au cinéma avec une amie ; et la fille lui rendra cette « politesse », lui demandant d'être là, simplement quand elle se promène à son tour avec une amie. « *La pirate* » de Doillon procède tout autrement, mais sur la même base : le film nous présente une passion entre trois personnages qui veulent être « jugés », mais qui tombent seulement sous le regard d'une enfant purement descriptive, et dans l'intrigue d'un détective qui se demande quelle histoire il va pouvoir en tirer. La passion devient l'élément essentiel de ce cinéma parce que, à l'inverse de l'action, elle noue des narrations falsifiantes à des descriptions pures.

S'il y a une unité du nouveau cinéma allemand, Wenders, Fassbinder, Schmid, Schroeter ou Schlöndorff, elle est là aussi, comme résultat de la guerre, dans le lien toujours variable entre ces éléments : les espaces réduits à leurs propres descriptions (villes-déserts ou lieux qui ne cessent de se détruire) ; les présentations directes d'un temps lourd, inutile et inévocable, qui hantent les personnages ; et, d'un pôle à l'autre, les puissances du faux qui tissent une narration, pour autant qu'elles s'effectuent dans de « faux mouvements ». La passion allemande est devenue la peur, mais la peur est aussi bien la dernière raison de l'homme, sa noblesse annonçant quelque chose de nouveau, la création qui sort de la peur comme passion noble. Si l'on cherchait un exemple, non pas qui résume tous les autres, mais parmi d'autres, ce serait précisément « Le Faussaire » de Schlöndorff : dans Beyrouth dévastée et divisée, un homme issu d'un autre passé, pris dans une chaîne de faussaires, et qui regarde d'un œil vide le mouvement d'un essuie-glace.

La sémiologie d'inspiration linguistique, la sémiocritique, a rencontré le problème des narrations falsifiantes au cours d'études riches et complexes sur le « dysnarratif »[12]. Mais, comme elle identifiait l'image cinématographique à un énoncé, et toute séquence à une narration en général, les différences entre narrations ne pouvaient venir que de processus langagiers constitutifs d'une structure intellectuelle sous-jacente aux images. Ce qui constituait cette structure, c'était le syntagme et le paradigme, tous deux complémentaires, mais sous de telles conditions que le second restait faible et peu déterminé, le premier seul décisif dans la narration traditionnelle (Christian Metz). Dès lors, il suffit que le paradigme devienne l'essentiel dans l'ordre structural, ou même que la structure devienne « sérielle », pour que la narration perde le caractère accumulatif, homogène et identifiable qu'elle devait au primat du syntagme. La « grande syntagmatique » est débordée, la Grande Demoiselle est morte, subvertie, et les micro-éléments la rongent ou la font proliférer. De nouveaux syntagmes peuvent surgir (par exemple les « syntagmes projectifs » de Chateau et Jost),

---

12. C'est sur ce point que les disciples de Christian Metz ont introduit des changements sémiologiques importants, concernant le « cinéma moderne » : sur le dysnarratif chez Robbe-Grillet (qui a créé le mot), cf. Chateau et Jost, *Nouveau cinéma, nouvelle sémiologie*, et Gardies, *Le Cinéma de Robbe-Grillet*. On se reportera aussi, à propos de Resnais, au livre collectif sur « *Muriel* », Galilée (M. Marie, M.-C. Ropars et C. Baiblé).

mais qui témoignent du changement de prédominance. Le cinéma est toujours narratif, et de plus en plus narratif, mais il est dysnarratif pour autant que la narration est affectée de répétitions, permutations et transformations qui s'expliquent en détail par la nouvelle structure. Toutefois, une sémiotique pure ne peut pas suivre les voies de cette sémiologie, parce qu'il n'y a pas de narration (ni de description) qui soit une « donnée » des images. La diversité des narrations ne peut pas s'expliquer par les avatars du signifiant, par les états d'une structure langagière supposée sous-jacente aux images en général. Elle renvoie seulement à des formes sensibles d'images et à des signes sensitifs correspondants qui ne présupposent aucune narration, mais d'où découle telle narration plutôt qu'une autre. Les types sensibles ne se laissent pas remplacer par des processus de langage. C'est en ce sens que la narration falsifiante dépend directement de l'image-temps, des opsignes et des chronosignes, tandis que la narration traditionnelle renvoie aux formes de l'image-mouvement et à des signes sensori-moteurs.

2

C'est Orson Welles le premier : il dégage une image-temps directe, et il fait passer l'image sous la puissance du faux. Sans doute ces deux aspects sont-ils étroitement liés, mais les critiques récents ont attaché de plus en plus d'importance au second, qui culmine avec « *Vérités et illusions* ». Il y a un nietzschéisme de Welles, comme si Welles repassait par les points principaux de la critique de la vérité chez Nietzsche : le « monde vrai » n'existe pas, et, s'il existait, serait inaccessible, inévocable, et, s'il était évocable, serait inutile, superflu. Le monde vrai suppose un « homme véridique », un homme qui veut la vérité, mais un tel homme a d'étranges mobiles, comme s'il cachait un autre homme en lui, une vengeance : Othello veut la vérité, mais par jalousie, ou, pire, par vengeance d'être noir, et Vargas, l'homme véridique par excellence, semble longtemps indifférent au sort de sa femme, tout occupé dans les archives à amasser des preuves contre son ennemi. L'homme véridique enfin ne veut rien d'autre que juger la vie, il érige une valeur supérieure, le bien, au nom de laquelle il pourra juger, il a soif de juger, il voit dans la vie un mal, une faute à expier : origine morale de la notion de vérité. À la manière de Nietzsche, Welles n'a pas cessé de lutter contre le système du jugement : il n'y a pas de valeur supérieure à la vie, la vie n'a pas à être jugée, ni justifiée, elle est innocente, elle a « l'innocence du devenir », par-delà le bien et le mal [13]...

Ce problème du jugement n'est pas plus étranger au cinéma qu'au théâtre, et a subi une évolution complexe. Dès l'expressionnisme, c'est la lutte du bien et du mal, comme de la lumière et des ténèbres, qui constitue la métaphysique du vrai (trouver la vérité dans la lumière et l'expiation). Mais la place de Lang est déjà unique, parce qu'il fait du mal une dimension humaine et non plus faustienne, soit sous forme d'un génie hypnotique (Mabuse), soit sous forme d'une irrésistible impulsion (« M le maudit »). Du coup, la question de la vérité, c'est-à-dire du tribunal et du jugement, va révéler toute son ambiguïté : M est justiciable d'un tribunal de la pègre qui n'a guère la vérité pour mobile. Et l'évolution s'accélère lorsque Lang passe en Amérique, y trouve un genre de films proprement judiciaires dont il va renouveler les données. Il ne s'agit pas simplement de marquer la difficulté d'atteindre au vrai, compte tenu des insuffisances de l'enquête et de ceux qui jugent (ce sera encore le cas de « Douze hommes en colère » de Lumet). Chez Lang, chez Preminger aussi, c'est la possibilité même de juger qui est mise en question. Pour Lang, on dirait qu'il n'y a plus de vérité, mais seulement des apparences. Lang américain devient le plus grand cinéaste des apparences, des fausses images (d'où l'évolution des Mabuse). Tout est apparence, et pourtant ce nouvel état transforme le système du jugement plutôt qu'il ne le supprime. En effet, l'apparence est ce qui se trahit soi-même ; les grands moments chez Lang sont ceux où un personnage se trahit. Les apparences se trahissent, non pas parce qu'elles feraient place à une vérité plus profonde, mais simplement parce qu'elles se révèlent elles-mêmes comme non-vraies : le personnage fait une gaffe, il connaît le prénom de la victime (« L'Invraisemblable Vérité »), ou bien il sait l'allemand (« Les bourreaux meurent

---

13. Dans la plupart des interviews de Welles, la critique de la notion de vérité rejoint l'impossibilité de juger l'homme et la vie. Cf. Jean Gili, « Orson Welles ou le refus de juger », Orson Welles, Études cinématographiques.

aussi »). Dans ces conditions, il reste possible de faire surgir de nouvelles apparences sous le rapport desquelles les premières seront jugeables et jugées. Les résistants, par exemple, susciteront les faux témoins qui feront condamner par la Gestapo le traître qui savait l'allemand. Le système du jugement subit donc une grande transformation, parce qu'il passe dans les conditions qui déterminent les rapports dont les apparences dépendent : Lang invente un relativisme à la Protagoras, où le jugement exprime le point de vue « le meilleur », c'est-à-dire le rapport sous lequel les apparences ont une chance de se retourner au profit d'un individu ou d'une humanité de plus haute valeur (le jugement comme « vengeance », ou déplacement des apparences). À la limite, on comprend la rencontre de Lang et de Brecht, et les malentendus de cette rencontre. Car, chez Lang comme chez Brecht, le jugement ne peut plus s'exercer directement dans l'image, mais passe du côté du spectateur, auquel on donne les conditions de possibilité de juger l'image elle-même. Ce qui reposait chez Brecht sur une réalité des contradictions repose au contraire chez Lang sur une relativité des apparences [14]. Chez l'un comme chez l'autre, si le système du jugement subit une crise, il n'est pas moins sauvé, transformé. Il en va tout autrement chez Welles (bien qu'il ait fait un film « languien », mais répudié : « *L'Étranger* », là où le personnage se trahit). Chez Welles, le système du jugement devient définitivement impossible, même et surtout pour le spectateur. Le saccage du bureau du juge dans « *La Dame de Shanghai* », et surtout l'imposture infinie du jugement dans

---

14. La collaboration entre Lang et Brecht s'est faite dans « *Les bourreaux meurent aussi* », mais fut très équivoque. Par exemple, au début du film, la question est posée de savoir si les résistants ont le droit de compromettre leurs compatriotes, puisque que les nazis prennent et tuent des otages innocents : la jeune fille supplie le résistant de se dénoncer, pour sauver son père pris comme otage. Mais un peu plus tard, et toujours pour sauver son père, elle accepte sans hésitation le sacrifice d'une marchande qui refuse de la dénoncer elle-même. Il y a là un processus proprement brechtien, où le spectateur est amené à prendre conscience d'un problème ou d'une contradiction, et à les résoudre à sa manière (distanciation). Ce qui revient à Lang, c'est un tout autre processus : la façon dont quelqu'un se trahit lui-même, mais de telle manière qu'on opposera à l'apparence d'autres apparences sous un rapport différent (non seulement le délateur qui « se coupe » par maladresse, mais aussi le résistant qui s'est mis des traces de rouge à lèvres, cette fois trop parfaites, pour faire croire à une scène d'amour). Les deux processus peuvent se mélanger, et concourir au même effet, ils sont très éloignés l'un de l'autre.

« *Le Procès* », témoigneront pour cette nouvelle impossibilité. Welles ne cesse de construire des personnages injugeables, et qui n'ont pas à être jugés, qui se dérobent à tout jugement possible. Si l'idéal de vérité s'écroule, les rapports de l'apparence ne suffiront plus à maintenir la possibilité du jugement. Suivant le mot de Nietzsche, « en même temps que le monde vrai, nous avons aboli aussi le monde des apparences... »

Que reste-t-il ? Il reste les corps, qui sont des forces, rien d'autre que des forces. Mais la force ne se rapporte plus à un centre, pas plus qu'elle n'affronte un milieu ou des obstacles. Elle n'affronte que d'autres forces, elle se rapporte à d'autres forces, qu'elle affecte ou qui l'affectent. La puissance (ce que Nietzsche appelle « volonté de puissance », et Welles, « characters »), c'est ce pouvoir d'affecter et d'être affecté, ce rapport d'une force avec d'autres. Ce pouvoir est toujours rempli, ce rapport est nécessairement effectué, bien que ce soit d'une manière variable suivant les forces en présence [15]. On pressent déjà que le montage court, haché ou morcelé, et le long plan-séquence servent une même cause. L'un présente successivement des corps dont chacun exerce sa force, ou subit celle d'un autre : « chaque plan montre un coup, un contre-coup, un coup reçu, un coup frappé » [16]. L'autre présente simultanément un rapport de forces dans sa variabilité, dans son instabilité, dans la prolifération des centres et la multiplication des vecteurs (la scène de l'interrogatoire dans « *Touch of Evil* ») [17]. D'un côté comme de l'autre, c'est le choc des forces, dans l'image ou des images entre elles. Il arrive qu'un montage court reproduise un plan-séquence, par dé-

---

15. Sur les corps-forces, cf. Petr Kral, « Le film comme labyrinthe », *Positif*, n° 256, juin 1982, et Jean Narboni, « Un cinéma en plongée », *Orson Welles, Cahiers du cinéma*, (Narboni rapproche le « character » selon Welles et la volonté de puissance nietzschéenne).

16. Entretien Welles, *Cahiers du cinéma*, p. 42 : à propos de la bataille dans « *Falstaff* ». De même, le montage haché des personnages dans « *La Dame de Shanghai* » fait dire à Didier Goldschmidt : les plans ne s'enchaînent pas, « ils se précipitent les uns contre les autres, les séries de champ-contrechamp en très gros plan, en particulier sur O'Hara et Grisby, basculent le poids de l'image de gauche à droite, les mouvements sont interrompus brutalement ; tout tend à libérer une *énergie* qui conditionne une perception presque uniquement plastique du film » (*Cinématographe*, n° 75, février 1982, p. 64).

17. Cf. les analyses détaillées de Robin Wood à propos de « *Touch of Evil* » (*Positif*, n° 167, mars 1975) : Vargas et Quinlan, « chacun des deux hommes successivement prédomine dans le cadre, ou tous deux occupent l'image en un équilibre éphémère et précaire ».

coupage, comme dans la bataille de « *Falstaff* », ou qu'un plan-séquence produise un montage court, par recadrage incessant, comme dans « *Touch of Evil* ». Nous avons vu comment Resnais retrouvait cette complémentarité, par d'autres moyens.

Est-ce dire que, dans la vie, tout est question de forces ? Oui, si l'on comprend que le rapport des forces n'est pas quantitatif, mais implique nécessairement certaines « qualités ». Il y a des forces qui ne savent plus répondre aux autres que d'une seule manière, uniforme, invariable : le scorpion de « *M. Arkadin* » ne sait que piquer, et pique la grenouille qui le porte sur l'eau, quitte à mourir noyé. La variabilité subsiste donc dans le rapport de forces, puisque la piqûre du scorpion se retourne contre lui, quand elle s'adresse dans ce cas à la grenouille. Reste que le scorpion est le type d'une force qui ne sait plus se métamorphoser elle-même, d'après les variations de ce qu'elle peut affecter et de ce qui peut l'affecter. Bannister est un grand scorpion qui ne sait plus que piquer. Arkadin ne sait plus que tuer, et Quinlan truquer les preuves. C'est un type de force épuisée, même quand elle est restée quantitativement très grande, mais elle ne peut plus que détruire et tuer, avant de se détruire elle-même, et peut-être afin de se tuer elle-même. C'est là qu'elle retrouve un centre, mais qui coïncide avec la mort. Si grande soit-elle, elle est épuisée parce qu'elle ne sait plus se transformer. Aussi est-elle descendante, décadente, dégénérée : elle représente l'impotence dans les corps, c'est-à-dire ce point précis où la « volonté de puissance » n'est plus qu'un vouloir-dominer, un être pour la mort, et qui a soif de sa propre mort, à condition de passer par celle des autres. Welles multiplie le tableau de ces impotents tout-puissants : Bannister et ses prothèses ; Quinlan et sa canne ; Arkadin et son désarroi quand il n'a plus d'avion ; Iago, l'impotent par excellence [18]. Ce sont des hommes de vengeance : non pas de la même manière, cependant, que les hommes véridiques qui préten-

---

18. Sur l'« impotence » des personnages de Welles, comme « prix à payer pour exercer le pouvoir de la voix et de l'écrit », cf. Michel Chion, *Cahiers du cinéma*, p. 93. De même, l'impuissance sexuelle supposée chez Iago n'est pas un motif ni une explication, mais renvoie plus profondément à un certain état ou qualité de vie (Marienstras, « Orson Welles interprète et continuateur de Shakespeare », *Positif*, n° 167).

daient juger la vie au nom de valeurs supérieures. Eux, au contraire, se prennent pour des *hommes supérieurs*, ce sont des hommes supérieurs qui prétendent juger la vie par eux-mêmes, de leur propre chef. Mais n'est-ce pas le même esprit de vengeance sous deux figures : Vargas, l'homme véridique qui invoque les lois pour juger, mais aussi son double, Quinlan, qui se donne le droit de juger sans loi ; Othello, l'homme de devoir et de vertu, mais aussi son double, Iago, qui se venge par nature et perversion ? C'est ce que Nietzsche appelait les stades du nihilisme, l'esprit de vengeance à travers diverses figures. Derrière l'homme véridique, qui juge la vie du point de vue de valeurs prétendues plus hautes, il y a l'homme malade, « le malade de lui-même », qui juge la vie du point de vue de sa maladie, de sa dégénérescence et de son épuisement. Et c'est peut-être mieux que l'homme véridique, car la vie malade est encore de la vie, elle oppose la mort à la vie, plutôt que de lui opposer des « valeurs supérieures »... Nietzsche disait : derrière l'homme véridique, qui juge la vie, il y a l'homme malade, malade de la vie même. Et Welles ajoute : derrière la grenouille, l'animal véridique par excellence, il y a le scorpion, l'animal malade de soi-même. L'un est idiot, et l'autre est un salaud [19]. Ils sont pourtant complémentaires comme deux figures du nihilisme, deux figures de la volonté de puissance.

N'est-ce pas restaurer un système du jugement ? De Quinlan, Arkadin, etc., Welles ne cesse de dire qu'il les « déteste moralement » (même s'il ne les déteste pas « humainement », en fonction de ce qu'ils ont gardé de *vie*) [20]. Mais il ne s'agit pas de juger la vie au nom d'une instance supérieure, qui serait le bien, le vrai ; il s'agit au contraire d'évaluer tout être, toute action et passion, toute valeur même, par rapport à la vie qu'ils impliquent. L'affect comme évaluation

---

19. Cf. Entretien, in Bazin, *Orson Welles*, Éd. du Cerf, p. 178. La grenouille est l'animal véridique, parce qu'elle croit aux pactes et contrats. Mais, en fait, il n'y a que des « partenaires » fluctuants (« Vous parlez comme s'il y avait entre nous une sorte de contrat, mais non, nous sommes ici des partenaires », *Touch of Evil*). Certes, Welles commence par dire qu'il vaut mieux juger au nom de valeurs supérieures, plutôt que « de son propre chef » (p. 154). Mais, un peu plus loin, il dit que l'un n'est pas moins détestable que l'autre (p. 160).

20. C'est le problème qui domine l'entretien Bazin. Welles reconnaît volontiers l'« ambiguïté » de sa position : il n'a pas la même clarté que Nietzsche, bien qu'il tourne autour du même thème, celui d'une « morale aristocratique ».

immanente, au lieu du jugement comme valeur transcendante : « j'aime ou je déteste » au lieu de « je juge ». Nietzsche, qui substituait déjà l'affect au jugement, prévenait ses lecteurs : au-delà du bien et du mal ne signifie pas du moins *au-delà du bon et du mauvais*. Ce mauvais, c'est la vie épuisée, dégénérescente, d'autant plus terrible, et apte à se propager. Mais le bon, c'est la vie jaillissante, ascendante, celle qui sait se transformer, se métamorphoser d'après les forces qu'elle rencontre, et qui compose avec elles une puissance toujours plus grande, augmentant toujours la puissance de vivre, ouvrant toujours de nouvelles « possibilités ». Certes, il n'y a pas plus de vérité dans l'une que dans l'autre ; il n'y a que du devenir, et le devenir est la puissance du faux de la vie, la volonté de puissance. Mais il y a du bon et du mauvais, c'est-à-dire du noble et du vil. Suivant les physiciens, l'énergie noble, c'est celle qui est capable de se transformer, tandis que la vile ne le peut plus. Des deux côtés il y a volonté de puissance, mais celle-ci n'est plus que vouloir-dominer dans le devenir épuisé de la vie, tandis qu'elle est vouloir-artiste ou « vertu qui donne », création de nouvelles possibilités, dans le devenir jaillissant. Les hommes dits supérieurs sont vils ou mauvais. Mais le bon n'a qu'un nom, c'est « générosité », et c'est le trait par lequel Welles définit son personnage préféré, Falstaff, c'est aussi le trait qu'on suppose dominant dans l'éternel projet de Don Quichotte. Si le devenir est la puissance du faux, le bon, le généreux, le noble, est ce qui élève le faux à la énième puissance, ou la volonté de puissance jusqu'au devenir artiste. Falstaff et Don Quichotte peuvent paraître hableurs ou pitoyables, dépassés par l'Histoire : ils sont experts en métamorphoses de la vie, ils opposent le devenir à l'Histoire. Incommensurables à tout jugement, ils ont l'innocence du devenir [21]. Et sans doute le devenir est-il toujours innocent, même dans le crime, même dans la vie épuisée pour autant qu'elle est encore un devenir. Mais seul le bon se laisse épuiser par la vie plutôt qu'il ne l'épuise, se mettant toujours au service de ce qui renaît de la vie, de ce qui métamorphose et crée. Il fait du devenir un Être, combien

---

21. Sur la bonté vitale de Falstaff, Welles a des déclarations lyriques : « il est la bonté, c'est le personnage dans lequel je crois le plus (...) ; sa bonté est comme le pain et le vin » (Entretien, *Cahiers du cinéma*, p. 41 ; et aussi Marienstras, p. 43).

protéiforme, au lieu de le précipiter dans le non-être, du haut d'un être uniforme et figé. Ce sont deux états de la vie qui s'opposent au sein du devenir immanent, et non pas une instance qui se prétendrait supérieure au devenir, soit pour juger la vie, soit pour se l'approprier, et l'épuiser de toute façon. Ce que Welles voit dans Falstaff et Don Quichotte, c'est la « bonté » de la vie en elle-même, une étrange bonté qui porte le vivant à la création. C'est en ce sens qu'on peut parler d'un nietzschéisme authentique ou spontané chez Welles.

Reste que, dans le devenir, la terre a perdu tout centre, non seulement en elle-même, mais elle n'a plus de centre autour duquel tourner. Les corps n'ont plus de centre, sauf celui de leur mort quand ils sont épuisés, et rejoignent la terre pour s'y dissoudre. La force n'a plus de centre précisément parce qu'elle est inséparable de son rapport avec d'autres forces : alors, comme disait Didier Goldschmidt, les plans courts ne cessent de basculer, à droite, à gauche, autant que le plan-séquence suscite un fouillis de centres évanouissants (l'ouverture de « *Touch of Evil* »). Les poids ont perdu les centres d'équilibre autour desquels ils se répartissent, les masses ont perdu les centres de gravité autour desquels elles s'ordonnent, les forces ont perdu les centres dynamiques autour desquels elles organisent l'espace, les mouvements mêmes ont perdu les centres de révolution autour desquels ils se développent. Il y a là chez Welles une mutation cinématographique non moins que métaphysique. Car ce qui s'oppose à l'idéal de vérité, ce n'est pas le mouvement : le mouvement reste parfaitement conforme au vrai tant qu'il présente des invariants, point de gravité du mobile, points privilégiés par lesquels il passe, point de fixité par rapport auquel il se meut. C'est pourquoi l'image-mouvement, dans son essence même, est justiciable de l'effet de vérité qu'elle invoque tant que le mouvement conserve ses centres. Et c'est ce que nous essayons de dire depuis le début de cette étude : une mutation cinématographique se produit lorsque les aberrations de mouvement prennent leur indépendance, c'est-à-dire lorsque les mobiles et les mouvements perdent leurs invariants. Alors se produit un renversement où le mouvement cesse de se réclamer du vrai, et où le temps cesse de se subordonner au mouvement : les deux à la fois. *Le mouvement fondamenta-*

*lement décentré devient faux mouvement, et le temps fonda-
mentalement libéré devient puissance du faux qui s'effectue
maintenant dans le faux mouvement* (Arkadin toujours déjà-
là). Welles semble le premier à avoir ouvert cette brèche, où
allaient s'introduire le néo-réalisme et la nouvelle vague, avec
des moyens tout différents. Welles, par sa conception des
corps, des forces et du mouvement, construit un monde qui
a perdu tout centre moteur ou de « configuration » : la Terre.

Pourtant, nous avons vu que le cinéma de Welles gardait
des centres essentiels (et c'est même sur ce point que Resnais
se sépare de Welles). Mais, ce qu'il faut évaluer à cet égard,
c'est le radical changement que Welles faisait subir à la
notion même de centre. La question de la profondeur de
champ reprenait déjà d'une nouvelle façon une transformation de la peinture au XVIIᵉ siècle. Il se peut que le cinéma
de Welles ait su aussi recréer, à l'usage de notre monde moderne, une transformation de pensée qui s'était produite une
première fois dans ce siècle ancien. Si l'on suit une belle analyse de Michel Serres, le XVIIᵉ siècle ne fut pas l'âge « classique » de l'idéal du vrai, mais l'âge baroque par excellence,
inséparable de ce qu'on appelle classique, et où la vérité
traversait une crise définitive. Il n'était plus question de
savoir où était le centre, le soleil ou la terre, parce que la
question première devenait « Y a-t-il un centre quelconque
ou pas du tout ? ». Tous les centres, de gravité, d'équilibre,
de force, de révolution, bref de configuration, s'écroulaient.
C'est alors que s'est faite sans doute une restauration des
centres, mais au prix d'un changement profond, d'une
grande évolution des sciences et des arts. D'une part, le
centre devenait *purement optique*, le point devenait point de
vue. Ce « perspectivisme » ne se définissait nullement par la
variation de points de vue extérieurs sur un objet supposé
invariable (l'idéal du vrai serait conservé). Là, au contraire,
le point de vue était constant, mais toujours intérieur aux
différents objets qui se présentaient dès lors comme la métamorphose d'une seule et même chose en devenir. C'était la
géométrie projective, qui installait l'œil au sommet du cône,
et nous donnait des « projections » aussi variables que les
plans de section, cercle, ellipse, hyperbole, parabole, point,
droites, l'objet lui-même n'étant plus à la limite que la connexion de ses propres projections, la collection ou la série

de ses propres métamorphoses. Les perspectives ou projections, c'est cela qui n'est ni vérité ni apparence.

Toutefois, ce nouveau perspectivisme ne nous donne pas encore le moyen d'établir une véritable progression dans les figures ainsi décrites, ou d'échelonner les volumes sur les sections planes. Aussi faut-il, d'autre part, y joindre la *théorie des ombres*, qui est comme l'inverse de la projective : la source lumineuse occupe maintenant le sommet du cône, le corps projeté est l'opaque, et les projections se font par reliefs ou plages d'ombre [22]. Ce sont ces deux aspects qui forment « une architecture de la vision ». On les retrouve éminemment dans l'art de Welles ; et ils nous donnent la dernière raison de la complémentarité entre le montage court et le plan-séquence. Le montage court présente des images planes, aplaties, qui sont autant de perspectives, de projections, au sens fort, et qui expriment les métamorphoses d'une chose ou d'un être immanents. D'où l'allure d'une succession de « numéros » qui marquent souvent les films de Welles : par exemple, les différents témoins de passé de « *M. Arkadin* » peuvent être considérés comme une série de projections d'Arkadin lui-même, qui est à la fois le projetant sur chaque plan et le point de vue puissant sous lequel on passe d'une projection à l'autre ; de même, dans « *Le Procès* », tous les personnages, policiers, collègues, étudiant, concierge, avocat, petites filles, peintre et prêtre, constituent la série projective d'une même instance qui n'existe pas hors de ses métamorphoses. Mais, suivant l'autre aspect, le plan-séquence à profondeur de champ marque puissamment les volumes et les reliefs, les plages d'ombre d'où les corps sortent et où ils rentrent, les oppositions et les combinaisons du clair et de l'obscur, les violentes zébrures qui affectent les corps quand ils courent dans un espace à claire-voie (« *La Dame de Shanghai* », « *Le Procès* » : tout un néo-expressionnisme, qui s'est débarrassé de ses présupposés moraux comme de l'idéal du vrai) [23]. On

---

22. Sur tous ces thèmes, cf. Michel Serres, *Le Système de Leibniz*, P.U.F., I, p. 151-174, II, p. 648-667.

23. Charles Tesson (*Cahiers du cinéma*) fait une analyse de la profondeur de champ comme facteur de déséquilibre, « en porte-à-faux » : c'est comme si l'on filmait un scorpion de face, « l'important n'est pas devant, mais au fond », si bien que l'image doit « basculer du côté d'une pure *voyance* ». Il y a un effet de bascule dans le plan-séquence, non moins que dans le montage court.

pourrait dire que Welles faisait subir à la notion de centre une double transformation qui fondait le nouveau cinéma : le centre cessait d'être sensori-moteur, et, d'une part, devenait optique, déterminant un nouveau régime de la description ; d'autre part, en même temps, il devenait lumineux, déterminant une nouvelle progression de la narration. La descriptive ou projective, et la narrative ou ténébreuse...

En élevant le faux à la puissance, la vie se libérait des apparences autant que de la vérité : ni vrai ni faux, alternative indécidable, mais puissance du faux, volonté décisoire. C'est Welles qui, à partir de « La Dame de Shanghai », impose un seul et unique personnage, le faussaire. Mais le faussaire n'existe que dans une série de faussaires qui en sont les métamorphoses, parce que la puissance n'existe elle-même que sous forme d'une série de puissances qui en sont les exposants. Il y a toujours un personnage destiné à trahir l'autre (Welles insiste : le prince *doit* trahir Falstaff, Menzies doit trahir Quinlan), parce que l'autre est déjà un traître, et que la trahison est le lien des faussaires entre eux sur toute la série. Comme Welles a une forte personnalité, on oublie que son thème constant, justement en fonction de cette personnalité, c'est de ne plus être une personne, à la manière de la Mrs Dalloway de Virginia Woolf [24]. Un devenir, une irréductible multiplicité, les personnages ou les formes ne valent plus que comme transformation les uns des autres. Et c'est l'infernal trio de « La Dame de Shanghai », les étranges personnages-relais de « M. Arkadin », la chaîne qui soude ceux de « Touch of Evil », la transformation illimitée pour ceux du « Procès », le parcours du faux qui ne cesse de passer par le roi, son fils et Falstaff, tous trois imposteurs, usurpateurs à quelque égard, culminant dans la scène où les rôles s'échan-

---

24. Parmi les projets de Welles, il y a « The Dreamers », inspiré d'Isak Dinesen : une cantatrice qui a perdu la voix après une dure histoire d'amour trouve dans la chorale d'un village un petit garçon qui a exactement la même voix ; elle lui donne des leçons, pour que le monde entende à nouveau sa voix à elle pendant trois ans ; entre les deux se tisse un rapport très érotique, qui pousse le garçon à la vengeance... C'est une histoire de traîtres ou de faussaires, à la Welles, mais, aussi nécessairement, d'évanouissement de la personne. Isak Dinesen faisait dire à l'héroïne, à peu près dans les mêmes termes que Virginia Woolf : « Je ne serai plus jamais une personne, Marcus, à partir de maintenant je serai toujours plusieurs. » Welles déclare avoir tourné cette scène comme une des raisons d'être du film (Entretien, *Cahiers du cinéma*, p. 49 et 58).

gent. C'est enfin la grande série de « *Vérités et illusions* », qui est le manifeste de toute l'œuvre de Welles, et sa réflexion sur le cinéma. F comme Falstaff, mais surtout « *F comme fake* ». Welles a certainement une affinité consciente avec Herman Melville, plus importante encore que son affinité moins consciente avec Nietzsche. C'est dans « *Vérités et illusions* » que Welles construit une série de faussaires aussi extensive et parfaite que celle du *Grand Escroc* chez Melville, Welles jouant exactement le rôle du Cosmopolite hypnotiseur. Cette grande série de Welles, l'histoire qui ne cesse de se modifier, se résume ainsi : 1° « présentation d'Oja Kadar sur laquelle tous les hommes se retournent dans la rue » ; 2° « présentation de Welles en prestidigitateur » ; 3° présentation du journaliste, auteur d'un livre sur un peintre faussaire, mais aussi de faux Mémoires de Hughes, le milliardaire faussaire aux multiples sosies, dont on ne sait s'il n'a pas lui-même abusé le journaliste ; 4° conversation ou échange du journaliste et du peintre faussaires ; 5° intervention de Welles qui assure que, pendant une heure, le spectateur ne verra et n'entendra plus rien de faux ; 6° Welles raconte sa vie, et médite sur l'homme devant la cathédrale de Chartres ; 7° l'aventure d'Oja Kadar avec Picasso, à la fin de laquelle Welles survient pour dire que l'heure était passée, et l'aventure, inventée de toutes pièces[25].

Pourtant, tout ne se vaut pas, et tous les faussaires ne le sont pas au même degré ou à la même puissance. L'homme véridique en fait partie, comme la grenouille, comme Vargas ou Othello, comme Welles devant la cathédrale de Chartres : c'est qu'il invoque un monde vrai, mais le monde vrai suppose lui-même l'homme véridique. En lui-même, c'est un monde *inaccessible et inutile*. Telle la cathédrale, il n'a pour lui que d'être fait par les hommes. Aussi n'est-il pas caché par les apparences, c'est lui au contraire qui cache les apparences, et leur sert d'alibi. Derrière l'homme véridique il y a donc le faussaire, le scorpion, et l'un ne cesse de renvoyer à l'autre. L'expert en vérité bénit les faux Vermeer de Van Megeeren précisément parce que le faussaire les a fabriqués d'après ses

---

25. Nous suivons à peu de chose près l'article essentiel de Gérard Legrand sur « *Vérités et illusions* » (*Positif*, n° 167). Mais Legrand voit une contradiction entre « volonté de puissance » et « constat d'illusion ». Nous ne pouvons en voir aucune, la volonté de puissance étant la vie comme puissance du faux.

propres critères, à lui l'expert. Bref, le faussaire ne peut pas être réduit à un simple copieur, ni à un menteur, parce que, ce qui est faux, ce n'est pas seulement la copie, mais déjà le modèle. Ne faut-il pas dire alors que même l'artiste, même Vermeer, même Picasso, est un faussaire, puisqu'il fait un modèle avec des apparences, quitte à ce que l'artiste suivant rende le modèle aux apparences pour faire un nouveau modèle ? Où finit le « mauvais » rapport Elmer le faussaire-Picasso, où commence le « bon » rapport Picasso-Vélasquez ? De l'homme véridique à l'artiste, longue est la chaîne des faussaires. C'est sans doute pourquoi on a tant de peine à définir « le » faussaire, parce qu'on ne tient pas compte de sa multiplicité, de son ubiquité, et parce qu'on se contente d'invoquer un temps historique et finalement chronologique. Mais tout change du point de vue du temps comme devenir. Ce qu'on peut reprocher aux faussaires, autant qu'à l'homme véridique, c'est leur goût exagéré de la *forme* : ils n'ont pas le sens ni la puissance des métamorphoses, ils témoignent d'un appauvrissement de l'élan vital, d'une vie déjà épuisée. La différence entre le faussaire, l'expert et Vermeer, c'est que les deux premiers ne savent guère changer. Seul l'artiste créateur porte la puissance du faux à un degré qui s'effectue, non plus dans la forme, mais dans la transformation. Il n'y a plus ni vérité ni apparence. Il n'y a plus ni forme invariable ni point de vue variable sur une forme. Il y a un point de vue qui appartient si bien à la chose que la chose ne cesse de se transformer dans un devenir identique au point de vue. Métamorphose du vrai. Ce que l'artiste est, c'est *créateur de vérité*, car la vérité n'a pas à être atteinte, trouvée ni reproduite, elle doit être créée. Il n'y a pas d'autre vérité que la création de Nouveau : la créativité, l'émergence, ce que Melville appelait « shape », par opposition à « form ». L'art est l'incessante production des *shapes*, reliefs et projections. L'homme véridique et le faussaire font partie de la même chaîne, mais, finalement, ce n'est pas eux qui se projettent, s'exhaussent ou se creusent, c'est l'artiste, créateur de vrai, là même où le faux atteint à sa dernière puissance : bonté, générosité. Nietzsche faisait la liste de la « volonté de puissance » : l'homme véridique, puis tous les faussaires qui le supposent et qu'il suppose, la longue cohorte épuisée des « hommes supérieurs », mais, encore derrière, le nouvel homme, Zarathoustra, l'artiste ou la vie jaillissante [26]. Ce n'est qu'une petite chance, tant le nihilisme peut l'emporter, la vie épuisée s'emparer du Nouveau dès sa naissance, et les formes toutes faites pétrifier les métamorphoses, reconstituer des modèles et des copies. Fragile est la puissance du faux, qui se laisse reprendre par les grenouilles et les scorpions. Mais c'est la seule chance de l'art ou de la vie, la chance nietzschéenne, melvilienne, bergsonienne, wellesienne... La « *Chronopolis* » de Kamler montre que les éléments du temps ont besoin d'une rencontre extraordinaire avec l'homme pour produire quelque chose de nouveau.

3

Il y aurait encore une troisième instance au-delà de la description et de la narration : le récit. Si nous essayons provisoirement de le définir comme nous avons fait pour les autres instances, sans tenir compte encore d'une importance particulière du facteur parlant, nous pensons que le récit concerne en général le rapport sujet-objet, et le développement de ce rapport (tandis que la narration concernait le développement du schème sensori-moteur). Le modèle de vérité trouve alors sa pleine expression, non plus dans la connexion sensori-motrice, mais dans l'« adéquation » du sujet et de l'objet. Il faut toutefois préciser ce que sont l'objet et le sujet dans les conditions du cinéma. Par convention, on appelle objectif ce que « voit » la caméra, et subjectif ce que voit le personnage.

---

26. La grande théorie des faussaires selon Nietzsche apparaît dans le livre IV de *Zarathoustra* : on y reconnaît l'homme d'État, l'homme de religion, l'homme de moralité, l'homme de science... À chacun correspond une puissance du faux ; aussi sont-ils inséparables les uns des autres. Et « l'homme véridique » était lui-même la première puissance du faux, qui se développe à travers les autres. L'artiste à son tour est un faussaire, mais c'est l'ultime puissance du faux, parce qu'il veut la métamorphose au lieu de « prendre » une forme (forme du Vrai, du Bien, etc.). La volonté comme volonté de puissance a donc deux degrés extrêmes, deux états polaires de la vie, d'une part le vouloir-prendre ou vouloir-dominer, d'autre part le vouloir identique au devenir et à la métamorphose, « la vertu qui donne ». Nietzsche pourra se dire créateur de vérité, du second point de vue, tout en maintenant intégralement sa critique du Vrai. On trouvera chez Melville une opposition aussi forte entre la forme et la métamorphose, « form » et « shape » (notamment dans *Pierre ou les ambiguïtés* ; cf. le commentaire de Jaworski, *Le Désert et l'empire*, thèse Paris VII, p. 566-568).

Une telle convention n'a lieu qu'au cinéma, pas au théâtre. Or il faut bien que la caméra voie le personnage lui-même : c'est un même personnage qui tantôt voit et tantôt est vu. Mais c'est aussi la même caméra qui donne le personnage vu et ce que voit le personnage. On peut donc considérer que le récit est le développement des deux sortes d'images, objectives et subjectives, leur rapport complexe qui peut aller jusqu'à l'antagonisme, mais qui doit se résoudre dans une identité du type Moi = Moi : identité du personnage vu et qui voit, mais aussi bien identité du cinéaste-caméra, qui voit le personnage et ce que le personnage voit. Cette identité passe par beaucoup de tribulations qui représentent précisément le faux (confusion de deux personnages vus, par exemple chez Hitchcock, ou confusion dans ce que voit le personnage, par exemple chez Ford), mais finit par s'affirmer pour elle-même en constituant le Vrai, même si le personnage doit en mourir. On peut dire que le film commence avec la distinction des deux sortes d'images, et finit avec leur identification, leur identité reconnue. Les variations sont infinies, parce que la distinction autant que l'identité synthétique peuvent s'établir de toutes sortes de façons. Il n'y en a pas moins ici les conditions de base du cinéma, du point de vue de la *véracité* de tout récit possible [27].

C'est la distinction de l'objectif et du subjectif, mais aussi bien leur identification, qui se trouvent mises en question dans un autre mode de récit. Là encore, Lang américain fut le grand précurseur d'une critique de la véracité du récit [28]. Et la critique sera reprise et prolongée par Welles, dès

---

27. On trouvera chez certains auteurs un exposé très clair de ces conditions de base, d'autant plus clair que ces auteurs se proposent de les dépasser. Ainsi Beckett, à propos de « *Film* », dit qu'il faut distinguer ce que voit la caméra Œ et ce que voit le personnage O, « la perception par Œ dans la chambre et la perception par O de la chambre » : il vaut mieux éviter le plan double, la surimpression, et marquer la distinction qualitative des deux sortes d'images, jusqu'à l'identification finale de Œ et de O (*Comédie et actes divers*, Éd. de Minuit, p. 130). Ainsi Godard, à propos de « *Deux ou trois choses que je sais d'elle* », appelle objet ce que la caméra voit, sujet ce que le personnage voit, fait la somme des deux, $1 + 2 = 3$, pour arriver à l'identité finale, $1 + 2 + 3 = 4$, la vie (*Jean-Luc Godard par Jean-Luc Godard*, p. 393-396). Ainsi Pasolini distingue la nature double du cinéma, tant du point de vue du personnage que du cinéaste lui-même : le cinéma est « à la fois extrêmement subjectif et extrêmement objectif », les deux éléments restant indissociables jusqu'à l'identification (*L'Expérience hérétique*, Payot, p. 142).

28. Sur ce point, nous renvoyons aux analyses détaillées de Reynold Humphries, *Fritz Lang américain*, Albatros, notamment ch. III et IV : sur le dépas-

« *Citizen Kane* », où la distinction des deux sortes d'images tend à s'évanouir dans ce qu'ont vu les témoins, sans qu'on puisse conclure à une identité du personnage (« no trespassing »), ni même à une identité du cinéaste sur laquelle Welles a toujours eu des doutes, qu'il devait pousser jusqu'au bout dans « *Vérités et illusions* ». Pasolini a tiré pour son compte les conséquences de cette nouvelle situation dans ce qu'il appelait « cinéma de poésie », par opposition au cinéma dit de prose. Dans le cinéma de poésie, la distinction s'évanouissait entre ce que voyait subjectivement le personnage et ce que voyait objectivement la caméra, non pas au profit de l'un ou de l'autre, mais parce que la caméra prenait une présence subjective, acquérait une vision intérieure, qui entrait dans un rapport de *simulation* (« mimesis ») avec la manière de voir du personnage. C'est là, suivant notre précédente étude, que Pasolini découvrait le dépassement des deux éléments du récit traditionnel, le récit indirect objectif du point de vue de la caméra, le récit direct subjectif du point de vue du personnage, pour atteindre à la forme très spéciale d'un « discours indirect libre », d'une « subjective indirecte libre ». S'établissait une contamination des deux sortes d'images, telle que les visions insolites de la caméra (l'alternance de différents objectifs, le zoom, les angles extraordinaires, les mouvements anormaux, les arrêts...) exprimaient les visions singulières du personnage, et que celles-ci s'exprimaient dans celles-là, mais en portant l'ensemble à la puissance du faux. Le récit ne se rapporte plus à un idéal du vrai qui en constitue la véracité, mais devient un « pseudo-récit », un poème, un récit simulant ou plutôt une simulation de récit [29]. Les images objectives et subjectives perdent leur distinction, mais aussi bien leur identification, au profit d'un nouveau circuit où elles se remplacent en bloc, ou bien se contaminent, ou bien se décomposent et se recomposent. Pasolini fait porter son analyse sur Antonioni, Bertolucci et Godard, mais l'origine de cette transfor-

---

sement de l'objectif et du subjectif, et la crise d'identité (« centralité de la vision et du regard et identités brouillées », p. 99).

29. Pasolini, *L'Expérience hérétique*, p. 147-154 : « des pseudo-récits écrits dans la langue de la poésie ». Ce nouveau cinéma de poésie (vers 1960, selon Pasolini) se doit de « faire sentir la caméra », tandis que l'ancien cinéma de prose pouvait atteindre à la plus grande poésie de contenu, il n'en restait pas moins lié à un récit classique où la caméra se laissait formellement oublier (on se demande malgré tout si ce critère suffit, et où Pasolini situerait des auteurs comme Eisenstein ou Gance...).

mation du récit est peut-être chez Lang et Welles (l'étude d'« *Une histoire immortelle* » serait importante à cet égard).

Nous voudrions considérer un aspect de ce nouveau type de récit, tel qu'il apparaît dans un tout autre domaine. Si l'on se reporte aux formes qui depuis longtemps récusaient la fiction, on constate que le cinéma de réalité réclamait tantôt de faire voir objectivement des milieux, situations et personnages réels, tantôt de montrer subjectivement les manières de voir de ces personnages eux-mêmes, la manière dont ils voyaient eux-mêmes leur situation, leur milieu, leurs problèmes. Sommairement, c'était le pôle documentaire ou ethnographique, et le pôle enquête ou reportage. Ces deux pôles inspirèrent des chefs-d'œuvre, et se mélangèrent de toute façon (Flaherty d'une part, d'autre part Grierson et Leacock). Mais, en récusant la fiction, si ce cinéma découvrait de nouveaux chemins, il conservait et sublimait pourtant un idéal de vérité *qui dépendait de la fiction cinématographique elle-même* : il y avait ce que voit la caméra, ce que voit le personnage, l'antagonisme possible et la résolution nécessaire des deux. Et le personnage même gardait ou acquérait une espèce d'identité en tant qu'il était vu et en tant qu'il voyait. Et le cinéaste-caméra avait aussi son identité, comme ethnologue ou comme reporter. Il était très important de récuser les fictions préétablies au profit d'une réalité que le cinéma pouvait saisir ou découvrir. Mais on abandonnait la fiction au profit du réel, tout en gardant un modèle de vérité qui supposait la fiction et en découlait. Ce que Nietzsche avait montré : que l'idéal du vrai était la plus profonde fiction, au cœur du réel, le cinéma ne l'avait pas encore trouvé. C'est dans la fiction que la véracité du récit continuait à se fonder. Quand on appliquait l'idéal ou le modèle du vrai au réel, cela changeait beaucoup de choses, puisque la caméra s'adressait à un réel préexistant, mais, en un autre sens, rien n'était changé dans les conditions du récit : l'objectif et le subjectif étaient déplacés, non pas transformés ; les identités se définissaient autrement, mais restaient définies ; le récit restait vérace, réellement-vérace au lieu de fictivement-vérace. Seulement, la véracité du récit n'avait pas cessé d'être une fiction.

La rupture n'est pas entre la fiction et la réalité, mais dans le nouveau mode de récit qui les affecte toutes deux. Un changement s'est produit vers les années 1960, en des points très indépendants, dans le cinéma direct de Cassavetes et de Shirley Clarke, dans le « cinéma du vécu » de Pierre Perrault, dans le « cinéma-vérité » de Jean Rouch. Ainsi, quand Perrault critique toute fiction, c'est au sens où elle forme un modèle de vérité préétabli, qui exprime nécessairement les idées dominantes ou le point de vue du colonisateur, même quand elle est forgée par l'auteur du film. La fiction est inséparable d'une « vénération » qui la présente pour vraie, dans la religion, dans la société, dans le cinéma, dans les systèmes d'images. Jamais le mot de Nietzsche, « supprimez vos vénérations », n'a été aussi bien entendu que par Perrault. Quand Perrault s'adresse à ses personnages réels du Québec, ce n'est pas seulement pour éliminer la fiction, mais pour la libérer du modèle de vérité qui la pénètre, et retrouver au contraire la pure et simple *fonction de fabulation* qui s'oppose à ce modèle. Ce qui s'oppose à la fiction, ce n'est pas le réel, ce n'est pas la vérité qui est toujours celle des maîtres ou des colonisateurs, c'est la fonction fabulatrice des pauvres, en tant qu'elle donne au faux la puissance qui en fait une mémoire, une légende, un monstre. Tels le dauphin blanc de « *Pour la suite du monde* », le caribou du « *Pays de la terre sans arbre* », et par-dessus tout la bête lumineuse, le Dionysos de « *La Bête lumineuse* ». Ce que le cinéma doit saisir, ce n'est pas l'identité d'un personnage, réel *ou* fictif, à travers ses aspects objectifs et subjectifs. C'est le devenir du personnage réel quand il se met lui-même à « fictionner », quand il entre « en flagrant délit de légender », et contribue ainsi à l'invention de son peuple. Le personnage n'est pas séparable d'un avant et d'un après, mais qu'il réunit dans le passage d'un état à l'autre. Il devient lui-même un autre, quand il se met à fabuler sans jamais être fictif. Et le cinéaste de son côté devient un autre quand il « s'intercède » ainsi des personnages réels qui remplacent en bloc ses propres fictions par leurs propres fabulations. Tous deux communiquent dans l'invention d'un peuple. Je me suis intercédé Alexis (« *Le Règne du jour* »), et tout le Québec, pour savoir qui j'étais, « en sorte que pour me dire il suffit de leur donner la parole » [30]. C'est la simulation d'un

---

30. Sur la critique de la vérité et de la vénération, sur la fonction de fabulation et la manière dont elle dépasse le réel et le fictif, sur le rôle et la nécessité des « intercesseurs », le texte le plus important est l'entretien de Perrault avec René Allio, in *Écritures de Pierre Perrault*, Edilig, p. 54-56. On y joindra dans

récit, la légende et ses métamorphoses, le discours indirect libre du Québec, un discours à deux têtes, à mille têtes, « petit à petit ». Alors le cinéma peut s'appeler cinéma-vérité, d'autant plus qu'il aura détruit tout modèle du vrai pour devenir créateur, producteur de vérité : ce ne sera pas un cinéma de la vérité, mais la vérité du cinéma.

C'est ainsi que l'entendait Jean Rouch, quand il parlait de « cinéma-vérité ». Tout comme Perrault avec des reportages-enquêtes, Rouch avait commencé par des films ethnographiques. L'évolution des deux auteurs s'expliquerait mal si l'on se contentait d'invoquer l'impossibilité d'atteindre à un réel brut ; que la caméra ait une action sur les situations, et que les personnages réagissent à la présence de la caméra, tout le monde l'a toujours su, et cela ne troublait guère Flaherty ni Leacock, qui n'y voyaient déjà que de faux problèmes. Chez Rouch comme chez Perrault, la nouveauté a d'autres sources. Elle commence à s'exprimer clairement chez Rouch, dans « *Les Maîtres fous* », quand les personnages du rite, possédés, ivres, écumant, en transes, sont d'abord montrés dans leur réalité quotidienne où ils sont garçons de café, terrassiers, manœuvres, tels qu'ils redeviendront après la cérémonie. Ce qu'ils étaient avant... Inversement, dans « *Moi un Noir* », ce sont les personnages réels qui sont montrés à travers les rôles de leur fabulation, Dorothy Lamour la petite prostituée, Lemmy Caution le chômeur de Treichville, quitte à commenter et corriger eux-mêmes ensuite la fonction qu'ils ont déchaînée [31]. Dans « *Jaguar* », les trois personnages, et surtout le « galant », se distribuent des rôles qui leur font affronter comme autant de puissances légendaires les réalités de leur voyage, la rencontre avec les féticheux, l'organisation du travail, la fabrication des lingots d'or qu'on enferme et qui ne servent à rien, la visite du grand marché au pas de course, enfin l'invention de leur petit commerce sous un titre

le même recueil toute l'analyse de Jean-Daniel Lafond, « L'ombre d'un doute », qui présente le cinéma de Perrault comme un art de la « feinte » : les personnages « sont fictionnels sans être pour autant des êtres de fiction » (p. 72-73).

31. Cf. l'analyse de Jean-André Fieschi, qui montre comment, à partir des « Maîtres fous », Rouch fait subir « un décalage second au décalage déjà troublant qui semblait le propos du film ». Et, de plus en plus, « ce que filme Rouch, et le premier, ce ne sont plus des conduites ou des rêves, ou des discours subjectifs, mais le mixte indissociable qui relie l'un à l'autre » (in *Cinéma, théorie, lectures*, p. 259-261).

qui remplace une formule toute faite par une figure apte à faire légende : « petit à petit l'oiseau fait son... bonnet ». Et ils reviendront dans leur pays, à la façon des ancêtres, pleins d'exploits et de mensonges où le moindre incident devient puissance. Il y a toujours passage d'un état à un autre au sein du personnage, comme lorsque le chasseur baptise un lion l'Américain, ou que les voyageurs de « *Cocorico monsieur Poulet* » rencontrent la diablesse. À s'en tenir à ces chefs-d'œuvre, on s'aperçoit en premier lieu que le personnage a cessé d'être réel ou fictif, autant qu'il a cessé d'être vu objectivement ou de voir subjectivement : c'est un personnage qui franchit passages et frontières parce qu'il invente en tant que personnage réel, et devient d'autant plus réel qu'il a mieux inventé. « *Dionysos* » est une grande synthèse de Rouch : l'image de la société industrielle qui réunit un mécano magyar, un riveteur ivoirien, un tôlier antillais, un charpentier turc, une mécanicienne allemande, plonge dans un avant dionysiaque, hanté par les trois ménades, la blanche, la noire et la jaune, mais cet avant est aussi bien un après, comme l'horizon post-industriel où les ouvriers sont devenus l'un flûtiste, l'autre tambour, violoncelliste, soprano, formant le cortège dionysiaque qui gagne la forêt de Meudon. Le « ciné-transe » et sa musique sont une temporalisation de l'image qui ne reste jamais au présent, ne cesse de franchir la limite dans les deux sens, le tout sous l'impulsion d'un professeur qui se révèle un faussaire, rien qu'un faussaire, puissance du faux de Dionysos lui-même. Si l'alternative réel-fictif est si complètement dépassée, c'est parce que la caméra, au lieu de tailler un présent, fictif ou réel, rattache constamment le personnage à l'avant et à l'après qui constituent une image-temps directe. Il faut que le personnage soit d'abord réel pour qu'il affirme la fiction comme une puissance et non comme un modèle : il faut qu'il se mette à fabuler pour s'affirmer d'autant plus comme réel, et non comme fictif. Le personnage ne cesse de devenir un autre, et n'est plus séparable de ce devenir qui se confond avec un peuple.

Mais ce que nous disons du personnage vaut en second lieu, et éminemment, pour le cinéaste lui-même. Lui aussi devient un autre, pour autant qu'il prend des personnages réels comme intercesseurs, et remplace ses fictions par leurs propres fabulations, mais, inversement, donne à ces fabulations la figure de légendes, en opère la « mise en légende ». Rouch fait son discours indirect libre, en même temps que ses personnages font celui de l'Afrique. Perrault fait son discours indirect libre, en même temps que ses personnages font celui du Québec. Et sans doute il y a une grande différence de situation entre Perrault et Rouch, différence qui n'est pas seulement personnelle, mais cinématographique et formelle. Pour Perrault, il s'agit d'appartenir à son peuple dominé, et de retrouver une identité collective perdue, réprimée. Pour Rouch, il s'agit de sortir de sa civilisation dominante, et d'atteindre aux prémisses d'une autre identité. D'où la possibilité de malentendus entre les deux auteurs. Pourtant, tous deux comme cinéastes partent avec le même matériel léger, caméra sur l'épaule et magnétophone synchrone ; ils doivent devenir autres, avec leurs personnages, en même temps que leurs personnages doivent devenir autres eux-mêmes. La formule célèbre : « ce qui est commode avec le documentaire, c'est qu'on sait qui on est et qui on filme », cesse d'être valable. La forme d'identité Moi = Moi (ou sa forme dégénérée, eux = eux) cesse de valoir pour les personnages et pour le cinéaste, dans le réel aussi bien que dans la fiction. Ce qui se laisse deviner plutôt, à des degrés profonds, c'est le « Je est un autre » de Rimbaud. Godard le disait à propos de Rouch : non seulement pour les personnages eux-mêmes, mais pour le cinéaste qui, « blanc tout comme Rimbaud, déclare lui aussi que *Je est un autre* », c'est-à-dire *moi un Noir*[32]. Quand Rimbaud s'écrie « Je suis de race inférieure de toute éternité... je suis une bête, un nègre... », c'est en passant par toute une série de faussaires, « Marchand tu es un nègre, magistrat tu es un nègre, général tu es un nègre, empereur vieille démangeaison tu es un nègre... », jusqu'à cette plus haute puissance du faux qui fait qu'un Noir a lui-même à devenir Noir, à travers ses rôles blancs, tandis que le Blanc y trouve une chance de devenir Noir aussi (« je puis être sauvé... »). Et, de son côté, Perrault n'a pas moins besoin de devenir un autre pour rejoindre son propre peuple. Ce n'est plus « *Naissance d'une nation* », mais constitution ou reconstitution d'un peuple, où le cinéaste et

---

32. *Jean-Luc Godard*, p. 220.

ses personnages deviennent autres ensemble et l'un par l'autre, collectivité qui gagne de proche en proche, de lieu en lieu, de personne en personne, d'intercesseur en intercesseur. Je suis un caribou, un orignal... « Je est un autre » est la formation d'un récit simulant, d'une simulation de récit ou d'un récit de simulation qui détrône la forme du récit vérace. C'est la poésie que réclamait Pasolini contre la prose, mais qu'on trouve là où il ne la cherchait pas, du côté d'un cinéma présenté comme direct [33].

Chez Shirley Clarke ou chez Cassavetes, un phénomène analogue se produisait, là encore avec beaucoup de différences. C'est comme si les trois grands thèmes tournaient et formaient leurs combinaisons : le personnage ne cesse de passer la frontière entre le réel et le fictif (la puissance du faux, la fonction de fabulation) ; le cinéaste doit atteindre à ce que le personnage était « avant » et sera « après », il doit réunir l'avant et l'après dans le passage incessant d'un état à l'autre (l'image-temps directe) ; le devenir du cinéaste et de son personnage appartient déjà à un peuple, à une communauté, à une minorité dont ils pratiquent et libèrent l'expression (le discours indirect libre). Avec « *The Connection* » de Shirley Clarke, les niveaux d'organisation se mêlent, parce que les rôles de drogués renvoient à des personnages préexistants qui renvoient eux-mêmes *alternativement* à leur rôle. Et dans « *Portrait of Jason* », c'est le passage qui doit être saisi sous toutes les « distances » possibles, par rapport au personnage et à ses rôles, mais distances toujours intérieures, comme si la caméra blanche s'était glissée dans le grand faussaire noir : le « Je est un autre » de Shirley Clarke consiste en ceci que le film qu'elle voulait faire sur elle-même devint celui qu'elle fit sur Jason. Ce qui doit être filmé, c'est la frontière, à condition qu'elle ne soit pas moins franchie par le cinéaste dans un sens que par le personnage réel dans l'autre sens : il y faut le temps, un certain temps est nécessaire qui fait partie

---

33. Pasolini marquait avec force que le récit indirect libre impliquait, en littérature, des « langues » différentes suivant l'appartenance sociale des personnages. Mais, bizarrement, cette condition ne lui semblait pas réalisable dans le cinéma, où les données visuelles introduisaient toujours une certaine uniformisation : si les personnages « appartiennent à un autre monde social, ils sont mythifiés et assimilés dans les catégories de l'anomalie, de la névrose ou de l'hypersensibilité » (p. 146-147, 155). Il semble que Pasolini n'ait pas vu comment le cinéma direct donnait une tout autre réponse à ce problème du récit.

intégrante du film [34]. C'est ce que disait Cassavetes dès « Shadows », puis « Faces » : ce qui fait partie du film, c'est de
s'intéresser aux gens plus qu'au film, aux « problèmes
humains » plus qu'aux « problèmes de mise en scène », pour
que les gens ne passent pas du côté de la caméra sans que la
caméra ne soit passée du côté des gens. Dans « Shadows », ce
sont les deux nègres-blancs qui constituent la frontière, et son
perpétuel franchissement dans une réalité double qui ne se
distingue plus du film. La frontière ne peut être saisie que
fuyante, quand on ne sait plus où elle passe, entre le Blanc et
le Noir, mais aussi entre le film et le non-film : il appartient
au film d'être toujours hors de ses marques, en rupture avec
« la bonne distance », toujours débordant « la zone réservée »
où on aurait voulu le tenir dans l'espace et dans le temps [35].

Nous verrons comment Godard en tire une méthode généralisée de l'image : où finit quelque chose, où commence autre
chose, qu'est-ce qu'une frontière et comment la voir, mais à
force de la franchir et de la déplacer sans cesse. Dans « Mas-
culin féminin », l'interview fictive des personnages et l'interview réelle des acteurs se mêlent si bien qu'ils semblent se
parler les uns aux autres, et se parler pour eux-mêmes, en
parlant au cinéaste [36]. La méthode ne peut se développer
qu'au sens où la caméra ne cesse d'atteindre dans les personnages un avant ou un après qui constituent le réel, au point
même où la fabulation s'élance. « Savoir ce qu'ils étaient avant
d'être placés dans le tableau, et après... » [37]. « France tour
détour deux enfants » s'en réclame déjà comme d'un principe :
« Lui avant, et l'histoire après, ou lui après et l'histoire avant. »
Godard, qui a souvent reconnu sa dette à l'égard de Rouch,

---

34. Cf. Shirley Clarke, Cahiers du cinéma, n° 205, octobre 1968 (« il faut
un certain temps pour que le personnage s'empare de votre attente... », p. 25).
35. À propos de « Faces », cf. Jean-Louis Comolli, Cahiers du cinéma,
n° 205, p. 38 : sur la frontière, l'impossibilité de la déterminer, et de maintenir
une « zone réservée ».
36. Godard, Introduction à une véritable histoire du cinéma, Albatros, p. 168
(et p. 262 : « J'ai toujours essayé que ce qu'on appelle le documentaire et que
ce qu'on appelle la fiction soient pour moi les deux aspects d'un même mouvement, et c'est leur liaison qui fait le vrai mouvement »).
37. Godard, in Le Monde, 27 mai 1982, à propos de « Passion ». Et, à propos
de « Prénom Carmen », il rappellera que le prénom, c'est précisément ce qui
est avant : il faut atteindre le personnage avant qu'il soit saisi dans le mythe
ou la légende, et, pour le Christ, « qu'est-ce qu'ils se sont dit, Joseph et Marie,
avant d'avoir l'enfant ? » (Conférence au Festival de Venise, septembre 1983).

insiste de plus en plus sur ce point : il faut que l'image comprenne l'avant et l'après, qu'elle réunisse ainsi les conditions d'une nouvelle image-temps directe, au lieu d'être au présent « comme dans les mauvais films ». C'est sous ces conditions de l'image-temps qu'une même transformation entraîne le cinéma de fiction et le cinéma de réalité, et brouille leurs différences : dans le même mouvement, les descriptions deviennent pures, purement optiques et sonores, les narrations, falsifiantes, les récits, des simulations. C'est tout le cinéma qui devient un discours indirect libre opérant dans la réalité. Le faussaire et sa puissance, le cinéaste et son personnage, ou l'inverse, puisqu'ils n'existent que par cette communauté qui leur permet de dire « nous, créateurs de vérité ». C'est une troisième image-temps, qui se distingue de celles que nous avons vues dans le chapitre précédent. Les deux précédentes en effet concernaient l'*ordre du temps*, c'est-à-dire la coexistence des rapports ou la simultanéité des éléments intérieurs au temps. La troisième concerne la *série du temps*, qui réunit l'avant et l'après dans un devenir, au lieu de les séparer : son paradoxe est d'introduire un intervalle qui dure dans le moment lui-même [38]. Les trois images-temps ont en commun de rompre avec la représentation indirecte, mais aussi bien de briser le cours ou la suite empiriques du temps, la succession chronologique, la séparation de l'avant et de l'après. Elles communiquent donc entre elles, se pénètrent (Welles, Resnais, Godard, Robbe-Grillet), mais laissent subsister dans une même œuvre la distinction de leurs signes.

---

38. Dans une belle nouvelle (*Le Baron Bagge*, Éd. du Sorbier), Lennet-Holenia suppose que la mort ne se produit pas dans un moment, mais dans un espace-temps situé « entre le moment même », et qui peut durer plusieurs jours. On trouve dans les films de Godard une conception de la mort assez proche.

chapitre 7
la pensée et le cinéma

Ceux qui les premiers firent et pensèrent le cinéma partaient d'une idée simple : le cinéma comme art industriel atteint à l'auto-mouvement, au mouvement automatique, il fait du mouvement la donnée immédiate de l'image. Un tel mouvement ne dépend plus d'un mobile ou d'un objet qui l'exécuterait, ni d'un esprit qui le reconstituerait. C'est l'image qui se meut elle-même en elle-même. Elle n'est donc, en ce sens, ni figurative ni abstraite. On dira qu'il en était déjà ainsi de toutes les images artistes ; et Eisenstein ne cesse pas d'analyser les tableaux de Vinci, du Greco, comme si c'étaient des images cinématographiques (de même Élie Faure avec Le Tintoret). Mais les images picturales n'en sont pas moins immobiles en soi, si bien que c'est l'esprit qui doit « faire » le mouvement. Et les images chorégraphiques ou dramatiques restent attachées à un mobile. C'est seulement quand le mouvement devient automatique que l'essence artiste de l'image s'effectue : *produire un choc sur la pensée, communiquer au cortex des vibrations, toucher directement le système nerveux et cérébral.* Parce que l'image cinématographique « fait » elle-même le mouvement, parce qu'elle fait ce que les autres arts se contentent d'exiger (ou de dire), elle recueille l'essentiel des autres arts, elle en hérite, elle est comme le mode d'emploi des autres images, elle convertit en puissance ce qui n'était que possibilité. Le *mouvement automatique* fait lever en nous un *automate spirituel*, qui réagit à son tour sur lui [1].

---

1. Élie Faure, *Fonction du cinéma*, Médiations, p. 56 : « En vérité, c'est son automatisme matériel même qui fait surgir de l'intérieur de ces images ce nouvel univers qu'il impose peu à peu à notre automatisme intellectuel. C'est

L'automate spirituel ne désigne plus, comme dans la philosophie classique, la possibilité logique ou abstraite de déduire formellement les pensées les unes des autres, mais le circuit dans lequel elles entrent avec l'image-mouvement, la puissance commune de ce qui force à penser et de ce qui pense sous le choc : un *noochoc.* Heidegger dira : « L'homme sait penser en tant qu'il en a la possibilité, mais ce possible ne garantit pas encore que nous en soyons capables [2]. » C'est cette capacité, cette puissance, et non la simple possibilité logique, que le cinéma prétend nous donner en nous communiquant le choc. Tout se passe comme si le cinéma nous disait : avec moi, avec l'image-mouvement, vous ne pouvez pas échapper au choc qui éveille le penseur en vous. Un automate subjectif et collectif pour un mouvement automatique : l'art des « masses ».

Chacun sait que, si un art imposait nécessairement le choc ou la vibration, le monde aurait depuis longtemps changé, et les hommes penseraient depuis longtemps. Aussi cette prétention du cinéma, du moins chez les plus grands pionniers, fait sourire aujourd'hui. Ils croyaient que le cinéma serait capable d'imposer le choc, et de l'imposer aux masses, au peuple (Vertov, Eisenstein, Gance, Élie Faure...). Pourtant, ils pressentaient que le cinéma rencontrerait, rencontrait déjà toutes les ambiguïtés des autres arts, se recouvrirait d'abstractions expérimentales, « pitreries formalistes », et de figurations commerciales, du sexe ou du sang. Le choc allait se confondre, dans le mauvais cinéma, avec la violence figurative du représenté, au lieu d'atteindre à cette autre violence d'une image-mouvement développant ses vibrations dans une séquence mouvante qui s'enfonce en nous. Pire encore, l'automate spirituel risquait de devenir le mannequin de toutes les propagandes : l'art des masses montrait déjà un inquiétant visage [3]. Voilà donc que la puissance ou la capacité du cinéma

---

ainsi qu'apparaît dans une lumière aveuglante la subordination de l'âme humaine aux outils qu'elle crée, et réciproquement. Entre technicité et affectivité, une réversibilité constante s'avère. » De même pour Epstein, l'automatisme de l'image ou le mécanisme de la caméra ont pour corrélat une « subjectivité automatique », capable de transformer et de dépasser le réel : *Écrits sur le cinéma,* Seghers, II, p. 63.

2. Cf. Heidegger, *Qu'appelle-t-on penser ?,* P.U.F., p. 21.

3. Élie Faure n'en garde pas moins un espoir fondé sur l'automatisme même : « Des amis sincères du cinéma n'ont vu en lui qu'un admirable ins-

se révélait à son tour n'être qu'une pure et simple possibilité logique. Au moins le possible y prenait-il une nouvelle forme, même si le peuple manquait encore, même si la pensée restait encore à venir. Quelque chose se jouait, dans une conception *sublime* du cinéma. En effet, ce qui constitue le sublime, c'est que l'imagination subit un choc qui la pousse à sa limite, et force la pensée à penser le tout comme totalité intellectuelle qui dépasse l'imagination. Le sublime, nous l'avons vu, peut être mathématique comme chez Gance, ou dynamique comme chez Murnau et Lang, ou dialectique comme chez Eisenstein. Nous prenons l'exemple d'Eisenstein, parce que la méthode dialectique lui permet de décomposer le noo-choc en moments particulièrement bien déterminés (mais l'ensemble de l'analyse vaut pour le cinéma classique en général, le cinéma de l'image-mouvement).

Selon Eisenstein, le premier moment va de l'image à la pensée, du percept au concept. L'image-mouvement (cellule) est essentiellement multiple et divisible, d'après les objets entre lesquels elle s'établit qui sont ses parties intégrantes. Il y a choc des images entre elles suivant leur dominante, ou choc dans l'image même suivant ses composantes, et encore choc des images suivant toutes leurs composantes : le choc est la forme même de la communication du mouvement dans les images. Et Eisenstein reproche à Poudovkine d'avoir retenu seulement le cas le plus simple de choc. C'est l'*opposition* qui définit la formule générale, ou la violence de l'image. Nous avons vu précédemment les analyses concrètes d'Eisenstein, à propos du « *Cuirassé Potemkine* » et de « *La Ligne générale* », et le schéma abstrait qui s'en dégage : le choc a un effet sur l'esprit, il le force à penser, et à penser le Tout. Le tout précisément ne peut être que pensé, parce qu'il est la représentation indirecte du temps qui découle du mouvement. Il n'en découle pas comme un effet logique, analytiquement, mais synthétiquement, comme l'effet dynamique des images « sur le cortex tout entier ». Aussi dépend-il du montage, bien qu'il découle de l'image : il n'est pas une

trument de propagande. Soit. Les pharisiens de la politique, de l'art, des lettres, des sciences même, trouveront dans le cinéma le plus fidèle des serviteurs jusqu'au jour où, par une interversion mécanique des rôles, il les asservira à son tour » (p. 51, texte de 1934).

somme, mais un « produit », une unité d'ordre supérieur. Le tout, c'est la totalité organique qui se pose en opposant et surmontant ses propres parties, et qui se construit comme la grande Spirale en suivant les lois de la dialectique. Le tout, c'est le concept. Ce pourquoi le cinéma est dit « cinéma intellectuel », et le montage, « montage-pensée ». Le montage est dans la pensée « le processus intellectuel » lui-même, ou ce qui, sous le choc, pense le choc. Déjà l'image, visuelle ou sonore, a des harmoniques qui accompagnent la dominante sensible, et entrent pour leur compte dans des rapports supra-sensoriels (par exemple la saturation de chaleur dans la procession de « *La Ligne générale* ») : c'est cela, l'onde de choc ou la vibration nerveuse, telle qu'on ne peut plus dire « je vois, j'entends », mais JE SENS, « sensation totalement physiologique ». Et c'est l'ensemble des harmoniques agissant sur le cortex qui fait naître la pensée, le JE PENSE cinématographique : le tout comme sujet. Si Eisenstein est dialecticien, c'est parce qu'il conçoit la violence du choc sous la figure de l'opposition, et la pensée du tout sous forme de l'opposition surmontée ou de la transformation des opposés : « du choc de deux facteurs naît un concept »[4]. C'est le cinéma *coup de poing*, « le cinéma soviétique doit fendre les crânes ». Mais ainsi il dialectise la donnée la plus générale de l'image-mouvement, il estime que toute autre conception affaiblit le choc, et laisse la pensée facultative. L'image cinématographique doit avoir un effet de choc sur la pensée, et forcer la pensée à se penser elle-même comme à penser le tout. C'est la définition même du sublime.

Mais il y a un second moment qui va du concept à l'affect, ou qui retourne de la pensée à l'image. Il s'agit de redonner au processus intellectuel sa « plénitude émotionnelle » ou sa « passion ». Non seulement le second moment est inséparable du premier, mais on ne peut pas dire lequel est premier. Qui est premier, du montage ou de l'image-mouvement ? Le tout est produit par les parties, mais l'inverse aussi : il y a cercle

---

4. Tous ces thèmes sont analysés dans *Le Film : sa forme, son sens*, Bourgois, notamment dans les chapitres « Le principe du cinéma et la culture japonaise », « La quatrième dimension du cinéma », « Méthodes de montage 1929 », et surtout dans le discours de 1935, « La forme du film : nouveaux problèmes ».

ou spirale dialectique, « monisme » (qu'Eisenstein oppose au dualisme griffithien). Le tout comme effet dynamique est aussi le présupposé de sa cause, la spirale. C'est pourquoi Eisenstein rappelle constamment que « le cinéma intellectuel » a pour corrélat « la pensée sensorielle » ou « l'intelligence émotionnelle », et ne vaut rien autrement. L'organique a pour corrélat le pathétique. Le plus haut de la conscience dans l'œuvre d'art a pour corrélat le plus profond du subconscient, suivant un « double processus » ou deux moments coexistants. Dans ce second moment, on ne va plus de l'image-mouvement à la claire pensée du tout qu'elle exprime, on va d'une pensée du tout, présupposée, obscure, aux images agitées, brassées, qui l'expriment. Le tout n'est plus le logos qui unifie les parties, mais l'ivresse, le pathos qui les baigne et se répand en elles. C'est de ce point de vue que les images constituent une masse plastique, une matière signalétique chargée de traits d'expression, visuels, sonores, synchronisés ou non, zigzags de formes, éléments d'action, gestes et silhouettes, séquences asyntaxiques. C'est une langue ou une pensée primitives, ou plutôt un *monologue intérieur*, un monologue ivre, opérant par figures, métonymies, synecdoques, métaphores, inversions, attractions... Dès le début Eisenstein pensait que le monologue intérieur trouvait son extension et sa portée dans le cinéma plus que dans la littérature, mais il le restreignait encore au « cours de la pensée d'un homme ». C'est dans le discours de 1935 qu'il le découvre comme adéquat à l'automate spirituel, c'est-à-dire au film tout entier. Le monologue intérieur dépasse le rêve, beaucoup trop individuel, et constitue les segments ou les maillons d'une pensée réellement collective. Il développe une puissance d'imagination pathétique qui va jusqu'aux bornes de l'univers, une « débauche de représentations sensorielles », une musique visuelle qui fait masse, jets de crème, fontaines d'eau lumineuses, feux jaillissants, zigzags formant des chiffres, comme dans la séquence célèbre de « *La Ligne générale* ». Tout à l'heure, on allait de l'image-choc au concept formel et conscient, mais, maintenant, du concept inconscient à l'image-matière, à l'image-figure, qui l'incarne et fait choc à son tour. La figure donne à l'image une charge affective qui vient redoubler le choc sensoriel. Les deux moments se confondent, s'étreignent, comme dans la montée de « *La Ligne générale* » où les zigzags de chiffres redonnent le concept conscient[5].

Là encore on remarquera qu'Eisenstein dialectise un aspect très général de l'image-mouvement et du montage. Que l'image cinématographique procède par figures, et reconstitue une sorte de pensée primitive, se retrouve chez beaucoup d'auteurs, notamment Epstein : même quand le cinéma européen se contente du rêve, du fantasme ou de la rêverie, il a pour ambition de porter à la conscience les *mécanismes inconscients de la pensée*[6]. Il est vrai que la capacité métaphorique du cinéma a été mise en question. Jakobson remarquait que le cinéma est plutôt métonymique, parce qu'il procède essentiellement par juxtaposition et contiguïté : il n'a pas le pouvoir propre à la métaphore de donner à un « sujet » le verbe ou l'action d'un autre sujet, il doit juxtaposer les deux sujets, et donc soumettre la métaphore à une métonymie[7]. Le cinéma ne peut pas dire comme le poète : « des mains feuillolent » ; il doit montrer d'abord des mains qui s'agitent, puis des feuilles qui volettent. Mais cette restriction n'est que partiellement vraie. Elle est vraie si l'on assimile l'image cinématographique à un énoncé. Elle est fausse si l'on prend l'image cinématographique pour ce qu'elle est, image-mouvement qui peut aussi bien *fondre* le mouvement en le rapportant au tout qu'il exprime (métaphore qui réunit les images) que le diviser en le rapportant aux objets entre lesquels il s'établit (métonymie qui sépare les images). Il nous semble donc exact de dire que le montage de Griffith est métonymique, mais celui d'Eisenstein, métaphorique[8]. Si nous parlons de fusion, ce n'est pas seulement en pensant à la surimpression comme moyen tech-

---

5. Cf. « La centrifugeuse et le Graal », *La Non-indifférente Nature*, 10-18, I.

6. Epstein, *passim*. Il insiste souvent sur la métaphore (c'est à lui que nous empruntons l'exemple suivant, d'après Apollinaire, « les mains feuillolent », I, p. 68).

7. Cf. l'entretien de Jakobson, qui introduit beaucoup de nuances à cet égard : *Cinéma, théories, lectures*. Jean Mitry, de son côté, propose une notion complexe : le cinéma ne pourrait pas procéder par métaphore, mais par « expression métaphorique fondée sur une métonymie » (*Cinématographe*, n° 83, novembre 1982, p. 71).

8. Bonitzer, « Voici », *Cahiers du cinéma*, n° 273, janvier 1977. Gance et L'Herbier se réclament également d'un montage métaphorique : la scène de la Convention et la tempête, dans « *Napoléon* », la scène de la Bourse et le ciel, dans « *L'Argent* ». Chez Gance, la technique des surimpressions qui dépassent les possibilités de perception sert à constituer les harmoniques de l'image.

nique, mais à une fusion affective qui s'explique, dans les termes d'Eisenstein, parce que deux images distinctes peuvent avoir les mêmes harmoniques et constituer ainsi la métaphore. La métaphore se définit précisément par les harmoniques de l'image. On trouve l'exemple d'une métaphore authentique au cinéma dans « *La Grève* » d'Eisenstein : le grand espion du patron est d'abord montré à l'envers, tête en bas, ses jambes immenses s'élevant comme deux tuyaux qui se terminent dans une flaque d'eau, en haut de l'écran ; puis on voit les deux cheminées d'usine qui semblent s'enfoncer dans un nuage. C'est une métaphore avec double inversion, puisque l'espion est montré d'abord, et montré renversé. La flaque et le nuage, les jambes et les cheminées ont les mêmes harmoniques : c'est une métaphore par montage. Mais le cinéma atteint aussi à des métaphores dans l'image et sans montage. À cet égard, c'est dans un film américain qu'on trouve la plus belle métaphore de l'histoire du cinéma : « *La Croisière du Navigator* », de Keaton, où le héros en scaphandre, asphyxié, mourant, noyé dans son scaphandre, va être sauvé maladroitement par la jeune fille. Elle le prend entre ses jambes pour assurer sa prise, elle arrive enfin à ouvrir d'un coup de couteau le costume, d'où s'échappe un torrent d'eau. Jamais une image n'a aussi bien rendu la métaphore violente d'un accouchement, avec césarienne et explosion de la poche des eaux.

Eisenstein avait une idée semblable quand il distinguait les cas de composition affective : l'un où la Nature réfléchit l'état du héros, deux images ayant les mêmes harmoniques (par exemple une Nature triste pour un héros triste) ; l'autre, plus difficile, où une seule image capte les harmoniques d'une autre qui n'est pas donnée (par exemple l'adultère comme « crime », les amants ayant les gestes d'une victime immolée et d'un assassin fou) [9]. Tantôt la métaphore est extrinsèque,

9. Eisenstein admire Tolstoï (et Zola) d'avoir su composer l'image de manière à y intégrer la manière dont les personnages se sentent et se pensent eux-mêmes, et dont l'auteur les pense : ainsi les étreintes « criminelles » d'Anna Karénine et de Vronski. Cette fois, le « principe compositionnel » ne s'exprime plus dans une image en écho (une Nature triste, une lumière triste, une musique triste pour un héros triste...), mais s'exprime directement dans l'image : *Le Film : sa forme, son sens*, p. 182-189. Il ne semble pas toutefois qu'Eisenstein ait lui-même obtenu des images de cette sorte. Il procède plutôt par le premier moyen, résonance ou écho. De même Renoir, dans « *La Bête humaine* », ou dans « *Partie de campagne* ». L'Herbier, au contraire, atteint à une composition intrinsèque avec les images étonnantes du viol dans « *L'Homme du large* » : le viol comme meurtre.

tantôt intrinsèque. Mais, dans les deux cas, la composition n'exprime pas seulement la manière dont le personnage s'éprouve, elle exprime aussi la manière dont l'auteur et le spectateur le jugent, elle intègre la pensée dans l'image : ce qu'Eisenstein appelait « la nouvelle sphère de la rhétorique filmique, la possibilité de porter un jugement social abstrait ». S'élabore un circuit qui comprend à la fois l'auteur, le film et le spectateur. Le circuit complet comprend donc le choc sensoriel qui nous élève des images à la pensée consciente, puis la pensée par figures qui nous ramène aux images et nous redonne un choc affectif. Faire coexister les deux, joindre le plus haut degré de conscience au niveau le plus profond d'inconscient : l'automate dialectique. Le tout ne cesse pas d'être *ouvert* (la spirale), mais c'est pour intérioriser la suite des images, aussi bien que pour s'extérioriser dans cette suite. L'ensemble forme un Savoir, à la manière hégélienne, qui réunit l'image et le concept comme deux mouvements dont chacun va vers l'autre.

Il y a encore un troisième moment, non moins présent dans les deux précédents. Non plus de l'image au concept, et du concept à l'image, mais l'identité du concept et de l'image : le concept est en soi dans l'image, l'image est pour soi dans le concept. Ce n'est plus l'organique et le pathétique, mais le dramatique, le pragmatique, la praxis ou la pensée-action. Cette pensée-action désigne *le rapport de l'homme et du monde*, de l'homme et de la Nature, l'unité sensori-motrice, mais en l'élevant à une puissance suprême (« monisme »). Le cinéma semble avoir une véritable vocation à cet égard. Comme dira Bazin, l'image cinématographique s'oppose à l'image théâtrale en ce qu'elle va du dehors au dedans, du décor au personnage, de la Nature à l'homme (et même si elle part de l'action humaine, elle en part comme d'un dehors, et même si elle part du visage humain, elle en part comme d'une Nature ou d'un paysage) [10]. Elle est donc d'autant plus apte à montrer la réaction de l'homme sur la Nature, ou l'extériorisation de l'homme. Il y a dans le sublime une unité sensori-motrice de la Nature et de l'homme, telle que la Nature doit être nommée *la non-indifférente*. C'est déjà ce qu'exprime la composition affective ou métaphorique, par exemple dans

---

10. Bazin, *Qu'est-ce que le cinéma ?* Éd. du Cerf, p. 156-163.

« *Le Cuirassé Potemkine* » où trois éléments, l'eau, la terre et l'air manifestent harmoniquement une Nature extérieure en deuil autour de la victime humaine, tandis que la réaction de l'homme va s'extérioriser dans le développement du quatrième élément, le feu, qui porte la Nature à une nouvelle qualité, dans l'embrasement révolutionnaire [11]. Mais c'est aussi bien l'homme qui passe à une nouvelle qualité, en devenant le sujet collectif de sa propre réaction, tandis que la Nature devient le rapport objectif humain. La pensée-action pose à la fois l'unité de la Nature et de l'homme, de l'individu et de la masse : le cinéma comme art des masses. C'est même par là qu'Eisenstein justifie le primat du montage : le cinéma n'a pas pour sujet l'individu, ni pour objet une intrigue ou une histoire ; il a pour objet la Nature, et pour sujet les masses, l'individuation de masse et non d'une personne. Ce que le théâtre et surtout l'opéra avaient tenté sans réussir, le cinéma y parvient (« *Le Cuirassé Potemkine* », « *Octobre* ») : atteindre au Dividuel, c'est-à-dire individuer une masse en tant que telle, au lieu de la laisser dans une homogénéité qualitative ou de la réduire à une divisibilité quantitative [12].

Il est d'autant plus intéressant de constater comment Eisenstein répond aux critiques qui vont lui être adressées par les staliniens. On lui reproche de ne pas saisir l'élément vraiment dramatique de la pensée-action, de présenter le lien sensori-moteur de manière extérieure et très générale, sans montrer comment il se noue dans le personnage. La critique est à la fois idéologique, technique et politique : Eisenstein en reste à une conception idéaliste de la Nature, qui remplace « l'histoire », à une conception dominatrice du montage, qui écrase l'image ou le plan, à une conception abstraite des masses, qui occulte le héros personnel conscient. Eisenstein

---

11. Eisenstein, *La Non-indifférente Nature*, II, p. 67-69.

12. Le théâtre et l'opéra rencontraient le problème : comment éviter de réduire la foule à une masse compacte anonyme, mais aussi à un ensemble d'atomes individuels ? Piscator, au théâtre, faisait subir aux foules un traitement architectural ou géométrique que reprendra le cinéma expressionniste et notamment Fritz Lang : ainsi les organisations rectangulaires, triangulaires ou pyramidales de « *Métropolis* », mais c'est une foule d'esclaves. Cf. Lotte Eisner, *L'Écran démoniaque*, Encyclopédie du cinéma, p. 119-124. Debussy réclamait davantage pour l'opéra : il voulait que la foule fût un foyer d'individuations physiques et mobiles, irréductibles à celles de ses membres (Barraqué, *Debussy*, Seuil, p. 159). C'est ce qu'Eisenstein réalise au cinéma ; la condition, c'est que les masses deviennent *sujet*.

comprend fort bien ce dont il s'agit, et se livre à une auto-
critique où la prudence et l'ironie rivalisent. C'est le grand
discours de 1935. Oui, il a raté le rôle du héros, c'est-à-dire
du Parti et de ses chefs, parce qu'il restait trop extérieur aux
événements, simple observateur ou compagnon de route.
Mais c'était la première période du cinéma soviétique, avant
« la bolchevisation des masses » qui fait naître des héros
personnels et conscients. Tout n'était pas mauvais d'ailleurs
dans cette première période, qui rend la suivante possible.
Et la suivante devrait conserver le montage, quitte à mieux
l'intégrer dans l'image et même dans le jeu de l'acteur.
Eisenstein allait lui-même s'occuper de héros vraiment dramatiques, « *Ivan le terrible* », « *Alexandre Newski* », tout en
conservant l'acquis précédent, la non-indifférence de la
Nature, l'individuation des masses. Tout au plus pouvait-il
faire remarquer que la seconde période n'avait produit
jusqu'à maintenant que des œuvres médiocres, et qu'elle
risquait, si l'on n'y prenait pas garde, de perdre la spécificité du cinéma soviétique. Il fallait éviter que le cinéma soviétique rejoigne l'américain, qui s'était fait une spécialité
des héros personnels et des actions dramatiques...
Il est bien vrai que les trois rapports du cinéma et de la
pensée se retrouvent partout, dans le cinéma de l'image-
mouvement : *le rapport avec un tout qui ne peut être que pensé
dans une prise de conscience supérieure, le rapport avec une
pensée qui ne peut être que figurée dans le déroulement subconscient des images, le rapport sensori-moteur entre le monde
et l'homme, la Nature et la pensée.* Pensée critique, pensée
hypnotique, pensée-action. Ce qu'Eisenstein reproche aux
autres, et d'abord à Griffith, c'est d'avoir mal conçu le tout,
parce qu'ils s'en tenaient à une diversité d'images sans atteindre aux oppositions constituantes, d'avoir mal composé les
figures, parce qu'ils n'atteignaient pas aux véritables métaphores ou harmoniques, d'avoir réduit l'action à un mélo-
drame, parce qu'ils s'en tenaient à un héros personnel pris
dans une situation psychologique plutôt que sociale [13]. Bref,
ils manquaient de pratique et de théorie dialectiques. Reste
que le cinéma américain, à sa façon, déployait les trois

---

13. Eisenstein, « Dickens, Griffith et nous » (*Le Film : sa forme, son sens*).
Il reproche à Griffith de ne pas atteindre à un véritable « monisme » dialectique.

rapports fondamentaux. L'image-action pouvait aller de la situation à l'action, ou, inversement, de l'action à la situation, elle était inséparable d'actes de compréhension par lesquels le héros évaluait les données du problème ou de la situation, ou bien d'actes d'inférence par lesquels il devinait ce qui n'était pas donné (ainsi, nous l'avons vu, les images-raisonnement fulgurantes de Lubitsch). Et ces actes de pensée dans l'image se prolongeaient dans une double direction, rapport des images avec un tout pensé, avec des figures de la pensée. Revenons à un exemple extrême : si le cinéma d'Hitchcock nous a paru l'achèvement même de l'image-mouvement, c'est qu'il dépasse l'image-action vers les « relations mentales » qui l'encadrent et en constituent la chaîne, mais en même temps retourne à l'image suivant des « relations naturelles » qui composent une trame. De l'image à la relation, et de la relation à l'image : toutes les fonctions de pensée sont comprises dans ce circuit. Conformément au génie anglais, ce n'est certes pas une dialectique, c'est une logique des relations (qui explique notamment que le « suspense » remplace le « choc ») [14]. Il y a donc beaucoup de manières dont le cinéma peut effectuer ses rapports avec la pensée. Mais ces trois rapports semblent bien définis au niveau de l'image-mouvement.

2

À quel point les grandes déclarations, d'Eisenstein, de Gance, sonnent étrange aujourd'hui : on les garde comme des déclarations de musée, tous les espoirs mis dans le cinéma, art des masses et nouvelle pensée. On peut toujours dire que le cinéma s'est noyé dans la nullité de ses productions. Que deviennent le suspense d'Hitchcock, le choc d'Eisenstein, le sublime de Gance, quand ils sont repris par des auteurs médiocres ? Quand la violence n'est plus celle de l'image et de ses vibrations, mais celle du représenté, on tombe dans un arbitraire sanguinolent, quand la grandeur n'est plus celle de

---

14. On trouve chez Bonitzer une confrontation générale Hitchcock-Eisenstein, notamment en fonction du gros plan : *Le Champ aveugle*, Cahiers du cinéma-Gallimard.

la composition, mais un pur et simple gonflement du représenté, il n'y a plus d'excitation cérébrale ou de naissance de
la pensée. C'est plutôt une déficience généralisée chez l'auteur
et les spectateurs. Pourtant, la médiocrité courante n'a jamais
empêché la grande peinture ; mais il n'en est pas de même
dans les conditions d'un art industriel, où la proportion des
œuvres exécrables met directement en cause les buts et les
capacités les plus essentielles. Le cinéma meurt donc de sa
médiocrité quantitative. Il y a toutefois une raison plus importante encore : l'art de masse, le traitement des masses, qui ne
devait pas se séparer d'une accession des masses au titre de
véritable sujet, est tombé dans la propagande et la manipulation d'État, dans une sorte de fascisme qui unissait Hitler à
Hollywood, Hollywood à Hitler. L'automate spirituel est
devenu l'homme fasciste. Comme dit Serge Daney, ce qui a
mis en question tout le cinéma de l'image-mouvement, ce sont
« les grandes mises en scène politiques, les propagandes
d'État devenues tableaux vivants, les premières manutentions
humaines de masse », et leur arrière-fond, les camps [15]. C'est
cela qui a sonné le glas des ambitions de « l'ancien cinéma » :
ce n'est pas, ou pas seulement la médiocrité et la vulgarité
de la production courante, c'est plutôt Leni Riefenstahl, qui
n'était pas médiocre. Et la situation est encore pire si l'on suit
la thèse de Virilio : il n'y a pas eu détournement, aliénation
dans un art des masses que l'image-mouvement aurait d'abord
fondé, c'est au contraire dès le début que l'image-mouvement
est liée à l'organisation de guerre, à la propagande d'État, au
fascisme ordinaire, historiquement et essentiellement [16]. Ces
deux raisons jointes, la médiocrité des produits, le fascisme

---

15. Serge Daney, *La Rampe*, p. 172.
16. Paul Virilio montre comment le système de la guerre mobilise la perception non moins que les armes et les actions : aussi la photo et le cinéma
passent-ils par la guerre, et sont mis en couplage avec des armes (par exemple
la mitrailleuse). Il y aura de plus en plus une *mise en scène* du champ de
bataille, à laquelle l'ennemi répond, non plus par le camouflage, mais par une
contre-mise en scène (simulations, trucages, ou bien gigantesques illuminations
de la défense aérienne). Mais c'est toute la vie civile qui passe sous le signe
de la mise en scène, dans le régime fasciste : « le pouvoir réel est désormais
partagé entre la logistique des armes et celle des images et des sons » ; et,
jusqu'au bout, Goebbels rêvera de dépasser Hollywood, qui était la ville-
cinéma moderne par opposition à la cité-théâtre antique. Le cinéma à son tour
se dépasse vers l'image électronique, civile autant que militaire dans un complexe militaro-industriel. Cf. *Guerre et cinéma I, Logistique de la perception*,
Cahiers du cinéma-Éditions de l'Étoile.

de la production, peuvent expliquer bien des choses. Un court moment, Artaud « croit » au cinéma, et multiplie les déclarations qui semblent coïncider avec celles d'Eisenstein ou de Gance, art nouveau, pensée nouvelle. Mais très vite il renonce. « Le monde imbécile des images pris comme à la glu dans des myriades de rétines ne parfera jamais l'image qu'on a pu se faire de lui. La poésie qui ne peut se dégager de tout cela n'est qu'une poésie éventuelle, la poésie de ce qui pourrait être, et ce n'est pas du cinéma qu'il faut attendre... » [17].

Peut-être y a-t-il une troisième raison, capable bizarrement de redonner l'espoir sur une éventualité de penser au cinéma par le cinéma. Il faut étudier plus précisément le cas d'Artaud, qui risque d'avoir une importance déterminante. Car, durant la courte période où il croit, Artaud semble à première vue reprendre les grands thèmes de l'image-mouvement dans ses rapports avec la pensée. Il dit exactement que le cinéma doit éviter deux écueils, le cinéma expérimental abstrait, qui se développait à l'époque, et le cinéma figuratif commercial, qu'Hollywood imposait. Il dit que le cinéma est affaire de vibrations neuro-physiologiques, et que l'image doit produire un choc, une onde nerveuse qui fasse naître la pensée, « car la pensée est une matrone qui n'a pas toujours existé ». La pensée n'a pas d'autre fonctionnement que sa propre naissance, toujours la répétition de sa naissance, occulte et profonde. Il dit que l'image a donc pour objet le fonctionnement de la pensée, et que le fonctionnement de la pensée est aussi le véritable sujet qui nous ramène aux images. Il ajoute que le rêve, tel qu'il apparaît dans le cinéma européen inspiré de surréalisme, est une approximation intéressante, mais insuffisante par rapport à ce but : le rêve est une solution trop facile pour le « problème » de la pensée. Artaud croit davantage en une adéquation entre le cinéma et *l'écriture automatique*, à condition de comprendre que l'écriture automatique n'est pas du tout une absence de composition, mais un contrôle supérieur unissant la pensée critique et consciente à l'inconscient de la pensée : l'automate spirituel (ce qui est très différent du rêve, unissant une censure ou un refoulement à un inconscient de pulsion). Il ajoute

---

17. Artaud, « La vieillesse précoce du cinéma », *Œuvres complètes*, Gallimard, III, p. 99 (c'est le texte de rupture d'Artaud avec le cinéma, 1933).

que son point de vue est très en avance, risque d'être mal compris, même par les surréalistes, comme en témoignent ses rapports avec Germaine Dulac, laquelle oscille pour son compte entre un cinéma abstrait et un cinéma-rêve [18].

À première vue, rien n'oppose ces déclarations d'Artaud et celles d'Eisenstein : de l'image à la pensée, il y a le choc ou la vibration, qui doit faire naître la pensée dans la pensée ; de la pensée à l'image, il y a la figure qui doit s'incarner dans une sorte de monologue intérieur (plutôt que dans un rêve), capable de nous redonner le choc. Et pourtant il y a chez Artaud tout autre chose : un constat d'impuissance, qui ne porte pas encore *sur* le cinéma, mais au contraire définit le véritable objet-sujet du cinéma. Ce que le cinéma met en avant, ce n'est pas la puissance de la pensée, c'est son « impouvoir », et la pensée n'a jamais eu d'autre problème. C'est précisément cela qui est beaucoup plus important que le rêve : cette difficulté à être, cette impuissance au cœur de la pensée. Ce que les ennemis du cinéma lui reprochaient (tel Georges Duhamel, « je ne peux plus penser ce que je veux, les images mouvantes se substituent à mes propres pensées »), voilà qu'Artaud en fait la sombre gloire et la profondeur du cinéma. En effet, il ne s'agit pas pour lui d'une simple inhibition que le cinéma nous apporterait du dehors, mais de cette inhibition centrale, de cet effondrement et de cette pétrification intérieurs, de ce « vol des pensées » dont la pensée ne cesse d'être la victime et l'agent. Artaud cessera de croire au cinéma quand il estimera que le cinéma passe à côté, et ne peut faire que de l'abstrait, du figuratif ou du rêve. Mais il croit au cinéma tant qu'il estime que le cinéma est apte essentiellement à révéler cette impuissance à penser au cœur de la pensée. Que l'on considère les scénarii concrets d'Artaud, le vampire des

---

18. Tous ces thèmes sont développés dans le tome III d'Artaud. À propos de « *La Coquille et le Clergyman* », le seul scénario qui fut réalisé (par Germaine Dulac), Artaud dit, p. 77 : la spécificité du cinéma, c'est la vibration comme « naissance occulte de la pensée » ; cela « peut ressembler et s'apparenter à la mécanique d'un rêve sans être vraiment un rêve lui-même » ; c'est « le travail pur de la pensée ». L'attitude d'Artaud par rapport à la réalisation de Germaine Dulac soulève beaucoup de questions qui ont été analysées par O. et A. Virmaux, *Les Surréalistes et le cinéma*, Seghers. Artaud rappellera constamment que c'est le premier film surréaliste ; et il reprochera à Buñuel et à Cocteau de se contenter de l'arbitraire du rêve (p. 270-272). Il semble que ce qu'il reproche également à Germaine Dulac, c'est déjà d'avoir tiré « *La Coquille et le Clergyman* » dans le sens d'un simple rêve.

« *32* », le fou de « *La Révolte du boucher* », et surtout le suicidé des « *Dix-huit Secondes* », le héros « est devenu incapable d'atteindre ses pensées », « il en est réduit à ne voir défiler en lui que des images, un surcroît d'images contradictoires », on lui a « volé son esprit ». L'automate spirituel ou mental ne se définit plus par la possibilité logique d'une pensée qui déduirait formellement ses idées les unes des autres [19]. Mais pas davantage par la puissance physique d'une pensée qu'on monterait en circuit avec l'image automatique. L'automate spirituel est devenu la Momie, cette instance démontée, paralysée, pétrifiée, gelée, qui témoigne pour « l'impossibilité de penser qu'est la pensée » [20]. On dira que l'expressionnisme nous avait déjà habitués à tout cela, vol des pensées, dédoublement de personnalité, pétrification hypnotique, hallucination, schizophrénie galopante. Mais, là encore, on risque de méconnaître l'originalité d'Artaud : ce n'est plus la pensée qui se confronte au refoulement, à l'inconscient, au rêve, à la sexualité ou à la mort, comme dans l'expressionnisme (et aussi dans le surréalisme), ce sont toutes ces déterminations qui se confrontent à la pensée comme plus haut « problème », ou qui entrent en rapport avec l'indéterminable, l'inévocable [21]. L'ombilic, ou la momie, n'est plus le noyau irréductible du rêve auquel la pensée se heurte, c'est au contraire le noyau de la pensée, « l'envers des pensées », auquel même les rêves se heurtent, et rebondissent, se cassent. Tandis que l'expressionnisme fait subir à la veille un traitement nocturne, Artaud *fait subir au rêve un traitement diurne*. Au somnambule expressionniste s'oppose le vigilambule d'Artaud, dans « *Les Dix-huit Secondes* » ou dans « *La Coquille et le Clergyman* ».

---

19. C'est en ce sens que la tradition philosophique (Spinoza, Leibniz) prend l'automate spirituel ; et encore Valéry dans M. Teste. Jacques Rivière rapproche Artaud de Valéry, mais c'est un des nombreux contresens qu'il commet, dans la célèbre correspondance (tome I). Kuniichi Uno a bien montré l'opposition radicale Valéry-Artaud à propos de l'automate spirituel : *Artaud et l'espace des forces*, p. 15-26 (thèse Paris VIII).

20. Véronique Tacquin a fait une analyse très profonde du cinéma de Dreyer, en invoquant ce qu'elle appelle la Momie (*Pour une théorie du pathétique cinématographique*, Paris VIII). Elle ne se réclame pas d'Artaud, mais de Maurice Blanchot, qui en est proche. Artaud avait introduit la Momie, déjà, dans des passages de *Bilboquet* (I). Les analyses de Véronique Tacquin ouvrent tout un développement cinématographique du thème de la Momie.

21. « La sexualité, le refoulement, l'inconscient ne m'ont jamais paru une explication suffisante de l'inspiration ou de l'esprit... » (III, p. 47).

Malgré la ressemblance superficielle des mots, il y a donc une opposition absolue entre le projet d'Artaud et une conception comme celle d'Eisenstein. Il s'agit bien, comme dit Artaud, de « rejoindre le cinéma avec la réalité intime du cerveau », mais cette réalité intime n'est pas le Tout, c'est au contraire une fissure, une fêlure [22]. Tant qu'il croit au cinéma, il le crédite, non pas du pouvoir de faire penser le tout, mais au contraire d'une « force dissociatrice » qui introduirait une « figure de néant », un « trou dans les apparences ». Tant qu'il croit au cinéma, il le crédite, non pas du pouvoir de revenir aux images, et de les enchaîner suivant les exigences d'un monologue intérieur et le rythme des métaphores, mais de les « désenchaîner », suivant des voix multiples, des dialogues internes, toujours une voix dans une autre voix. Bref, c'est l'ensemble des rapports cinéma-pensée qu'Artaud bouleverse : d'une part il n'y a plus de tout pensable par montage, d'autre part il n'y a plus de monologue intérieur énonçable par image. On dirait qu'Artaud retourne l'argument d'Eisenstein : s'il est vrai que la pensée dépend d'un choc qui la fait naître (le nerf, la moelle), elle ne peut penser qu'une seule chose, *le fait que nous ne pensons pas encore*, l'impuissance à penser le tout comme à se penser soi-même, pensée toujours pétrifiée, disloquée, effondrée. Un être de la pensée toujours à venir, c'est ce que Heidegger découvrira sous une forme universelle, mais aussi ce qu'Artaud vit comme le problème le plus singulier, son propre problème [23]. De Heidegger à Artaud, Maurice Blanchot sait rendre à Artaud la question fondamentale de ce qui fait penser, de ce qui force à penser : ce qui force à penser, c'est « l'impouvoir de la pensée », la figure de néant, l'inexistence d'un tout qui pourrait être pensé. Ce que Blanchot diagnostique partout dans la littérature se retrouve éminemment dans le cinéma : d'une part la présence d'un impensable dans la pensée, et qui serait à la

---

22. Maurice Blanchot, « Artaud », *Le Livre à venir*, Gallimard, p. 59 : Artaud renverse « les termes du mouvement », il place en premier lieu « la dépossession, et non plus la totalité dont cette dépossession apparaissait d'abord comme le simple manque. Ce qui est premier, ce n'est pas la plénitude de l'être, c'est la lézarde et la fissure... »
23. Cf. Heidegger, *Qu'appelle-t-on penser ?*, p. 22-24 : « Ce qui donne le plus à penser est que nous ne pensons pas encore ; toujours pas encore, bien que l'état du monde devienne constamment ce qui donne davantage à penser. (...) Ce qui donne le plus à penser dans notre temps qui donne à penser est que nous ne pensons pas encore. »

fois comme sa source et son barrage ; d'autre part la présence à l'infini d'un autre penseur dans le penseur, qui brise tout monologue d'un moi pensant.

Mais la question, c'est : en quoi tout ceci concerne-t-il essentiellement le cinéma ? C'est peut-être la question de la littérature, ou bien de la philosophie, ou bien même de la psychiatrie. Mais en quoi est-ce la question du cinéma, c'est-à-dire une question qui le touche dans sa spécificité, dans sa différence avec les autres disciplines ? Il n'a pas en effet la même manière de la traiter, bien qu'elle se retrouve ailleurs avec d'autres moyens. Nous demandons quel est le moyen du cinéma pour aborder cette question de la pensée, de son impuissance essentielle et de ce qui en découle. Il est vrai que le mauvais cinéma (et parfois le bon) se contente d'un état de rêve induit chez le spectateur, ou bien, comme on l'a souvent analysé, d'une participation imaginaire. Mais l'essence du cinéma, qui n'est pas la généralité des films, a pour objectif plus élevé la pensée, rien d'autre que la pensée et son fonctionnement. À cet égard, la force du livre de Jean-Louis Schefer est d'avoir répondu à la question : en quoi et comment le cinéma concerne-t-il une pensée dont le propre est de ne pas être encore ? Il dit que l'image cinématographique, dès qu'elle assume son aberration de mouvement, opère une *suspension de monde*, ou affecte le visible d'un *trouble*, qui, loin de rendre la pensée visible, comme le voulait Eisenstein, s'adressent au contraire à ce qui ne se laisse pas penser dans la pensée, comme à ce qui ne se laisse pas voir dans la vision. Peut-être n'est-ce pas le « crime », comme il le croit, mais seulement la puissance du faux. Il dit que la pensée, au cinéma, est mise en face de sa propre impossibilité, et pourtant en tire une plus haute puissance ou naissance. Il ajoute que l'état de cinéma n'a qu'un équivalent : non pas la participation imaginaire, mais la pluie quand on sort d'une salle, non pas le rêve, mais le noir et l'insomnie. Schefer est proche d'Artaud. Sa conception du cinéma trouve actuellement sa pleine rencontre avec l'œuvre de Garrel : ces grains dansants qui ne sont pas faits pour être vus, cette poussière lumineuse qui n'est pas une préfiguration des corps, ces flocons de neige et nappes de suie [24]. À condition que l'on

---

24. Jean-Louis Schefer, *L'Homme ordinaire du cinéma*, Cahiers du cinéma-Gallimard, p. 113-123.

arrive à montrer, de manière persuasive, que de telles œuvres, loin d'être ennuyeuses ou abstraites, représentent ce qu'on peut faire de plus amusant, de plus animé, de plus troublant au cinéma. Outre la grande scène du moulin et de la farine blanche qui s'accumule, à la fin de « *Vampyr* » de Dreyer, Schefer propose l'exemple du début du « *Château de l'araignée* » (Macbeth) de Kurosawa : le gris, la vapeur, le brouillard constituent « tout un en-deçà de l'image », qui n'est pas un voile indistinct posé devant les choses, mais « une pensée, sans corps et sans image ». C'était le cas aussi du « *Macbeth* » de Welles, où l'indiscernabilité de la terre et des eaux, du ciel et de la terre, du bien et du mal, constituait une « préhistoire de la conscience » (Bazin) qui faisait naître la pensée de sa propre impossibilité. N'était-ce pas déjà les brouillards d'Odessa, malgré les intentions d'Eisenstein ? Plutôt que le mouvement, c'est la suspension de monde, selon Schefer, qui donne le visible à la pensée, non pas comme un objet, mais comme un acte qui ne cesse de naître et de se dérober dans la pensée : « non pas qu'il s'agît là de pensée devenue visible, le visible est affecté et irrémédiablement infecté par la première incohérence de la pensée, cette qualité inchoative ». C'est la description de *l'homme ordinaire du cinéma* : l'automate spirituel, « homme mécanique », « mannequin expérimental », ludion en nous, corps inconnu que nous n'avons que derrière la tête, et dont l'âge n'est ni le nôtre ni celui de notre enfance, mais un peu de temps à l'état pur.

Si cette expérience de la pensée concerne essentiellement (non pas exclusivement toutefois) le cinéma moderne, c'est d'abord en fonction du changement qui affecte l'image : l'image a cessé d'être sensori-motrice. Si Artaud est précurseur, d'un point de vue spécifiquement cinématographique, c'est parce qu'il invoque « de véritables situations psychiques entre lesquelles la pensée coincée cherche une subtile issue », « *des situations purement visuelles* et dont le drame découlerait d'un heurt fait pour les yeux, puisé, si l'on ose dire, dans la substance même du regard » [25]. Or cette rupture sensori-motrice trouve sa condition plus haut, et remonte elle-même à une rupture du lien de l'homme et du monde. La rupture sensori-motrice fait de l'homme un voyant qui se trouve

---

25. Artaud, III, p. 22, 76.

frappé par quelque chose d'intolérable dans le monde, et confronté à quelque chose d'impensable dans la pensée. Entre les deux, la pensée subit une étrange pétrification, qui est comme son impuissance à fonctionner, à être, sa dépossession d'elle-même et du monde. Car ce n'est pas au nom d'un monde meilleur ou plus vrai que la pensée saisit l'intolérable dans ce monde-ci, c'est au contraire parce que ce monde est intolérable qu'elle ne peut plus penser un monde ni se penser elle-même. L'intolérable n'est plus une injustice majeure, mais l'état permanent d'une banalité quotidienne. L'homme *n'est pas lui-même* un monde autre que celui dans lequel il éprouve l'intolérable, et s'éprouve coincé. L'automate spirituel est dans la situation psychique du voyant, qui voit d'autant mieux et plus loin qu'il ne peut réagir, c'est-à-dire penser. Quelle est alors la subtile issue ? Croire, non pas à un autre monde, mais au lien de l'homme et du monde, à l'amour ou à la vie, y croire comme à l'impossible, à l'impensable, qui pourtant ne peut être que pensé : « du possible, sinon j'étouffe ». C'est cette croyance qui fait de l'impensé la puissance propre de la pensée, par l'absurde, en vertu de l'absurde. L'impuissance à penser, Artaud ne l'a jamais saisie comme une simple infériorité qui nous frapperait par rapport à la pensée. Elle appartient à la pensée, si bien que nous devons en faire notre manière de penser, sans prétendre restaurer une pensée toute-puissante. Nous devons plutôt nous servir de cette impuissance pour croire à la vie, et trouver l'identité de la pensée et de la vie : « je pense à la vie, tous les systèmes que je pourrai édifier n'égaleront jamais mes cris d'homme occupé à refaire sa vie... ». Y avait-il chez Artaud une affinité avec Dreyer ? Dreyer, un Artaud auquel la raison aurait été « redonnée », toujours en vertu de l'absurde ? Drouzy a marqué la grande crise psychique, le voyage schizophrénique de Dreyer [26]. Mais, plus encore, Véronique Tacquin a su montrer comment la momie (l'automate spirituel) hante ses derniers films. C'était déjà vrai de « *Vampyr* », où la momie apparaît comme la force diabolique du monde, la vampire elle-même, mais aussi comme le héros incertain, qui ne sait quoi penser et qui rêve sa propre pétrification. Dans

---

26. Drouzy donne des troubles de Dreyer une interprétation étroitement psychanalytique : *Carl Th. Dreyer né Nilsson*, Éd. du Cerf, p. 266-271.

« *Ordet* », la momie est devenue la pensée même, la jeune femme morte, cataleptique : c'est le fou de la famille qui lui redonne vie et amour, précisément parce qu'il a cessé d'être fou, c'est-à-dire de *se* croire un autre monde, et qu'il sait maintenant ce que signifie croire... C'est « *Gertrud* » enfin qui développe toutes les implications et le nouveau rapport du cinéma avec la pensée : la situation « psychique » qui remplace toute situation sensori-motrice ; la perpétuelle rupture du lien avec le monde, le trou perpétuel dans les apparences, incarné dans le faux-raccord ; la saisie de l'intolérable même dans le quotidien ou l'insignifiant (la longue scène en travelling que Gertrud ne pourra supporter, les lycéens venant au pas cadencé, comme des automates, féliciter le poète de leur avoir appris l'amour et la liberté) ; la rencontre avec l'impensable qui ne peut même pas être dit, mais chanté, jusqu'au point d'évanouissement de Gertrud ; la pétrification, la « momification » de l'héroïne, qui prend conscience de la croyance comme pensée de l'impensable (« Ai-je été jeune ? non mais j'ai aimé, Ai-je été belle ? non mais j'ai aimé, Ai-je été en vie ? non mais j'ai aimé »). En tous ces sens, « *Gertrud* » inaugure un nouveau cinéma, dont la suite sera « *Europe 51* » de Rossellini. Rossellini exprime sa position à cet égard : moins le monde est humain, plus il appartient à l'artiste de croire et de faire croire à un rapport de l'homme avec le monde, puisque le monde est fait par les hommes [27]. L'héroïne d'« *Europe 51* », momie irradiant la tendresse.

Certes, le cinéma dès le début eut un rapport spécial avec la croyance. Il y a une catholicité du cinéma (il y a beaucoup d'auteurs expressément catholiques, même en Amérique, et ceux qui ne le sont pas ont des rapports complexes avec le catholicisme). N'y a-t-il pas dans le catholicisme une grande mise en scène, mais aussi, dans le cinéma, un culte qui prend le relais des cathédrales, comme disait Élie Faure [28] ? Le cinéma semble tout entier sous la formule de Nietzsche : « en quoi nous sommes encore pieux ». Ou plutôt, dès le début, le christianisme et la révolution, la foi chrétienne et la foi

---

27. Rossellini, entretien, in *La Politique des auteurs*, Cahiers du cinéma-Éditions de l'Étoile, p. 65-68.
28. On se reportera au livre d'Agel et Ayfre, *Le Cinéma et le sacré*, Éd. du Cerf, et aux études sur *La Passion du Christ comme thème cinématographique* (*Études cinématographiques*).

révolutionnaire, furent les deux pôles qui attiraient l'art des masses. C'est que l'image cinématographique, à la différence du théâtre, nous montrait le lien de l'homme et du monde. Dès lors elle se développait, soit dans le sens d'une transformation du monde par l'homme, soit dans la découverte d'un monde intérieur et supérieur que l'homme était lui-même... On ne peut pas dire aujourd'hui que ces deux pôles du cinéma se sont affaiblis : une certaine catholicité n'a pas cessé d'inspirer un grand nombre d'auteurs, et la passion révolutionnaire est passée dans le cinéma du tiers-monde. Ce qui a changé, c'est pourtant l'essentiel, et il y a autant de différence entre le catholicisme de Rossellini ou de Bresson, et celui de Ford, qu'entre le révolutionnarisme de Rocha ou de Güney, et celui d'Eisenstein.

Le fait moderne, c'est que nous ne croyons plus en ce monde. Nous ne croyons même pas aux événements qui nous arrivent, l'amour, la mort, comme s'ils ne nous concernaient qu'à moitié. Ce n'est pas nous qui faisons du cinéma, c'est le monde qui nous apparaît comme un mauvais film. À propos de « *Bande à part* », Godard disait : « Ce sont des gens qui sont réels, et c'est le monde qui fait bande à part. C'est le monde qui se fait du cinéma. C'est le monde qui n'est pas synchrone, eux sont justes, sont vrais, ils représentent la vie. Ils vivent une histoire simple, c'est le monde autour d'eux qui vit un mauvais scénario [29]. » C'est le lien de l'homme et du monde qui se trouve rompu. Dès lors, c'est ce lien qui doit devenir objet de croyance : il est l'impossible qui ne peut être redonné que dans une foi. La croyance ne s'adresse plus à un monde autre, ou transformé. L'homme est dans le monde comme dans une situation optique et sonore pure. La réaction dont l'homme est dépossédé ne peut être remplacée que par la croyance. Seule la croyance au monde peut relier l'homme à ce qu'il voit et entend. Il faut que le cinéma filme, non pas le monde, mais la croyance à ce monde, notre seul lien. On s'est souvent interrogé sur la nature de l'illusion cinématographique. Nous redonner croyance au monde, tel est le pouvoir du cinéma moderne (quand il cesse d'être mauvais). Chrétiens ou athées, dans notre universelle schizophrénie *nous avons besoin de raisons de croire en ce monde*. C'est toute

---

29. Cf. Jean Collet, *Jean-Luc Godard*, Seghers, p. 26-27.

une conversion de la croyance. C'était déjà un grand tournant de la philosophie, de Pascal à Nietzsche : remplacer le modèle du savoir par la croyance [30]. Mais la croyance ne remplace le savoir que quand elle se fait croyance en ce monde, tel qu'il est. C'est avec Dreyer, puis avec Rossellini, que le cinéma prend le même tournant. Dans ses dernières œuvres, Rossellini se désintéresse de l'art, auquel il reproche d'être infantile et plaintif, de se complaire dans une perte de monde : il veut y substituer une morale qui nous redonnerait une croyance capable de perpétuer la vie. Sans doute Rossellini garde-t-il encore l'idéal du savoir, il n'abandonnera jamais cet idéal socratique. Mais précisément il a besoin de l'asseoir sur une croyance, une simple foi dans l'homme et dans le monde. Qu'est-ce qui a fait de « *Jeanne au bûcher* » une œuvre mal comprise ? C'est que Jeanne d'Arc a besoin d'être au ciel pour croire aux lambeaux de ce monde [31]. C'est du haut de l'éternité qu'elle peut croire en ce monde-ci. Il y a chez Rossellini un retournement de la croyance chrétienne, qui est le plus haut paradoxe. La croyance, même avec ses personnages sacrés, Marie, Joseph et l'Enfant, est toute prête à passer du côté de l'athée. Chez Godard, l'idéal du savoir, l'idéal socratique encore présent chez Rossellini, s'écroule : le « bon » discours, du militant, du révolutionnaire, de la féministe, du philosophe, du cinéaste, etc., n'est pas mieux traité que le mauvais [32]. C'est qu'il s'agit de retrouver, de redonner la croyance au monde, en deçà ou au-delà des mots. Suffit-il de s'installer dans le ciel, fût-ce le ciel de l'art et de la peinture, pour trouver des raisons de croire (« *Passions* ») ? Ou bien ne faut-il pas inventer une « hauteur moyenne », entre terre et

---

30. Dans l'histoire de la philosophie, la substitution de la croyance au savoir se fait chez des auteurs dont les uns sont encore pieux, mais dont les autres opèrent une conversion athée. D'où l'existence de véritables couples : Pascal-Hume, Kant-Fichte, Kierkegaard-Nietzsche, Lequier-Renouvier. Mais, même chez les pieux, la croyance ne se tourne plus vers un autre monde, elle est dirigée sur ce monde-ci : la foi selon Kierkegaard, ou même selon Pascal, nous redonne l'homme et le monde.
31. Cf. l'excellente analyse de Claude Beylie, in *Procès de Jeanne d'Arc*, *Études cinématographiques*.
32. Serge Daney, p. 80 : « À ce que l'autre dit, assertion, proclamation, prône, Godard répond toujours par ce qu'un *autre* autre dit. Il y a toujours une grande inconnue dans sa pédagogie, c'est que la nature du rapport qu'il entretient avec ses *bons* discours (ceux qu'il défend, le discours maoïste par exemple) est indécidable. »

ciel (« *Prénom Carmen* ») [33] ? Ce qui est sûr, c'est que croire n'est plus croire en un autre monde, ni en un monde transformé. C'est seulement, c'est simplement croire au corps. C'est rendre le discours au corps, et, pour cela, atteindre le corps avant les discours, avant les mots, avant que les choses soient nommées : le « prénom », et même avant le prénom [34]. Artaud ne disait pas autre chose, croire à la *chair*, « je suis un homme qui a perdu sa vie et qui cherche par tous les moyens à lui faire reprendre sa place ». Godard annonce « *Je vous salue Marie* » : qu'est-ce qu'ils se sont dit, Joseph et Marie, qu'est-ce qu'ils se sont dit *avant* ? Rendre les mots au corps, à la chair. À cet égard, entre Godard et Garrel l'influence s'échange, ou se renverse. L'œuvre de Garrel n'a jamais eu d'autre objet, se servir de Marie, Joseph et l'Enfant pour croire au corps. Quand on compare Garrel à Artaud, ou à Rimbaud, il y a quelque chose de vrai qui déborde une simple généralité. Notre croyance ne peut avoir d'autre objet que « la chair », nous avons besoin de raisons très spéciales qui nous fassent croire au corps (« les Anges ne connaissent pas, car toute vraie connaissance est obscure... »). Nous devons croire au corps, mais comme au germe de vie, à la graine qui fait éclater les pavés, qui s'est conservée, perpétuée dans le saint suaire ou les bandelettes de la momie, et qui témoigne pour la vie, dans ce monde-ci tel qu'il est. Nous avons besoin d'une éthique ou d'une foi, ce qui fait rire les idiots ; ce n'est pas un besoin de croire à autre chose, mais un besoin de croire à ce monde-ci, dont les idiots font partie.

3

Tel est le premier aspect du nouveau cinéma : la rupture du lien sensori-moteur (image-action), et plus profondément du lien de l'homme et du monde (grande composition orga-

---

33. Alain Bergala, « Les ailes d'Icare », *Cahiers du cinéma*, n° 355, janvier 1984, p. 8.
34. Daney montre que, en raison du statut des discours chez Godard, le seul « bon » discours, c'est celui qu'on peut rendre ou restituer aux corps : c'est toute l'histoire d'« *Ici et ailleurs* ». D'où la nécessité d'atteindre aux choses et aux êtres « avant qu'on ne les appelle », avant tout discours, pour qu'ils puissent produire le leur propre : cf. conférence de presse de Venise,

nique). Le deuxième aspect sera le renoncement aux figures, métonymie non moins que métaphore, et plus profondément la dislocation du monologue intérieur comme matière signalétique du cinéma. Par exemple, à propos de la profondeur de champ telle que Renoir et Welles l'instaurent, on a pu remarquer qu'elle ouvrait au cinéma une nouvelle voie, non plus « figurative » métaphorique ou même métonymique, mais plus exigeante, plus contraignante, en quelque sorte *théorématique*. C'est ce que dit Astruc : la profondeur de champ a un effet physique de chasse-neige, elle fait entrer et sortir les personnages sous la caméra, ou bien au fond de la scène, et non plus de long en large ; mais aussi bien elle a un effet mental de théorème, elle fait du déroulement du film un théorème et non plus une association d'images, elle rend la pensée immanente à l'image [35]. Astruc lui-même a retenu la leçon de Welles : la caméra-stylo renonce à la métaphore et à la métonymie de montage, elle écrit avec des mouvements d'appareil, plongées, contre-plongées, vues de dos, elle opère une construction (« *Le Rideau cramoisi* »). Il n'y a plus de place pour la métaphore, et il n'y a même plus de métonymie, parce que la nécessité propre aux rapports de pensée dans l'image a remplacé la contiguïté des rapports d'images (champ-contrechamp). Si l'on demande quel auteur s'est le plus engagé dans cette voie théorématique, même indépendamment de la profondeur de champ, c'est Pasolini : sans doute dans toute son œuvre, mais particulièrement dans « *Théorème* » et dans « *Salo* », qui se présentent comme des démonstrations géométriques en acte (l'inspiration sadienne de « *Salo* » vient de ce que, chez Sade déjà, les figures corporelles insupportables sont strictement subordonnées aux progrès d'une démonstration). « *Théorème* » ou « *Salo* » prétendent faire suivre à la pensée les chemins de sa propre nécessité, et porter l'image au point où elle devient déductive et automatique, substituer les enchaînements formels de la pen-

---

sur « *Prénom Carmen* », in *Cinématographe*, n° 95, décembre 1983 (et aussi les commentaires de Louis Audibert, p. 10, « il y a dans ce film une grande liberté qui est celle d'une croyance (...). Les traces du monde prises dans la toile filmique, offertes comme une autre parole, évangélique (...). Retrouver le monde suppose de revenir en deçà des codes... »).
35. Alexandre Astruc, in *L'Art du cinéma* de Pierre Lherminier, Seghers, p. 589 : « L'expression de la pensée est le problème fondamental du cinéma. »

sée aux enchaînements représentatifs ou figuratifs sensori-
moteurs. Est-il possible que le cinéma atteigne ainsi à une
véritable rigueur mathématique, qui ne concerne plus simplement l'image (comme dans l'ancien cinéma qui la soumettait
déjà à des rapports métriques ou harmoniques), mais la pensée
de l'image, la pensée dans l'image ? Cinéma de la cruauté,
dont Artaud disait qu'il « ne raconte pas une histoire, mais
développe une suite d'états d'esprit qui se déduisent les uns
des autres comme la pensée se déduit de la pensée » [36].

N'est-ce pas pourtant la voie qu'Artaud refusait expressément, la conception qu'il récusait de l'automate spirituel
comme enchaînant des pensées dont il aurait la puissance
formelle, dans un modèle du savoir ? Il faut peut-être comprendre autre chose, dans l'œuvre de Pasolini autant que dans
les projets d'Artaud. En effet, il y a deux instances mathématiques qui ne cessent de renvoyer l'une à l'autre, l'une
enveloppant l'autre, l'autre se glissant dans l'une, mais toutes
deux très différentes malgré leur union : c'est le théorème et
le problème. Un problème gît dans le théorème, et lui donne
vie, même en en destituant la puissance. Le problématique
se distingue du théorématique (ou le constructivisme, de
l'axiomatique) en ce que le théorème développe des rapports
intérieurs de principe à conséquences, tandis que le problème
fait intervenir un événement du dehors, ablation, adjonction,
section, qui constitue ses propres conditions et détermine le
« cas », ou les cas : ainsi l'ellipse, l'hyperbole, la parabole, les
droites, le point sont les cas de projection du cercle sur des
plans sécants, par rapport au sommet d'un cône. Ce dehors
du problème ne se réduit pas plus à l'extériorité du monde
physique qu'à l'intériorité psychologique d'un moi pensant.
Déjà « Le Rideau cramoisi » d'Astruc fait intervenir un problème insondable plutôt qu'un théorème : quel est le cas de
la jeune fille ? Qu'est-ce qui s'est passé pour que la jeune fille
silencieuse se donne, et que n'explique même pas la maladie
de cœur dont elle meurt ? Il y a une décision dont tout
dépend, plus profonde que toutes les explications qu'on peut
en donner. (De même la femme-traître chez Godard : il y a
dans sa décision quelque chose qui déborde la simple volonté
de se démontrer qu'elle n'est pas amoureuse). Comme dit

36. Artaud, III, p. 76.

Kierkegaard, « les mouvements profonds de l'âme désarment la psychologie », justement parce qu'ils ne viennent pas du dedans. La force d'un auteur se mesure à la façon dont il sait imposer ce point problématique, aléatoire, et pourtant non-arbitraire : grâce ou hasard. C'est en ce sens qu'il faut comprendre la déduction de Pasolini dans « *Théorème* » : une déduction problématique plutôt que théorématique. L'envoyé du dehors est l'instance à partir de laquelle chaque membre de la famille éprouve un événement ou affect décisifs, constituant un cas du problème, ou la section d'une figure hyper-spatiale. Chaque cas, chaque section, sera considéré comme une momie, la fille paralysée, la mère figée dans sa quête érotique, le fils aux yeux bandés urinant sur sa toile de peintre, la bonne en proie à la lévitation mystique, le père animalisé, naturalisé. Ce qui leur donne vie, c'est d'être les projections d'un dehors qui les fait passer les uns dans les autres, comme des projections coniques ou des métamorphoses. Dans « *Salo* » au contraire il n'y a plus de problème parce qu'il n'y a pas de dehors : Pasolini met en scène, non pas même le fascisme *in vivo*, mais le fascisme aux abois, renfermé dans la petite ville, réduit à une intériorité pure, coïncidant avec les conditions de fermeture où se déroulaient les démonstrations de Sade. « *Salo* » est un pur théorème mort, un théorème de la mort, comme le voulait Pasolini, tandis que « *Théorème* » est un problème vivant. D'où l'insistance de Pasolini, dans « *Théorème* », à invoquer un problème vers lequel tout converge, comme vers le point toujours extrinsèque de la pensée, le point aléatoire, le leitmotiv du film : « je suis hanté par une question à laquelle je ne puis répondre ». Loin de rendre à la pensée le savoir, ou la certitude intérieure qui lui manque, la déduction problématique met l'impensé dans la pensée, parce qu'elle la destitue de toute intériorité pour y creuser un dehors, un envers irréductible, qui en dévorent la substance [37]. La pensée se trouve emportée par l'extériorité d'une « croyance », hors de toute intériorité

---

37. Le thème du Dehors, et de son rapport avec la pensée, est un des thèmes les plus constants de Blanchot (notamment *L'Entretien infini*). Dans un hommage à Blanchot, Michel Foucault reprend cette « Pensée du dehors », lui donnant un statut plus profond que tout fondement ou principe intérieurs : cf. *Critique*, juin 1966. C'est dans *Les Mots et les Choses* qu'il analyse pour son compte le rapport de la pensée avec un « impensé » qui lui est essentiel : p. 333-339.

d'un savoir. Était-ce la manière de Pasolini d'être catholique encore ? Était-ce au contraire sa manière d'être athée radical ? N'a-t-on pas arraché, comme Nietzsche, la croyance à toute foi pour la rendre à une pensée rigoureuse ?

Si le problème se définit par un point du dehors, on comprend mieux les deux valeurs que le plan-séquence peut prendre, profondeur (Welles, Mizoguchi) ou planitude (Dreyer et souvent Kurosawa). Ainsi le sommet du cône : quand il est occupé par l'œil, nous nous trouvons devant des projections planes ou des contours nets qui se subordonnent la lumière ; mais, quand il est occupé par la source lumineuse elle-même, nous sommes en présence de volumes, de reliefs, de clairs-obscurs, de concavités et convexités qui se subordonnent le point de vue dans une plongée ou contre-plongée. C'est en ce sens que les plages d'ombre de Welles s'opposent aux perspectives frontales de Dreyer (même si Dreyer dans « *Gertrud* », ou Rohmer dans « *Perceval le Gallois* », réussissent à donner une courbure à l'espace aplati). Mais, ce qui est commun aux deux cas, c'est la position d'un dehors comme instance qui fait problème : la profondeur de l'image est devenue purement optique chez Welles, aussi bien que le centre de l'image plane est passé dans le pur point de vue chez Dreyer. Dans les deux cas, la « focalisation » a sauté hors de l'image. Ce qui s'est rompu, c'est l'espace sensori-moteur qui possédait ses propres foyers, et traçait entre eux des chemins et des obstacles [38]. Un problème n'est pas un obstacle. Quand Kurosawa reprend la méthode de Dostoïevski, il nous montre des personnages qui ne cessent de chercher quelles sont les données d'un « problème » encore plus profond que la situation où ils se trouvent pris : il dépasse ainsi les limites du

---

38. S'inspirant de la conception littéraire de la « focalisation », chez Genette, François Jost distingue trois types possibles *d'ocularisation* : interne, quand la caméra semble être à la place de l'œil d'un personnage ; externe, quand elle semble venir de dehors ou être autonome ; et « zéro », quand elle semble s'effacer au profit de ce qu'elle montre (*Communications*, n° 38). Reprenant la question, Véronique Tacquin attache beaucoup d'importance à l'ocularisation zéro : elle en fait le caractère des derniers films de Dreyer, en tant qu'ils incarnent l'instance du Neutre. Pour notre compte, il nous semble que la focalisation interne ne concerne pas seulement un personnage, mais tout centre existant dans l'image ; aussi est-ce le cas de l'image-action en général. Les deux autres cas ne se définissent pas exactement par l'externe et le zéro, mais quand le centre est devenu purement optique, soit parce qu'il passe dans la source lumineuse (profondeur de Welles), soit parce qu'il passe dans le point de vue (planitude de Dreyer).

savoir, mais aussi bien les conditions de l'action. Il atteint à un monde optique pur, où il s'agit d'être voyant, un parfait « Idiot ». La profondeur de Welles est du même type, et ne se situe pas par rapport à des obstacles ou à des choses cachées, mais par rapport à une lumière qui nous fait voir les êtres et les objets en fonction de leur propre opacité. Tout comme la voyance remplace la vue, « lux » remplace « lumen ». Dans un texte qui ne vaut pas seulement pour l'image plane de Dreyer, mais pour la profondeur de Welles, Daney écrit : « La question de cette scénographie n'est plus : qu'y a-t-il à voir derrière ? Mais plutôt : est-ce que je peux soutenir du regard ce que, de toute façon, je vois ? Et qui se déroule sur un seul plan[39] ? » Ce que de toute façon je vois, c'est la formule de l'intolérable. Elle exprime un nouveau rapport de la pensée avec le voir, ou avec la source lumineuse, qui ne cesse de mettre la pensée hors d'elle-même, hors du savoir, hors de l'action.

Ce qui caractérise le problème, c'est qu'il est inséparable d'un choix. En mathématiques, couper une ligne droite en deux parties égales est un problème, parce qu'on peut la couper en parties inégales ; tendre un triangle équilatéral dans un cercle est un problème, tandis que tendre un angle droit dans un demi-cercle est un théorème, tout angle dans le demi-cercle étant droit. Or, quand le problème porte sur des déterminations existentielles et non pas sur des choses mathématiques, on voit bien que le choix s'identifie de plus en plus à la pensée vivante, à une insondable décision. Le choix ne porte plus sur tel ou tel terme, mais sur le mode d'existence de celui qui choisit. C'était déjà le sens du pari de Pascal : le problème n'était pas de choisir entre l'existence ou la non-existence de Dieu, mais entre le mode d'existence de celui qui croit en Dieu et le mode d'existence de celui qui n'y croit pas. Encore y avait-il en jeu un plus grand nombre de modes d'existence : il y avait celui qui considérait l'existence de Dieu comme un théorème (le dévot), il y avait celui qui ne savait pas ou ne pouvait pas choisir (l'incertain, le scepti-

---

39. Daney, p. 174. L'importance du livre de Serge Daney vient de ce qu'il est un des rares à reprendre la question des rapports cinéma-pensée, si fréquente au début de la réflexion sur le cinéma, mais ensuite abandonnée par désenchantement. Daney lui redonne toute sa portée, en rapport avec le cinéma contemporain. De même Jean-Louis Schefer.

que)... Bref, le choix couvrait un domaine aussi grand que la pensée, puisqu'il allait du non-choix au choix, et se faisait lui-même entre choisir et ne pas choisir. Kierkegaard en tirera toutes les conséquences : le choix, se posant entre le choix et le non-choix (et toutes leurs variantes), nous renvoie à un rapport absolu avec le dehors, par-delà la conscience psychologique intime, mais aussi par-delà le monde extérieur relatif, et se trouve seul capable de nous redonner et le monde et le moi. Nous avons vu précédemment comment un cinéma d'inspiration chrétienne ne se contentait pas d'appliquer ces conceptions, mais les découvrait comme le thème le plus haut du film, chez Dreyer, Bresson ou Rohmer : l'identité de la pensée avec le choix comme détermination de l'indéterminable. « *Gertrud* » elle-même passe par tous les états, entre son père qui disait qu'on ne choisit pas dans la vie, et son ami qui écrit un livre sur le choix. Le redoutable homme de bien ou le dévot (celui pour qui il n'y a pas à choisir), l'incertain ou l'indifférent (celui qui ne sait pas ou ne peut pas choisir), le terrible homme du mal (celui qui choisit une première fois, mais ne peut plus choisir ensuite, ne peut plus répéter son propre choix), enfin l'homme du choix ou de la croyance (celui qui choisit le choix ou le réitère) : c'est un cinéma des modes d'existence, de l'affrontement de ces modes, et de leur rapport avec un dehors dont dépendent à la fois le monde et le moi. Ce point du dehors, est-ce la grâce, ou le hasard ? Rohmer reprend pour son compte les stades kierkegaardiens « sur le chemin de la vie » : le stade esthétique de « *La Collectionneuse* », le stade éthique du « *Beau mariage* », par exemple, et le stade religieux de « *Ma nuit chez Maud* » ou surtout de « *Perceval le Gallois* » [40]. Dreyer avait lui-même

---

40. Partout chez Rohmer, comme chez Kierkegaard, le choix se pose en fonction du « mariage » qui définit le stade éthique (« *Contes moraux* »). Mais en deçà il y a le stade esthétique, et au-delà, le stade religieux. Celui-ci témoigne d'une grâce, mais qui ne cesse de glisser dans le hasard comme point aléatoire. Il en était déjà ainsi chez Bresson. Le numéro spécial de *Cinématographe* sur Rohmer, 44, février 1979, analyse bien cette pénétration hasard-grâce : cf. articles de Carcassone, Jacques Fieschi, Hélène Bokanovski, et surtout Devillers (« c'est le hasard aussi qui est peut-être le sujet secret de *Ma nuit chez Maud* : le hasard métaphysique y tisse son énigme tout au long de la narration à travers le pari de Pascal, thème déjà amorcé par le plan sur un ouvrage traitant des probabilités mathématiques. (...) Seule Maud, qui joue le jeu du hasard, c'est-à-dire celui du choix véritable, s'exile dans une malchance hautaine »). Sur la différence entre la série achevée des « *Contes moraux* » et la

parcouru les différents stades de la trop grande certitude du dévot, de la folle certitude du mystique, de l'incertitude de l'esthète, jusqu'à la simple croyance de celui qui choisit de choisir (et redonne le monde et la vie). Bresson retrouvait les accents de Pascal pour exposer l'homme de bien, l'homme du mal, l'incertain, mais aussi l'homme de la grâce ou de la conscience de choix (le rapport avec le dehors, « le vent souffle où il veut »). Et dans les trois cas il ne s'agit pas simplement d'un contenu de film : c'est la forme-cinéma, selon ces auteurs, qui est apte à nous révéler cette plus haute détermination de la pensée, le choix, ce point plus profond que tout lien avec le monde. Aussi Dreyer n'assure-t-il le règne de l'image plane et coupée du monde, Bresson n'assure le règne de l'image déconnectée et fragmentée, Rohmer, celui d'une image cristalline ou miniaturisée que pour atteindre à la quatrième ou cinquième dimension, l'Esprit, celui qui souffle où il veut. Chez Dreyer, chez Bresson, chez Rohmer, de trois manières différentes, c'est un cinéma de l'esprit qui ne laisse pas d'être plus concret, plus fascinant, plus amusant que tout autre (cf. le comique de Dreyer).

C'est le caractère automatique du cinéma qui lui donne cette aptitude, par différence avec le théâtre. L'image automatique exige une nouvelle conception du rôle ou de l'acteur, mais aussi de la pensée elle-même. Ne choisit bien, ne choisit effectivement que celui qui est choisi : ce pourrait être un proverbe de Rohmer, mais aussi un sous-titre de Bresson, une épigraphe de Dreyer. Ce qui constitue l'ensemble, c'est le rapport entre l'automatisme, l'impensé et la pensée. La momie de Dreyer était coupée d'un monde extérieur trop rigide, trop pesant ou trop superficiel : elle n'en était pas moins pénétrée de sentiments, d'un trop-plein de sentiment, qu'elle ne pouvait ni ne devait exprimer à l'extérieur, mais qui serait révélé à partir du dehors plus profond [41]. Chez Rohmer,

---

série « *Comédies et proverbes* », il nous semble que les Contes avaient encore une structure de courts théorèmes, tandis que les Proverbes ressemblent de plus en plus à des problèmes.

41. Cf. précisément les commentaires de Rohmer, à propos d'« *Ordet* » de Dreyer : *Cahiers du cinéma*, n° 55, janvier 1956. V. Tacquin écrit : « Dreyer réprime les manifestations extérieures du vécu intérieur du rôle... Même dans les affections corporelles les plus graves des personnages, on n'observe ni vertige ni paroxysme (...), le personnage qui a reçu les coups sans les accuser perd brusquement sa consistance et s'écroule comme une masse. »

la momie fait place à une marionnette, en même temps que les sentiments font place à une « idée », obsédante, qui va l'inspirer du dehors, quitte à l'abandonner pour la rendre au vide. Avec Bresson, c'est un troisième état qui apparaît, où l'automate est pur, aussi privé d'idées que de sentiments, réduit à l'automatisme de gestes quotidiens segmentarisés, mais doué d'autonomie : c'est ce que Bresson appelle le « modèle » propre au cinéma, Vigilambule authentique, par opposition à l'acteur de théâtre. Et c'est justement de l'automate ainsi purifié que s'empare la pensée du dehors, comme l'impensable dans la pensée [42]. La question est très différente de celle de la distanciation ; c'est celle de l'automatisme proprement cinématographique, et de ses conséquences. C'est l'automatisme matériel des images qui fait surgir du dehors une pensée qu'il impose, comme l'impensable à notre automatisme intellectuel.

L'automate est coupé du monde extérieur, mais il y a un dehors plus profond qui vient l'animer. La première conséquence est un nouveau statut du Tout dans le cinéma moderne. Pourtant, il ne semble pas qu'il y ait grande différence entre ce que nous disons maintenant, *le tout c'est le dehors*, et ce que nous disions du cinéma classique, *le tout c'était l'ouvert*. Mais l'ouvert se confondait avec la représentation indirecte du temps : partout où il y avait mouvement, il y avait, ouvert quelque part, dans le temps, un tout qui changeait. Ce pourquoi l'image cinématographique avait essentiellement un hors-champ qui renvoyait d'une part à un monde extérieur actualisable dans d'autres images, d'autre part à un tout changeant qui s'exprimait dans l'ensemble des images associées. Même le faux-raccord pouvait intervenir déjà, et préfigurer le cinéma moderne ; mais il semblait constituer seulement une anomalie de mouvement ou un trouble d'association, qui témoignaient de l'action indirecte du tout sur les parties de l'ensemble. Nous avons vu ces aspects. Le tout ne cessait donc pas de se faire, au cinéma, en intériorisant

---

42. « L'automatisme de la vie réelle », excluant la pensée, l'intention, le sentiment, est un des thèmes constants des *Notes sur le cinématographe* de Bresson, Gallimard, p. 22, 29, 70, 114. Pour voir comment cet automatisme est en rapport essentiel avec un dehors, cf. p. 30 (« modèles automatiquement inspirés, inventifs »), p. 64 (« les causes ne sont pas dans les modèles »), p. 69 (« une mécanique fait surgir l'inconnu »).

les images et en s'extériorisant dans les images, suivant une double attraction. C'était le processus d'une totalisation toujours ouverte, qui définissait le montage ou la puissance de la pensée. Quand on dit « le tout, c'est le dehors », il en va tout autrement. Car, d'abord, la question n'est plus celle de l'association ou de l'attraction des images. Ce qui compte, c'est au contraire l'*interstice* entre images, entre deux images : un espacement qui fait que chaque image s'arrache au vide et y retombe [43]. La force de Godard, ce n'est pas seulement d'utiliser ce mode de construction dans toute son œuvre (constructivisme), mais d'en faire une méthode sur laquelle le cinéma doit s'interroger en même temps qu'il l'utilise. « *Ici et ailleurs* » marque un premier sommet de cette réflexion, qui se transporte ensuite à la télévision dans « *Six fois deux* ». On peut toujours objecter, en effet, qu'il n'y a d'interstice qu'entre images associées. De ce point de vue, des images comme celles qui rapprochent Golda Meir d'Hitler dans « *Ici et ailleurs* » ne seraient pas supportables. Mais c'est peut-être la preuve que nous ne sommes pas encore mûrs pour une véritable « lecture » de l'image visuelle. Car, dans la méthode de Godard, il ne s'agit pas d'association. Une image étant donnée, il s'agit de choisir une autre image qui induira un interstice *entre* les deux. Ce n'est pas une opération d'association, mais de différentiation, comme disent les mathématiciens, ou de disparation, comme disent les physiciens : un potentiel étant donné, il faut en choisir un autre, non pas quelconque, mais de telle manière qu'une différence de potentiel s'établisse entre les deux, qui soit producteur d'un troisième ou de quelque chose de nouveau. « *Ici et ailleurs* » choisit le couple français qui entre en disparité avec le groupe de fedayin. En d'autres termes, c'est l'interstice qui est premier par rapport à l'association, ou c'est la différence irréductible qui permet

---

43. Avant la nouvelle vague, c'est Bresson qui avait porté à sa perfection cette nouvelle manière. Marie-Claire Ropars en voit l'expression la plus poussée dans « *Au hasard Balthazar* » : « Choisi comme image du hasard, le fil picaresque ne suffit pourtant pas à fonder le morcellement extrême du récit ; chaque station de Balthazar auprès d'un maître apparaît elle-même éclatée en fragments dont chacun dans sa brièveté semble s'arracher au vide pour y replonger aussitôt (...). [Le style fragmentant] a pour fonction de placer entre le spectateur et le monde un barrage, qui transmet les perceptions, mais en filtre l'arrière-plan. » C'est la rupture avec le monde, propre au cinéma moderne. Cf. *L'Écran de la mémoire*, Seuil, p. 178-180.

d'échelonner les ressemblances. La fissure est devenue première, et s'élargit à ce titre. Il ne s'agit plus de suivre une chaîne d'images, même par-dessus des vides, mais de sortir de la chaîne ou de l'association. Le film cesse d'être « des images à la chaîne... une chaîne ininterrompue d'images, esclaves les unes des autres », et dont nous sommes l'esclave (« *Ici et ailleurs* »). C'est la méthode du ENTRE, « entre deux images », qui conjure tout cinéma de l'Un. C'est la méthode du ET, « ceci et puis cela », qui conjure tout cinéma de l'Être = est. Entre deux actions, entre deux affections, entre deux perceptions, entre deux images visuelles, entre deux images sonores, entre le sonore et le visuel : faire voir l'indiscernable, c'est-à-dire la frontière (« *Six fois deux* »). Le tout subit une mutation, parce qu'il a cessé d'être l'Un-Être, pour devenir le « et » constitutif des choses, l'entre-deux constitutif des images. Le tout se confond alors avec ce que Blanchot appelle la force de « dispersion du Dehors » ou « le vertige de l'espacement » : ce vide qui n'est plus une part motrice de l'image, et qu'elle franchirait pour continuer, mais qui est la mise en question radicale de l'image (tout comme il y a un silence qui n'est plus la part motrice ou la respiration du discours, mais sa mise en question radicale) [44]. Le faux-raccord, alors, prend un nouveau sens, en même temps qu'il devient la loi.

Pour autant que l'image est elle-même coupée du monde extérieur, le hors-champ subit à son tour une mutation. Lorsque le cinéma est devenu parlant, le hors-champ semble avoir trouvé d'abord une confirmation de ses deux aspects : d'une part les bruits et les voix pouvaient avoir une source extérieure à l'image visuelle ; d'autre part une voix ou une musique pouvaient témoigner pour le tout changeant, derrière ou au-delà de l'image visuelle. D'où la notion de « voix off » comme expression sonore du hors-champ. Mais, si l'on demande dans quelles conditions le cinéma tire les conséquences du parlant, et devient donc vraiment parlant, tout se renverse : c'est lorsque le sonore devient lui-même l'objet d'un cadrage spécifique qui *impose un interstice* avec le cadrage visuel. La notion de voix off tend à disparaître au profit d'une différence entre ce qui est vu et ce qui est entendu, et cette différence est constitutive de l'image. Il n'y a plus de hors-champ. L'exté-

---

44. Maurice Blanchot, *L'Entretien infini*, p. 65, 107-109.

rieur de l'image est remplacé par l'interstice entre les deux cadrages dans l'image (là encore Bresson fut un initiateur)[45]. Godard en tire toutes les conséquences quand il déclare que le mixage détrône le montage, étant dit que le mixage ne comporte pas seulement une distribution des différents éléments sonores, mais l'assignation de leurs rapports différentiels avec les éléments visuels. Les interstices prolifèrent donc partout, dans l'image visuelle, dans l'image sonore, entre l'image sonore et l'image visuelle. Ce n'est pas dire que le discontinu l'emporte sur le continu. Au contraire, les coupures ou les ruptures, au cinéma, ont toujours formé la puissance du continu. Mais il en est du cinéma comme des mathématiques : tantôt la coupure, dite *rationnelle*, fait partie de l'un des deux ensembles qu'elle sépare (fin de l'un ou début de l'autre), et c'est le cas du cinéma « classique ». Tantôt, comme dans le cinéma moderne, la coupure est devenue l'interstice, *elle est irrationnelle et ne fait partie ni de l'un ni de l'autre des ensembles, dont l'un n'a pas plus de fin que l'autre n'a de début* : le faux-raccord est une telle coupure irrationnelle[46]. Ainsi, chez Godard, l'interaction de deux images engendre ou trace une frontière qui n'appartient ni à l'un ni à l'autre.

Jamais le continu et le discontinu ne se sont opposés dans le cinéma, Epstein le montrait déjà. Ce qui s'oppose, ou du moins se distingue, c'est plutôt deux manières de les concilier, suivant la mutation du Tout. C'est là que le montage reprend ses droits. Tant que le tout est la représentation indirecte du temps, le continu se concilie avec le discontinu sous forme de points rationnels et suivant des rapports commensurables (Eisenstein en trouvait explicitement la théorie mathématique dans la section d'or). Mais, quand le tout devient la

45. Sur la critique de la notion de « voix off », cf. Chateau et Jost, *Nouveau cinéma, nouvelle sémiologie*, p. 31 sq. Sur la notion de « cadre sonore », cf. Dominique Villain, *L'Œil à la caméra*, Cahiers du cinéma-Éditions de l'Étoile, ch. IV.

46. Albert Spaier a bien distingué les deux sortes de coupures arithmétiques dans la théorie du continu : « Ce qui caractérise toute coupure arithmétique est la répartition de l'ensemble des nombres rationnels en une classe inférieure et une classe supérieure, c'est-à-dire en deux collections telles que tout terme de la première soit plus petit que tout terme de la seconde. Or tout nombre détermine également une telle répartition. La seule différence, c'est que le *nombre rationnel* doit toujours être compris soit dans la classe inférieure, soit dans la classe supérieure de la coupure, alors qu'aucun *nombre irrationnel* ne fait partie de l'une ou de l'autre des classes qu'il sépare » (*La Pensée et la quantité*, Alcan, p. 158).

puissance du dehors qui passe dans l'interstice, alors il est la présentation directe du temps, ou la continuité qui se concilie avec la suite des points irrationnels, selon des rapports de temps non-chronologiques. C'est en ce sens que, déjà chez Welles, puis chez Resnais, chez Godard aussi, le montage prend un nouveau sens, déterminant les rapports dans l'image-temps directe, et conciliant le haché avec le plan-séquence. Nous avons vu que la puissance de la pensée faisait place, alors, à un impensé dans la pensée, à un irrationnel propre à la pensée, point du dehors au-delà du monde extérieur, mais capable de nous redonner croyance au monde. La question n'est plus : le cinéma nous donne-t-il l'illusion du monde ? mais : comment le cinéma nous redonne-t-il la croyance au monde ? Ce point irrationnel, c'est l'*inévocable* de Welles, l'*inexplicable* de Robbe-Grillet, l'*indécidable* de Resnais, l'*impossible* de Marguerite Duras, ou encore ce qu'on pourrait appeler l'*incommensurable* de Godard (entre deux choses).

Il y a une autre conséquence, corrélative au changement de statut du tout. Ce qui se produit corrélativement, c'est une dislocation du monologue intérieur. Suivant la conception musicale d'Eisenstein, le monologue intérieur constituait une matière signalétique chargée de traits d'expression visuels et sonores qui s'associaient ou s'enchaînaient les uns avec les autres : chaque image avait une tonalité dominante, mais aussi des harmoniques qui définissaient ses possibilités d'accord et de métaphore (il y avait métaphore lorsque deux images avaient les mêmes harmoniques). Il y avait donc un tout du film qui englobait aussi bien l'auteur, le monde et les personnages, quelles que soient les différences ou les oppositions. La manière de voir de l'auteur, celle des personnages, et la manière dont le monde était vu formaient une unité signifiante, opérant par figures elles-mêmes significatives. Contre cette conception, un premier coup fut porté lorsque le monologue intérieur perdit son unité personnelle ou collective, et se brisa en débris anonymes : les stéréotypes, les clichés, les visions et formules toutes faites emportaient dans une même décomposition le monde extérieur et l'intériorité des personnages. La « *femme mariée* » se confondait avec les pages de l'hebdomadaire qu'elle feuilletait, avec un catalogue de « pièces détachées ». Le monologue intérieur éclatait, sous le poids d'une même misère à l'intérieur et à l'extérieur : c'était la transformation que Dos Passos avait introduite dans le roman, en invoquant déjà des moyens cinématographiques, et que Godard devait mener à bout dans « *Une femme mariée* ». Mais ce n'était que l'aspect négatif ou critique d'une transformation positive plus profonde et plus importante. De cet autre point de vue, le monologue intérieur fait place à des suites d'images, chaque suite étant indépendante, et chaque image dans une suite valant pour elle-même par rapport à la précédente et à la suivante : une autre matière signalétique. Il n'y a plus d'accords parfaits et « résolus », mais seulement des accords dissonants ou des coupures irrationnelles, parce qu'il n'y a plus d'harmoniques de l'image, mais seulement des tons « désenchaînés » qui forment la série. Ce qui disparaît, c'est toute métaphore ou figure. La formule de « *Week-end* », « ce n'est pas du sang, c'est du rouge », signifie que le sang a cessé d'être une harmonique du rouge, et que ce rouge est l'unique ton du sang. Il faut parler et montrer littéralement, ou bien ne pas montrer, ne pas parler du tout. Si, d'après des formules toutes faites, les révolutionnaires sont à nos portes, et nous assiègent comme des cannibales, il faut les montrer dans le maquis de Seine-et-Oise, et mangeant de la chair humaine. Si les banquiers sont des tueurs, les écoliers, des prisonniers, les photographes, des proxénètes, si les ouvriers se font enculer par les patrons, il faut le montrer, non pas le « métaphoriser », et il faut constituer des séries en conséquence. Si l'on dit qu'un hebdomadaire ne « tient » pas sans ses pages publicitaires, il faut le montrer, littéralement, en les arrachant de manière à faire voir que l'hebdomadaire ne tient plus debout : ce n'est plus une métaphore, mais une démonstration (« *Six fois deux* »).

Avec Godard, l'image « désenchaînée » (c'était le mot d'Artaud) devient sérielle et atonale, en un sens précis [47]. Le problème du rapport entre images n'est plus de savoir si ça va ou si ça ne va pas, d'après les exigences des harmoniques

<hr />

47. Chateau et Jost ont fait une analyse du cinéma de Robbe-Grillet comme *sériel* avec d'autres critères que ceux que nous proposons : ch. VII. Déjà d'un point de vue romanesque Robbe-Grillet avait mené toute une critique de la métaphore, en dénonçant la pseudo-unité de l'homme et de la Nature, ou le pseudo-lien de l'homme et du monde : *Pour un nouveau roman*, « Nature, humanisme, tragédie ».

ou des accords résolus, mais de savoir « *Comment ça va* ». Comme ceci ou comme cela, « comment ça va » est la constitution des séries, de leurs coupures irrationnelles, de leurs accords dissonants, de leurs termes désenchaînés. Chaque série renvoie pour son compte à une manière de voir ou de dire, qui peut être celle de l'opinion courante opérant par slogans, mais aussi celle d'une classe, d'un genre, d'un personnage typique opérant par thèse, hypothèse, paradoxe, ou même mauvaise astuce, coq-à-l'âne. Chaque série sera la manière dont l'auteur s'exprime indirectement dans une suite d'images attribuables à un autre, ou, inversement, la manière dont quelque chose ou quelqu'un s'exprime indirectement dans la vision de l'auteur considéré comme autre. De toute façon, il n'y a plus l'unité de l'auteur, des personnages et du monde, telle que le monologue intérieur la garantissait. Il y a formation d'un « discours indirect libre », d'une *vision indirecte libre*, qui va des uns aux autres, soit que l'auteur s'exprime par l'intercession d'un personnage autonome, indépendant, autre que l'auteur ou que tout rôle fixé par l'auteur, soit que le personnage agisse et parle lui-même comme si ses propres gestes et ses propres paroles étaient déjà rapportés par un tiers. Le premier cas est celui du cinéma dit improprement « direct », chez Rouch, chez Perrault ; le second, celui d'un cinéma atonal, chez Bresson, chez Rohmer [48]. Bref, Pasolini avait une intuition profonde du cinéma moderne quand il le caractérisait par un glissement de terrain, cassant l'uniformité du monologue intérieur pour y substituer la diversité, la difformité, l'altérité d'un discours indirect libre [49].

Godard a utilisé toutes les méthodes de vision indirecte libre. Non pas qu'il se soit contenté d'emprunter et de renouveler ; au contraire, il a créé la méthode originale qui lui permettait de faire une nouvelle synthèse, et de s'identifier

---

48. Les automates ou « modèles » selon Bresson ne sont nullement une création de l'auteur : par opposition au rôle de l'acteur, ils ont une « nature », un « moi », qui réagit sur l'auteur (« eux te laissant agir en eux, et toi les laissant agir en toi », p. 23). Le cinéma de Bresson, ou, d'une autre façon, de Rohmer, est sans doute le contraire du cinéma direct ; mais c'est une *alternative* au cinéma direct.

49. Dans deux pages essentielles de *L'Expérience hérétique*, 146-147, Pasolini passe, avec beaucoup de précautions, de l'idée de monologue intérieur à celle de discours indirect libre. Nous avons vu dans le tome précédent que le discours indirect libre était un thème constant de Pasolini, dans sa réflexion littéraire, mais aussi cinématographique : ce qu'il appelle « la subjective indirecte libre ».

par là au cinéma moderne. Si l'on cherche la formule la plus générale de la série chez Godard, on appellera série toute suite d'images *en tant que réfléchie dans un genre*. Un film tout entier peut correspondre à un genre dominant, tel « *Une femme est une femme* » à la comédie musicale, ou « *Made in U.S.A.* » à la bande dessinée. Mais même dans ce cas le film passe par des sous-genres, et la règle générale est qu'il y ait plusieurs genres, donc plusieurs séries. D'un genre à l'autre, on peut passer par franche discontinuité, ou bien de manière insensible et continue avec des « genres intercalaires », ou encore par récurrence et feed-back, avec des procédés électroniques (partout de nouvelles possibilités s'ouvrent au montage). Ce statut réflexif du genre a de grandes conséquences : au lieu que le genre subsume des images qui lui appartiennent par nature, il constitue la limite d'images qui ne lui appartiennent pas, mais qui se réfléchissent en lui [50]. Amengual l'a bien montré pour « *Une femme est une femme* » : tandis que la danse, dans une comédie musicale classique, informe toutes les images, même préparatoires ou intercalaires, elle surgit ici, au contraire, comme un « moment » dans le comportement des héros, comme la limite vers laquelle tendent une suite d'images, limite qui ne sera effectuée qu'en formant une autre suite tendant vers une autre limite [51]. Ainsi la danse non seulement dans « *Une femme...* », mais dans la scène du café de « *Bande à part* », ou celle de la pinède dans « *Pierrot le fou* », passage du genre balade au genre ballade. Ce sont trois grands moments dans l'œuvre de Godard. Perdant ses capacités de subsomption ou de constitution au profit d'une libre puissance de réflexion, on peut dire que le genre est d'autant plus pur qu'il marque la tendance des images préexistantes, plus que le caractère des images présentes (Amengual montre que le

---

50. Cela vaut pour le genre du cinéma lui-même. À propos de « *Numéro deux* », Daney dit : « Le cinéma n'a plus d'autre spécificité que celle d'accueillir des images qui ne sont plus faites pour lui », photo ou télé (p. 83).

51. Barthélemy Amengual, in *Jean-Luc Godard, Études cinématographiques*, p. 117-118 : « Là, la danse n'est plus qu'accident, ou, si l'on préfère, qu'un moment du comportement des héros. (...) *Les Girls* [de Cukor] dansent pour le spectateur. Angelo, Émile, Alfred dansent pour eux, le temps qu'il faut à leurs intrigues. (...) Alors que le rythme de la danse vise à installer sur la scène une temporalité imaginaire, le découpage de Godard pas un instant n'arrache les personnages au temps concret. D'où le côté toujours dérisoire de leur agitation. »

décor d'« *Une femme...* », le grand pilier carré au milieu de la chambre et le pan de mur blanc entre deux portes, sert d'autant plus la danse qu'il « démolit ce qui est dansé », dans une sorte de réflexion pure et vide qui donne au virtuel une réalité propre : les virtualités de l'héroïne).

Les genres réflexifs de Godard, en ce sens, sont de véritables *catégories* par lesquelles le film passe. Et la table de montage est conçue comme une table des catégories. Il y a quelque chose d'aristotélicien chez Godard. Les films de Godard sont des syllogismes, qui intègrent à la fois les degrés de vraisemblance et les paradoxes de logique. Il ne s'agit pas d'un procédé de catalogue, ou même de « collage », comme le suggérait Aragon, mais d'une méthode de constitution de séries, chacune marquée par une catégorie (les types de séries pouvant être très divers). C'est comme si Godard refaisait le chemin inverse à celui que nous avons suivi tout à l'heure, et retrouvait les « théorèmes » à la limite des « problèmes ». Le mathématicien Bouligand distinguait, comme deux instances inséparables, les problèmes d'une part, d'autre part les théorèmes ou la synthèse globale : tandis que les problèmes imposent à des éléments inconnus des conditions de série, la synthèse globale fixe des catégories d'où ces éléments sont extraits (points, droites, courbes, plans, sphères, etc.) [52]. Godard ne cesse de créer des catégories : d'où le rôle si particulier du discours dans beaucoup de ses films où, comme le remarquait Daney, un genre de discours renvoie toujours à un discours d'un autre genre. Godard va des problèmes aux catégories, quitte à ce que les catégories lui redonnent un problème. Par exemple, la structure de « *Sauve qui peut (la vie)* » : les quatre grandes catégories, « l'Imaginaire », « la Peur », « le Commerce », « la Musique », renvoient à un nouveau problème, « qu'est-ce que la passion ? », « la passion, c'est pas ça... », qui fera l'objet du film suivant.

C'est que les catégories, selon Godard, ne sont pas fixées une fois pour toutes. Elles sont redistribuées, remaniées, réinventées pour chaque film. Au découpage des séries correspond un montage de catégories, chaque fois nouveau. Il faut, chaque fois, que les catégories nous surprennent, et

---

52. Bouligand, *Le Déclin des absolus mathématico-logiques*, Éd. de l'Enseignement supérieur.

pourtant ne soient pas arbitraires, soient bien fondées, et qu'elles aient entre elles de fortes relations indirectes : en effet, elles ne doivent pas dériver les unes des autres, si bien que leur relation est du type « Et... », mais ce « et » doit accéder à la nécessité. Il arrive souvent que le mot écrit indique la catégorie, tandis que les images visuelles constituent les séries : d'où le primat très spécial du mot sur l'image, et la présentation de l'écran comme tableau noir. Et, dans la phrase écrite, la conjonction « et » peut prendre une valeur isolée et magnifiée (« *Ici et ailleurs* »). Cette recréation de l'interstice ne marque pas forcément une discontinuité entre les séries d'images : on peut passer continûment d'une série à une autre, en même temps que la relation d'une catégorie à l'autre se fait illocalisable, comme on passe de la balade à la ballade dans « *Pierrot le fou* », ou de la vie quotidienne au théâtre dans « *Une femme est une femme* », ou de la scène de ménage à l'épopée dans « *Le Mépris* ». Ou bien encore c'est le mot écrit qui peut être l'objet d'un traitement électronique introduisant mutation, récurrence et rétroaction (comme déjà sur le cahier de « *Pierrot le fou* », la *...rt* se transformait en *la mort*)[53]. Les catégories ne sont donc jamais des réponses ultimes, mais des catégories de problèmes qui introduisent la réflexion dans l'image même. Ce sont des fonctions problématiques ou propositionnelles. Dès lors, la question pour chaque film de Godard est : qu'est-ce qui fait fonction de catégories ou de genres réflexifs ? Au plus simple, ce peut être des genres esthétiques, l'épopée, le théâtre, le roman, la danse, le cinéma lui-même. Il appartient au cinéma de se réfléchir lui-même, et de réfléchir les autres genres, pour autant que les images visuelles ne renvoient pas à une danse, à un roman, à un théâtre, à un film préétablis, mais se mettent elles-mêmes à « faire » cinéma, à faire danse, à faire roman, à faire théâtre le long d'une série, pour un épisode[54]. Les

---

53. Sur les formes graphiques chez Godard, cf. Jacques Fieschi, « Mots en images », *Cinématographe*, n° 21, octobre 1976 : « Dans le grand mystère muet, la parole de l'intertitre venait arrimer le sens. Chez Godard, ce sens écrit se met en question et s'inflige un nouveau brouillage. »

54. Cf. Jean-Claude Bonnet, « Le petit théâtre de Jean-Luc Godard », *Cinématographe*, n° 41, novembre 1978. Il ne s'agit pas pour Godard d'introduire dans le film une pièce ou des répétitions (Rivette) ; le théâtre est inséparable pour lui d'une improvisation, d'une « mise en scène spontanée » ou d'une

catégories ou genres peuvent être aussi des facultés psychiques (l'imagination, la mémoire, l'oubli...). Mais il arrive que la catégorie ou le genre prennent des aspects beaucoup plus insolites, par exemples dans les célèbres interventions de types réflexifs, c'est-à-dire d'individus originaux qui exposent pour elle-même et dans sa singularité la limite vers laquelle tendait ou tendra telle série d'images visuelles : ce sont des penseurs, comme Jean-Pierre Melville dans « *À bout de souffle* », Brice Parain dans « *Vivre sa vie* », Jeanson dans « *La Chinoise* », ce sont des burlesques comme Devos ou la reine du Liban dans « *Pierrot le fou* », ce sont des échantillons comme les figurants de « *Deux ou trois choses que je sais d'elle* » (je m'appelle ainsi, je fais ceci, j'aime cela...). Tous des intercesseurs qui font fonction de catégorie, en lui donnant une individuation complète : l'exemple le plus émouvant est peut-être l'intervention de Brice Parain qui expose et individue la catégorie du langage, comme la limite vers laquelle tendait l'héroïne, de toutes ses forces, à travers les séries d'images (le problème de Nana).

Bref, les catégories peuvent être des mots, des choses, des actes, des personnes. « *Les Carabiniers* » n'est pas un film de plus *sur* la guerre, pour la magnifier ou pour la dénoncer. Ce qui est très différent, il filme les catégories de la guerre. Or comme dit Godard, ce peut être des choses précises, armées de mer, de terre et d'air, ou bien des « idées précises », occupation, campagne, résistance, ou bien des « sentiments précis », violence, débandade, absence de passion, dérision, désordre, surprise, vide, ou bien des « phénomènes précis », bruit, silence [55]. On constatera que les couleurs elles-mêmes peuvent faire fonction de catégories. Non seulement elles affectent les choses et les personnes, et même les mots écrits ; mais elles forment en elles-mêmes des catégories : le rouge en est une dans « *Week-end* ». Si Godard est un grand coloriste, c'est parce qu'il se sert des couleurs comme de grands genres individués dans lesquels se réfléchit l'image. C'est la méthode constante de Godard dans les films en couleur (à moins qu'il n'y ait plutôt réflexion dans la musique, ou dans

---

« théâtralisation du quotidien ». De même, pour la danse, cf. les remarques précédentes d'Amengual.

55. Godard, *Cahiers du cinéma*, n° 146, août 1963.

les deux à la fois). La « *Lettre à Freddy Buache* » dégage le procédé chromatique à l'état pur : il y a le haut et le bas, la Lausanne bleue, céleste, et la Lausanne verte, terrestre et aquatique. Deux courbes ou périphéries, et, entre les deux, il y a le gris, le centre, les lignes droites. Les couleurs sont devenues des catégories presque mathématiques dans lesquelles la ville réfléchit ses images et en fait un problème. Trois séries, trois états de la matière, le problème de Lausanne. Toute la technique du film, ses plongées, ses contre-plongées, ses arrêts sur l'image, sont au service de cette réflexion. On lui reprochera de ne pas avoir rempli la commande d'un film « sur » Lausanne : c'est qu'il a renversé le rapport de Lausanne et des couleurs, il a fait passer Lausanne dans les couleurs comme sur une table des catégories qui ne convenait pourtant qu'à Lausanne. C'est bien du constructivisme : il a reconstruit Lausanne avec des couleurs, le discours de Lausanne, sa vision indirecte.

Le cinéma cesse d'être narratif, mais c'est avec Godard qu'il devient le plus « romanesque ». Comme dit « *Pierrot le fou* », « Chapitre suivant. Désespoir. Chapitre suivant. Liberté. Amertume ». Bakhtine définissait le roman, par opposition à l'épopée ou à la tragédie, comme n'ayant plus l'unité collective ou distributive par laquelle les personnages parlaient encore un seul et même langage. Au contraire, le roman emprunte nécessairement tantôt la langue courante anonyme, tantôt la langue d'une classe, d'un groupe, d'une profession, tantôt la langue propre d'un personnage. Si bien que les personnages, les classes, les genres forment le discours indirect libre de l'auteur, autant que l'auteur forme leur vision indirecte libre (ce qu'ils voient, ce qu'ils savent ou ne savent pas). Ou plutôt les personnages s'expriment librement dans le discours-vision de l'auteur, et l'auteur, indirectement, dans celui des personnages. Bref, c'est la réflexion dans les genres, anonymes ou personnifiés, qui constitue le roman, son « plurilinguisme », son discours et sa vision [56]. Godard donne au cinéma les puissances propres du roman. Il se donne des types réflexifs comme autant d'intercesseurs à travers les-

---

56. Bakhtine, avant Pasolini, est le meilleur théoricien du discours indirect libre : *Le Marxisme et la philosophie du langage*, Éd. de Minuit. Sur le « plurilinguisme » et le rôle des genres dans le roman, cf. *Esthétique et théorie du roman*, Gallimard, p. 122 sq.

quels JE est toujours un autre. C'est une ligne brisée, une ligne en zigzag, qui réunit l'auteur, ses personnages et le monde, et qui passe entre eux. De trois points de vue, le cinéma moderne développe ainsi de nouveaux rapports avec la pensée : l'effacement d'un tout ou d'une totalisation des images, au profit d'un dehors qui s'insère entre elles ; l'effacement du monologue intérieur comme tout du film, au profit d'un discours et d'une vision indirects libres ; l'effacement de l'unité de l'homme et du monde, au profit d'une rupture qui ne nous laisse plus qu'une croyance en ce monde-ci.

1

« Donnez-moi donc un corps » : c'est la formule du renversement philosophique. Le corps n'est plus l'obstacle qui sépare la pensée d'elle-même, ce qu'elle doit surmonter pour
arriver à penser. C'est au contraire ce dans quoi elle plonge
ou doit plonger, pour atteindre à l'impensé, c'est-à-dire à la
vie. Non pas que le corps pense, mais, obstiné, têtu, il force à
penser, et force à penser ce qui se dérobe à la pensée, la vie.
On ne fera plus comparaître la vie devant les catégories de la
pensée, on jettera la pensée dans les catégories de la vie. Les
catégories de la vie, ce sont précisément les attitudes du corps,
ses postures. « Nous ne savons même pas ce que peut un
corps » : dans son sommeil, dans son ivresse, dans ses efforts
et ses résistances. Penser, c'est apprendre ce que peut un
corps non-pensant, sa capacité, ses attitudes ou postures. C'est
par le corps (et non plus par l'intermédiaire du corps) que le
cinéma noue ses noces avec l'esprit, avec la pensée. « Don-
nez-nous donc un corps », c'est d'abord monter la caméra sur
un corps quotidien. Le corps n'est jamais au présent, il
contient l'avant et l'après, la fatigue, l'attente. La fatigue,
l'attente, même le désespoir sont les attitudes du corps. Nul
n'est allé plus loin qu'Antonioni dans ce sens. Sa méthode :
l'intérieur *par* le comportement, non plus l'expérience, mais
« ce qui reste des expériences passées », « ce qui vient après,
quand tout a été dit », une telle méthode passe nécessairement
par les attitudes ou postures du corps[1]. C'est une image-

---

1. C'est le néo-réalisme « sans bicyclette », qu'invente Antonioni : cf. les
textes cités par Leprohon, *Antonioni*, Seghers, p. 103, 105, 110. Tout ce que
Blanchot dit sur la fatigue, l'attente, convient particulièrement à Antonioni
(*L'Entretien infini*, avant-propos).

temps, la série du temps. L'attitude quotidienne, c'est ce qui met l'avant et l'après dans le corps, le temps dans le corps, le corps comme révélateur du terme. L'attitude du corps met la pensée en rapport avec le temps comme avec ce dehors infiniment plus lointain que le monde extérieur. Peut-être la fatigue est-elle la première et la dernière attitude, parce qu'elle contient à la fois l'avant et l'après : ce que Blanchot dit, c'est aussi ce qu'Antonioni montre, non pas du tout le drame de la communication, mais l'immense fatigue du corps, la fatigue qu'il y a sous « *Le Cri* », et qui propose à la pensée « quelque chose à incommuniquer », l'« impensé », la vie.

Mais il y a un autre pôle du corps, un autre lien cinéma-corps-pensée. « Donner » un corps, monter une caméra sur le corps, prend un autre sens : il ne s'agit plus de suivre et traquer le corps quotidien, mais de le faire passer par une cérémonie, l'introduire dans une cage de verre ou un cristal, lui imposer un carnaval, une mascarade qui en fait un corps grotesque, mais aussi en extrait un corps gracieux ou glorieux, pour atteindre enfin à la disparition du corps visible. Carmelo Bene est un des plus grands constructeurs d'images-cristal : le palais de « *Notre-Dame des Turcs* » flotte dans l'image, ou plutôt c'est toute l'image qui bouge ou palpite, les reflets se colorent violemment, les couleurs elles-mêmes cristallisent, dans « *Don Juan* », dans la danse des voiles de « *Capricci* » où les étoffes s'interposent entre la danseuse et la caméra. Des yeux hantent le cristal, comme l'œil dans l'ostensoir, mais ce qui est d'abord donné à voir, ce sont les squelettes de « *Notre-Dame* », les vieillards de « *Capricci* », le vieux saint décrépit de « *Salomé* », qui s'épuisent en gestes inutiles toujours repris, en attitudes toujours empêchées et recommencées, jusqu'à la posture impossible (le Christ de « *Salomé* » qui n'arrive pas à se crucifier tout seul : comment la dernière main pourrait-elle se clouer elle-même ?) La cérémonie chez Bene commence par la parodie, qui n'affecte pas moins les sons que les gestes, car les gestes sont aussi vocaux, et l'apraxie et l'aphasie sont les deux faces d'une même posture. Mais ce qui sort du grotesque, ce qui s'en arrache, c'est le corps gracieux de la femme comme mécanique supérieure, soit qu'elle danse entre ses vieillards, soit qu'elle passe par les attitudes stylisées d'un vouloir secret, soit qu'elle se fige en posture d'extase. N'est-ce pas pour libérer enfin le troisième corps, celui du

« protagoniste » ou du maître de cérémonie, qui passe par tous les autres corps ? C'est lui déjà dont l'œil se glissait dans le cristal, c'est lui qui communique avec le milieu cristallin, comme dans « *Notre-Dame* » où l'histoire du palais devient autobiographie du protagoniste. C'est lui qui reprend les gestes empêchés, ratés, comme dans « *Notre-Dame* » où il ne cesse de manquer sa propre mort, momie toute bandée qui n'arrive plus à se faire une piqûre, la posture impossible. C'est lui qui doit profaner le corps gracieux, ou s'en servir à quelque égard, pour acquérir enfin le pouvoir de disparaître, comme le poète de « *Capricci* » qui cherche la meilleure position pour mourir. Disparaître, c'était déjà le vouloir obscur de Salomé, quand elle s'éloignait, de dos, vers la lune. Mais, quand le protagoniste ainsi reprend tout, c'est parce qu'il a atteint à ce point de non-vouloir qui définit maintenant le pathétique, le point schopenhauérien, le point d'Hamlet dans « *Un Hamlet de moins* », là où disparaît le corps visible. Ce qui se libère dans le non-vouloir, c'est la musique et la parole, leur entrelacement dans un corps qui n'est plus que sonore, un corps d'opéra nouveau. Même l'aphasie devient alors la langue noble et musicale. Ce ne sont plus les personnages qui ont une voix, ce sont les voix ou plutôt les modes vocaux du protagoniste (murmure, souffle, cri, éructation...) qui deviennent les seuls et véritables personnages de la cérémonie, dans le milieu devenu musique : tels les prodigieux monologues d'Hérode Antipas dans « *Salomé* », qui s'élèvent de son corps recouvert par la lèpre, et qui effectuent les puissances sonores du cinéma[2]. Et sans doute, dans cette entreprise, Carmelo Bene est le plus proche d'Artaud. Il connaît la même aventure : il « croit » au cinéma, il croit que le cinéma peut opérer une théâtralisation plus profonde que le théâtre lui-même, mais il n'y croit qu'un court instant. Il pense bientôt que le théâtre est plus apte à se renouveler lui-même, et à libérer les puissances sonores, que le cinéma trop visuel restreint encore, quitte à ce que la théâtralisation intègre des supports électroniques au lieu de cinématographiques. Reste qu'il y a cru, un moment, le temps d'une œuvre trop vite interrompue, volontairement interrompue : la capacité qu'aurait le cinéma

---

2. Sur tous ces aspects du cinéma de Bene, cf. l'analyse d'ensemble de Jean-Paul Manganaro, in *Lumière du cinéma*, n° 9, novembre 1977.

de *donner* un corps, c'est-à-dire de le faire, de le faire naître et disparaître dans une cérémonie, dans une liturgie. C'est là peut-être que nous pourrons saisir un enjeu dans le rapport théâtre-cinéma.

On trouve ou on retrouve ces deux pôles, le corps quotidien, le corps cérémoniel, dans le cinéma expérimental. Celui-ci n'est pas nécessairement en avance, il arrive même qu'il vienne après. La différence entre le cinéma expérimental et l'autre cinéma, c'est que le premier expérimente, tandis que l'autre trouve, en vertu d'une *autre* nécessité que celle du processus filmique. Dans le cinéma expérimental, tantôt le processus monte la caméra sur le corps quotidien ; ce sont les célèbres essais de Warhol, six heures et demie sur l'homme qui dort en plan fixe, trois quarts d'heure sur l'homme qui mange un champignon (« *Sleep* », « *Eat* »)³. Tantôt, au contraire, ce cinéma du corps monte une cérémonie, prend un aspect initiatique et liturgique, et tente de convoquer toutes les puissances métalliques et liquides d'un corps sacré, jusqu'à l'horreur ou la révulsion, comme dans les essais de l'école de Vienne, Brus, Müehl et Nitsch⁴. Mais peut-on parler de pôles contraires, sauf dans les cas extrêmes qui ne sont pas forcément les plus réussis ? Dans les meilleurs cas, on dirait plutôt que le corps quotidien s'apprête à une cérémonie qui, peut-être, ne viendra jamais, se prépare à une cérémonie qui consistera peut-être à attendre : telle la longue préparation du couple, dans « *Mechanics of Love* » de Maas et Moore, ou celle du prostitué, dans « *Flesh* » de Morrissey et Warhol. En faisant des marginaux les personnages de son cinéma, l'Underground se donnait les moyens d'une quotidienneté qui ne cessait de s'écouler dans les préparatifs d'une cérémonie stéréotypée, drogue, prostitution, travestissement. Les attitudes et postures passent dans cette lente théâtralisation quotidienne du corps, comme dans « *Flesh* », un des plus beaux de ces films, avec ses fatigues et ses attentes, mais aussi avec le moment de détente, le jeu des trois corps fondamentaux, l'homme, la femme et l'enfant.

---

3. Dominique Noguez insiste sur le temps réel et l'élimination de la narrativité (« miroir du temps... rapport au temps qui excède le récit ») : in *Le Cinéma en l'an 2000*, *Revue d'esthétique*, Privat, p. 15.
4. Sur le pôle cérémoniel du cinéma expérimental, cf. Paolo Bertetto, « L'éidétique et le cérémonial », *id.*, p. 59-61.

Ce qui compte, c'est moins la différence des pôles que le passage de l'un à l'autre, le passage insensible des attitudes ou des postures au « gestus ». C'est Brecht qui a créé la notion de gestus, en en faisant l'essence du théâtre, irréductible à l'intrigue ou au « sujet » : pour lui, le gestus doit être social, bien qu'il reconnaisse qu'il y a d'autres sortes de gestus [5]. Ce que nous appelons gestus en général, c'est le lien ou le nœud des attitudes, entre elles, leur coordination les unes avec les autres, mais en tant qu'elle ne dépend pas d'une histoire préalable, d'une intrigue préexistante ou d'une image-action. Au contraire, le gestus est le développement des attitudes elles-mêmes, et, à ce titre, opère une théâtralisation directe des corps, souvent très discrète, puisqu'elle se fait indépendamment de tout rôle. C'est la grandeur de l'œuvre de Cassavetes, avoir défait l'histoire, l'intrigue ou l'action, mais même l'espace, pour atteindre aux attitudes comme aux catégories qui mettent le temps dans le corps, autant que la pensée dans la vie. Quand Cassavetes dit que les personnages ne doivent pas venir de l'histoire ou de l'intrigue, mais l'histoire, être sécrétée par les personnages, il résume l'exigence d'un cinéma des corps : le personnage est réduit à ses propres attitudes corporelles, et ce qui doit en sortir, c'est le gestus, c'est-à-dire un « spectacle », une théâtralisation ou une dramatisation qui vaut pour toute intrigue. « *Faces* » se construit sur les attitudes du corps présentées comme des visages allant jusqu'à la grimace, exprimant l'attente, la fatigue, le vertige, la dépression. Et à partir des attitudes des Noirs, des attitudes des Blancs, « *Shadows* » dégageait le gestus social qui se noue autour de l'attitude du nègre-blanc, mis dans l'impossibilité de choisir, solitaire, à la limite de l'évanescence. Comolli parle d'un cinéma de *révélation*, où

---

5. Brecht, « Musique et gestus », *Écrits sur le théâtre*, L'Arche. Roland Barthes a donné de ce texte un excellent commentaire (« Diderot, Brecht, Eisenstein », *L'Obvie et l'Obtus*, Seuil) : le sujet de *Mère Courage* peut être la guerre de Trente Ans, ou même la dénonciation de la guerre en général, mais « son gestus n'est pas là », « il est dans l'aveuglement de la commerçante qui croit vivre de la guerre et qui en meurt », il réside dans « la démonstration critique du geste » ou « la coordination des gestes ». Ce n'est pas une cérémonie (gestus vide), disait Brecht, mais plutôt une mise en cérémonie des attitudes « les plus courantes, les plus vulgaires, les plus banales ». Barthes précise : c'est le geste exagéré par lequel la cantinière vérifie la monnaie, chez Brecht, ou bien, chez Eisenstein, « le graphisme excessif dont le bureaucrate de *La Ligne générale* signe ses paperasses ».

la seule contrainte est celle des corps, et la seule logique celle des enchaînements d'attitudes : les personnages « se constituent geste à geste et mot à mot, à mesure que le film avance, ils se fabriquent eux-mêmes, le tournage agissant sur eux comme un révélateur, chaque progrès du film leur permettant un nouveau développement de leur comportement, leur durée propre coïncidant très exactement avec celle du film » [6]. Et, dans les films suivants, le spectacle peut passer par un scénario : celui-ci raconte moins une histoire qu'il ne développe et ne transforme des attitudes corporelles, comme dans « *Une femme sous influence* », ou bien dans « *Gloria* », où l'enfant abandonné colle au corps de la femme qui cherche d'abord à le repousser. Dans « *Love Streams* », il y a le frère et la sœur : l'un ne peut se sentir exister que dans un amoncellement de corps féminins, l'autre, dans un amoncellement de bagages, ou d'animaux qu'elle offre au frère. Comment exister, personnellement, si on ne le peut pas tout seul ? Comment faire passer quelque chose à travers ces paquets de corps, qui sont à la fois l'obstacle et le moyen ? Chaque fois l'espace est constitué par ces excroissances de corps, filles, bagages, animaux, à la recherche d'un « courant » qui passerait d'un corps à l'autre. Mais la sœur solitaire partira sur un rêve, et le frère restera sous une hallucination : une histoire désespérée. En règle générale, Cassavetes ne garde de l'espace que ce qui tient aux corps, il compose l'espace avec des morceaux déconnectés que seul un gestus relie. C'est l'enchaînement formel des attitudes qui remplace l'association des images.

La nouvelle vague, en France, a poussé très loin ce cinéma des attitudes et des postures (dont l'acteur exemplaire serait Jean-Pierre Léaud). Les décors sont souvent faits en fonction des attitudes du corps qu'ils commandent et des degrés de liberté qu'ils leur laissent, comme l'appartement du « *Mépris* » ou la chambre de « *Vivre sa vie* », chez Godard. Les corps qui s'étreignent et se frappent, s'enlacent et se cognent, animent de grandes scènes comme dans « *Prénom Carmen* » encore, où les deux amants tentent de se happer

---

6. Comolli, *Cahiers du cinéma*, n° 205, octobre 1968 (cf. aussi le commentaire de Sylvie Pierre). Cassavetes lui-même dit que la vie ne suffit pas : il faut un « spectacle », car seul le spectacle est création ; mais le spectacle doit émaner des personnages vivants, et non l'inverse.

dans des portes ou des fenêtres [7]. Non seulement les corps se cognent, mais la caméra se cogne contre les corps. Chaque corps a non seulement son espace, mais aussi sa lumière, dans « *Passion* ». Le corps est sonore autant que visible. Toutes les composantes de l'image se regroupent sur le corps. La formule de Daney quand il définit « *Ici et ailleurs* », restituer les images aux corps sur lesquels elles ont été prises, vaut pour tout le cinéma de Godard et pour la nouvelle vague. « *Ici et ailleurs* » le fait politiquement, mais les autres films ont au moins une politique de l'image, rendre l'image aux attitudes et postures du corps. Une image caractéristique est celle d'un corps appuyé contre un mur, qui se laisse aller et tombe assis par terre dans un glissement de postures. À travers toute son œuvre, Rivette élabore une formule où s'affrontent cinéma, théâtre, et théâtralité propre au cinéma : « *L'Amour par terre* » en est la plus parfaite expression, qu'on alourdit dès qu'on l'expose théoriquement, alors qu'elle anime les plus souples combinaisons. Les personnages répètent une pièce ; mais justement la répétition implique qu'ils n'ont pas encore atteint aux attitudes théâtrales correspondant aux rôles et à l'intrigue de la pièce qui les dépasse ; en revanche, ils sont renvoyés à des attitudes para-théâtrales qu'ils prennent par rapport à la pièce, par rapport à leur rôle, les uns par rapport aux autres, et ces attitudes secondes sont d'autant plus pures et indépendantes qu'elles sont libres de toute intrigue préexistante, celle-ci n'existant que dans la pièce. Elles vont donc sécréter un gestus qui n'est ni réel ni imaginaire, ni quotidien ni cérémonial, mais à la frontière des deux, et qui renverra pour son compte à l'exercice d'un sens véritablement visionnaire ou hallucinatoire (le bonbon magique de « *Céline et Julie en bateau* », les projections du prestidigitateur dans « *L'Amour par terre* »). On dirait que les personnages rebondissent sur le mur du théâtre, et découvrent des attitudes pures aussi indépendantes du rôle théâtral que d'une action réelle, bien qu'en résonance avec les deux. Un des plus beaux

---

7. Yann Lardeau a bien montré le rapport de la nouvelle vague avec le burlesque : « La relation du corps aux objets qui l'entourent sur scène *produit* une série d'obstacles à laquelle se heurte successivement la course de l'acteur », et « devient la matière première du langage cinématographique ». À propos de « *Prénom Carmen* », il dit : « Les heurts répétés de deux corps asynchrones propulsés l'un vers l'autre, tels des bolides » (*Cahiers du cinéma*, n° 355, janvier 1984).

cas, chez Rivette, est « *L'Amour fou* », quand le couple cloîtré dans la chambre épouse et traverse toutes les postures, posture asilaire, posture agressive, posture amoureuse... C'est une splendide démonstration de postures. En ce sens, Rivette invente une théâtralité du cinéma tout à fait distincte de la théâtralité de théâtre (même quand le cinéma s'en sert comme référence).

La solution de Godard est différente, et semble plus simple au premier abord : c'est que, nous l'avons vu, les personnages se mettent à jouer pour eux-mêmes, à danser, à mimer pour eux-mêmes, dans une théâtralisation qui prolonge directement leurs attitudes quotidiennes : le personnage se fait à soi-même un théâtre. Dans « *Pierrot le fou* » on passe constamment de l'attitude du corps au gestus théâtral qui relie les attitudes et en redonne de nouvelles, jusqu'au suicide final qui les absorbe toutes. Chez Godard, les attitudes de corps sont les catégories de l'esprit même, et le gestus est le fil qui va d'une catégorie à une autre. « *Les Carabiniers* », c'est la Geste de la guerre. Le gestus est nécessairement social et politique, suivant l'exigence de Brecht, mais il est nécessairement autre chose aussi (pour Rivette autant que pour Godard). Il est bio-vital, métaphysique, esthétique [8]. Chez Godard, dans « *Passion* », les postures du patron, de la propriétaire et de l'ouvrière renvoient à un gestus pictural ou para-pictural. Et, dans « *Prénom Carmen* », les attitudes de corps ne cessent de renvoyer à un gestus musical qui les coordonne indépendamment de l'intrigue, qui les reprend, les soumet à un enchaînement supérieur, mais aussi en libère toutes les potentialités : les répétitions du quatuor ne se contentent pas de développer et de diriger les qualités sonores de l'image, mais même les qualités visuelles, au sens où l'arrondi du bras de la violoniste ajuste le mouvement des corps qui s'enlacent. C'est que, chez Godard, les sons, les couleurs sont des attitudes du corps, c'est-à-dire des catégories : ils trouvent donc leur fil dans la composition esthétique qui les traverse, non moins que dans l'organisation sociale et politique qui les sous-tend. « *Prénom Carmen* », dès son début, fait dépendre

---

8. Le titre même du texte de Brecht, « Musique et gestus », indique suffisamment que le gestus ne doit pas seulement être social : étant l'élément principal de la théâtralisation, il implique toutes les composantes esthétiques, notamment musicales.

les sons d'un corps qui heurte les choses, et qui se heurte lui-même, se tape sur le crâne. Le cinéma de Godard va des attitudes du corps, visuelles et sonores, au gestus pluridimensionnel, pictural, musical, qui en constitue la cérémonie, la liturgie, l'ordonnance esthétique. C'était déjà vrai de « *Sauve qui peut (la vie)* », où la musique constituait le fil directeur virtuel allant d'une attitude à une autre, « c'est quoi, cette musique ? », avant qu'elle ne se manifeste pour elle-même, à la fin du film. L'attitude du corps est comme une image-temps, celle qui met l'avant et l'après dans le corps, la série du temps ; mais le gestus est déjà une autre image-temps, l'ordre ou l'ordonnance du temps, la simultanéité de ses pointes, la coexistence de ses nappes. Dans le passage de l'une à l'autre, Godard atteint donc à une grande complexité. D'autant plus qu'il peut suivre la démarche inverse, et partir d'un gestus continu, donné d'abord, pour le décomposer en attitudes ou catégories : tels les arrêts sur l'image dans « *Sauve qui peut...* » (où finit la caresse et où commence la gifle ? où finit l'embrassement et où commence la lutte ?) [9]. Il n'y a pas seulement le gestus « entre » deux attitudes, il y a aussi le sonore et le visuel dans les attitudes et dans le gestus, et « entre » les attitudes et le gestus lui-même, et inversement : telle encore la décomposition visuelle et sonore des postures pornographiques.

L'après-nouvelle vague ne cessera de travailler et d'inventer dans ces directions : les attitudes et postures du corps, la valorisation de ce qui se passe par terre ou couché, la vitesse et la violence de la coordination, la cérémonie ou le théâtre de cinéma qui s'en dégage (déjà « *La Chair de l'orchidée* », puis surtout « *L'Homme blessé* » de Chéreau sont d'une grande force à cet égard). Certes, le cinéma des corps ne va pas sans danger : une exaltation des personnages marginaux

---

9. Cf. deux articles importants de Jean-Pierre Bamberger, l'un sur « *Sauve qui peut (la vie)* », l'autre sur « *Prénom Carmen* » (*Libération*, 7 et 8 novembre 1980, 19 janvier 1984). Dans le premier, Bamberger analyse la décomposition du mouvement suivant des attitudes, mais aussi la composition de lignes mélodiques suivant les personnages, et le rôle correspondant de la musique. Dans le deuxième, il analyse le rapport du corps et du son, mais aussi du geste musical et de l'attitude de corps : « Comment faire exister le rapport entre les pincements de corde des violons et ceux des corps qui s'étreignent, entre l'arrondi du mouvement de l'archet qui attaque la corde et le bras qui enlace un cou ? »

qui font de leur vie quotidienne une insipide cérémonie ; un culte de la violence gratuite dans l'enchaînement des postures ; une culture des attitudes catatoniques, hystériques ou simplement asilaires, ce dont Godard fait une sorte de parodie au début de « *Prénom Carmen* ». Et nous finissons par nous lasser de tous ces corps qui glissent le long du mur pour se retrouver accroupis. Mais depuis la nouvelle vague, chaque fois qu'il y eut un film beau et puissant, on y trouvait une nouvelle exploration du corps. Dès « *Jeanne Dielman* », Chantal Akerman veut montrer « des gestes dans leur plénitude ». Cloîtrée dans la chambre, l'héroïne de « *Je tu il elle* » enchaîne les postures asilaires et enfantines, involutives, sur un mode qui est celui de l'attente, en comptant les jours : une cérémonie de l'anorexie. La nouveauté de Chantal Akerman est de montrer ainsi les attitudes corporelles comme le signe d'états de corps propres au personnage féminin, tandis que les hommes témoignent de la société, de l'environnement, de la part qui leur échoit, du morceau d'histoire qu'ils traînent avec eux (« *Les Rendez-vous d'Anna* »). Mais, justement, la chaîne des états de corps féminins n'est pas fermée : descendant de la mère ou remontant jusqu'à la mère, elle sert de révélateur aux hommes qui ne font plus que se raconter, et plus profondément à l'environnement qui ne fait plus que se montrer ou s'entendre par la fenêtre d'une chambre, par la vitre d'un train, tout un art du son. Sur place ou dans l'espace, le corps d'une femme conquiert un étrange nomadisme qui lui fait traverser les âges, les situations, les lieux (c'était le secret de Virginia Woolf en littérature). Les états du corps sécrètent la lente cérémonie qui relie les attitudes correspondantes, et développent un gestus féminin qui capte l'histoire des hommes et la crise du monde. C'est ce gestus qui réagit sur le corps en lui donnant un hiératisme comme une austère théâtralisation, ou plutôt une « stylisation ». S'il est possible d'éviter l'excès de stylisation qui tend, malgré tout, à renfermer film et personnage, c'est le problème que Chantal Akerman pose elle-même [10]. Le gestus peut devenir

---

10. Ou plutôt c'est Alain Philippon qui pose à Akerman cette question : la limite de sa stylisation des corps et des postures. À quoi elle répond qu'elle avait dès le début une maîtrise technique trop parfaite, notamment de cadrage. Or cette maîtrise n'est pas forcément bonne : comment échapper à la « gra-

plutôt burlesque, sans rien abandonner, et communique au film une légèreté, une irrésistible gaieté : déjà dans « *Toute une nuit* », mais surtout dans l'épisode de « *Paris vu par... 20 ans après* », dont le titre même relance toute l'œuvre d'Akerman, « *J'ai faim, j'ai froid* », les états de corps devenus burlesques, moteurs d'une ballade.

Les auteurs féminins, les réalisatrices féminines, ne doivent pas leur importance à un féminisme militant. Ce qui compte davantage, c'est la manière dont elles ont innové dans ce cinéma des corps, comme si les femmes avaient à conquérir la source de leurs propres attitudes et la temporalité qui leur correspond comme gestus individuel ou commun (« *Cléo de 5 à 7* », « *L'une chante, l'autre pas* » d'Agnès Varda, « *Mon cœur est rouge* » de Michèle Rosier). Avec « *Mur murs* » et « *Documenteur* », Varda constitue un diptyque dont la seconde partie présente les attitudes et gestes quotidiens d'une femme perdue dans Los Angeles, tandis que la première partie montrait, sous les yeux d'une autre femme en promenade dans la même ville, le gestus historique et politique d'une communauté minoritaire, fresques murales des Chicanos aux formes et couleurs exaspérées.

Chez Eustache, le cinéma du corps ou des attitudes prenait aussi de nouveaux chemins. Dès « *Le Cochon* » et « *La Rosière de Pessac* », Eustache filmait des fêtes cycliques intégrant des attitudes collectives et constituant un gestus social. Et sans doute il y avait tout un contexte, une organisation de pouvoir, des finalités politiques, toute une histoire autour de ces cérémonies, dans ces cérémonies. Mais, conformément à la leçon du cinéma-vérité, on ne raconterait pas cette histoire : on la révélerait d'autant plus qu'on la montrerait moins, on montrerait seulement la manière dont les attitudes du corps se coordonnent dans la cérémonie, de manière à révéler ce qui ne se laissait pas montrer [11]. Le cinéma d'Eustache allait

---

vité » de la stylisation ? Philippon analyse l'évolution d'Akerman dans « *Toute une nuit* » : cf. *Cahiers du cinéma*, n° 341, novembre 1982, p. 19-26.

11. Serge Daney, *Cahiers du cinéma*, n° 306, décembre 1979, p. 40 : « On voit bien ce qu'une démarche purement critique, démystificatrice, aurait raté en réduisant la fête à ce qu'elle signifie ou à ceux à qui elle sert, à son sens ou à sa fonction (...). [Il fallait] critiquer la fête sans cesser de la donner à voir dans son entier, dans son opacité. » Et le texte d'Eustache lui-même, « Pourquoi j'ai refait la Rosière ».

dès lors se développer dans plusieurs directions : l'attitude du corps n'était pas moins vocale que gestuelle, un des buts principaux du cinéma étant de *filmer la parole*, comme dit Philippon ; les attitudes et postures engendraient leur gestus par une puissance du faux, à laquelle les corps tantôt se dérobaient, tantôt se donnaient pleinement, mais toujours se confrontant ainsi à l'acte pur du cinéma ; si l'attitude était faite pour être vue et entendue, elle renvoyait nécessairement à un voyeur et à un écouteur qui n'étaient pas moins postures du corps, attitudes eux aussi, si bien que le gestus était composé de l'attitude et de son voyeur, et inversement, de même pour la parole ; enfin, le diptyque devenait la forme fondamentale du cinéma, sous des aspects très divers, mais ayant chaque fois pour effet de mettre le temps dans les corps. Eustache allait faire une seconde « *Rosière de Pessac* », dix ans après, pour les confronter et les coordonner à partir de la seconde : « c'est l'idée de temps qui m'intéresse ». « *Mes petites amoureuses* » s'organisait en diptyque dont le premier volet montrait les attitudes de corps enfantines, à la campagne, mais le second, les « fausses » attitudes adolescentes dont l'enfant, à la ville, n'était plus que le voyeur et l'auditeur, jusqu'à ce qu'il revienne à la campagne, ayant grandi avec son nouveau savoir. « *Une sale histoire* » constituait les deux degrés où se nouaient, de part et d'autre, l'attitude et la parole, l'auditeur et le voyeur. Tous ces aspects faisaient déjà de « *La Maman et la Putain* » un chef-d'œuvre du cinéma des corps, de leurs attitudes gestuelles et vocales.

S'il est vrai que le cinéma moderne s'est construit sur la ruine du schème sensori-moteur ou de l'image-action, il trouve dans le couple « posture-voyeurisme » un nouvel élément qui fonctionne d'autant mieux que les postures sont innocentes. La richesse d'un tel cinéma ne se laisse pas épuiser par un auteur, Akerman ou Eustache. C'est un foisonnement, où l'on ne peut que repérer les styles divers, et ce qui fonde l'unité d'une catégorie (« l'après-nouvelle vague ») à travers des auteurs très différents. On citera « *Faux-fuyants* » de Bergala et Limosin, comme montant une étrange cérémonie qui consiste, pour un adulte (l'homme à la caméra ?), à inspirer et coordonner uniquement des attitudes de corps chez des jeunes gens dont il se fait le voyeur, constituant un gestus qui enchaîne tous les délits de fuite inopinés, et remplace la narration, d'un crime à l'autre [12]. Avec « *La Drôlesse* » Jacques Doillon faisait un grand film de postures : un débile emmenait une petite fille sauvage, et la soumettait aux attitudes innocentes qu'imposait le décor d'un grenier, se coucher, s'asseoir, manger, dormir, sous la surveillance d'un pseudo-appareil à voir bricolé tant bien que mal (il appartiendrait à la police de ne pas y croire, et d'inventer une histoire inexistante, c'est-à-dire un film d'action avec rapt et viol). Et dans la plupart de ses films, des « *Doigts dans la tête* » qui reprend un thème voisin de « *La Maman et la Putain* » jusqu'à « *La Pirate* », qui pousse à la frénésie les attitudes de corps sous le regard d'une petite fille voyeuse et sévère, Doillon utilise une forme diptyque très souple, capable de marquer les pôles posturaux entre lesquels le corps oscille. Chaque fois, la stylisation des attitudes forme une théâtralisation de cinéma très différente du théâtre. Mais c'est Philippe Garrel qui va le plus loin dans cette direction, parce qu'il se donne une véritable liturgie des corps, parce qu'il les rend à une cérémonie secrète qui n'a plus pour personnages que Marie, Joseph et l'enfant, ou leurs équivalents (« *Le Lit de la vierge* », « *Marie pour mémoire* », « *Le Révélateur* », « *L'Enfant secret* »). Ce n'est guère un cinéma pieux, toutefois, bien que ce soit un cinéma de la révélation. Si la cérémonie est secrète, précisément, c'est parce que Garrel prend les trois personnages « avant » la légende, avant qu'ils aient fait légende ou constitué une histoire sainte : la question que Godard pose, « qu'est-ce qu'ils se sont dit, Joseph et Marie, avant d'avoir l'enfant ? », n'annonce pas seulement un projet de Godard, elle résume les acquis de Garrel. Le hiératisme théâtral des personnages, sensible dans ses premiers films, est de plus en plus ramené à une physique des corps fondamentaux. Ce que Garrel exprime au cinéma, c'est le problème des trois corps :

---

12. Jean Narboni compare « *Faux-fuyants* » au roman de Gombrowicz, *La Pornographie* (*Cahiers du cinéma*, n° 353, novembre 1983, p. 53). C'est que le roman, comme le film, présente un protagoniste adulte qui se donne à voir des attitudes de jeunes gens, attitudes à la fois innocentes et imposées, d'autant plus « pornographiques » par là même et menant à une catastrophe : « leurs mains au-dessus de leurs têtes se touchèrent involontairement. Et à l'instant même elles furent ramenées en bas, avec violence. Pendant quelque temps tous deux contemplèrent avec attention leurs mains réunies. Et brusquement ils tombèrent ; on ne savait pas lequel avait fait basculer l'autre, à croire que c'étaient leurs mains qui les avaient renversés » (*La Pornographie*, Julliard, p. 157).

l'homme, la femme et l'enfant. L'histoire sainte comme Geste. Le beau début du « *Révélateur* » laisse deviner dans le noir l'enfant juché en haut de l'armoire, puis montre la porte qui s'ouvre sur la silhouette surexposée du père, et révèle enfin, devant lui, la mère à genoux. Chacun étreindra l'un des deux autres, suivant trois combinaisons, dans un grand lit qui ressemble à un nuage sur le sol. Il arrive que l'enfant constamment invoqué manque (« *Marie pour mémoire* »), ou soit un autre que celui qu'on voit (« *L'Enfant secret* ») : c'est le signe que le problème des trois corps reste insoluble cinématographiquement non moins que physiquement. L'enfant est lui-même le point problématique. C'est autour de lui que se compose le gestus, comme dans l'épisode de « *Paris vu par... 20 ans après* » (« Rue Fontaine ») : la première attitude est celle de l'homme en train de raconter l'histoire d'une femme qui disait « je veux un enfant » et qui disparaît ; la seconde, celle du même homme assis chez une femme et attendant ; la troisième, ils deviennent amants, attitudes et postures ; la quatrième, ils se sont quittés, il veut la revoir, mais elle lui annonce qu'elle avait un enfant qui est mort ; la cinquième, il apprend qu'elle a été trouvée morte elle-même, et il se tue, son corps basculant lentement tout au long d'une image devenue neigeuse, comme dans une posture qui n'en finit pas. L'enfant apparaît ainsi comme le point indécidable en fonction duquel se distribuent les attitudes d'un homme et d'une femme. Chez Garrel aussi, la forme diptyque s'impose donc, autour d'une charnière vide, limite inatteignable ou coupure irrationnelle. Elle ne distribue pas seulement les attitudes, mais le blanc et le noir, le froid et le chaud, comme les conditions dont les attitudes dépendent ou les éléments dont les corps sont faits. Ce sont les deux chambres colorées, de part et d'autre du lit, la froide et la chaude, dans « *La Concentration* ». Ce sont les deux grands paysages du « *Lit de la vierge* », le blanc village arabe et le sombre château-fort breton, le mystère du Christ et la quête du Graal. Ce sont les deux parties bien distinctes de « *Liberté la nuit* », l'image noire du couple dont l'homme trahit la femme (la femme abandonnée qui tricote en pleurant dans le théâtre sombre et vide), l'image blanche du couple dont la femme trahit l'homme (les deux personnages s'étreignant dans un champ où sèche le linge, un drap agité par le vent venant les recouvrir et recouvrir l'écran). Ce sont les alternances de chaud et de froid, le chaud d'un feu ou d'une lumière dans la nuit, mais aussi le froid de la drogue blanche saisi dans une glace (comme dans « *L'Enfant secret* » où l'on voit, derrière la vitrine du café, l'homme dos tourné, et, dans la vitrine, l'image de la femme également de dos qui traverse la rue et va retrouver le dealer). Chez Garrel, le sur-exposé et le sous-exposé, le blanc et le noir, le froid et le chaud deviennent les composantes du corps et les éléments de ses postures [13]. Ce sont les catégories qui « donnent » un corps.

« L'absence d'image », l'écran noir ou l'écran blanc, ont une importance décisive dans le cinéma contemporain. C'est que, comme l'a montré Noël Burch, ils n'ont plus une simple fonction de ponctuation, à la manière de l'enchaîné, mais entrent dans un rapport dialectique entre l'image et son absence, et prennent une valeur proprement structurale (ainsi dans le cinéma expérimental, « *Reflections on Black* » de Brakhage) [14]. Cette nouvelle valeur de l'écran noir ou blanc nous semble correspondre aux caractères analysés précédemment : d'une part, ce qui compte n'est plus l'association des images, la manière dont elles s'associent, mais l'interstice entre deux images ; d'autre part, la coupure dans une suite d'images n'est plus une coupure rationnelle qui marque la fin de l'une *ou* le début d'une autre, mais une coupure dite irrationnelle qui n'appartient ni à l'une ni à l'autre, et se met à valoir pour elle-même. Garrel a su donner une extraordinaire intensité à ces coupures irrationnelles, si bien que la série des images antérieures n'a pas de fin, pas plus que la série des images suivantes n'a de début, les deux séries convergeant vers l'écran blanc ou noir comme leur limite commune. Bien mieux, l'écran ainsi utilisé devient le support de variations : l'écran noir et l'image sous-exposée, le noir profond qui laisse deviner de sombres volumes en voie de constitution, ou bien le noir marqué par un point lumineux fixe ou mobile, et toutes les

---

13. Jean Douchet (« Le cinéma autophagique de Philippe Garrel », in *Garrel composé par Gérard Courant*, Studio 43) : « Deux sensations par lesquelles se manifeste la solitude, le froid et le brûlant. *Athanor* par exemple est un film sur le feu. *La Cicatrice intérieure*, elle, est un film sur le feu et la glace. (...) L'idée du chaud, du brûlant, du fiévreux, de l'intense, renforce le caractère de base d'un univers glacé. »

14. Noël Burch, *Praxis du cinéma*, Gallimard, p. 85-86.

alliances du noir et du feu ; l'écran blanc et l'image surexposée, l'image laiteuse, ou bien l'image neigeuse dont les grains dansants vont prendre corps... Et, dans « *L'Enfant secret* », c'est souvent le flash qui fait naître les images et rassemble les puissances du noir et du blanc. À travers tous les films de Garrel l'écran noir ou blanc n'a plus seulement une valeur structurale, mais génétique : avec ses variations ou tonalités, il acquiert la puissance d'une constitution des corps (corps primordiaux dès lors, l'Homme, la Femme et l'Enfant), la puissance d'une genèse des postures [15]. C'est peut-être le premier cas d'un cinéma de constitution, véritablement constituant : constituer les corps, et par là nous redonner croyance au monde, nous rendre la raison... Il est douteux que le cinéma y suffise ; mais, si le monde est devenu un mauvais cinéma, auquel nous ne croyons plus, un vrai cinéma ne peut-il pas contribuer à nous redonner des raisons de croire au monde et aux corps évanouis ? Le prix à payer, dans le cinéma comme ailleurs, fut toujours un affrontement avec la folie [16].

En quel sens Garrel est-il un des plus grands auteurs modernes, dont l'œuvre, hélas, risque de ne développer ses effets qu'à longue échéance, dotant le cinéma de puissances encore mal connues ? Il faut revenir à un très vieux problème, qui opposait déjà le théâtre et le cinéma. Ceux qui aimaient profondément le théâtre objectaient que le cinéma manquerait toujours de quelque chose, *la présence*, la présence des corps qui restait l'apanage du théâtre : le cinéma ne nous

---

15. Cf. Alain Philippon (in *Garrel*, Studio 43) : « De quoi est-il question dans *La Cicatrice intérieure*, sinon de naissance et de création ? On est là dans le monde d'avant le monde, dans un passé ou un futur, peu importe, non daté. (...) C'est bien à une naissance qu'on vient d'assister, et l'Enfant, sous plusieurs apparences, sera plus tard le vecteur de la fiction du film. (...) Si le feu, la terre et l'eau sont convoqués dans *La Cicatrice intérieure* comme aux premiers temps de l'univers, c'est à titre d'éléments premiers d'un monde à naître, à qui la parole va donner vie. » Et Philippe Carcassonne, dans un article pourtant réticent (*Cinématographe*, n° 87, mars 1983) évoque « *Le Bleu des origines* » (en noir et blanc) : « C'est la couleur de la genèse, ce qui précède l'histoire et à coup sûr lui survivra, c'est l'enveloppe eschatologique, non seulement du cinéma, mais de toute représentation à laquelle les personnages prennent leurs sources. »
16. Garrel évoque parfois son histoire personnelle qui se confond avec son œuvre : « À la fin du *Berceau de cristal* il y a la fille qui se suicide, et quelque part c'est comme j'avais dit dans *Marie pour mémoire*, Que la folie vienne vite (...), jusqu'au jour où elle m'est tombée dessus. Jusqu'à ce que je retrouve la raison par le cinéma » (*Cahiers du cinéma*, n° 287, avril 1978).

montrait que des ondes et des corpuscules dansants avec
lesquels il simulait des corps. Quand André Bazin reprend
le problème, il cherche en quel sens il y a une autre modalité
de présence, cinématographique, qui rivalise avec celle du
théâtre, et peut même surenchérir avec d'autres moyens [17].
Mais, si le cinéma ne nous donne pas la présence du corps,
et ne peut pas nous la donner, c'est peut-être aussi parce
qu'il se propose un autre objectif : il étend sur nous une
« nuit expérimentale » ou un espace blanc, il opère avec des
« grains dansants » et une « poussière lumineuse », il affecte
le visible d'un trouble fondamental, et le monde d'un suspens, qui contredisent toute perception naturelle. Ce qu'il
produit ainsi, c'est le genèse d'un « corps inconnu » que nous
avons derrière la tête, comme l'impensé dans la pensée, naissance du visible qui se dérobe encore à la vue. Ces réponses
qui changent le problème sont celles de Jean-Louis Schefer
dans *L'Homme ordinaire du cinéma*. Elles consistent à dire
que le cinéma n'a pas pour objet de reconstituer une présence des corps, en perception et action, mais à opérer une
genèse primordiale des corps en fonction d'un blanc, d'un
noir ou d'un gris (ou même en fonction des couleurs), en
fonction d'un « commencement de visible qui n'est pas
encore une figure, qui n'est pas encore une action ». Est-ce
cela, le projet de Bresson, « *Genèse* » ? Or, ce dont Schefer
cherche les exemples épars dans l'histoire du cinéma, chez
Dreyer, chez Kurosawa, nous croyons que c'est Garrel qui
en tire, non pas une récapitulation systématique, mais une
inspiration renouvelante qui fait que le cinéma coïncide alors
avec sa propre essence, du moins avec une de ses essences :
un procès, un processus de la constitution des corps à partir
de l'image neutre, blanche ou noire, neigeuse ou flashée. Le
problème n'est certes pas celui d'une présence des corps,
mais celui d'une croyance capable de nous redonner le
monde et le corps à partir de ce qui signifie leur absence. Il
faut que la caméra invente les mouvements ou positions qui
correspondent à la genèse des corps, et qui soient l'enchaînement formel de leurs postures primordiales. Cette part
propre à Garrel dans le cinéma des corps, on la trouvera

---

17. Bazin, *Qu'est-ce que le cinéma ?*, Éd. du Cerf, « Théâtre et cinéma II »,
p. 150 sq.

dans une géométrie qui compose le monde, à son tour, avec des points, des cercles et des demi-cercles. Un peu comme chez Cézanne l'aube du monde est liée au point, au plan, au volume, à la section, non pas comme figures abstraites, mais comme genèse et naissance. Dans « *Le Révélateur* », la femme est souvent un point fixe, immobile et négateur, tandis que l'enfant tourne, autour de la femme, autour du lit, autour des arbres, et que l'homme fait des demi-cercles qui maintiennent son rapport avec la femme et l'enfant. Dans « *Les Enfants désaccordés* », la caméra, d'abord point fixe sur la danse, se met à tourner autour des deux danseurs, s'approchant et s'éloignant suivant leur cadence, et la lumière changeant ; au début de « *La Cicatrice intérieure* », le travelling circulaire permet au personnage de faire un tour complet, la caméra restant fixée sur lui, comme s'il se déplaçait latéralement pour retrouver pourtant le même interlocuteur ; et, dans « *Marie pour mémoire* », tandis que Marie est emprisonnée dans la clinique, Joseph tourne en regardant la caméra, qui change de position comme si elle était successivement dans différentes voitures sur un échangeur routier. Il y a chaque fois une construction de l'espace en tant qu'il tient aux corps. Et ce qui vaut pour les trois corps fondamentaux vaut aussi pour l'autre trinité, celle des personnages, du cinéaste et de la caméra : les placer « dans la meilleure posture possible, au sens où l'on dit d'une configuration stellaire qu'elle est dans une position astrologiquement favorable » [18].

Ce qui appartient à Doillon, c'est la situation du corps pris entre deux ensembles, pris simultanément dans deux ensembles exclusifs. Truffaut avait ouvert la voie (« *Jules et Jim* », « *Les Deux Anglaises* »), et Eustache, dans « *La Maman et la Putain* », avait su construire l'espace propre du non-choix. Mais Doillon renouvelle et explore cet espace ambigu. Le personnage-corps, l'apprenti boulanger des « *Doigts dans la tête* », le mari de « *La Femme qui pleure* », la jeune femme de « *La Pirate* », oscillent entre deux femmes, ou entre une

---

18. Philippon, « L'enfant-cinéma », *Cahiers du cinéma*, n° 344, février 1983, p. 29. Et, sur le mouvement et le corps chez Garrel, cf. Jean Narboni, « Le lieu dit », *Cahiers du cinéma*, n° 204, septembre 1968.

femme et un homme, mais surtout entre deux groupements, deux modes de vie, deux ensembles qui réclament des attitudes différentes. On peut toujours dire que l'un des deux ensembles prévaut : la fille passagère renvoie le boulanger à sa fiancée constante ; la femme gaie renvoie l'homme à la femme qui pleure, dès qu'elle comprend qu'elle n'est elle-même qu'un motif ou un prétexte. Et, dans « La Pirate », si la prévalence ne semble pas fixée d'avance, elle est, d'après les déclarations mêmes de Doillon, l'enjeu d'une surenchère qui devrait décider de la vie de l'héroïne, ou de sa mise à prix. Pourtant il y a autre chose. Ce n'est pas non plus que le personnage se trouve indécis. Il semble plutôt que les deux ensembles sont réellement distincts, mais que le personnage, ou plutôt le corps dans le personnage, n'a aucun moyen de choisir entre les deux. Il est dans une posture impossible. Le personnage chez Doillon est dans la situation de ne pas pouvoir discerner le distinct : il n'est pas psychologiquement indécis, il serait même le contraire. Mais la prévalence ne lui sert à rien, parce qu'il habite son corps comme une zone d'indiscernabilité. Qui est la maman, qui est la putain ? Même si l'on décide pour lui, cela ne change rien. Son corps gardera toujours l'empreinte d'une indécidabilité qui n'était que le passage de la vie. C'est peut-être là que le cinéma du corps s'oppose essentiellement au cinéma d'action. L'image-action suppose un espace dans lequel se distribuent les fins, les obstacles, les moyens, les subordinations, le principal et le secondaire, les prévalences et les répugnances : tout un espace qu'on appelle hodologique. Mais le corps est d'abord pris dans un tout autre espace, où les ensembles disparates se recouvrent et rivalisent, sans pouvoir s'organiser suivant des schèmes sensori-moteurs. Ils s'appliquent l'un sur l'autre, dans un chevauchement de perspectives qui fait qu'il n'y a pas moyen de les discerner bien qu'ils soient distincts et même incompatibles. C'est l'espace d'avant l'action, toujours hanté par un enfant, ou par un pitre, ou par les deux à la fois. C'est un espace pré-hodologique, comme une *fluctuatio animi* qui ne renvoie pas à une indécision de l'esprit, mais à une indécidabilité du corps. L'obstacle ne se laisse pas déterminer, comme dans l'image-action, par rapport à des buts et des moyens qui unifieraient l'ensemble, mais se disperse dans « une pluralité de manières d'être présent au monde », d'appartenir à des ensembles, tous incompatibles et pourtant coexistants [19]. La force de Doillon, c'est d'avoir fait de cet espace pré-hodologique, de cet espace de chevauchements, l'objet propre d'un cinéma des corps. Il y mène ses personnages, il crée cet espace où la régression devient découverte (« *La Fille prodigue* »). Non seulement il défait ainsi l'image-action du cinéma classique, mais il découvre un non-choix du corps comme l'impensé, l'envers ou le retournement du choix spirituel. Tel le dialogue qui s'échangeait dans « *Sauve qui peut (la vie)* » de Godard : « Tu choisis... Non je ne choisis pas... Tu choisis... Je ne choisis pas... »

2

« Donnez-moi un cerveau » serait l'autre figure du cinéma moderne. C'est un cinéma intellectuel, par différence avec le cinéma physique. Le cinéma expérimental se partage entre ces deux domaines : la physique du corps, quotidien ou cérémoniel ; l'« éidétique » de l'esprit (suivant la formule de Bertetto), formel ou informel. Mais le cinéma expérimental développe la distinction suivant deux processus, l'un concrétif, l'autre abstractif. L'abstrait et le concret ne sont pourtant pas le bon critère, dans un cinéma qui crée plus qu'il n'expérimente. Nous avons vu qu'Eisenstein se réclamait déjà d'un cinéma intellectuel ou cérébral, qu'il estimait plus concret que la physique des corps chez Poudovkine, ou le formalisme physique chez Vertov. Il n'y a pas moins de concret et d'abstrait d'un côté que de l'autre : autant de sentiment ou d'intensité, de passion, dans un cinéma de cerveau ou dans un cinéma de corps. Godard fonde un cinéma du corps, Resnais, un cinéma du cerveau, mais l'un n'est pas plus abstrait ni plus concret que l'autre. Corps ou cerveau, c'est ce que le cinéma réclame qu'on lui donne, c'est ce qu'il se donne lui-même, ce qu'il invente lui-même, pour construire son œuvre suivant deux directions dont chacune est abstraite et concrète à la fois. La distinction n'est donc pas entre le concret et l'abstrait (sauf dans les cas expéri-

19. Sur cet espace pré-hodologique, espace d'avant l'action, chevauchement de perspectives et fluctuation de l'âme, cf. Gilbert Simondon, *L'Individu et sa genèse physico-biologique*, P.U.F., p. 233-234.

mentaux, et, même là, elle se brouille assez constamment).
Le cinéma intellectuel du cerveau et le cinéma physique du
corps trouveront la source de leur distinction ailleurs, source
très variable, soit chez les auteurs qui sont attirés par l'un
des deux pôles, soit chez ceux qui composent avec les deux.

Antonioni serait l'exemple parfait d'une double composition. On a souvent voulu trouver l'unité de son œuvre dans
les thèmes tout faits de la solitude et de l'incommunicabilité,
comme caractéristiques de la misère du monde moderne.
Pourtant, selon lui, nous marchons de deux pas très différents, un pour le corps, un pour le cerveau. Dans un beau
texte il explique que notre connaissance n'hésite pas à se renouveler, à affronter de grandes mutations, tandis que notre
morale et nos sentiments restent prisonniers de valeurs inadaptées, de mythes auxquelles plus personne ne croit, et ne
trouvent pour se libérer que de pauvres expédients, cyniques,
érotiques ou névrotiques. Antonioni ne critique pas le monde
moderne, aux possibilités duquel il « croit » profondément :
il critique dans le monde la coexistence d'un cerveau moderne
et d'un corps fatigué, usé, névrosé. Si bien que son œuvre
passe fondamentalement par un dualisme qui correspond aux
deux aspects de l'image-temps : un cinéma du corps, qui met
tout le poids du passé dans le corps, toutes les fatigues du
monde et la névrose moderne ; mais aussi un cinéma du cerveau, qui découvre la créativité du monde, ses couleurs suscitées par un nouvel espace-temps, ses puissances multipliées
par les cerveaux artificiels [20]. Si Antonioni est un grand coloriste, c'est parce qu'il a toujours cru aux couleurs du monde,
à la possibilité de les créer, et de renouveler toute notre
connaissance cérébrale. Ce n'est pas un auteur qui gémit sur

20. La névrose n'est donc pas la conséquence du monde moderne, mais
plutôt de notre séparation avec ce monde, de notre inadaptation à ce monde
(cf. Leprohon, Seghers, p. 104-106). Le cerveau, au contraire, est adéquat au
monde moderne, y compris dans ses possibilités d'essaimer des cerveaux électroniques ou chimiques : une rencontre se fait entre le cerveau et la couleur,
non pas qu'il suffise de peindre le monde, mais parce que le traitement de la
couleur est un élément important dans la prise de conscience du « nouveau
monde » (le correcteur de couleurs, l'image électronique...). À tous ces égards,
Antonioni marque « Désert rouge » comme un tournant de son œuvre : cf.
« Entretien avec Antonioni par Jean-Luc Godard », in La Politique des auteurs,
Cahiers du cinéma-Éditions de l'Étoile. Un projet d'Antonioni, « Technique-
ment douce », montre un homme fatigué qui meurt sur le dos, regardant « le
ciel qui devient toujours plus bleu et ce bleu qui devient rose » (Albatros).

l'impossibilité de communiquer dans le monde. Simplement, le monde est peint de splendides couleurs, tandis que les corps qui le peuplent sont encore insipides et incolores. Le monde attend ses habitants, qui sont encore perdus dans la névrose. Mais c'est une raison de plus pour faire attention au corps, pour en scruter les fatigues et les névroses, pour en tirer des teintes. L'unité de l'œuvre d'Antonioni, c'est la confrontation du corps-personnage avec sa lassitude et son passé, et du cerveau-couleur avec toutes ses potentialités futures, mais les deux composant un seul et même monde, le nôtre, ses espoirs et son désespoir.

La formule d'Antonioni ne vaut que pour lui, c'est lui qui l'invente. Les corps ne sont pas destinés à l'usure, pas plus que le cerveau à la nouveauté. Mais, ce qui compte, c'est la possibilité d'un cinéma du cerveau qui regroupe toutes les puissances, autant que le cinéma du corps les groupait aussi : c'est alors deux styles différents, et dont la différence elle-même ne cesse de varier, cinéma du corps chez Godard et cinéma du cerveau chez Resnais, cinéma du corps chez Cassavetes et cinéma du cerveau chez Kubrick. Il n'y a pas moins de pensée dans le corps que de choc et de violence dans le cerveau. Il n'y a pas moins de sentiment dans l'un et dans l'autre. Le cerveau commande au corps qui n'en est qu'une excroissance, mais aussi le corps commande au cerveau qui n'en est qu'une partie : dans les deux cas, ce ne seront pas les mêmes attitudes corporelles ni le même gestus cérébral. D'où la spécificité d'un cinéma du cerveau, par rapport à celle du cinéma des corps. Si l'on considère l'œuvre de Kubrick, on voit à quel point c'est le cerveau qui est mis en scène. Les attitudes de corps atteignent à un maximum de violence, mais elles dépendent du cerveau. C'est que, chez Kubrick, le monde lui-même est un cerveau, il y a identité du cerveau et du monde, tels la grande table circulaire et lumineuse de « *Docteur Folamour* », l'ordinateur géant de « *2001 : l'odyssée de l'espace* », l'hôtel Overlook de « *Shining* ». La pierre noire de « *2001* » préside aussi bien aux états cosmiques qu'aux stades cérébraux : elle est l'âme des trois corps, terre, soleil et lune, mais aussi le germe des trois cerveaux, animal, humain, machinique. Si Kubrick renouvelle le thème du voyage initiatique, c'est parce que tout voyage dans le monde est une exploration du cerveau. Le monde-cerveau, c'est l'« *Orange mécanique* », ou

267

encore un jeu d'échecs sphérique où le général peut calculer ses chances de promotion d'après le rapport des soldats tués et des positions conquises (« *Les Sentiers de la gloire* »). Mais si le calcul rate, si l'ordinateur se détraque, c'est parce que le cerveau n'est pas plus un système raisonnable que le monde un système rationnel. L'identité du monde et du cerveau, l'automate, ne forme pas un tout, mais plutôt une limite, une membrane qui met en contact un dehors et un dedans, les rend présents l'un à l'autre, les confronte ou les affronte. Le dedans, c'est la psychologie, le passé, l'involution, toute une psychologie des profonfeurs qui mine le cerveau. Le dehors, c'est la cosmologie des galaxies, le futur, l'évolution, tout un surnaturel qui fait exploser le monde. Les deux forces sont des forces de mort qui s'étreignent, s'échangent, et deviennent indiscernables à la limite. La folle violence d'Alex, dans « *Orange mécanique* », est la force du dehors avant de passer au service d'un ordre intérieur dément. Dans « *L'odyssée de l'espace* », l'automate se détraque du dedans, avant d'être lobotomisé par l'astronaute qui pénètre du dehors. Et, dans « *Shining* », comment décider de ce qui vient du dedans et de ce qui vient du dehors, perceptions extrasensorielles ou projections hallucinatoires [21] ? Le monde-cerveau est strictement inséparable des forces de mort qui percent la membrane dans les deux sens. À moins qu'une réconciliation ne s'opère dans une autre dimension, une régénérescence de la membrane qui pacifierait le dehors et le dedans, et recréerait un monde-cerveau comme un tout dans l'harmonie des sphères. À la fin de « *L'odyssée de l'espace* », c'est suivant une quatrième dimension que la sphère du fœtus et la sphère de la terre ont une chance d'entrer dans un nouveau rapport incommensurable, inconnu, qui convertirait la mort en une nouvelle vie.

En France, en même temps que la nouvelle vague lançait un cinéma des corps qui mobilisait toute la pensée, Resnais créait un cinéma du cerveau qui investissait les corps. Nous avons vu comment les états du monde et du cerveau trouvaient leur commune expression dans les stades bio-psychiques de « *Mon oncle d'Amérique* » (les trois cerveaux), ou dans les

---

21. On se reportera aux analyses essentielles de Michel Ciment, notamment sur « *L'odyssée de l'espace* », et sur « *Shining* », dans son livre *Kubrick*, Calmann-Lévy.

âges historiques de « *La vie est un roman* » (les trois âges). Les paysages sont des états mentaux, non moins que les états mentaux, des cartographies, tous deux cristallisés les uns dans les autres, géométrisés, minéralisés (le torrent de « *L'Amour à mort* »). L'identité du cerveau et du monde, c'est la noosphère de « *Je t'aime je t'aime* », ce peut être l'infernale organisation des camps d'extermination, mais aussi la structure cosmo-spirituelle de la Bibliothèque nationale [22]. Et déjà chez Resnais cette identité apparaît moins dans un tout qu'au niveau d'une membrane polarisée qui ne cesse de faire communiquer ou d'échanger des dehors et des dedans relatifs, de les mettre en contact les uns avec les autres, de les prolonger et de les renvoyer les uns dans les autres. Ce n'est pas un tout, c'est plutôt comme deux zones qui communiquent d'autant plus ou sont d'autant plus en contact qu'elles cessent d'être symétriques et synchrones, comme les moitiés du cerveau du « *Stavisky* » [23]. Dans « *Providence* », la bombe est dans l'état de corps du vieux romancier alcoolique, qui crépite en tous sens, mais aussi dans l'état du cosmos en éclair et tonnerre, et dans l'état social en mitrailleuse et rafale. Cette membrane qui rend le dehors et le dedans présents l'un à l'autre s'appelle Mémoire. Si la mémoire est le thème manifeste de l'œuvre de Resnais, il n'y a pas lieu de chercher un contenu latent qui serait plus subtil, il vaux mieux évaluer la transformation que Resnais fait subir à la notion de mémoire (transformation aussi importante que celles opérées par Proust, ou par Bergson). Car la mémoire n'est certes plus la faculté d'avoir des souvenirs : elle est la membrane qui, sur les modes les plus divers (continuité, mais aussi discontinuité, enveloppement, etc.), fait correspondre les nappes de passé et les couches de réalité, les unes émanant d'un dedans toujours déjà là, les autres advenant d'un dehors toujours à venir, toutes deux rongeant le présent qui n'est plus que leur

---

22. Bounoure, *Alain Resnais*, Seghers, p. 67 (à propos de « *Toute la mémoire du monde* ») : « Resnais active un univers à l'image de notre cerveau. Ce qui se passe devant son objectif se transmue soudain, et de la réalité documentaire nous glissons insensiblement vers une réalité autre (...), décor retourné qui nous renvoie notre propre image. Ainsi le bibliothécaire (...) prend visage de messager nerveux, neuronique. »

23. Cf. Entretien, cité par Benayoun, *Alain Resnais arpenteur de l'imaginaire*, Stock, p. 177.

rencontre. Ces thèmes ont été analysés précédemment ; et, si le cinéma des corps renvoyait surtout à un aspect de l'image-temps directe, série du temps suivant l'avant et l'après, le cinéma du cerveau développe l'autre aspect, l'ordre du temps selon la coexistence de ses propres rapports.

Mais, si la mémoire fait communiquer des dedans et des dehors relatifs comme des intérieurs et des extérieurs, il faut bien qu'un dehors et un dedans absolus s'affrontent et soient coprésents. René Prédal a montré combien Auschwitz et Hiroshima restaient l'horizon de toute l'œuvre de Resnais, combien le héros chez Resnais est proche du « héros lazaréen » dont Cayrol faisait l'âme du nouveau roman, dans un rapport essentiel avec les camps d'extermination [24]. Le personnage dans le cinéma de Resnais est précisément lazaréen parce qu'il revient de la mort, du pays des morts ; il est passé par la mort et il naît de la mort, dont il garde les troubles sensori-moteurs. Même s'il n'était pas en personne à Auschwitz, même s'il n'était pas en personne à Hiroshima... Il est passé par une mort clinique, il est né d'une mort apparente, il revient des morts, Auschwitz ou Hiroshima, Guernica ou guerre d'Algérie. Le héros de « *Je t'aime je t'aime* » ne s'est pas seulement suicidé, il invoque Catrine, la femme aimée, comme un marécage, une marée basse, de la nuit, de la boue, qui fait que les morts sont toujours des noyés. C'est ce que dit un personnage de « *Stavisky* ». Comprenons que, par-delà toutes les nappes de la mémoire, il y a ce clapotement qui les brasse, cette mort du dedans qui forme un absolu, et d'où renaît celui qui a pu s'en échapper. Et celui qui s'échappe, celui qui a pu renaître, va inexorablement vers une mort du dehors, qui lui advient comme l'autre face de l'absolu. « *Je t'aime je t'aime* » fera coïncider les deux morts, la mort du dedans d'où il revient, la mort du dehors qui lui advient. « *L'Amour à mort* », qui nous semble un des films les plus ambitieux de l'histoire du cinéma, va de la mort clinique dont le héros ressuscite à la mort définitive dans laquelle il retombe, « un peu profond ruisseau » séparant l'une et l'autre (il est évident que le médecin ne s'est pas trompé la première fois, il n'y a pas eu illusion, il y a eu mort apparente ou

---

24. René Prédal, *Alain Resnais*, *Études cinématographiques*, ch. VIII. Cf. Cayrol, « Pour un romanesque lazaréen », *Corps étrangers*, 10-18.

clinique, mort cérébrale). D'une mort à l'autre, c'est le dedans absolu et le dehors absolu qui entrent en contact, un dedans plus profond que toutes les nappes de passé, un dehors plus lointain que toutes les couches de réalité extérieure. Entre les deux, dans l'entre-deux, on dirait des zombies qui peuplent un instant le cerveau-monde : Resnais « tient à préserver le caractère fantomatique des êtres qu'il montre, et à maintenir ceux-ci dans un demi-monde de spectres destinés à s'inscrire un moment dans notre univers mental ; ces héros frileux (...) sont habillés de vêtements plutôt chauds et hors du temps » [25]. Les personnages de Resnais ne reviennent pas seulement d'Auschwitz ou d'Hiroshima, d'une autre manière aussi ce sont des philosophes, des penseurs, des êtres de pensée. Car les philosophes, ce sont des êtres qui sont passés par une mort, qui en sont nés, et qui vont vers une autre mort, la même peut-être. Dans un conte très gai, Pauline Harvey dit qu'elle ne comprend rien à la philosophie, mais qu'elle aime beaucoup les philosophes parce qu'ils lui donnent une double impression : ils croient eux-mêmes qu'ils sont morts, qu'ils sont passés par la mort ; et ils croient aussi que, bien que morts, ils continuent à vivre, mais frileusement, avec fatigue et précaution [26]. Selon Pauline Harvey, ce serait une double erreur, qui la fait rire. Selon nous, c'est une double vérité, bien qu'elle fasse rire aussi : le philosophe est quelqu'un qui se croit revenu des morts, à tort ou à raison, et qui retourne aux morts, en toute raison. Le philosophe est revenu des morts et y retourne. Ce fut la formule vivante de la philosophie depuis Platon. Quand nous disons que les personnages de Resnais sont des philosophes, nous ne voulons certes pas dire que ces personnages parlent de philosophie, ni que Resnais « applique » au cinéma des idées philosophiques, mais qu'il invente un cinéma de philosophie, un cinéma de la pensée, tout à fait nouveau dans l'histoire du cinéma, tout

---

25. Jean-Claude Bonnet, à propos de « *L'Amour à mort* » in *Cinématographe*, n° 103, octobre 1984, p. 40. Bonnet insiste sur la profession de l'homme et de la femme : archéologue du passé, botaniste de l'avenir ; si l'homme est passé par la mort du dedans, la femme est appelée par la mort du dehors. Ishaghpour disait à propos de « *Stavisky* » : « Se télescopent à la fois un passé qui happe un personnage, et un avenir conçu comme constitution de son personnage et comme machination qui le détruit » (*D'une image à l'autre*, Médiations, p. 205).

26. Pauline Harvey, « La danse des atomes et des nébuleuses », in *Dix nouvelles humoristiques par dix auteurs québécois*, Éd. Quinze.

à fait vivant dans l'histoire de la philosophie, constituant avec ses collaborateurs irremplaçables une rare noce entre la philosophie et le cinéma. Que la pensée ait quelque chose à voir avec Auschwitz, avec Hiroshima, c'est ce que montraient les grands philosophes et les grands écrivains après la guerre, mais aussi les grands auteurs de cinéma, de Welles à Resnais : cette fois, de la manière la plus sérieuse.

Et voilà que c'est le contraire d'un culte de la mort. Entre les deux faces de l'absolu, entre les deux morts, mort du dedans ou passé, mort du dehors ou avenir, les nappes intérieures de mémoire et les couches extérieures de réalité vont se brasser, se prolonger, court-circuiter, former toute une vie mouvante, qui est à la fois celle du cosmos et du cerveau, et qui lancent des éclairs d'un pôle à l'autre. Voilà que les zombies chantent un chant, mais c'est celui de la vie. Le « Van Gogh » de Resnais est un chef-d'œuvre parce qu'il montre que, entre la mort apparente du dedans, l'attaque de la folie, et la mort définitive du dehors comme suicide, les nappes de vie intérieure et les couches de monde extérieur se précipitent, se prolongent, s'entrecoupent, à des vitesses croissantes, jusqu'à l'écran noir final [27]. Mais, entre les deux, quels éclairs auront surgi qui étaient la vie même ? D'un pôle à l'autre, une création se construira, qui n'est véritable création que parce qu'elle se sera faite entre les deux morts, l'apparente et la réelle, d'autant plus intense qu'elle illumine cet interstice. Les nappes de passé descendent, les couches de réalité montent, dans de mutuelles étreintes qui sont des éclairs de vie : ce que Resnais appelle « sentiment » ou « amour », comme fonction mentale.

Resnais a toujours dit que, ce qui l'intéressait, c'était le mécanisme cérébral, le fonctionnement mental, le processus de la pensée, et que c'était là le véritable élément du cinéma. Cinéma cérébral ou intellectuel, mais non abstrait, puisqu'on voit à quel point le sentiment, l'affect ou la passion sont les personnages principaux du cerveau-monde. La question est plutôt de savoir quelle différence il y a entre le cinéma intellectuel « classique », par exemple chez Eisenstein, et le moderne, par exemple chez Resnais. Car Eisenstein identifiait déjà le cinéma au processus de la pensée tel qu'il se développe

_____

27. Prédal, p. 22-23.

nécessairement dans le cerveau, tel qu'il enveloppe nécessairement le sentiment ou la passion. Le cinéma intellectuel était déjà le tout cérébral qui réunissait le pathos et l'organique. Les déclarations de Resnais peuvent rejoindre celles d'Eisenstein : le processus cérébral comme objet et moteur du cinéma [28]. Pourtant, quelque chose a changé, qui est sans doute lié à la connaissance scientifique du cerveau, mais plus encore à notre rapport personnel avec le cerveau. Si bien que le cinéma intellectuel a changé, non pas parce qu'il serait devenu plus concret (il l'était dès le début), mais parce que, à la fois, notre conception du cerveau et notre rapport avec le cerveau ont changé. La conception « classique » se développait suivant deux axes : d'une part intégration et différenciation, d'autre part association, par contiguïté ou similitude. Le premier axe est la loi du concept : il constitue le mouvement comme s'intégrant sans cesse dans un tout dont il exprime le changement, et comme se différenciant sans cesse d'après les objets entre lesquels il s'établit. Cette intégration-différenciation définit donc le mouvement comme mouvement du concept. Le deuxième axe est la loi de l'image : la similitude et la contiguïté déterminent la manière dont on passe d'une image à une autre. Les deux axes se rabattent l'un sur l'autre, suivant un principe d'attraction, pour atteindre à l'identité de l'image et du concept : en effet, le concept comme tout ne se différencie pas sans s'extérioriser dans une suite d'images associées, et les images ne s'associent pas sans s'intérioriser dans un concept comme tout qui les intègre. D'où l'idéal du Savoir comme totalité harmonieuse, qui anime cette représentation classique. Même le caractère essentiellement ouvert du tout ne compromet pas ce modèle, au contraire, puisque le hors-champ témoigne d'une associabilité qui prolonge et dépasse les images données, mais exprime aussi le tout changeant qui intègre les suites prolongeables d'images (les deux aspects du hors-champ). Nous avons vu comment Eisenstein, tel un Hegel cinématographique, présentait la grande synthèse de cette conception : la spirale ouverte, avec ses commensurabilités et ses attractions. Eisenstein lui-même ne cachait pas le modèle cérébral qui animait toute la synthèse, et qui faisait du cinéma l'art cérébral par

---

28. Cf. le rapprochement Resnais-Eisenstein selon Ishaghpour, p. 190-191.

excellence, le monologue intérieur du cerveau-monde : « la forme du montage est une restitution des lois du processus de la pensée, laquelle à son tour restitue la réalité mouvante en cours de déroulement ». C'est que le cerveau était à la fois l'organisation verticale de l'intégration-différenciation, et l'organisation horizontale de l'association. Notre rapport avec le cerveau a longtemps suivi ces deux axes. Sans doute Bergson (qui fut, avec Schopenhauer, un des rares philosophes à proposer une conception nouvelle du cerveau) introduisait-il un élément profond de transformation : le cerveau n'était plus qu'un écart, un vide, rien d'autre qu'un vide, entre une excitation et une réponse. Mais, quelle que fût l'importance de la découverte, cet écart restait soumis à un tout intégrateur qui s'y incarnait, comme à des associations qui le franchissaient [29]. Dans un autre domaine encore, on peut dire que la linguistique maintenait le modèle cérébral classique, tant du point de vue de la métaphore et de la métonymie (similitude-contiguïté) que du point de vue du syntagme et du paradigme (intégration-différenciation) [30].

La connaissance scientifique du cerveau a évolué, et opéré une redistribution générale. Les choses sont si compliquées qu'on ne parlera pas d'une rupture, mais plutôt de nouvelles orientations qui ne produisent qu'à la limite un effet de rupture avec l'image classique. Mais peut-être notre rapport avec le cerveau changeait-il en même temps, et, pour son compte, hors de toute science, consommait la rupture avec l'ancien rapport. D'une part, le processus organique de l'intégration et de la différenciation renvoyait de plus en plus à des niveaux d'intériorité et d'extériorité relatives, et, par leur intermédiaire, à un dehors et un dedans absolus, topologiquement en contact : c'était la découverte d'un espace cérébral topologique, qui passait par les milieux relatifs pour

29. Bergson, *MM*, ch. III.
30. On le voit bien chez Jakobson (*Langage enfantin et aphasie*, Éd. de Minuit), qui reconnaît les deux axes, tout en privilégiant l'axe associatif. Il faudrait aussi étudier la persistance du modèle cérébral chez Chomsky. Pour la compréhension du cinéma, la question se pose évidemment dans la sémiologie d'inspiration linguistique : quel est le modèle cérébral implicite qui sous-tend le rapport cinéma-langage, par exemple chez Christian Metz ? Dans le développement de cette sémiologie, François Jost nous semble le plus conscient du problème : ses analyses impliquent un *autre* modèle cérébral, bien que, à notre connaissance, il n'ait pas traité de cette question directement.

atteindre à la coprésence d'un dedans plus profond que tout milieu intérieur, et d'un dehors plus lointain que tout milieu extérieur [31]. D'autre part, le processus de l'association se heurtait de plus en plus à des coupures dans le réseau continu du cerveau, partout des micro-fentes qui n'étaient pas seulement des vides à franchir, mais des mécanismes aléatoires s'introduisant à chaque moment entre l'émission et la réception d'un message associatif : c'était la découverte d'un espace cérébral probabilitaire ou semi-fortuit, « an uncertain system » [32]. C'est sous ces deux aspects, peut-être, qu'on peut définir le cerveau comme système acentré [33]. Et ce n'est certes pas sous l'influence de la science que notre rapport avec le cerveau changeait, peut-être était-ce l'inverse, et notre rapport avec le cerveau qui avait changé d'abord, guidant obscurément la science. La psychologie parle beaucoup d'un rapport vécu avec le corps, d'un corps vécu, mais elle parle moins d'un cerveau vécu. Notre rapport vécu avec le cerveau devient de plus en plus fragile, de moins en moins « euclidien », et passe par de petites morts cérébrales. Le cerveau devient notre problème ou notre maladie, notre passion, plutôt que notre maîtrise, notre solution ou décision. Nous n'imitons pas Artaud, mais Artaud a vécu et dit, sur le cerveau, quelque chose qui nous concerne tous : « ses antennes

---

31. Gilbert Simondon a analysé ces différents points : comment le processus d'intégration-différenciation renvoie à une distribution relative des milieux intérieurs et extérieurs organiques ; comment ceux-ci, à leur tour, renvoient à « une intériorité et une extériorité absolues », qui se manifestent dans la structure topologique du cerveau (p. 260-265 : « le cortex ne peut pas être représenté adéquatement de façon euclidienne »).

32. C'est le problème des synapses, et de la transmission électrique, ou bien chimique, d'un neurone à l'autre : cf. Jean-Pierre Changeux, *L'Homme neuronal*, Fayard, p. 108 sq. La découverte même des synapses suffisait déjà à briser l'idée d'un réseau cérébral continu, puisqu'elle imposait des points ou coupures irréductibles. Mais, dans le cas de synapses à transmission électrique, il nous semble que la coupure ou le point peuvent être dit « rationnels », suivant l'analogie mathématique. Au contraire, dans le cas des synapses chimiques, le point est « irrationnel », la coupure vaut pour elle-même et n'appartient plus à aucun des deux ensembles qu'elle sépare (en effet, dans la fente synaptique, des vésicules vont lâcher des quantités discontinues de médiateur chimique, ou « quanta »). D'où l'importance de plus en plus grande d'un facteur aléatoire, ou plutôt semi-aléatoire, dans la transmission neuronale. Steven Rose a insisté sur cet aspect du problème : *Le Cerveau conscient*, Seuil, p. 84-89.

33. Cf. Rosenstiehl et Petitot, « Automate asocial et systèmes acentrés », *Communications*, n° 22, 1974.

tournées vers l'invisible », son aptitude à « recommencer une résurrection de la mort ».

Nous ne croyons plus à un tout comme intériorité de la pensée, même ouvert, nous croyons à une force du dehors qui se creuse, nous happe et attire le dedans. Nous ne croyons plus à une association des images, même franchissant des vides, nous croyons à des coupures qui prennent une valeur absolue et se subordonnent toute association. Ce n'est pas l'abstraction, ce sont ces deux aspects qui définissent le nouveau cinéma « intellectuel ». On en trouverait notamment les exemples chez Téchiné, chez Benoît Jacquot. Tous deux peuvent considérer comme acquis l'effondrement sensori-moteur sur lequel s'est constitué le cinéma moderne. Mais ils se distinguent du cinéma des corps parce que pour eux (comme pour Resnais) c'est le cerveau qui commande d'abord aux attitudes. Le cerveau coupe ou fait fuir toutes les associations intérieures, il appelle un dehors au-delà de tout monde extérieur. Chez Téchiné, les images associées glissent et fuient sur des vitrines, suivant des courants que le personnage doit remonter pour tendre à un dehors qui l'appelle, mais qu'il ne pourra peut-être pas rejoindre (le bateau de « Barocco », puis l'« Hôtel des Amériques ») [34]. Chez Jacquot, au contraire, c'est une fonction de littéralité de l'image (mise à plat, redondances et tautologies) qui va briser les associations, pour y substituer un infini de l'interprétation dont la seule limite est un dehors absolu (« L'Assassin musicien », « Les Enfants du placard ») [35]. Dans les deux cas, c'est un cinéma d'inspiration néo-psychanalytique : donnez-moi un lapsus, un acte manqué, et je reconstruirai le cerveau. C'est une structure topo-

---

34. Sur la fuite des associations, les effets de vitrine et de transparence, et les efforts du personnage principal qui va à contre-courant, cf. Téchiné, Entretiens avec Sainderichin et Tesson, *Cahiers du cinéma*, n° 333, mars 1981 : dans cette perspective même, le décor a une fonction cérébrale plus que physique.

35. Cf. Entretien avec Jacques Fieschi, *Cinématographe*, n° 31, octobre 1977 : « Je crois que le cinéma est un art de la littérature (...). Mon intention était de littéraliser tout ce qui a un destin métaphorique dans le film », ainsi la canne qui circule dans « *Les Enfants du placard* ». Autant dire que « l'interprétation infinie » ne s'obtient pas par métaphore ou même enchaînement associatif, mais, comme nous le verrons, par rupture d'association, et réenchaînement autour de l'image littérale. C'est cette méthode qui rapproche Jacquot de Kafka, et lui a permis sa belle adaptation d'un épisode d'« *Amérique* ». Dans l'histoire du cinéma, les premiers films inspirés de psychanalyse opéraient au contraire par métaphore et association.

logique du dehors et du dedans, et c'est un caractère fortuit à chaque stade des enchaînements ou médiations, qui définit la nouvelle image cérébrale.

Le grand roman correspondant, c'est *Petersbourg* d'Andrei Biély. Ce chef-d'œuvre évolue dans une noosphère, où un couloir se creuse à l'intérieur du cerveau pour communiquer avec le vide cosmique. Il ne procède plus par totalisation, mais par application du dedans sur le dehors, des deux côtés d'une membrane (la bombe du dedans et du dehors, dans le ventre et dans la maison). Il n'opère plus par enchaînement d'images, mais par morcelages perpétuellement ré-enchaînés (les apparitions démoniaques du domino rouge). Tel est le roman constructiviste, comme « jeu cérébral »[36]. Si Resnais nous a semblé proche de Biély, c'est parce qu'il fait du cinéma le jeu cérébral par excellence : ainsi la bombe organico-cosmique de « *Providence* » ; ainsi les fragmentations par transformation de nappes dans « *Je t'aime je t'aime* ». Le héros est renvoyé à une minute de son passé, mais celle-ci est perpétuellement ré-enchaînée dans des suites variables, par tirages successifs. Ou bien encore la ville fantomale, comme monde et comme cerveau, Boulogne autant que Petersbourg. C'est un espace à la fois topologique et probabilitaire. Revenons à cet égard à la grande différence du cinéma classique et du cinéma moderne. Le cinéma dit classique opère avant tout par enchaînement d'images, et subordonne les coupures à cet enchaînement. Selon l'analogie mathématique, les coupures qui répartissent deux séries d'images sont rationnelles, en ce sens qu'elles constituent tantôt la dernière image de la première série, tan-

---

36. Andrei Biély, *Petersbourg* (et la postface de Georges Nivat qui analyse la conception du « jeu cérébral » chez Biély). Nous empruntons l'expression « morcelage ré-enchaîné » à Raymond Ruyer, qui s'en sert pour caractériser les célèbres *chaînes de Markoff* : celles-ci se distinguent à la fois des enchaînements déterminés et des distributions au hasard, pour concerner des phénomènes semi-fortuits ou des mixtes de dépendance et d'aléatoire (*La Genèse des formes vivantes*, Flammarion, ch. VII). Ruyer montre comment des chaînes de Markoff interviennent dans la vie, dans le langage, dans la société, dans l'histoire, dans la littérature. L'exemple de Biély serait à cet égard un exemple privilégié. Plus généralement, les chaînes neuronales telles que nous venons de les définir, avec leurs synapses et leurs points irrationnels, correspondent au schéma de Markoff : ce sont des tirages successifs « partiellement dépendants », des enchaînements semi-fortuits, c'est-à-dire des ré-enchaînements. Le cerveau nous semble particulièrement justiciable d'une interprétation markovienne (entre l'émetteur et le récepteur neuronaux, il y a des tirages successifs, mais non-indépendants).

tôt la première image de la seconde. C'est le cas du « fondu » sous ses formes diverses. Mais, même quand il y a coupure optique pure, et même quand il y a faux-raccord, la coupure optique et le faux-raccord fonctionnent comme de simples lacunes, c'est-à-dire comme des vides encore moteurs que les images enchaînées doivent franchir. Bref, les coupures rationnelles déterminent toujours des rapports commensurables entre séries d'images, et constituent par là toute la rythmique et l'harmonie du cinéma classique, en même temps qu'elles intègrent les images associées dans une totalité toujours ouverte. Le temps y est donc essentiellement l'objet d'une représentation indirecte, suivant les rapports commensurables et les coupures rationnelles qui organisent la suite ou l'enchaînement des images-mouvement. C'est cette conception grandiose qui trouve son sommet dans la pratique et la théorie d'Eisenstein [37]. Or le cinéma moderne peut communiquer avec l'ancien, et la distinction des deux être très relative. Toutefois, il se définira idéalement par un renversement tel que l'image est désenchaînée, et que la coupure se met à valoir pour elle-même. La coupure, ou l'interstice entre deux séries d'images, ne fait plus partie ni de l'une ni de l'autre des séries : c'est l'équivalent d'une coupure irrationnelle, qui détermine les rapports non-commensurables entre images. Ce n'est donc pas non plus une lacune que les images associées seraient supposées franchir ; les images ne sont certes pas livrées au hasard, mais il n'y a que des ré-enchaînements soumis à la coupure, au lieu de coupures soumises à l'enchaînement. Comme dans « *Je t'aime je t'aime* », retour à la même

---

37. Le grand texte d'Eisenstein commentant « *Le Cuirassé Potemkine* » n'est pas de la théorie appliquée, c'est plutôt le point où la pratique et la théorie se relancent l'une l'autre, et trouvent leur unité concrète : *La Non-indifférente Nature*, tome I, « L'organique et le pathétique », p. 54-72. Or ce texte insiste sur deux aspects : la nécessité de rapports commensurables entre le tout et les parties

$$\frac{OA}{OB} = \frac{OB}{OC} \cdots = n$$

comme formule de la spirale ; la nécessité que les points de répartition soient « rationnels », et répondent à une formule voisine de la section d'or, la coupure ou césure étant la fin d'une partie ou le début de l'autre, suivant qu'on part « d'un bout ou de l'autre du film » ($n = 0,618$). Nous ne retenons ici que l'aspect le plus abstrait du commentaire d'Eisenstein, qui ne vaut pourtant que par sa portée très concrète dans les images du « *Cuirassé* ». Et la pratique des faux-raccords dans les films ultérieurs, par exemple dans « *Ivan le terrible* », ne remettent pas en cause cette structure.

image, mais prise dans une série nouvelle. À la limite, il n'y a plus de coupures rationnelles, mais seulement irrationnelles. Il n'y a donc plus association par métaphore ou métonymie, mais ré-enchaînement sur l'image littérale ; il n'y a plus enchaînement d'images associées, mais seulement des ré-enchaînements d'images indépendantes. Au lieu d'une image après l'autre, il y a une image *plus* une autre, et chaque plan est décadré par rapport au cadrage du plan suivant [38]. Nous l'avons vu en détail pour la méthode interstitielle de Godard, et, plus généralement, c'est le morcelage ré-enchaîné tel qu'on le trouve chez Bresson, chez Resnais, chez Jacquot et Téchiné. C'est toute une nouvelle rythmique, et un cinéma sériel ou atonal, une nouvelle conception du montage. La coupure peut alors s'étendre et se manifester en soi, comme l'écran noir, l'écran blanc et leurs dérivés, leurs combinaisons : ainsi la grande image bleu de nuit, où volettent de petites plumes ou des corpuscules à vitesse et répartition variables, qui ne cesse de revenir dans « *L'Amour à mort* » de Resnais. D'une part, l'image cinématographique devient une présentation directe du temps, suivant les rapports non-commensurables et les coupures irrationnelles. D'autre part, cette image-temps met la pensée en rapport avec un impensé, l'inévocable, l'inexplicable, l'indécidable, l'incommensurable. Le dehors ou l'envers des images ont remplacé le tout, en même temps que l'interstice ou la coupure ont remplacé l'association.

Même le cinéma abstrait ou « éidétique » témoignerait pour une évolution semblable. D'après une périodicisation sommaire, le premier âge est celui des figures géométriques, prises au croisement de deux axes, un axe vertical qui concerne l'intégration et la différenciation de leurs éléments intelligibles, un axe horizontal qui concerne leurs enchaînements et transformations dans une matière-mouvement. C'est une puissante vie organique qui anime ainsi la figure, d'un axe à l'autre, et qui tantôt lui communique une « tension » linéaire proche de Kandinsky (« *La Symphonie diagonale* » d'Egge-

---

38. Jean-Pierre Bamberger, à propos de « *Sauve qui peut (la vie)* » de Godard : « Dans le cadrage il y a les moments différents du tournage ; le tournage d'un plan, c'est le cadrage, le tournage d'un autre plan, c'est le décadrage d'un plan par rapport au cadrage du plan suivant, et le montage, c'est le recadrage final. (...) Le cadrage n'est plus *définir un espace*, mais imprimer un temps » (*Libération*, 8 novembre 1980).

ling), tantôt une expansion punctiforme plus proche de Paul Klee (« *Rhytmus 23* » de Richter). Dans une seconde période, la ligne et le point se libèrent de la figure, en même temps que la vie se libère des axes de la représentation organique : la puissance est passée dans une vie non-organique, qui tantôt trace directement sur la pellicule une arabesque continue d'où elle va tirer des images par points-coupures, tantôt va engendrer l'image en faisant clignoter le point sur le vide d'une pellicule obscure. C'est le cinéma sans caméra de McLaren, qui implique un nouveau rapport avec le son, soit dans « *Begone Dull Care* » ou « *Workshop Experiment in Animated Sound* », soit dans « *Blinkity Blank* ». Mais, même si ces éléments avaient déjà un grand rôle, un troisième âge apparaît quand l'écran noir ou blanc vaut pour le dehors de toutes les images, quand les clignotements multiplient les interstices comme coupures irrationnelles (« *The Flicker* » de Tony Conrad), quand le procédé des boucles opère les ré-enchaînements (« *The film that rises to the surface of clarified butter* » de George Landow). Le film n'enregistre pas ainsi le processus filmique sans projeter un processus cérébral. Un cerveau qui clignote, et ré-enchaîne ou fait des boucles, tel est le cinéma. Le lettrisme avait déjà été très loin dans ce sens, et, après l'âge géométrique et l'âge « ciselant », annonçait un cinéma d'expansion sans caméra, mais aussi sans écran ni pellicule. Tout peut servir d'écran, le corps d'un protagoniste ou même les corps des spectateurs ; tout peut remplacer la pellicule, dans un film virtuel qui ne passe plus que dans la tête, derrière les paupières, avec des sources sonores prises au besoin dans la salle. Mort cérébrale agitée, ou bien nouveau cerveau qui serait à la fois l'écran, la pellicule et la caméra, chaque fois membrane du dehors et du dedans [39] ?

---

39. Notre analyse est si sommaire que nous ne pouvons donner certains repères bibliographiques : 1° Sur les deux premiers âges, Jean Mitry, *Le Cinéma expérimental*, Seghers, ch. V et ch. IX ; 2° Sur la période plus récente, Dominique Noguez, *Éloge du cinéma expérimental*, Centre Georges-Pompidou (où l'on trouve notamment des études sur McLaren précurseur, et sur l'Underground américain), *Trente ans de cinéma expérimental en France*, Arcef (notamment sur le lettrisme, le cinéma élargi » et Maurice Lemaître), *Une renaissance du cinéma*, Klincksieck. Cf. aussi l'article déjà cité de Bertetto, « L'éidétique et le cérémonial ». Sur les procédés de clignotement et de boucles dans l'Underground américain, cf. P.A. Sitney, « Le film structurel », in *Cinéma, théorie, lectures*.

Bref, les trois composantes cérébrales sont le point-coupure, le ré-enchaînement, l'écran blanc ou noir. Si la coupure ne fait plus partie d'aucune des deux séries d'images qu'elle détermine, il n'y a que des ré-enchaînements de part et d'autre. Et, si elle s'agrandit, si elle absorbe toutes les images, elle devient alors l'écran, comme contact indépendamment de la distance, coprésence ou application du noir et du blanc, du négatif et du positif, de l'endroit et de l'envers, du plein et du vide, du passé et du futur, du cerveau et du cosmos, du dedans et du dehors. Ce sont ces trois aspects, topologique, probabilitaire et irrationnel, qui constituent la nouvelle image de la pensée. Chacun se déduit aisément des autres, et forme avec les autres une circulation : la noosphère.

3

Resnais, les Straub, sont sans doute les plus grands cinéastes politiques d'Occident, dans le cinéma moderne. Mais, bizarrement, ce n'est pas par la présence du peuple, c'est au contraire parce qu'ils savent montrer comment le peuple, c'est ce qui manque, c'est ce qui n'est pas là. Ainsi Resnais, dans « *La guerre est finie* », par rapport à une Espagne qu'on ne verra pas : le peuple est-il dans le vieux comité central, du côté des jeunes terroristes ou chez le militant fatigué ? Et le peuple allemand dans « *Non réconciliés* » des Straub, y a-t-il jamais eu un peuple allemand, dans ce pays qui a raté ses révolutions, et s'est constitué sous Bismark et Hitler, pour être à nouveau séparé ? C'est la première grande différence entre le cinéma classique et moderne. Car, dans le cinéma classique, le peuple est là, même opprimé, trompé, assujetti, même aveugle ou inconscient. On citera le cinéma soviétique : le peuple est déjà là chez Eisenstein, qui le montre opérant un saut qualitatif dans « *La Ligne générale (l'Ancien et le Nouveau)* », ou qui en fait dans « *Ivan le terrible* » la pointe avancée que le tsar retient ; et, chez Poudovkine, c'est chaque fois le cheminement d'une prise de conscience qui fait que le peuple a déjà une existence virtuelle en train de s'actualiser ; et chez Vertov et Dovjenko, de deux manières, il y a un unanimisme qui convoque les peuples différents dans un même creuset d'où sort l'avenir. Mais l'unanimisme n'est pas moins le caractère politique du cinéma américain avant et pendant la guerre : cette fois, ce ne sont pas les détours de la lutte des classes et l'affrontement des idéologies, c'est la crise économique, le combat contre les préjugés moraux, les profiteurs et les démagogues, qui marquent la prise de conscience d'un peuple, au plus bas de son malheur comme au plus haut de son espoir (l'unanimisme de King Vidor, de Capra, ou de Ford, car le problème passe par le western autant que par le drame social, l'un et l'autre témoignant de l'existence d'un peuple, dans les épreuves comme dans les manières de se reprendre, de se retrouver) [40]. Dans le cinéma américain, dans le cinéma soviétique, le peuple est déjà là, réel avant d'être actuel, idéal sans être abstrait. D'où l'idée que le cinéma comme art des masses peut être par excellence l'art révolutionnaire, ou démocratique, qui fait des masses un véritable sujet. Mais bien des facteurs allaient compromettre cette croyance : l'avènement hitlérien, qui donnait comme objet au cinéma non plus les masses devenues sujet, mais les masses assujetties ; le stalinisme, qui substituait à l'unanimisme des peuples l'unité tyrannique d'un parti ; la décomposition du peuple américain, qui ne pouvait plus se croire le creuset de peuples passés, ni le germe d'un peuple à venir (même et d'abord le néo-western manifestait cette décomposition). Bref, s'il y avait un cinéma politique moderne, ce serait sur la base : le peuple n'existe plus, ou pas encore... *le peuple manque*.

Sans doute cette vérité valait aussi pour l'Occident, mais rares étaient les auteurs qui la découvraient, parce qu'elle était cachée par les mécanismes de pouvoir et les systèmes de majorité. En revanche, elle éclatait dans le tiers-monde, où les nations opprimées, exploitées, restaient à l'état de perpétuelles minorités, en crise d'identité collective. Tiersmonde et minorités faisaient naître des auteurs qui seraient en état de dire, par rapport à leur nation et à leur situation personnelle dans cette nation : le peuple, c'est ce qui manque. Kafka et Klee avaient été les premiers à le déclarer explicitement. L'un disait que les littératures mineures, « dans les

---

40. Par exemple sur la démocratie, la communauté et la nécessité d'un « chef » dans l'œuvre de King Vidor, cf. *Positif*, n° 163, novembre 1974 (articles de Michel Ciment et de Michael Henry).

petites nations », devaient suppléer à une « conscience nationale souvent inactive et toujours en voie de désagrégation »,
et remplir des tâches collectives en l'absence d'un peuple ;
l'autre disait que la peinture, pour réunir toutes les parties
de son « grand œuvre », avait besoin d'une « dernière
force », le peuple qui faisait encore défaut [41]. À plus forte
raison pour le cinéma comme art de masse. Tantôt le cinéaste
du tiers-monde se trouve devant un public souvent analphabète, abreuvé de séries américaines, égyptiennes ou indien-
nes, films de karaté, et c'est par là qu'il faut passer, c'est
cette matière qu'il faut travailler, pour en extraire les éléments d'un peuple qui manque encore (Lino Brocka). Tantôt
le cinéaste de minorité se trouve dans l'impasse décrite par
Kafka : impossibilité de ne pas « écrire », impossibilité
d'écrire dans la langue dominante, impossibilité d'écrire
autrement (Pierre Perrault retrouve cette situation dans « *Un
pays sans bon sens* », impossibilité de ne pas parler, impossibilité de parler autrement qu'en anglais, impossibilité de
parler anglais, impossibilité de s'installer en France pour
parler français...), et c'est par cet état de crise qu'il faut
passer, c'est lui qu'il faut résoudre. Ce constat d'un peuple
qui manque n'est pas un renoncement au cinéma politique,
mais au contraire la nouvelle base sur laquelle il se fonde,
dès lors, dans le tiers-monde et les minorités. Il faut que l'art,
particulièrement l'art cinématographique, participe à cette
tâche : non pas s'adresser à un peuple supposé, déjà là, mais
contribuer à l'invention d'un peuple. Au moment où le maître, le colonisateur proclament « il n'y a jamais eu de peuple
ici », le peuple qui manque est un devenir, il s'invente, dans
les bidonvilles et les camps, ou bien dans les ghettos, dans
de nouvelles conditions de lutte auxquelles un art nécessairement politique doit contribuer.

Il y a une seconde grande différence entre le cinéma
politique classique, et moderne, qui concerne le rapport

---

41. Cf. Kafka, *Journal*, 25 décembre 1911 (et lettre à Brod, juin 1921) ;
Klee, *Théorie de l'art moderne*, Médiations, p. 33 (« Nous avons trouvé les
parties, mais pas encore l'ensemble. Il nous manque cette dernière force. Faute
d'un peuple qui nous porte. Nous cherchons ce soutien populaire ; nous avons
commencé, au Bauhaus, avec une communauté à laquelle nous donnons tout
ce que nous avons. Nous ne pouvons faire plus »). Carmelo Bene dira aussi :
« Je fais du théâtre populaire. Ethnique. Mais c'est le peuple qui manque »
(*Dramaturgie*, p. 113).

politique-privé. Kafka suggérait que les littératures « majeures » maintenaient toujours une frontière entre le politique et le privé, si mouvante fût-elle, tandis que, dans le mineur, l'affaire privée était immédiatement politique et « entraînait un verdict de vie ou de mort ». Et c'est vrai que, dans les grandes nations, la famille, le couple, l'individu lui-même mènent leur propre affaire, quoique cette affaire exprime nécessairement les contradictions et problèmes sociaux, ou bien en subisse directement l'effet. L'élément privé peut donc devenir le lieu d'une prise de conscience, dans la mesure où il remonte aux causes, ou découvre l'« objet » qu'il exprime. En ce sens, le cinéma classique n'a pas cessé de maintenir cette frontière qui marquait la corrélation du politique et du privé, et qui permettait, par l'intermédiaire de la prise de conscience, de passer d'une force sociale à une autre, d'une position politique à une autre : « La Mère » de Poudovkine découvre le véritable objet du combat de son fils, et prend le relais ; dans « Les Raisins de la colère » de Ford, c'est la mère qui voit clair jusqu'à un certain moment, et qui est relayée par le fils quand les conditions changent. Il n'en est plus ainsi dans le cinéma politique moderne, où ne subsiste aucune frontière pour assurer le minimum de distance ou d'évolution : l'affaire privée se confond avec l'immédiat-social ou politique. Dans « Yol » de Güney, les clans familiaux forment un réseau d'alliances, un tissu de relations si serrées qu'un personnage doit épouser la femme de son frère mort, et un autre aller chercher au loin sa femme coupable, à travers un désert de neige, pour la faire châtier là où elle doit l'être ; et, dans « Le Troupeau » comme dans « Yol », le héros le plus progressiste est d'avance condamné à mort. On dira qu'il s'agit de familles pastorales archaïques. Mais justement, ce qui compte, c'est qu'il n'y a plus de « ligne générale », c'est-à-dire d'évolution de l'Ancien au Nouveau, ou de révolution qui fasse un saut de l'un à l'autre. Il y a plutôt, comme dans le cinéma d'Amérique du Sud, une juxtaposition ou une compénétration de l'ancien et du nouveau qui « compose une absurdité », qui prend « la forme de l'aberration »[42]. Ce qui remplace la corrélation du politique et du privé, c'est la

---

42. Roberto Schwarz et sa définition du « tropicalisme », *Les Temps modernes*, n° 288, juillet 1970.

coexistence jusqu'à l'absurde d'étapes sociales très différentes. C'est ainsi que, dans l'œuvre de Glauber Rocha, les mythes du peuple, prophétisme et banditisme, sont l'envers archaïque de la violence capitaliste, comme si le peuple retournait et redoublait contre soi-même, en un besoin d'adoration, la violence qu'il subit d'autre part (« *Le Dieu noir et le Diable blond* »). La prise de conscience est disqualifiée, soit parce qu'elle se fait en l'air comme chez l'intellectuel, soit parce qu'elle est comprimée dans un creux comme chez Antonio das Mortes, seulement apte à saisir la juxtaposition des deux violences et la continuation de l'une par l'autre.

Que reste-t-il alors ? Le plus grand cinéma « d'agitation » qu'on ait jamais fait : l'agitation ne découle plus d'une prise de conscience, mais consiste à tout *mettre en transe*, le peuple et ses maîtres, et la caméra même, tout pousser à l'aberration, pour faire communiquer les violences autant que pour faire passer l'affaire privée dans le politique, et l'affaire politique dans le privé (« *Terre en transes* »). D'où l'aspect très particulier que prend la critique du mythe chez Rocha : il ne s'agit pas d'analyser le mythe pour en découvrir le sens ou la structure archaïques, mais de rapporter le mythe archaïque à l'état des pulsions dans une société parfaitement actuelle, la faim, la soif, la sexualité, la puissance, la mort, l'adoration. En Asie, dans l'œuvre de Brocka, on retrouvera aussi sous le mythe l'immédiateté de la pulsion brute et de la violence sociale, car l'une n'est pas plus « naturelle » que l'autre n'est « culturelle » [43]. Extraire du mythe un actuel vécu, qui désigne en même temps l'impossibilité de vivre, peut se faire d'autres façons, mais ne cesse de constituer le nouvel objet du cinéma politique : mettre en transe, mettre en crise. Chez Pierre Perrault, il s'agit bien d'état de crise et non de transe. Il s'agit de recherches obstinées plutôt que de pulsions brutales. Pourtant, la recherche aberrante des ancêtres français (« *Le Règne du jour* », « *Un pays sans bon sens* », « *C'était un Québécois en Bretagne* ») témoigne à son tour, sous le mythe des origines, de l'absence de frontière entre le privé et le politique, mais aussi de l'impossibilité de vivre dans ces conditions, pour le colonisé qui se heurte à une impasse dans chaque

---

43. Sur Lino Brocka, son usage du mythe et son cinéma de pulsions, cf. *Cinématographe*, n° 77, avril 1982 (notamment l'article de Jacques Fieschi, « Violences »).

direction [44]. Tout se passe comme si le cinéma politique moderne ne se constituait plus sur une possibilité d'évolution et de révolution, comme le cinéma classique, mais sur des impossibilités, à la manière de Kafka : *l'intolérable*. Les auteurs occidentaux ne peuvent s'épargner cette impasse, à moins de tomber dans un peuple de carton-pâte et de révolutionnaires en papier : c'est une condition qui fait de Comolli un véritable cinéaste politique quand il prend pour objet une double impossibilité, celle de faire groupe *et* celle de ne pas faire groupe, « l'impossibilité d'échapper au groupe et l'impossibilité de s'en satisfaire » (« *L'Ombre rouge* ») [45].

Si le peuple manque, s'il n'y a plus conscience, évolution, révolution, c'est le schéma du renversement qui devient lui-même impossible. Il n'y aura plus conquête du pouvoir par un prolétariat, ou par un peuple uni ou unifié. Les meilleurs cinéastes du tiers-monde ont pu y croire un moment : le guévarisme de Rocha, le nassérisme de Chahine, le black-powérisme du cinéma noir américain. Mais c'est l'aspect par lequel ces auteurs participaient encore de la conception classique, tant les transitions sont lentes, imperceptibles, difficiles à situer franchement. Ce qui a sonné le glas de la prise de conscience, c'est justement la prise de conscience qu'il n'y avait pas de peuple, mais toujours plusieurs peuples, une infinité de peuples, qui restaient à unir, ou bien qu'il ne fallait pas unir, pour que le problème change. C'est par là que le cinéma du tiers-monde est un cinéma de minorités, parce que le peuple n'existe qu'à l'état de minorité, ce pourquoi il manque. C'est dans les minorités que l'affaire privée est immédiatement politique. Constatant l'échec des fusions ou des unifications qui ne reconstitueraient pas une unité tyrannique, et ne se retourneraient pas à nouveau contre le peuple, le cinéma politique moderne s'est constitué sur cette fragmentation, cet éclatement. C'est sa troisième différence. Après les années 70, le cinéma noir américain fait un retour aux ghettos, remonte en deçà de la prise de conscience, et, au lieu de substituer à l'image négative une image positive du

---

44. Sur la critique du mythe chez Perrault, cf. Guy Gauthier, « Une écriture du réel », et Suzanne Trudel, « La quête du royaume, trois hommes, trois paroles, un langage », in *Écritures de Pierre Perrault*, Edilig. Suzanne Trudel distingue trois impasses, généalogique, ethnique et politique (p. 63).

45. Jean-Louis Comolli, entretien, *Cahiers du cinéma*, n° 333, mars 1982.

Noir, multiplie les types et « characters », ne crée ou ne recrée chaque fois qu'une petite partie de l'image qui ne correspond plus à un enchaînement d'actions, mais à des états émotionnels ou pulsionnels brisés, exprimables en visions et sons purs : la spécificité du cinéma noir se définit alors par une nouvelle forme, « la lutte devant porter sur le médium lui-même » (Charles Burnett, Robert Gardner, Haile Gerima, Charles Lane) [46]. D'une autre manière, c'est le mode de composition de Chahine dans le cinéma arabe : « *Alexandrie pourquoi ?* » expose une pluralité de lignes entremêlées, amorcées dès le début, une de ces lignes étant principale (l'histoire du garçon), les autres devant être poussées jusqu'à ce qu'elles recoupent la principale ; et « *La Mémoire* » ne laisse plus subsister de ligne principale, et poursuit les fils multiples qui aboutissent à la crise cardiaque de l'auteur conçue comme tribunal et verdict intérieurs, dans une sorte de *Moi pourquoi ?*, mais où les artères du dedans sont en contact immédiat avec les lignes du dehors. Dans l'œuvre de Chahine, la question « pourquoi » prend une valeur proprement cinématographique, autant que la question « comment » chez Godard. Pourquoi ?, c'est la question du dedans, la question du moi : car, si le peuple manque, s'il éclate en minorités, c'est moi qui suis d'abord un peuple, le peuple de mes atomes comme disait Carmelo Bene, le peuple de mes artères comme dirait Chahine (Gerima dit de son côté que, s'il y a une pluralité de « mouvements » noirs, c'est chaque cinéaste qui est en soi un mouvement). Mais pourquoi ?, c'est aussi la question de dehors, la question du monde, la question du peuple qui s'invente en manquant, qui a une chance de s'inventer en posant au moi la question que celui-ci lui posait : Alexandrie-moi, moi-Alexandrie. Beaucoup de films du tiers-monde invoquent la mémoire, implicitement ou jusque dans leur titre, « *Pour la suite du monde* » de Perrault, « *La Mémoire* » de Chahine, « *La Mémoire fertile* » de Khleifi. Ce n'est pas une mémoire psychologique comme faculté d'évoquer des souvenirs, ni même une mémoire collective comme celle d'un peuple existant. C'est, nous l'avons vu, l'étrange faculté qui met en contact immédiat le dehors et le dedans,

46. Yann Lardeau, « Cinéma des racines, histoires du ghetto », *Cahiers du cinéma*, n° 340, octobre 1982.

l'affaire du peuple et l'affaire privée, le peuple qui manque et le moi qui s'absente, une membrane, un double devenir. Kafka parlait de cette puissance que prend la mémoire dans les petites nations : « La mémoire d'une petite nation n'est pas plus courte que celle d'une grande, elle travaille donc plus à fond le matériel existant. » Elle gagne en profondeur et en lointain ce qu'elle n'a pas en étendue. Elle n'est plus psychologique ni collective, car chacun n'hérite, « dans un petit pays », que de la part qui lui revient, mais n'a pas d'autre objet que cette part, même s'il ne la connaît ni ne la soutient. Communication du monde et du moi, dans un monde parcellaire et dans un moi rompu qui ne cessent de s'échanger. On dirait que toute la mémoire du monde se pose sur chaque peuple opprimé, et que toute la mémoire du moi se joue dans une crise organique. Les artères du peuple auquel j'appartiens, ou le peuple de mes artères...

Ce moi, pourtant, n'est-il pas le moi de l'intellectuel du tiers-monde, dont Rocha, Chahine entre autres ont souvent tracé le portrait, et qui doit rompre avec l'état de colonisé, mais ne peut le faire qu'en passant du côté du colonisateur, ne serait-ce qu'esthétiquement, par les influences artistiques ? Kafka indiquait une autre voie, une voie étroite entre les deux risques : précisément parce que les « grands talents » ou les individualités supérieures n'abondent pas dans les littératures mineures, l'auteur n'est pas en état de produire des énoncés individuels qui seraient comme des histoires inventées ; mais aussi parce que le peuple manque, l'auteur est en situation de produire des énoncés déjà collectifs, qui sont comme les germes du peuple à venir, et dont la portée politique est immédiate et inévitable. L'auteur a beau être en marge ou à l'écart de sa communauté plus ou moins analphabète, cette condition le met d'autant plus en mesure d'exprimer des forces potentielles et, dans sa solitude même, d'être un véritable agent collectif, un ferment collectif, un catalyseur. Ce que Kafka suggère ainsi pour la littérature vaut encore plus pour le cinéma, en tant qu'il réunit par lui-même des conditions collectives. Et, en effet, c'est le dernier caractère d'un cinéma politique moderne. L'auteur de cinéma se trouve devant un peuple doublement colonisé, du point de vue de la culture : colonisé par les histoires venues d'ailleurs, mais aussi par ses propres mythes devenus des entités impersonnelles au service du colonisateur. L'auteur ne doit donc pas se faire l'ethnologue de son peuple, pas plus qu'inventer lui-même une fiction qui serait encore une histoire privée : car toute fiction personnelle, comme tout mythe impersonnel, est du côté des « maîtres ». C'est ainsi qu'on voit Rocha détruire du dedans les mythes, et Perrault dénoncer toute fiction qu'un auteur pourrait créer. Il reste à l'auteur la possibilité de se donner des « intercesseurs », c'est-à-dire de prendre des personnages réels et non fictifs, mais en les mettant eux-mêmes en état de « fictionner », de « légender », de « fabuler ». L'auteur fait un pas vers ses personnages, mais les personnages font un pas vers l'auteur : double devenir. La fabulation n'est pas un mythe impersonnel, mais n'est pas non plus une fiction personnelle : c'est une parole en acte, un acte de parole par lequel le personnage ne cesse de franchir la frontière qui séparerait son affaire privée de la politique, et *produit lui-même des énoncés collectifs.*

Daney remarquait que le cinéma africain (mais cela vaut pour tout le tiers-monde) n'est pas, comme l'Occident le voudrait, un cinéma qui danse, mais un cinéma qui parle, un cinéma de l'acte de parole. C'est par là qu'il échappe à la fiction comme à l'ethnologie. Dans « *Ceddo* », Ousmane Sembene dégage la fabulation qui sert de base à la parole vivante, qui en assure la liberté et la circulation, qui lui donne une valeur d'énoncé collectif, pour l'opposer aux mythes du colonisateur islamique [47]. N'était-ce pas déjà l'opération de Rocha sur les mythes du Brésil ? Sa critique interne allait d'abord dégager sous le mythe un actuel vécu qui serait comme l'intolérable, l'invivable, l'impossibilité de vivre maintenant dans « cette » société (« *Le Dieu noir et le Diable blond* », « *Terre en transes* ») ; il s'agissait ensuite d'arracher à l'invivable un acte de parole qu'on ne pourrait pas faire taire, un acte de fabulation qui ne serait pas un retour au mythe mais une production d'énoncés collectifs capable d'élever la misère à une étrange positivité, l'invention d'un peuple (« *Antonio das Mortes* », « *Le Lion à sept têtes* », « *Têtes coupées* ») [48].

47. Cf. Serge Daney, *La Rampe*, Cahiers du cinéma-Gallimard, p. 118-123 (surtout le personnage du fabulateur).

48. Sur la critique du mythe et l'évolution de l'œuvre de Rocha, cf. Barthélemy Amengual, *Le Cinéma nôvo brésilien, Études cinématographiques*, II (p. 57 : « le contre-mythe, comme on dit un contre-feu »).

La transe, la mise en transes est une transition, un passage ou un devenir : c'est elle qui rend l'acte de parole possible, à travers l'idéologie du colonisateur, les mythes du colonisé, les discours de l'intellectuel. L'auteur met en transes les parties, pour contribuer à l'invention de son peuple qui, seul, peut constituer l'ensemble. Encore les parties ne sont-elles pas exactement réelles chez Rocha, mais recomposées (et, chez Sembene, elles sont reconstituées dans une histoire qui remonte au XVIIe siècle). C'est Perrault, à l'autre bout de l'Amérique, qui s'adresse à des personnages réels, ses « intercesseurs », pour prévenir toute fiction, mais aussi mener la critique du mythe. Procédant par mise en crise, Perrault va dégager l'acte de parole fabulateur, tantôt générateur d'action (la réinvention de la pêche au marsouin dans « *Pour la suite du monde* »), tantôt se prenant lui-même comme objet (la quête des ancêtres dans « *Le Règne du jour* »), tantôt entraînant une simulation créatrice (la chasse à l'orignal dans « *La Bête lumineuse* »), mais toujours de telle façon que la fabulation soit elle-même mémoire, et la mémoire, invention d'un peuple. Peut-être tout culmine avec « *Le Pays de la terre sans arbre* », qui réunit tous les moyens, ou au contraire avec « *Un pays sans bon sens* », qui les raréfie (car, ici, le personnage réel a le maximum de solitude, et n'appartient même pas au Québec, mais à une minuscule minorité française en pays anglais, et saute de Winnipeg à Paris, pour inventer d'autant mieux son appartenance québécoise, et en produire un énoncé collectif) [49]. Non pas le mythe d'un peuple passé, mais la fabulation du peuple à venir. Il faut que l'acte de parole se crée comme une langue étrangère dans une langue dominante, précisément pour exprimer une impossibilité de vivre sous la domination. C'est le personnage réel qui sort de son état privé, en même temps que l'auteur de son état abstrait, pour former à deux, à plusieurs, les énoncés du Québec, sur le Québec, sur l'Amérique, sur la Bretagne et Paris (discours indirect libre). Chez Jean Rouch, en Afrique, la transe des « *Maîtres fous* » se prolonge dans un double devenir, par

---

49. *Écritures de Pierre Perrault* : sur les personnages réels, et l'acte de parole comme fonction fabulatrice, « flagrant délit de légender », cf. l'entretien avec René Allio (à propos de « *La Bête lumineuse* », Perrault dira : « J'ai rencontré ces derniers temps un pays insoupçonné. (...) Toute chose dans ce pays silencieux en apparence est mise en légende aussitôt qu'on s'avise d'en parler »).

lequel les personnages réels deviennent un autre en fabulant, mais aussi l'auteur lui-même, un autre, en se donnant des personnages réels. On objecte que Jean Rouch peut difficilement être considéré comme un auteur du tiers-monde, mais personne n'a tant fait pour fuir l'Occident, se fuir soi-même, rompre avec un cinéma d'ethnologie, et dire « *Moi un Noir* », au moment où les Noirs jouent des rôles de série américaine ou de Parisiens expérimentés. L'acte de parole a plusieurs têtes, et, petit à petit, plante les éléments d'un peuple à venir comme le discours indirect libre de l'Afrique sur elle-même, sur l'Amérique ou sur Paris. En règle générale, le cinéma du tiers-monde a cet objet : par la transe ou la crise, constituer un agencement qui réunisse des parties réelles, pour leur faire produire des énoncés collectifs comme la préfiguration du peuple qui manque (et, comme dit Klee, « nous ne pouvons pas faire plus »).

1

On a souvent marqué la rupture du parlant avec le muet, et les résistances qu'elle a suscitées. Mais on a montré avec autant de raisons comment le muet appelait le parlant, l'impliquait déjà : le muet n'était pas muet, mais seulement « silencieux », comme dit Mitry, ou seulement « sourd », comme dit Michel Chion. Ce que le parlant semblait perdre, c'était la langue universelle et la toute-puissance du montage ; ce qu'il semblait gagner, d'après Mitry, c'était une continuité dans le passage d'un lieu à un autre, d'un moment à un autre. Mais une autre différence apparaît peut-être si l'on compare les composantes de l'image muette et de l'image parlante. L'image muette est composée de l'image vue, et de l'intertitre qui est lu (seconde fonction de l'œil). L'intertitre comprend entre autres éléments les actes de parole. Ceux-ci, étant scripturaux, passaient au style indirect (l'intertitre « Je vais te tuer » est lu sous la forme « Il dit qu'il va le tuer »), prenaient une universalité abstraite et exprimaient à quelque égard une loi. Tandis que l'image vue gardait et développait quelque chose de naturel, se chargeait de l'aspect naturel des choses et des êtres. Analysant « *Tabou* » de Murnau (1931), Louis Audibert remarque que ce n'est pas seulement un film maintenu muet au moment du parlant, mais une manière de justifier la permanence du muet : c'est que, en vertu de son thème le plus profond, l'image visuelle renvoie à une nature physique innocente, à une vie immédiate qui n'a pas besoin de langage, tandis que l'intertitre ou l'écrit manifeste la loi, l'interdit, l'ordre transmis qui viennent briser cette innocence, comme chez Rousseau[1].

On objectera que cette répartition tient étroitement au sujet exotique de « *Tabou* ». Mais ce n'est pas sûr. Le cinéma muet n'a pas cessé de montrer la civilisation, la ville, l'appartement, les objets d'usage, d'art ou de culte, tous les artefacts possibles. Toutefois, il leur communique une sorte de naturalité, qui est comme le secret et la beauté de l'image muette[2]. Même les grands décors, comme tels, ont une naturalité qui leur est propre. Même les visages prennent l'aspect de phénomènes naturels, suivant la remarque de Bazin à propos de « *La Passion de Jeanne d'Arc* ». L'image visuelle montre la structure d'une société, sa situation, ses places et ses fonctions, les attitudes et les rôles, les actions et réactions des individus, bref la forme et les contenus. Et, certes, elle enserre de si près les actes de parole qu'elle peut nous faire voir les lamentations des pauvres ou le cri des révoltés. Elle montre la condition d'un acte de parole, ses conséquences immédiates et même sa phonation. Mais ce qu'elle atteint ainsi, c'est la nature d'une société, la physique sociale des actions et réactions, la physique même de la parole. Eisenstein disait que, chez Griffith, les pauvres et les riches l'étaient par nature. Mais Eisenstein lui-même conserve l'identité de la société ou de l'histoire avec la Nature, à cette réserve près que l'identité est maintenant dialectique, et passe par la transformation de l'être naturel de l'homme et de l'être humain de la Nature : non-indifférente Nature (d'où, nous l'avons vu, une autre conception du montage)[3]. Bref, dans le cinéma muet en général, l'image visuelle est comme naturalisée, pour autant qu'elle nous donne l'être naturel de l'homme dans l'Histoire ou dans la société, tandis que l'autre élément,

---

1. Louis Audibert, « L'ombre du son », *Cinématographe*, n° 48, juillet 1979, p. 5-6. Cette revue a consacré deux numéros importants, 47 et 48, aux problèmes du muet et du parlant.

2. Cf. Sylvie Trosa, n° 47, p. 14-15 : l'image muette avait une « matérialité » autonome qui la remplissait de sens. Selon S. Trosa, L'Herbier serait un des auteurs du muet qui aurait perdu le plus avec le parlant, malgré tout son goût littéraire : « les constructions visuelles » dont il avait le secret, assurant « l'adéquation de la substance et de l'expression », de la nature et de la culture, perdent beaucoup de leur fonction.

3. C'est au nom du parlant, entre autres motifs, que les staliniens reprochent à Eisenstein d'avoir confondu l'Histoire avec la Nature, comme nous l'avons vu à propos du congrès soviétique de 1935.

l'autre plan qui se distingue aussi bien de l'Histoire que de la Nature, passe dans un « discours » nécessairement écrit, c'est-à-dire lu, et mis en style indirect [4]. Dès lors, le cinéma muet doit entrelacer au maximum l'image vue et l'image lue, soit en formant de véritables blocs avec l'intertitre, à la manière de Vertov ou d'Eisenstein, soit en faisant passer dans le visuel les éléments scripturaux particulièrement importants (comme dans « *Tabou* » les ordres et messages écrits, ou bien, dans « *Les Lois de l'hospitalité* » de Keaton, le père vengeur qui voit par-dessus la tête de sa fille la devise encadrée « Aime ton prochain comme toi-même »...), soit dans tous les cas en élaborant des recherches graphiques sur le texte écrit (par exemple la répétition du mot « Frères » dont les lettres grossissent dans « *Le Cuirassé Potemkine* »).

Qu'arrive-t-il avec le cinéma parlant ? L'acte de parole ne renvoie plus à la seconde fonction de l'œil, il n'est plus lu, mais entendu. Il devient direct, et récupère les traits distinctifs du « discours » qui se trouvaient altérés dans le muet ou l'écrit (le trait distinctif du discours, selon Benveniste, c'est la relation de personne, Je-Tu). On remarquera que le cinéma ne devient pas pour cette raison audio-visuel. À la différence de l'intertitre qui était une autre image que l'image visuelle, le parlant, le sonore sont entendus, mais comme *une nouvelle dimension de l'image visuelle, une nouvelle composante*. C'est même à ce titre qu'ils sont image [5]. Situation tout à fait différente de celle du théâtre. Il est probable, dès lors, que le parlant modifie l'image visuelle : en tant qu'entendu, il *fait voir* en elle quelque chose qui n'apparaissait pas librement dans le muet. On dirait que l'image visuelle est dénaturalisée. Elle se charge en effet de tout un domaine qu'on pourrait appeler des *interactions humaines*, qui se distinguent à la fois des structures préalables et des actions ou réactions consé-

---

4. Cf. la distinction de Benveniste, entre le plan du « récit » qui rapporte les événements, et celui du « discours », qui énonce ou reproduit des paroles : *Problèmes de linguistique générale*, Gallimard, p. 241-242 (et comment le discours passe au style indirect).

5. Balazs remarquait que le son « n'a pas d'image » : le cinéma ne le « représente » pas, mais le « restitue » (*L'Esprit du cinéma*, Payot, p. 244). Reste qu'il « sort du centre de l'image » visuelle, et que ses éléments se répartissent en fonction de cette image : cf. Michel Chion, *La Voix au cinéma*, Cahiers du cinéma-Éditions de l'Étoile, p. 13-14. Il est en ce sens une composante de l'image visuelle.

quentes. Certes, les interactions se mêlent étroitement aux structures, actions et réactions. Mais celles-ci sont des conditions ou des conséquences de l'acte de parole, tandis que celles-là sont le corrélat de l'acte, et ne se laissent voir qu'en lui, à travers lui, comme les réciprocités de perspective dans le Je-Tu, les interférences correspondant à la communication. Une sociologie de la communication s'est constituée sur cette base : les interactions, saisies au point où elles ne découlent pas de structures sociales préexistantes et ne se confondent pas avec des actions et réactions psychiques, mais sont le corrélat des actes de parole ou de silence, destituant le social de sa naturalité, formant des systèmes loin de l'équilibre ou inventant leur propre équilibre (socialisation-désocialisation), s'établissant dans les marges et les carrefours, constituant toute une mise en scène ou une dramaturgie de la vie quotidienne (malaises, duperies et conflits dans l'interaction), ouvrant un champ de perception spécial, de visibilité spécifique, et suscitant une « hypertrophie de l'œil »[6]. Les interactions *se donnent à voir* dans les actes de parole. Précisément parce qu'elles ne s'expliquent pas par les individus, pas plus qu'elles ne découlent d'une structure, les interactions ne concernent pas simplement les partenaires d'un acte de parole, c'est plutôt l'acte de parole qui, par sa circulation, sa propagation et son évolution autonomes, va créer l'interaction entre individus ou groupes distants, dispersés, indifférents les uns aux autres. Telle une chanson qui traverse les lieux, les espaces et les personnes (un des premiers exemples en fut « *Love me tonight* » de Mamoulian). S'il est vrai que le cinéma parlant est une sociologie interactionniste en acte, ou plutôt l'inverse, s'il est vrai que l'interactionnisme est un

---

6. Cette sociologie interactionniste de la communication apparaît en Amérique chez Park, chez Goffman, en rapport avec les phénomènes urbains et les problèmes d'information, de circulation de l'information. Elle a pour précurseurs Georg Simmel en Allemagne, et, d'une manière moins reconnue, Gabriel Tarde en France. Les phénomènes du type rumeur, journal, conversation, les personnages du type mondain, promeneur, migrant, marginal, aventurier, y tiennent une grande place, parce qu'ils posent la question de la sociabilité plutôt que de la société. Isaac Joseph, qui a beaucoup contribué à l'exposé de cette sociologie en France, a écrit un beau livre, *Le Passant considérable* (Librairie des Méridiens) où il étudie particulièrement les « malaises dans l'interaction ». Dans sa modernité même, ce courant nous semble avoir dans la sociologie une place analogue à celle de la comédie américaine dans le cinéma parlant, place évidemment très importante.

cinéma parlant, on ne s'étonnera donc pas que la rumeur ait été un objet privilégié cinématographique : « *The whole town's talking* » de Ford, « *People will talk* » de Mankiewicz, et déjà « *M le maudit* » de Lang.

Telle que Noël Burch la résume, une des premières séquences de « *M le maudit* » se présente ainsi : « Un homme fait la lecture à haute voix d'une affiche de police devant laquelle une foule s'est assemblée ; le même texte se poursuit sous la forme d'une annonce radiophonique d'abord, puis sous celle de la lecture à haute voix d'un journal dans le café qui sert de cadre... et où des clients surexcités finissent par en venir aux mains, la victime accusant son assaillant d'être un *souilleur de réputation*. Cette phrase par laquelle la scène s'interrompt rime avec *Quel diffamateur !* lancé par un homme dont la police fouille l'appartement sur la foi d'une lettre anonyme ; enfin, lorsque cet homme, injustement soupçonné, avance que le tueur pourrait être n'importe qui dans la rue, cette réplique introduit le quatrième épisode de la série : un quidam se fait malmener par la foule à la suite d'un malentendu tragique [7]. » Bien sûr, il y a une situation, des actions et des réactions ; mais s'y mêle une autre dimension, irréductible. On remarquera, dans cet exemple de Lang comme dans beaucoup d'autres, que l'écrit (l'affiche, le journal) est là pour être rendu à la voix, repris par des actes de parole déterminés qui font rimer chaque scène. Si bien que, en fait, c'est un seul et même acte de parole indéterminé (la rumeur) qui circule et se propage, en faisant voir des interactions vives entre personnages indépendants et lieux séparés. Et plus l'acte de parole devient autonome en dépassant les personnes déterminées, plus le champ de perception visuelle qu'il ouvre se présente comme problématique, orienté sur un point problématique à la limite des lignes d'interaction enchevêtrées : ainsi le tueur « assis de dos en amorce », et qu'on voit à peine (ou les sosies dans le film de Ford, les bifurcations dans celui de Mankiewicz). La structure et la situation continuent à conditionner les interactions, comme elles le faisaient pour les actions et réactions, mais ce sont des conditions régulatrices et non plus constituantes.

---

7. Noël Burch, « De Mabuse à M : le travail de Fritz Lang », in *Cinéma, théorie, lectures*, p. 235.

« L'interaction reste structurée par de telles conditions, mais *demeure problématique au cours de l'action* [8]. »

De tout ceci, on peut déjà conclure à quel point le cinéma parlant n'avait rien de commun avec le théâtre, et que la confusion ne se ferait qu'au niveau des mauvais films. La question : qu'est-ce que le cinéma parlant apportait de nouveau par rapport au muet ?, perd alors son ambiguïté, et peut être considérée brièvement. Soit un thème comme celui de la collaboration police-pègre : dans « *La Grève* » d'Eisenstein, cette collaboration qui met le peuple des tonneaux au service du patronat est prise dans un jeu d'actions et de réactions qui mesure la dépendance naturelle de la pègre et découle de la structure d'une société capitaliste ; dans « *M le Maudit* », la collaboration passe par un acte de parole qui devient indépendant des deux parties concernées, puisqu'une phrase commencée par le commissaire sera continuée, prolongée ou transformée par le chef de la pègre, en deux lieux différents, et fera voir une interaction problématique des parties elles-mêmes indépendantes, en fonction des « circonstances » (sociologie des situations de circonstances). Soit un autre thème comme celui de la dégradation : dans « *Le Dernier des hommes* » de Murnau, la dégradation du portier-chef peut passer par un cérémonial et une scène phonatoire (bien que muette) dans le bureau du directeur, elle peut comporter des rimes visuelles, entre la porte-tambour du début, le rêve des portes, et la porte des lavabos où finit l'homme, la splendeur du film consiste en une physique de la dégradation sociale, où un individu descend les places et les fonctions dans une structure du grand hôtel qui a un rôle « naturel » ou constituant. Dans « *L'Ange bleu* » de Sternberg, au contraire, le cocorico du professeur est un drame sonore, un acte de parole, qui n'est émis cette fois que par un seul et même individu, mais qui n'en prend pas moins d'autonomie, et qui fait voir l'interaction de deux lieux indépendants, le lycée que le professeur quitte pour le cabaret dans un premier cocorico timide et s'enivrant de lui-même, puis le cabaret que le professeur quitte pour retourner mourir au lycée, après un autre cocorico qui marque le comble de la dégradation et

---

8. Cicourel, *La Sociologie cognitive*, P.U.F., cité par I. Joseph (qui commente cette notion de « problématique », p. 54).

de l'abjection qu'il a subies. Il y a là quelque chose que le muet ne pouvait pas atteindre, même et surtout avec le montage alterné [9]. Si le film de Sternberg est une grande œuvre du parlant, c'est que les deux lieux séparés, le lycée et le cabaret, traversent respectivement l'épreuve du silence et du sonore, et entrent d'autant plus en interaction que le cocorico ira de l'un à l'autre, puis de l'autre à l'un, en deux temps différents, suivant des interactions intérieures au professeur lui-même.

Le muet opérait une répartition de l'image visible et de la parole lisible. Mais, quand la parole se fait entendre, on dirait qu'elle fait voir quelque chose de nouveau, et que l'image visible, dénaturalisée, commence à devenir lisible pour son compte, *en tant que* visible ou visuelle. Celle-ci, dès lors, acquiert des valeurs problématiques ou une certaine équivocité qu'elle n'avait pas dans le muet. Ce que l'acte de parole fait voir, l'interaction, peut toujours être mal déchiffré, mal lu, mal vu : d'où toute une montée du mensonge, de la duperie, qui se fait dans l'image visuelle. Jean Douchet définissait Mankiewicz par « la vertu cinématographique du langage » [10]. Et certes nul auteur n'a fait un tel usage de l'acte de parole, qui ne doit pourtant rien au théâtre. C'est que l'acte de parole chez Mankiewicz fait voir des interactions, mais qui restent sur le moment imperceptibles à beaucoup de participants, ou bien mal vus, et qui ne se laissent déchiffrer que par des personnages privilégiés doués d'une hypertrophie de l'œil. Si bien que ces interactions (bifurcations) qui viennent de la parole retourneront à la parole : parole seconde ou voix off, qui ne peut faire voir qu'après coup ce qui a d'abord échappé à la vue, parce que trop fort, trop incroyable ou trop odieux [11]. C'est la bifurcation qui devient chez Mankiewicz le corrélat

---

9. On se demandera si le cinéma ne peut pas atteindre à des phénomènes d'interaction, avec ses propres moyens. Mais c'est dans des films muets qui renoncent aux intertitres, et qui procèdent par mouvements aberrants. Ainsi nous l'avons vu pour « *L'Homme à la caméra* » de Vertov, où l'intervalle agit comme différentielle des mouvements. Ou bien même dans « *Le Dernier des hommes* », c'est la caméra « déchaînée » qui fait voir certaines interactions.

10. Jean Douchet, in « Cinéma américain », *Cahiers du cinéma*, n° 150, décembre 1963, p. 146-147.

11. La théorie de Gérard Genette, concernant le récit littéraire, souligne la différence des questions : « qui parle ? » et « qui voit ? » (*Figures* III, p. 203, et *Nouveau discours du récit*, Seuil). Les conceptions de François Jost s'en inspirent, in *Communications*, n° 38, 1983. Mankiewicz nous semblerait la meilleure illustration cinématographique.

visuel d'un acte de parole double, une fois comme voix off, une fois comme voix en acte.

Il était forcé que le parlant prît pour objet privilégié les formes sociales apparemment les plus superficielles, les plus précaires, les moins « naturelles » ou structurées : les rencontres avec l'autre, autre sexe, autre classe, autre région, autre nation, autre civilisation. Moins il y aurait de structure sociale préexistante, mieux se dégageraient, non pas une vie naturelle muette, mais des formes pures de sociabilité passant nécessairement par la *conversation*. Et sans doute la conversation est inséparable de structures, de places et de fonctions, d'intérêts et de mobiles, d'actions et de réactions qui lui sont extérieurs. Mais elle possède aussi le pouvoir de se subordonner artificiellement toutes ces déterminations, d'en faire un enjeu, ou plutôt d'en faire les variables d'une interaction qui lui correspond. Ce ne sont plus les intérêts, ce n'est même plus le sentiment ou l'amour qui déterminent la conversation, ce sont eux qui dépendent de la répartition d'excitation dans la conversation, celle-ci déterminant des rapports de force et des structurations qui lui sont propres. C'est pourquoi il y a toujours quelque chose de fou, de schizophrénique, dans une conversation considérée pour elle-même (conversation de bistrot, d'amour, d'intérêt, ou de mondanité comme essence). Les psychiatres ont étudié la conversation des schizophrènes, avec ses maniérismes, ses proxémies et ses mises à distance interactionnelles, mais c'est toute conversation qui est schizophrénique, c'est la conversation qui est un modèle de schizophrénie, non pas l'inverse. Berthet dit très bien : « À envisager la conversation comme l'ensemble de ce qui vient à être dit, quel sujet polycéphale, et presque demi-fou, imaginer pour le proférer [12] ? » On aurait tort de considérer la conversation en fonction de partenaires déjà réunis ou liés. Même dans ce cas, le propre de la conversation est de redistribuer les enjeux, et d'instaurer des interactions entre gens supposés dispersés et indépendants qui traversent la scène au hasard : si bien que la conversation est une rumeur contractée, et la rumeur, une conversation dilatée, qui révèlent toutes deux l'autonomie de la communication ou de la circulation. Cette fois, ce n'est pas la conversation qui sert de modèle à l'interaction, c'est l'in-

---

12. F. Berthet, in « La conversation », *Communications*, n° 30, 1979, p. 150.

teraction entre gens séparés, ou dans une seule et même personne, qui est le modèle de la conversation. Ce qu'on pourrait appeler sociabilité, ou « mondanité » en un sens très général, ne se confond jamais avec la société : il s'agit des interactions qui coïncident avec les actes de parole, et non pas des actions et réactions qui passent par eux suivant une structure préalable. Cette essence de la mondanité dans la conversation, comme distincte de la société, c'est ce que Proust découvrait, mais aussi le sociologue Simmel. Or il est curieux de constater à quel point le théâtre et même le roman furent impuissants à saisir la conversation pour elle-même : sauf chez les auteurs contemporains du cinéma (Proust, James), ou même directement influencés par lui (dans le théâtre Wilson, ou dans le roman Dos Passos, Nathalie Sarraute) [13]. En vérité, le cinéma parlant ne risquait nullement de se confondre avec du théâtre ou du roman filmés, sauf au niveau le plus bas. Ce que le cinéma inventait, c'était la conversation sonore qui, jusque-là, avait échappé au théâtre comme au roman, et les interactions visuelles ou lisibles qui correspondaient à la conversation. Peut-être le niveau le plus bas risquait-il toujours d'attirer le cinéma dans une impasse, le dialogue filmé. Si bien qu'il faudrait le néo-réalisme et surtout la nouvelle vague pour redécouvrir la conversation, l'interaction : ce fut une grande réactivation, sur un mode positif, parodique ou critique, chez Truffaut, Godard, Chabrol. Mais la conversation et l'interaction n'en étaient pas moins, dès le début du parlant, la conquête du cinéma, qui en fit un genre spécial, la « comédie » proprement cinématographique, la comédie américaine par excellence (mais aussi la comédie française, avec plus d'ambiguïté, chez Pagnol et chez Guitry).

C'est indépendamment de ses contenus ou de ses objets que la conversation va produire les interactions qui resserrent ou écartent les liens entre individus, les obligent à être vainqueurs ou vaincus, à modifier ou même inverser leurs

---

13. Alejo Carpentier, cité par Mitry (*Esthétique et psychologie du cinéma*, Éd. Universitaires, II, p. 102) : « La conversation a un rythme, un mouvement, une absence de suite dans les idées, avec, par contre, d'étranges associations, de curieux rappels, qui ne ressemblent en rien aux dialogues qui remplissent habituellement » les romans et les pièces de théâtre.

perspectives [14]. Par exemple, la vieille dame va-t-elle financer l'entreprise, la jeune fille va-t-elle séduire l'homme ?, c'est l'excitation du jeu des interactions qui décide des contenus économiques ou amoureux, non pas l'inverse. Le parlant cinématographique, tel que la comédie américaine en effectue dès le début la puissance, se définit par la manière dont les actes de parole emplissent l'espace, dans des conditions de plus en plus nombreuses et délicates qui constituent chaque fois la « bonne forme », unissant la vitesse parlante à l'espace montré. Tout le monde parle à la fois, ou bien la parole de l'un remplit si bien l'espace qu'elle réduit l'autre à de vaines tentatives, bégaiements, efforts d'interruption. La folie ordinaire dans la famille américaine, et la perpétuelle intrusion de l'étranger ou de l'anormal, comme un déséquilibre dans des systèmes eux-mêmes loin de l'équilibre, constitueront les classiques de la comédie (« *Arsenic et vieilles dentelles* » de Capra). Une actrice comme Katharine Hepburn révèle sa maîtrise dans les enjeux de la sociabilité, par la vitesse de ses réparties, la manière dont elle enferre ou désoriente son partenaire, l'indifférence aux contenus, la variété ou l'inversion des perspectives par lesquelles elle passe. Cukor, McCarey, Hawks font de la *conversation*, de la démence de la conversation, l'essentiel de la comédie américaine, et Hawks saura lui donner une vitesse inouïe. Lubitsch conquiert tout un domaine de *subconversation* (un peu comme le définit Nathalie Sarraute). Capra atteint au *discours* comme élément de la comédie, précisément parce qu'il montre dans le discours lui-même une interaction avec le public. Dans « *L'Admirable M. Ruggles* », McCarey opposait déjà la réserve et la concision anglaises au libre discours américain fondé sur la proclamation de Lincoln. Et l'on comprend que le discours comme objet cinématographique puisse faire passer Capra de la comédie à la série « *Pourquoi nous combattons* », dans la mesure où la forme même de la sociabilité, malgré ses rapports de force et la cruauté essentielle de ses enjeux, apparaît dans la démocratie, définie comme « monde artificiel » où les individus ont renoncé aux aspects objectifs de leur situation ou aux aspects personnels

---

14. Georg Simmel, « Sociologie de la sociabilité », in *Urbi*, III, 1980. (Cf. la manière dont Simmel en tire une définition de la démocratie).

de leur activité pour produire entre eux une interaction pure. La comédie américaine mobilise les nations (confrontation de l'Amérique avec l'Angleterre, la France, l'U.R.S.S....), mais aussi les régions (l'homme du Texas), les classes et même les hors-classes (le migrant, le clochard, l'aventurier, tous personnages chers à la sociologie interactionniste), pour faire voir les interactions, les malaises dans l'interaction, les renversements dans l'interaction. Et, si les contenus sociaux objectifs s'estompent au profit des formes de sociabilité, les sujets subsistent, dans les accents et les intonations de pays ou de classe, comme sujets des actes de parole, ou comme variables de l'acte de parole pris dans son ensemble inter-subjectif. Peut-être dans un autre genre cinématographique, dans certains films d'aventure, les sujets disparaissent à leur tour. Alors les voix rapides deviennent atones et sans accent, horizontales, à la recherche du plus court chemin, déjà voix blanches au sens d'armes blanches, répliques dont chacune pourrait être aussi bien prononcée par l'autre, au point que la conversation révèle d'autant mieux sa folie qu'elle se confond maintenant avec l'ensemble autonome de ce qui « vient à être dit », et que l'interaction se révèle d'autant plus pure qu'elle est devenue étrangement neutre : ainsi le couple Bogart-Lauren Bacall dans certains films de Hawks, comme « Le Port de l'angoisse » ou « Le Grand Sommeil » [15].

L'acte entendu de parole, comme composante de l'image visuelle, fait voir quelque chose dans cette image. C'est peut-être en ce sens qu'il faut comprendre l'hypothèse de Comolli : l'abandon de la profondeur de champ, l'assomption d'une certaine planitude de l'image, auraient eu parmi leurs causes principales le parlant, qui constituait une quatrième dimension de l'image visuelle, suppléant à la troisième [16]. Mais, à ce titre, l'acte de parole ne se contente pas de faire voir, il arrive qu'il voie lui-même (Michel Chion a analysé le cas spécial de ces « voix qui voient », qui ont « un œil dans la voix », comme celle du « Testament du Dr Mabuse » de Lang, ou celle de l'ordinateur dans « 2001 » de Kubrick, auxquelles on pourrait joindre les voix de Mankiewicz) [17]. Et, plus

---

15. Claire Parnet, dans un texte inédit, analyse la voix dans le cinéma américain, comédies et thrillers.
16. Cf. Comolli, *Cahiers du cinéma*, n° 230 et 231, juin-juillet 1972.
17. Michel Chion, p. 36, p. 44.

généralement, l'acte entendu de parole est lui-même vu, d'une certaine façon. Ce n'est pas seulement sa source qui peut (ou non) être vue. En tant qu'entendu, il est lui-même vu, comme se traçant lui-même un chemin dans l'image visuelle. Certes, le cinéma muet pouvait déjà montrer l'espace parcouru par un acte de parole inentendu, et le suppléer : la transmission d'un mot d'ordre chez Eisenstein, le sifflet de la séductrice qui fait sursauter l'homme dans « Aurore » de Murnau, l'appel du guetteur qui passe par des gros plans progressifs dans « Tabou » de Murnau, la sirène et les bruits des machines, par des jets de lumière dans « Métropolis » de Lang. Ce sont de grands moments du muet. Mais c'était l'espace parcouru qui permettait ainsi de reconstituer l'acte muet. Tandis que maintenant c'est la voix entendue qui se répand dans l'espace visuel, ou le remplit, cherchant à atteindre son destinataire à travers les obstacles et les détours. Elle creuse l'espace. La voix de Bogart au micro est comme une tête chercheuse qui s'efforce d'atteindre dans la foule celle qu'il faut prévenir d'urgence (« La Femme à abattre » de Walsh et Windust) ; la chanson de la mère doit monter des escaliers, traverser des pièces, avant que son refrain n'atteigne enfin l'enfant emprisonné (« L'Homme qui en savait trop » d'Hitchcock). « L'Homme invisible » de Whale fut un chef-d'œuvre du parlant, parce que la parole y devenait d'autant plus visible. Ce que Philippon dit à propos de « Beyrouth la rencontre », d'Alaouie, vaut pour tout cinéma parlant, digne de ce nom, dans sa différence essentielle avec le théâtre : « On voit véritablement la parole se frayer un difficile chemin au travers des ruines (...). [L'auteur] a filmé la parole comme quelque chose de visible, comme une matière en mouvement [18]. » Alors apparaît le renversement qui tend à se produire dans le parlant, par rapport au muet : au lieu d'une image vue *et* d'une parole lue, l'acte de parole devient visible en même temps qu'il se fait entendre, mais aussi l'image visuelle devient lisible, en tant que telle, en tant qu'image visuelle où s'insère l'acte de parole comme composante.

---

18. Alain Philippon, *Cahiers du cinéma*, n° 347, mai 1983, p. 67.

On rappelle parfois qu'il n'y a pas une seule bande sonore, mais au moins trois groupes, paroles, bruits, musiques. Peut-être même faut-il distinguer un plus grand nombre de composantes sonores : les bruits (qui isolent un objet et s'isolent les uns des autres), les sons (qui marquent des rapports et sont eux-mêmes en rapport mutuel), les phonations (qui découpent ces rapports, qui peuvent être des cris, mais aussi de véritables « jargons », comme dans le burlesque parlant de Chaplin ou de Jerry Lewis), les paroles, la musique. Il est évident que ces différents éléments peuvent entrer en rivalité, se combattre, se suppléer, se recouvrir, se transformer : c'était dès le début du parlant l'objet de recherches approfondies chez René Clair ; ce sera l'un des aspects les plus importants de l'œuvre de Tati, où les rapports intrinsèques de sons se trouvent systématiquement déformés, mais aussi où les bruits élémentaires deviennent des personnages (la balle de ping-pong, l'auto des « *Vacances de M. Hulot* »), et où les personnages inversement entrent en conversation par bruits (la conversation de Pfff dans « *Playtime* ») [19]. Tout ceci ferait plutôt présager, suivant une thèse fondamentale de Fano, qu'il y a déjà un seul *continuum sonore*, dont les éléments ne se séparent qu'en fonction d'un référent ou d'un signifié éventuels, mais non d'un « signifiant » [20]. La voix n'est pas séparable des bruits, des sons qui la rendent parfois inaudible : c'est même la seconde grande différence entre les actes de parole cinématographiques et théâtraux. Fano cite en exemple « *Les Amants crucifiés* » de Mizoguchi, « où phonèmes japonais, bruitage et ponctuations de percussions tissent un continuum aux mailles si serrées qu'il semble impossible d'en

---

19. Michel Chion, p. 72. Sur la déformation des rapports de son, Bazin avait écrit une belle page : « Rares sont les éléments sonores indistincts (...) ; au contraire, toute l'astuce de Tati consiste à détruire la netteté par la netteté » (*Qu'est-ce que le cinéma ?*, Éd. du Cerf, p. 46). Et interview de Tati sur le son, *Cahiers du cinéma*, nº 303, septembre 1979.

20. Michel Fano, in *Encyclopædia Universalis*, « Cinéma (musique de) ». La conception de Fano implique évidemment la présence active du musicien sur la table de montage, sa participation à tous les éléments sonores, un traitement musical des sons non-musicaux. Nous verrons que cette thèse prend son plein sens dans une nouvelle conception de l'image.

retrouver la trame ». Toute l'œuvre sonore de Mizoguchi va dans ce sens. Chez Godard, non seulement la musique peut recouvrir la voix, comme au début de « *Week-end* », mais « *Prénom Carmen* » utilisera les mouvements musicaux, les actes de parole, les bruits de porte, les sons de la mer ou du métro, les cris de mouette, les pincements de corde et les coups de revolver, les glissements d'archet et les rafales de mitraillette, l'« attaque » de musique et l'« attaque » de la banque, les correspondances entre ces éléments, et surtout leurs déplacements, leurs coupures, de manière à former la puissance d'un seul et même continuum sonore. Plutôt que d'invoquer le signifiant et le signifié, on pourrait dire que les composantes sonores ne se séparent que dans l'abstraction de leur audition pure. Mais, en tant qu'elles sont une dimension propre, une quatrième dimension de l'image visuelle (ce qui ne veut pas dire qu'elles se confondent avec un référent ou un signifié), alors elles forment toutes ensemble une seule composante, un continuum. Et c'est dans la mesure où elles rivalisent, se recouvrent, se traversent, se coupent, qu'elles se tracent un chemin plein d'obstacles dans l'espace visuel, et qu'elles ne se font pas entendre sans être vues aussi, pour elles-mêmes, indépendamment de leurs sources, en même temps qu'elles font lire l'image un peu comme une partition.

Si le continuum (ou la composante sonore) n'a pas d'éléments séparables, il ne s'en différencie pas moins à chaque moment, suivant deux directions divergentes qui expriment son rapport avec l'image visuelle. Ce double rapport passe par le hors-champ, pour autant que celui-ci appartient pleinement à l'image visuelle cinématographique. Certes, ce n'est pas le sonore qui invente le hors-champ, mais c'est lui qui le peuple, et qui remplit le non-vu visuel d'une présence spécifique. Dès le début, le problème du sonore était : comment faire pour que le son et la parole ne soient pas une simple redondance de ce qu'on voit ? Ce problème ne niait pas que le sonore et le parlant fussent une composante de l'image visuelle, au contraire ; c'est à titre de composante spécifique que le son ne devait pas faire redondance avec ce qui était vu dans le visuel. Le célèbre manifeste soviétique proposait déjà que le son renvoie à une source hors-champ, et soit ainsi un contrepoint visuel, et non pas le double d'un point vu : le bruit des bottes est d'autant plus intéressant qu'elles ne sont pas vues [21]. On se souvient des grandes réussites de René Clair dans ce domaine, comme « *Sous les toits de Paris* », où le jeune homme et la jeune fille poursuivent leur conversation, couchés dans le noir, toute lumière éteinte. Bresson maintient très fermement ce principe de non-redondance, de non-coïncidence : « Lorsqu'un son peut supprimer une image, supprimer l'image ou la neutraliser [22]. » C'est la troisième différence avec le théâtre. Bref, le sonore sous toutes ses formes vient peupler le hors-champ de l'image visuelle, et s'accomplit d'autant plus en ce sens comme composante de cette image : au niveau de la voix, c'est ce qu'on appelle la voix off, dont la source n'est pas vue.

Nous avions considéré, dans l'étude précédente, les deux aspects du hors-champ, l'à-côté et l'ailleurs, le relatif et l'absolu. Tantôt le hors-champ renvoie à un espace visuel, en droit, qui prolonge naturellement l'espace vu dans l'image : alors le son off préfigure ce d'où il provient, quelque chose qui sera bientôt vu, ou qui pourrait l'être dans une image suivante. Par exemple le bruit d'un camion qu'on ne voit pas encore, ou les sons d'une conversation dont on ne voit qu'un des partenaires. Ce premier rapport est celui d'un ensemble donné avec un ensemble plus vaste qui le prolonge ou l'englobe, mais de même nature. Tantôt, au contraire, le hors-champ témoigne d'une puissance d'une autre nature, excédant tout espace et tout ensemble : il renvoie cette fois au Tout qui s'exprime dans les ensembles, au changement qui s'exprime dans le mouvement, à la durée qui s'exprime dans l'espace, au concept vivant qui s'exprime dans l'image, à l'esprit qui s'exprime dans la matière. Dans ce second cas, le son ou la voix off consistent plutôt en musique, et en actes de parole très spéciaux, réflexifs et non plus interactifs (voix qui évoque, qui commente, qui sait, douée d'une toute-puissance

---

21. Cf. Eisenstein, Poudovkine et Alexandroff, Manifeste de 1928, in Eisenstein, *Le Film : sa forme, son sens*, Bourgois, p. 19-21. Sylvie Trosa a raison d'attribuer les idées du manifeste surtout à Poudovkine : Eisenstein, pour son compte, croit moins aux vertus du hors-champ et du son off qu'à la possibilité pour le « son in » d'élever l'image visuelle à une nouvelle synthèse.

22. Bresson, *Notes sur le cinématographe*, Gallimard, p. 60-62. On voit que Bresson ne pense pas seulement au son off : il peut y avoir « prépondérance » du son in sur l'image même, et, par là, « neutralisation » de l'image visuelle. Sur l'espace sonore chez Bresson, cf. Henri Agel, *L'Espace cinématographique*, Delarge, ch. VII.

ou d'une forte puissance sur la suite des images). Les deux rapports du hors-champ, le rapport actualisable avec d'autres ensembles, le rapport virtuel avec le tout, sont inversement proportionnels ; mais l'un comme l'autre sont strictement inséparables de l'image visuelle, et apparaissent déjà dans le muet (par exemple « *La Passion de Jeanne d'Arc* » de Dreyer). Quand le cinéma devient sonore, quand le son peuple le hors-champ, il le fait donc suivant ces deux aspects, suivant leur complémentarité et leur proportionalité inverse, même s'il est destiné à produire de nouveaux effets. C'est Pascal Bonitzer, puis Michel Chion, qui ont mis en question l'unité de la voix off, en montrant comment celle-ci se divisait nécessairement d'après les deux rapports [23]. Tout se passe en effet comme si le continuum sonore ne cessait de se différencier en deux directions, dont l'une emporte plutôt des bruits et des actes de parole interactifs, l'autre, les actes de parole réflexifs et la musique. Il arrive à Godard de dire qu'il faut deux pistes sonores parce qu'on a deux mains, et que le cinéma est un art manuel et tactile. Et c'est vrai que le son a avec le tact un rapport privilégié, frapper sur les choses, sur les corps, comme au début de « *Prénom Carmen* ». Mais même pour un manchot le continuum sonore continuerait à se différencier conformément aux deux rapports de l'image visuelle, son rapport actualisable avec d'autres images possibles, effectué ou non, son rapport virtuel avec un tout des images, ineffectuable.

La différenciation des aspects dans le continuum sonore n'est pas une séparation, mais une communication, une circulation qui ne cesse de reconstituer le continuum. Soit « *Le Testament du Dr Mabuse* » tel que Michel Chion en fait une analyse exemplaire : la voix terrible semble toujours être à côté, suivant le premier aspect du hors-champ, mais, dès qu'on pénètre à côté, elle est déjà ailleurs, toute-puissante,

---

23. D'après le texte essentiel de Bonitzer, « il y a au moins deux types de voix off, qui renvoient à deux types au moins » de hors-champ : l'un, homogène au champ, l'autre, hétérogène et doué d'un pouvoir irréductible (« absolument autre et absolument indéterminé »). Cf. *Le Regard et la Voix*, 10-18, p. 31-33. Michel Chion propose la notion d'« acousmètre » pour désigner la voix dont on ne voit pas la source ; et il distingue l'acousmètre relatif, et l'acousmètre « intégral », doué d'ubiquité, de toute-puissance et toute-voyance. Il relativise toutefois la distinction de Bonitzer, parce qu'il veut montrer comment les deux aspects communiquent de multiples façons, et entrent dans un circuit qui n'efface pas pourtant leur différence de nature : p. 26-29, 32.

suivant le deuxième aspect, jusqu'à ce qu'elle soit localisée, identifiée dans l'image vue (voix in). Aucun de ces aspects pourtant n'annule ou ne réduit les autres, et chacun subsiste dans les autres : il n'y a pas de dernier mot. C'est vrai aussi de la musique : dans « *L'Éclipse* » d'Antonioni, la musique qui entoure d'abord les amoureux dans le parc se révèle venir d'un pianiste qu'on ne voit pas, mais qui est à côté ; le son off change ainsi de statut, passe d'un hors-champ à l'autre, puis repasse en sens inverse, quand il continue à se faire entendre loin du parc, en suivant les amoureux dans la rue[24]. Mais, parce que le hors-champ est une appartenance de l'image visuelle, le circuit passe également par les sons in situés dans l'image vue (ainsi tous les cas où la source de la musique est vue, comme dans les bals chers à l'école française). C'est un réseau de communication et de permutation sonores, portant les bruits, les sons, les actes de parole réflexifs ou interactifs, la musique, qui pénètre l'image visuelle, du dehors et du dedans, et la rend d'autant plus « lisible ». L'exemple même d'un tel réseau cinématographique serait Mankiewicz, et notamment « *People will talk* » où tous les actes de parole communiquent, mais aussi d'une part l'image visuelle à laquelle ces actes de parole se rapportent, d'autre part la musique qui les accorde et les dépasse, emportant l'image elle-même. Dès lors nous tendons vers un problème qui ne concerne plus seulement la communication des éléments sonores en fonction de l'image visuelle, mais la communication de celle-ci, sous toutes ses appartenances, avec quelque chose qui la dépasse, sans pouvoir s'en passer, sans jamais pouvoir s'en passer. Le circuit n'est pas seulement celui des éléments sonores, y compris musicaux, par rapport à l'image visuelle, mais le rapport de l'image visuelle elle-même avec l'élément musical par excellence qui se glisse partout, in, off, bruits, sons, paroles.

Le mouvement dans l'espace exprime un tout qui change, un peu comme la migration des oiseaux exprime une variation saisonnière. Partout où un mouvement s'établit entre choses et personnes, une variation ou un changement s'établit dans le temps, c'est-à-dire dans un tout ouvert qui les

---

24. Cf. l'analyse de la musique de Fusco dans « *L'Éclipse* », par Emmanuel Decaux, *Cinématographe*, n° 62, novembre 1980 (numéro sur la musique de film).

comprend et où elles plongent. Nous l'avons vu précédemment : l'image-mouvement est nécessairement l'expression d'un tout, elle forme en ce sens une représentation indirecte du temps. C'est même pourquoi l'image-mouvement a deux hors-champ : l'un relatif, d'après lequel le mouvement qui concerne l'ensemble d'une image se poursuit ou peut se poursuivre dans un ensemble plus vaste et de même nature ; l'autre absolu, d'après lequel le mouvement, quel que soit l'ensemble dans lequel on le considère, renvoie à un tout changeant qu'il exprime. Suivant la première dimension, l'image visuelle s'enchaîne avec d'autres images. Suivant l'autre dimension, les images enchaînées s'intériorisent dans le tout, et le tout s'extériorise dans les images, changeant lui-même en même temps que les images se meuvent et s'enchaînent. Certes, l'image-mouvement n'a pas seulement des mouvements extensifs (espace), mais aussi des mouvements intensifs (lumière) et des mouvements affectifs (l'âme). Le temps comme totalité ouverte et changeante n'en dépasse pas moins tous les mouvements, même les changements personnels de l'âme ou mouvements affectifs, bien qu'il ne puisse s'en passer. Il est donc saisi dans une représentation indirecte, puisqu'il ne peut se passer des images-mouvement qui l'expriment, mais dépasse pourtant tous les mouvements relatifs en nous forçant à penser un absolu du mouvement des corps, un infini du mouvement de la lumière, un sans-fond du mouvement des âmes : le sublime. De l'image-mouvement au concept vivant, et l'inverse... Or tout ceci valait déjà pour le cinéma muet. Si l'on demande maintenant ce qu'apporte la musique de cinéma, les éléments d'une réponse commencent à se dessiner. Sans doute le cinéma muet comportait-il une musique, improvisée ou programmée. Mais cette musique se trouvait soumise à une certaine nécessité de *correspondre* avec l'image visuelle, ou de servir des fins descriptives, illustratives, narratives, agissant comme une forme d'intertitre. Quand le cinéma devient sonore et parlant, la musique est en quelque sorte affranchie, et peut prendre son essor [25]. Mais en quoi cet essor, cet affranchissement consistent-ils ? Eisenstein donnait une première réponse, dans ses analyses

---

25. Balazs, *Le Cinéma*, Payot, p. 224 : « Le film parlant refoule la musique à programme. »

de la musique de Prokofiev pour « *Alexandre Newski* » : il fallait que l'image et la musique forment elles-mêmes un tout, en dégageant un élément commun au visuel et au sonore, qui serait le mouvement ou même la vibration. Il y aurait une certaine manière de *lire* l'image visuelle, correspondant à l'audition de la musique. Mais cette thèse ne cache pas son intention d'assimiler le mixage, ou le « montage audio-visuel », au montage muet dont ce ne serait qu'un cas parti-culier ; elle conserve pleinement l'idée de correspondance, et substitue une correspondance interne à la correspondance extérieure ou illustrative ; elle considère que le tout doit être formé par le visuel et le sonore qui se dépassent dans une unité supérieure [26]. Mais, comme l'image visuelle muette exprimait déjà un tout, comment faire pour que le tout du sonore et du visuel ne soit pas le même, ou, s'il est le même, ne donne pas lieu à deux expressions redondantes ? Pour Eisenstein, il s'agit de former un tout avec deux expressions dont on découvrirait la commune mesure (toujours la com-mensurabilité). Tandis que la conquête du sonore consistait

---

26. Eisenstein, notamment, p. 257-263, 317-343. Eisenstein pense que la correspondance interne peut valoir même pour l'image visuelle immobile : c'est alors le parcours de l'œil qui constitue le mouvement correspondant au mouvement musical (ainsi la séquence de l'attente avant l'attaque). Il en tire une conséquence très importante : l'image visuelle en tant que telle devient lisible, « de gauche à droite », ou parfois de manière plus complexe : « lecture plastique » (p. 330-334). C'est donc Eisenstein l'inventeur de la notion d'image lisible. Jean Mitry reprend la question, et se livre à une étude approfondie de la correspondance image visuelle-musique : notamment *Le Cinéma expérimen-tal*, Seghers, ch. V, IX et X. Il commence par récuser toutes les correspon-dances externes, soit parce que l'image garde un contenu spatial qui ne fera qu'illustrer la musique, soit parce que l'image, devenant formelle ou abstraite, ne présente que des relations arbitraires et réversibles, décoratives, qui ne correspondent pas vraiment aux relations musicales (même chez McLaren). Il récuse également l'image lisible d'Eisenstein, et critique la séquence de l'attente, qui en reste selon lui à une correspondance externe (p. 207-208). En revanche, il estime que la séquence de la bataille des glaces est plus adéquate, parce qu'elle tend à dégager un mouvement commun au visuel et au musical. C'est la condition d'une correspondance interne, telle que Honegger la cher-chait. Mais, selon Mitry, le mouvement commun ne peut être atteint que si l'image visuelle se détache des corps, sans pour autant devenir abstraite ou géométrique : il faut que l'image visuelle mette en mouvement une matière, une matérialité capable de vibrations et de reflets. Alors il y a aura deux expressions correspondantes d'un même « tout univoque » (p. 212-218). Eisenstein ne le réussit qu'à moitié dans la bataille des glaces, mais Mitry pense y avoir presque atteint dans ses propres essais, dans certains morceaux d'« Ima-ges pour Debussy ». Il reconnaît volontiers toutefois que c'était dans les con-ditions d'un film expérimental qui se proposait exclusivement cette recherche.

plutôt à exprimer le tout de deux manières incommensurables, non-correspondantes.

C'est dans cette direction en effet que le problème de la musique de cinéma trouve une solution nietzschéenne, plutôt que hégélienne à la manière d'Eisenstein. D'après Nietzsche, ou du moins d'après le Nietzsche encore schopenhauérien de *La Naissance de la tragédie*, l'image visuelle vient d'Apollon, qui la met en mouvement suivant une mesure, et lui fait représenter le tout indirectement, médiatement, par l'intermédiaire de la poésie lyrique ou du drame. Mais le tout est capable aussi d'une présentation directe, d'une « image immédiate » incommensurable à la première, et cette fois musicale, dionysiaque : plus proche d'un Vouloir sans fond que d'un mouvement[27]. Dans la tragédie, l'image immédiate musicale est comme le noyau de feu qui s'entoure d'images visuelles apolliniennes, et ne peut se passer de leur défilé. Du cinéma, qui est d'abord art visuel, on dira plutôt que la musique ajoute l'image immédiate aux images médiates qui représentaient le tout indirectement. Mais rien n'est changé pour l'essentiel, à savoir la différence de nature entre la représentation indirecte et la présentation directe. Selon des musiciens comme Pierre Jansen ou, à un moindre degré, Philippe Arthuys, la musique de cinéma doit être abstraite et autonome, véritable « corps étranger » dans l'image visuelle, un peu comme une poussière dans l'œil, et doit accompagner « quelque chose qui est dans le film sans y être montré ni même suggéré »[28]. Il y a bien une relation, mais ce n'est pas une correspondance externe *ni même interne* qui nous ramènerait à une imitation, c'est une réaction du corps étranger musical avec les images visuelles tout à fait différentes, ou plutôt une interaction indépendante de toute structure commune. La correspondance interne ne vaut pas mieux que l'externe, et une barcarolle ne trouve pas un meilleur corrélat dans le mouvement de la lumière et des eaux que dans l'étreinte d'un couple vénitien. Hans Eisler le montrait, critiquant Eisenstein : il n'y a pas de mouvement commun au visuel et au sonore, et la musique n'agit pas comme mouvement, mais comme « stimulant du mouvement sans

---

27. Nietzsche, *La Naissance de la tragédie,* § 5, 16 et 17.
28. Cf. « Table ronde sur la musique de film », in *Cinématographe*, n° 62.

pour autant le doubler » (c'est-à-dire comme vouloir) [29]. C'est que les images-mouvement, les images visuelles en mouvement expriment un tout qui change, mais elles l'expriment indirectement, si bien que le changement comme propriété du tout ne coïncide régulièrement avec aucun mouvement relatif des personnes ou des choses, pas même avec le mouvement affectif intérieur à un personnage ou un groupe : il s'exprime directement dans la musique, mais en contraste ou même en conflit, en disparité avec le mouvement des images visuelles. Poudovkine en donnait un exemple instructif : l'échec d'une manifestation prolétarienne ne doit pas s'accompagner d'une musique mélancolique ou même violente, mais constitue seulement le drame en interaction avec la musique, avec le changement du tout comme volonté montante du prolétariat. Eisler multiplie les exemples de cette « distance pathétique » de la musique et de l'image : une musique rapide incisive pour une image passive ou déprimante, la tendresse ou la sérénité d'une barcarolle comme esprit du lieu par rapport à des événements violents qui s'y passent, un hymne à la solidarité pour des images d'oppression... Bref, à la représentation indirecte du temps comme tout qui change, le cinéma sonore ajoute *une présentation directe, mais musicale et seulement musicale, non-correspondante*. C'est le concept vivant, qui dépasse l'image visuelle, sans pouvoir s'en passer.

On remarquera que la présentation directe, comme disait Nietzsche, ne se confond pas avec ce qu'elle présente, avec le tout qui change ou le temps. Aussi peut-elle avoir une présence très discontinue, ou même raréfiée. Bien plus, d'autres éléments sonores peuvent tenir une fonction analogue à celle de la musique : ainsi la voix off dans sa dimension absolue, comme voix toute-puissante et qui sait tout (modulation de la voix de Welles dans « *La Splendeur des Amberson* »). Ou même la voix in : si la voix de Greta Garbo s'imposa dans le parlant, c'est parce qu'elle était capable, dans chacun de ses

---

29. Adorno et Eisler, *Musique de cinéma*, L'Arche, p. 87. Et sur l'exemple de la barcarolle, qui vaudrait contre Mitry autant que contre Eisenstein, cf. p. 75. Eisler fut souvent collaborateur de Brecht (c'est aussi le musicien de « *Nuit et brouillard* » de Resnais). Même dans un contexte marxiste, il va de soi que les conceptions de la musique renvoient à des inspirations très différentes.

films à un certain moment, non seulement d'exprimer le changement personnel intérieur de l'héroïne comme mouvement affectif, mais de réunir en un tout le passé, le présent et l'avenir, les intonations vulgaires, les roucoulades d'amour, les froides décisions présentes, les rappels de la mémoire, les élans de l'imagination (dès son premier film parlant, « *Anna Christie* ») [30]. Peut-être Delphine Seyrig atteint-elle à un effet semblable dans « *Muriel* » de Resnais, en recueillant dans sa voix le tout qui change, d'une guerre à l'autre, d'une Boulogne à l'autre. En règle générale, la musique devient elle-même « in » dès qu'on en voit la source dans l'image visuelle, mais sans perdre son pouvoir. Ces permutations s'expliquent mieux si l'on peut dissiper une apparente contradiction entre les deux conceptions que nous avons invoquées successivement, celle du « continuum sonore » de Fano, et celle du « corps étranger » de Jansen. Il ne suffit pas qu'elles aient en commun de s'opposer au principe de correspondance. En fait, tous les éléments sonores, y compris la musique, y compris le silence, forment un continuum comme appartenance de l'image visuelle. Ce qui n'empêche pas ce continuum de se différencier sans cesse suivant les deux aspects du hors-champ qui appartiennent aussi à l'image visuelle, l'un relatif, et l'autre absolu. C'est en tant qu'elle présente ou peuple l'absolu que la musique interagit comme un corps étranger. Mais l'absolu, ou le tout qui change, ne se confond pas avec sa présentation directe : c'est pourquoi il ne cesse de reconstituer le continuum sonore, off et in, et de le rapporter aux images visuelles qui l'expriment indirectement. Or ce second moment n'annule pas l'autre, et conserve à la musique son pouvoir spécifique autonome [31]. Au point où nous en sommes,

---

30. Balazs a fait un très beau portrait cinématographique de Greta Garbo (*Le Cinéma*, p. 276) : le trait spécifique de la beauté de Greta Garbo lui semble venir de ce qu'elle se détache de tout environnement, pour exprimer « la pureté de quelqu'un d'enfermé en soi-même, l'aristocratie intérieure, la sensibilité frissonnante du *noli me tangere* ». Balazs ne fait pas allusion à la voix de Garbo, mais cette voix confirmerait son analyse : elle recueille la variation d'un tout intérieur, au-delà de la psychologie, que les mouvements de l'actrice dans son environnement n'exprimaient pas encore assez directement.

31. Michel Fano, dans un texte très nuancé (*Cinématographe*, p. 9), dit lui-même que les deux conceptions, la sienne et celle de Jansen, sont également légitimes. Mais il nous semble qu'il n'y a même pas de choix à faire, et qu'elles peuvent s'impliquer l'une l'autre, à deux niveaux différents.

le cinéma reste un art fondamentalement visuel par rapport
auquel le continuum sonore se différencie en deux directions,
deux jets hétérogènes, mais aussi se reforme, se reconstitue.
C'est le mouvement puissant par lequel, déjà dans le muet,
les images visuelles s'intériorisent dans un tout qui change,
mais en même temps le tout qui change s'extériorise dans les
images visuelles. Avec le son, la parole et la musique, le circuit
de l'image-mouvement conquiert une autre figure, d'autres
dimensions ou composantes ; il maintient pourtant la communication de l'image et d'un tout devenu de plus en plus
riche et complexe. C'est en ce sens que le parlant parachève
le muet. Muet ou parlant, nous l'avons vu, le cinéma constitue
un immense « monologue intérieur » qui ne cesse de s'intérioriser et de s'extérioriser : non pas un langage, mais une
matière visuelle qui est l'énonçable du langage (son « signifié
de puissance », dirait le linguiste Gustave Guillaume), et qui
renvoie dans un cas à des énoncés indirects (intertitres), dans
l'autre cas à des énonciations directes (actes de parole et de
musique).

3

Nous venons déjà d'invoquer, sous certains aspects, des
auteurs « modernes ». Mais ce n'était pas encore par là qu'ils
étaient modernes. La différence entre un cinéma dit classique
et un cinéma dit moderne ne coïncide pas avec le muet et
le parlant. Le moderne implique un nouvel usage du parlant, du sonore et du musical. C'est comme si, en première
approximation, l'acte de parole tendait à se dégager de ses
dépendances à l'égard de l'image visuelle, et prenait une
valeur par lui-même, une autonomie pourtant non-théâtrale.
Le muet mettait l'acte de parole en style indirect, parce qu'il
le faisait lire comme intertitre ; l'essence du parlant, en revanche, c'était de faire accéder l'acte de parole au style direct,
et de le faire interagir avec l'image visuelle, tout en maintenant
son appartenance à cette image, y compris dans la voix off.
Mais voilà que, avec le cinéma moderne, surgit une utilisation
de la voix très spéciale, qu'on pourrait appeler le style indirect
libre, et qui dépasse l'opposition du direct et de l'indirect. Ce n'est pas un mélange d'indirect et de direct, mais une

dimension originale, irréductible, sous des formes diverses [32]. Nous l'avons rencontrée plusieurs fois dans les chapitres précédents, soit au niveau d'un cinéma qu'on appelle à tort direct, soit au niveau d'un cinéma de composition qu'on appellerait à tort indirect. Pour s'en tenir à ce second cas, le discours indirect libre peut être présenté comme un passage de l'indirect au direct, ou l'inverse, bien que ce ne soit pas un mélange. Ainsi Rohmer a-t-il souvent dit, quand il expliquait sa pratique, que « *Les Contes moraux* » étaient des mises en scène de textes d'abord écrits en style indirect, puis passant à l'état de dialogues : la voix off s'efface, même le narrateur entre dans une relation directe avec un autre (par exemple la femme écrivain du « *Genou de Claire* »), mais dans de telles conditions que le style direct garde les marques d'une origine indirecte et ne se laisse pas fixer à la première personne. Hors de la série des « *Contes* » et de celle des « *Proverbes* », les deux grands films, « *La Marquise d'O* » et « *Perceval le Gallois* », arrivent à donner au cinéma la puissance de l'indirect libre, telle qu'elle apparaît dans la littérature de Kleist, ou bien dans le roman médiéval, où les personnages peuvent parler d'eux-mêmes à la troisième personne (« Elle pleure », chante Blanchefleur) [33]. On dirait que Rohmer a pris le chemin inverse de celui de Bresson, qui se servait déjà deux fois de Dostoïevski, et une fois du roman médiéval. Car, chez Bresson, ce n'est pas le discours indirect qui est traité comme direct, c'était l'inverse, c'était le direct, c'était le dialogue qui était traité comme s'il était rapporté par quelqu'un d'autre : d'où la célèbre voix bressonienne, la voix du « modèle » par opposition à la voix de l'acteur de théâtre, où le personnage parle comme s'il écoutait ses propres paroles rapportées par un autre, pour atteindre à une *littéralité* de la voix, la couper de toute résonance directe, et lui faire produire un discours indirect libre [34].

---

32. Nous avons défini le discours indirect libre comme une énonciation faisant partie d'un énoncé qui dépend d'un autre sujet d'énonciation : par exemple : « Elle rassemble son énergie, elle souffrira plutôt la torture que de perdre sa virginité. » C'est Bakhtine qui montre qu'il ne s'agit pas d'une forme mixte (*Le Marxisme et la philosophie du langage*, 3ᵉ partie).

33. Cf. Éric Rohmer, *Le Goût de la beauté*, Cahiers du cinéma-Éditions de l'Étoile, « Le film et les trois plans du discours, indirect, direct, hyperdirect », p. 96-99.

34. Michel Chion, p. 73 : « Le modèle bressonien parle comme on écoute :

S'il est vrai que le cinéma moderne implique l'écroulement du schème sensori-moteur, l'acte de parole ne s'insère plus dans l'enchaînement des actions et réactions, et ne révèle pas davantage une trame d'interactions. Il se replie sur lui-même, il n'est plus une dépendance ou une appartenance de l'image visuelle, il devient une image sonore à part entière, il prend une autonomie cinématographique, et le cinéma devient vraiment audio-visuel. Et c'est cela qui fait l'unité de toutes les nouvelles formes de l'acte de parole, quand il passe dans ce régime de l'indirect-libre : cet acte par lequel le parlant devient enfin autonome. Il ne s'agit donc plus d'action-réaction, ni d'interaction, ni même de réflexion. L'acte de parole a changé de statut. Si l'on se reporte au cinéma « direct », on trouve pleinement ce nouveau statut qui donne à la parole la valeur d'une indirecte libre : c'est la fabulation. L'acte de parole devient acte de *fabulation*, chez Rouch ou chez Perrault, ce que Perrault appelle « le flagrant délit de légender », et qui prend la portée politique de constitution d'un peuple (c'est par là seulement que peut se définir un cinéma présenté comme direct ou vécu). Et, dans un cinéma de composition comme chez Bresson ou Rohmer, un résultat semblable sera atteint à d'autres niveaux, avec d'autres moyens. Suivant Rohmer, c'est l'analyse des mœurs d'une société en crise qui permet de dégager la parole comme « affabulation réalisante », créatrice de l'événement [35]. Avec Bresson, inversement, c'est l'événement que la parole doit remonter du dedans pour en tirer la part spirituelle dont

en recueillant au fur et à mesure ce qu'il vient de dire en lui-même, si bien qu'il semble clore son discours au fur et à mesure qu'il l'émet, sans lui laisser la possibilité de résonner chez le partenaire ou le public. (...) Dans *Le Diable probablement* aucune voix ne résonne plus » (cf. Serge Daney, *La Rampe*, p. 135-143). Dans « *Quatre nuits d'un rêveur* », le flash-back prend un sens spécial, puisqu'il permet d'autant plus aux personnages de parler comme s'ils rapportaient leurs propres paroles. On remarquera que Dostoïevski dotait déjà son héros d'une voix étrange (« j'ai commencé comme si je lisais dans un livre... », « quand vous parlez on dirait que vous lisez dans un livre... »).

35. Marion Vidal, *Les Contes moraux d'Éric Rohmer*, Lherminier, p. 126-128 : dans « *Le Genou de Claire* », le narrateur s'adresse à la romancière ; « si elle admet le récit de Jérôme, ce dernier aura gagné, il sera devenu personnage de roman, comparable pour le moins à Valmont et à Julien Sorel. C'est le principe même de l'affabulation réalisante qui permet, par la magie du verbe, de donner corps à une réalité impalpable et pratiquement inexistante ». Sur ce que Rohmer appelle « mensonge » comme principe cinématographique, cf. *Le Goût de la beauté*, p. 39-40.

nous sommes l'éternel contemporain : ce qui fait mémoire ou légende, l'« internel » de Péguy. Indirect libre, l'acte de parole devient acte politique de fabulation, acte moral de conte, acte supra-historique de légende [36]. Il arrive à Rohmer, comme à Robbe-Grillet, de partir simplement d'un acte de mensonge, dont le cinéma serait capable par opposition au théâtre ; mais il est clair chez les deux auteurs que le mensonge, ici, dépasse singulièrement son concept usuel.

La rupture du lien sensori-moteur n'affecte pas seulement l'acte de parole qui se replie, se creuse, et où la voix ne renvoie plus qu'à elle-même et à d'autres voix. Elle affecte aussi l'image visuelle, qui révèle maintenant les espaces quelconques, espaces vides ou déconnectés caractéristiques du cinéma moderne. C'est comme si, la parole s'étant retirée de l'image pour devenir acte fondateur, l'image, de son côté, faisait monter les fondations de l'espace, les « assises », ces puissances muettes d'avant ou d'après la parole, d'avant ou d'après les hommes. L'image visuelle devient *archéologique, stratigraphique, tectonique*. Non pas que nous soyons renvoyés à la préhistoire (il y a une archéologie du présent), mais aux couches désertes de notre temps qui enfouissent nos propres fantômes, aux couches lacunaires qui se juxtaposent suivant des orientations et des connexions variables. Ce sont les déserts dans les villes allemandes. Ce sont les déserts de Pasolini, qui font de la préhistoire l'élément poétique abstrait, l'« essence » coprésente à notre histoire, le socle archéen qui révèle sous la nôtre une interminable histoire. Ou bien les déserts d'Antonioni, qui ne conservent plus à la limite que des parcours abstraits, et recouvrent les fragments multipliés d'un couple primordial. Ce sont les fragmentations de Bresson, qui raccordent ou ré-enchaînent des morceaux d'espace dont chacun se ferme pour son compte. Chez Rohmer, c'est le corps féminin qui subit des fragmentations, comme fétiches sans doute, mais aussi comme morceaux d'un vase ou d'une poterie irisée

---

36. Pasolini aurait ici d'autant plus d'importance que c'est lui qui introduit l'« indirect libre » au cinéma, comme nous l'avons vu. Pour une analyse de l'acte de parole chez Pasolini, tantôt acte de conte, tantôt acte de mythe, cf. *Pasolini, Études cinématographiques* (sur le mythe et le sacré, dans « L'Évangile selon Mathieu », « Œdipe-roi », « Théorème », « Médée », I, articles de Maakaroun et d'Amengual ; sur le conte et le récit, dans « Le Décameron », « Les Contes de Canterbury », « Les Mille et une nuits », II, articles de Sémolué et d'Amengual).

sortie de la mer : les « *Contes* » sont une collection archéologique de notre temps. Et la mer, ou surtout l'espace de « *Perceval* », sont affectés d'une courbure qui s'impose à des trajets presque abstraits. Perrault, dans « *Un royaume vous attend* », montre les lents tracteurs qui emportent dès l'aube les maisons préfabriquées pour rendre le paysage au vide : on avait amené les hommes ici, on les retire aujourd'hui. « *Le Pays de la terre sans arbre* » est un chef-d'œuvre où se juxtaposent les images géographiques, cartographiques, archéologiques, sur le parcours devenu abstrait du caribou presque disparu. Resnais plonge l'image dans des âges du monde et des ordres variables de couches, qui traversent les personnages eux-mêmes, et unissent par exemple, dans « *L'Amour à mort* », la botaniste et l'archéologue revenu des morts. Mais ce sont encore essentiellement les paysages stratigraphiques vides et lacunaires de Straub, où les mouvements de caméra (quand il y en a, notamment les panoramiques) tracent la courbe abstraite de ce qui s'est passé, et où la terre vaut pour ce qui y est enfoui : la grotte d'« *Othon* » où les résistants cachaient leurs armes, les carrières de marbre et la campagne italienne où furent massacrées des populations civiles, dans « *Fortini Cani* », le champ de blé dans « *De la nuée à la résistance* » fertilisé par le sang des victimes sacrificielles (ou le plan de l'herbe et des acacias), la campagne française et la campagne égyptienne de « *Trop tôt trop tard* » [37]. À la question : qu'est-ce qu'un plan straubien ?, on peut répondre, comme dans un manuel de stratigraphie, que c'est une coupe comportant les lignes poin-

---

37. Sur ce point, comme sur l'ensemble du cinéma de Straub et Huillet, il y a deux textes fondamentaux, de Narboni, et de Daney (*Cahiers du cinéma*, n° 275, avril 1977, et n° 305, novembre 1979). Jean Narboni insiste sur les enfouissements, les lacunes ou intervalles, l'image visuelle comme « pierre », et ce qu'il appelle « les lieux de mémoire ». Serge Daney intitule son texte « Le plan straubien », et répond à la question en disant : « le plan comme tombeau » (« le contenu du plan, c'est alors, *stricto sensu*, ce qui s'y cache, les cadavres sous la terre »). Il ne s'agit certes pas d'un tombeau ancien, mais d'une archéologie de notre temps. Daney avait déjà traité ce thème dans un autre texte intitulé « Un tombeau pour l'œil » (*La Rampe*, p. 70-77), où il remarque au passage qu'il y a chez Straub une fragmentation des corps qui les rapporte à la terre, « valorisation discrète des parties du corps les plus neutres, les moins spectaculaires, ici une cheville, là un genou ». Ce serait une raison, même mineure, de confirmer la comparaison avec Bresson, avec Rohmer. Aux textes de Narboni et de Daney on joindra celui de Jean-Claude Biette, analysant les paysages stratigraphiques de « *Trop tôt trop tard* », et le rôle des panoramiques (*Cahiers du cinéma*, n° 332, février 1982).

tillées de *facies* disparus et les lignes pleines de ceux qu'on touche encore. L'image visuelle, chez Straub, c'est la roche. « Vides », « déconnectés » ne sont pas les meilleurs mots. Un espace vide, sans personnage (ou dans lequel les personnages mêmes témoignent pour le vide) possède une plénitude à laquelle rien ne manque. Des morceaux d'espace déconnectés, désenchaînés, sont l'objet d'un ré-enchaînement spécifique par-dessus l'intervalle : l'absence d'accord n'est que l'apparence d'un raccordement qui peut se faire d'une infinité de manières. En ce sens, l'image archéologique, ou stratigraphique, est *lue* en même temps que vue. Noël Burch disait très bien que, lorsque les images cessent de s'enchaîner « avec naturel », lorsqu'elles renvoient à un usage systématique du faux-raccord ou du raccord à 180°, on dirait que les plans tournent eux-mêmes ou « se retournent », et leur appréhension « requiert un effort considérable de mémoire et d'imagination, autrement dit, *une lecture* ». Il en est ainsi chez Straub : selon Daney, « *Moïse et Aaron* » sont comme les figures qui viennent s'inscrire des deux côtés de l'image blanche ou vide, l'endroit et l'envers d'une même pièce, « quelque chose qui est uni et puis qui est disjoint de telle manière que ses deux aspects soient donnés à voir en même temps » ; et dans les paysages ambigus eux-mêmes se produit toute une « coalescence » du perçu avec le mémoré, l'imaginé, le su [38]. Non pas au sens où l'on disait autrefois : percevoir, c'est savoir, c'est imaginer, c'est se souvenir, mais au sens où la lecture est une fonction de l'œil, une perception de perception, une perception qui ne saisit pas la perception sans en saisir aussi l'envers, imagination, mémoire ou savoir. Bref, ce que nous appelons lecture de l'image visuelle, c'est l'état stratigraphique, le retournement de l'image, l'acte correspondant de perception qui ne cesse de convertir le vide en plein, l'endroit en envers. Lire, c'est ré-enchaîner au lieu d'enchaîner, c'est tourner, retourner, au lieu de suivre à l'endroit : une nouvelle Analytique de l'image. Sans doute, dès le début du parlant, l'image visuelle commençait à devenir lisible en tant que telle. Mais c'était parce que le parlant, comme appartenance ou dépendance, faisait voir quelque chose dans cette

---

38. Cf. Daney, n° 305, p. 6. Et à propos de « *Moïse et Aaron* », l'entretien de Straub et Huillet avec Bontemps, Bonitzer et Daney, n° 258, juillet 1975, p. 17.

image, et était lui-même vu. Eisenstein créait la notion d'*image lue*, en rapport avec le musical, mais là encore c'était parce que la musique faisait voir en imposant à l'œil une orientation irréversible. Il n'en est plus de même maintenant, dans ce second stade du parlant. C'est au contraire parce que la parole entendue cesse de faire voir et d'être vue, c'est parce qu'elle devient indépendante de l'image visuelle, que l'image visuelle pour son compte accède à la nouvelle lisibilité des choses, et devient une coupe archéologique ou plutôt stratigraphique qui doit être lue : « la roche ne se touche pas en paroles », est-il dit dans « *De la nuée...* » Et, dans « *Fortini Cani* », Jean-Claude Bonnet analyse la « grande fissure centrale », la séquence « tellurique, géologique, géophysique », sans texte, « où le paysage est donné à lire comme lieu d'inscription de luttes, théâtre vide des opérations » [39]. C'est un nouveau sens de « lisible » qui apparaît pour l'image visuelle, en même temps que l'acte de parole devient pour lui-même image sonore autonome.

On a souvent remarqué que le cinéma moderne, d'une certaine manière, était plus proche du muet que du parlant premier stade : non seulement parce qu'il réintroduit parfois les intertitres, mais aussi parce qu'il procède avec l'autre moyen du muet, les injections d'éléments scripturaux dans l'image visuelle (cahiers, lettres, et, constamment chez Straub, inscriptions lapidaires ou pétrifiées, « plaques commémoratives, monuments aux morts, noms de rue... ») [40]. Pourtant, il n'y a pas lieu de rapprocher le cinéma moderne du muet plutôt que du premier stade du parlant. Car, dans le muet, nous nous trouvions devant deux sortes d'images, l'une vue, et l'autre lue (intertitre), ou devant deux éléments de l'image (injections scripturales). Tandis que, maintenant, c'est l'image visuelle qui doit être lue tout entière, les intertitres et les injections n'étant plus que les pointillés d'une couche stratigraphique, ou les connexions variables d'une

---

39. Jean-Claude Bonnet, « Trois cinéastes du texte », *Cinématographe*, n° 31, octobre 1977, p. 3 (c'est Straub lui-même qui parlait de séquence tellurique et de fissure centrale).

40. Narboni, n° 275, p. 9. Pascal Bonitzer avait parlé d'« inscriptions pétrifiées et médusantes » : « on a affaire à des blocs, disent Straub et Huillet (...), par exemple la dédicace *Für Holger Meins* graffitée sur un bloc de plans en épigraphe de *Moïse et Aaron*, c'est ce qui a fini par prendre pour les Straub le plus d'importance dans le film » (*Le Regard et la Voix*, p. 67).

couche à une autre, les passages de l'une à l'autre (d'où par exemple les transformations électroniques du scriptural chez Godard) [41]. Bref, dans le cinéma moderne, la lisibilité de l'image visuelle, le « devoir » de lire l'image, ne renvoie plus à un élément spécifique comme dans le muet, ni à un effet global de l'acte de parole sur l'image vue, comme dans le premier stade du parlant. C'est parce que l'acte de parole est passé ailleurs et a pris son autonomie que l'image visuelle pour son compte découvre une archéologie ou une stratigraphie, c'est-à-dire une lecture qui la concerne tout entière, et ne concerne qu'elle. L'esthétique de l'image visuelle prend donc un nouveau caractère : ses qualités picturales ou sculpturales dépendent d'une puissance géologique, tectonique, comme dans les rochers de Cézanne. C'est ce qui arrive au plus haut point chez Straub [42]. L'image visuelle livre ses assises géologiques ou fondations, tandis que l'acte de parole ou même de musique devient de son côté fondateur, aérien. S'explique ainsi, peut-être, l'immense paradoxe d'Ozu : car Ozu fut déjà dans le muet celui qui inventa des espaces vides et déconnectés, et même des natures mortes, qui révélaient les assises de l'image visuelle et la soumettaient comme telle à une lecture stratigraphique ; par là il devançait si bien le cinéma moderne qu'il n'avait aucun besoin du parlant ; et quand il abordera le parlant, très tard, mais là encore en précurseur, ce sera pour le traiter directement au second stade, dans une « dissociation » des deux puissances qui les

---

41. Bien sûr, les inscriptions dans l'image (lettres, manchettes de journaux) restaient fréquentes dans le premier stade du parlant ; mais elles étaient le plus souvent relayées par la voix (par exemple voix du vendeur de journaux). Tandis que les inscriptions et les intertitres valent pour eux-mêmes, dans le cinéma moderne comme dans le muet ; pourtant, c'est de manière très différente : le cinéma moderne opère un « brouillage » du sens écrit, comme le montre Jacques Fieschi, qui consacre à la question deux articles, confrontant le moderne et le muet, « Mots en images » et « Cartons, chiffres et lettres », *Cinématographe*, n° 21 et 32, octobre 1976 et novembre 1977.

42. La puissance tectonique ou géologique de l'image picturale chez Cézanne n'est pas un trait qui s'ajoute aux autres, mais un caractère global qui transforme l'ensemble, non seulement dans les paysages, un rocher ou une ligne de montagne, mais aussi dans les natures mortes. C'est un nouveau régime de la sensation visuelle, qui s'oppose à la sensation dématérialisée de l'impressionnisme, comme à la sensation projetée, hallucinatoire, de l'expressionnisme. C'est « la sensation matérialisée », dont se réclame Straub en invoquant Cézanne : un film n'est pas censé donner ou produire des sensations chez le spectateur, mais « en matérialiser », arriver à une tectonique de la sensation. Cf. Entretien, n° 305, p. 19.

renforce chacune, dans une « division du travail entre image présentationnelle et voix représentationnelle »[43]. Dans le cinéma moderne, l'image visuelle acquiert une nouvelle esthétique : elle devient lisible pour son compte, prenant une puissance qui n'existait pas ordinairement dans le muet, tandis que l'acte de parole est passé ailleurs, prenant une puissance qui n'existait pas dans le premier stade du parlant. L'acte de parole aérien crée l'événement, mais toujours posé de travers sur des couches visuelles tectoniques : ce sont deux trajectoires qui se traversent. Il crée l'événement, mais dans un espace vide d'événement. Ce qui définit le cinéma moderne, c'est un « va-et-vient entre la parole et l'image », qui devra inventer leur nouveau rapport (non seulement Ozu, Straub, mais Rohmer, Resnais et Robbe-Grillet...)[44].

Dans le cas le plus simple, cette nouvelle distribution du visuel et du parlant se fait dans la même image, mais dès lors audio-visuelle. Il y faut toute une pédagogie, puisque nous devons lire le visuel autant qu'entendre l'acte de parole d'une nouvelle façon. C'est pourquoi Serge Daney invoque une « pédagogie godardienne », une « pédagogie straubienne ». Et la première manifestation de grande pédagogie, dans le cas le plus simple et déjà décisif, serait l'œuvre finale de Rossellini. C'est comme si Rossellini avait su réinventer une école primaire, absolument nécessaire, avec sa leçon de choses et sa leçon de mots, sa grammaire du discours et sa manipulation des objets. Cette pédagogie, qui ne se confond pas avec un documentaire ou une enquête, apparaît particulièrement dans

---

43. À notre connaissance, c'est Noël Burch qui ré-invente la notion de « lecture » de l'image visuelle, en lui donnant un sens original, tout autre que celui d'Eisenstein. Il la définit comme nous l'avons vu dans la citation précédente, et l'applique particulièrement à Ozu : *Pour un observateur lointain*, Cahiers du cinéma-Gallimard, p. 175, 179, et surtout 185. Et il montre comment Ozu, abordant le parlant en 1936 (« *Le Fils unique* »), introduit une « division du travail » ou une disjonction entre l'« événement parlé » et l'image figée « vide d'événements » : p. 186-189.

44. Marion Vidal analyse dans « *Le Genou de Claire* » de Rohmer une séquence qui commence par une image quasiment immobile, sculpturale et picturale, pour passer à une narration, qui fera retour elle-même à l'image figée : « va-et-vient entre la parole et l'image » (p. 128). Vidal montre souvent comment la parole, chez Rohmer, crée l'événement. De même, dans « *L'Année dernière à Marienbad* » de Resnais et Robbe-Grillet, un va-et-vient se fait entre la parole narratrice qui crée l'événement et le parc figé qui prend une valeur minérale ou tectonique, avec ses diverses régions, blanche, grise, noire.

« *La Prise de pouvoir de Louis XIV* » : Louis XIV donne au tailleur une leçon de choses, en faisant rajouter des rubans et des nœuds au prototype du costume de cour qui doit occuper les mains des nobles, et donne ailleurs la leçon d'une nouvelle grammaire, où le roi devient le seul sujet d'énonciation, tandis que les choses se font conformément à son dessein. La pédagogie de Rossellini, ou plutôt sa « didactique », ne consiste pas à rapporter des discours et à montrer des choses, mais à dégager la structure simple du discours, l'acte de parole, et la fabrication quotidienne d'objets, petits ou grands travaux, artisanat ou industrie. « *Le Messie* » conjugue les paraboles comme acte de parole du Christ et la confection d'objets artisanaux ; « *Augustin d'Hippone* » conjugue l'acte de foi et la nouvelle sculpture (de même les objets de « *Pascal* », le marché de « *Socrate* »...). Deux trajectoires se combinent. Ce qui intéresse Rossellini, c'est de faire comprendre « la lutte » comme émergence du nouveau : non pas une lutte entre les deux trajectoires, mais une lutte qui ne peut se révéler qu'à travers les deux, grâce à leur va-et-vient. Sous les discours, il faut trouver le nouveau style d'acte de parole qui se dégage chaque fois, en lutte langagière avec l'ancien, et, sous les choses, le nouvel espace qui se forme, en opposition tectonique avec l'ancien. L'espace de Louis XIV, c'est Versailles, l'espace aménagé qui s'oppose aux entassements de Mazarin, mais aussi l'espace industriel où les choses vont être produites en série. Que ce soit de Socrate, du Christ, d'Augustin, de Louis XIV, de Pascal ou de Descartes, l'acte de parole s'arrache au vieux style, en même temps que l'espace forme une nouvelle couche qui tend à recouvrir l'ancienne ; partout une lutte marquant l'itinéraire d'un monde qui sort d'un moment historique pour entrer dans un autre, l'accouchement difficile d'un nouveau monde, sous la double pince des mots et des choses, acte de parole et espace stratifié. C'est une conception de l'histoire qui convoque à la fois le comique et le dramatique, l'extraordinaire et le quotidien : nouveaux types d'actes de parole et nouvelles structurations d'espace. Une conception « archéologique » presque au sens de Michel Foucault. C'est une méthode dont Godard héritera, et dont il fera la base de sa propre pédagogie, de son propre didactisme : les leçons de choses et les leçons de mots dans « *Six fois deux* », jusqu'à la célèbre séquence de « *Sauve qui peut (la vie)* », où

la leçon de choses porte sur les postures que le client impose
à la putain, et la leçon de mots sur les phonèmes qu'il lui fait
proférer, les deux bien séparées.

C'est sur cette base pédagogique que se construit le nouveau régime de l'image. Ce nouveau régime, nous avons vu
qu'il consiste en ceci : les images, les séquences ne s'enchaînent plus par coupures rationnelles, qui terminent la première ou commencent la seconde, mais se ré-enchaînent sur
des coupures irrationnelles, qui n'appartiennent plus à
aucune des deux et valent pour elles-mêmes (interstices).
Les coupures irrationnelles ont donc une valeur disjonctive,
et non plus conjonctive [45]. Dans le cas complexe que nous
considérons maintenant, la question est : où passent ces
coupures, et en quoi consistent-elles, puisqu'elles ont une
autonomie ? On se trouve devant une première suite d'images visuelles à composante sonore et parlante, comme dans
le premier stade du parlant ; mais elles tendent vers une
limite qui ne leur appartient plus, pas plus qu'elle n'appartient à la seconde suite. Or, cette limite, cette coupure
irrationnelle, peut se présenter sous des formes visuelles
très diverses : soit sous la forme étale d'une suite d'images
insolites, « anomales », qui viennent interrompre l'enchaînement normal des deux suites ; soit sous la forme élargie
de l'écran noir, ou de l'écran blanc, et de leurs dérivés.
*Mais, chaque fois, la coupure irrationnelle implique le nou-
veau stade du parlant, la nouvelle figure du sonore.* Ce peut
être un acte de silence, au sens où c'est le parlant et le
musical qui inventent le silence. Ce peut être un acte de
parole, mais sous l'aspect fabulateur ou fondateur qu'il
prend ici, par différence avec ses aspects « classiques ». Les
cas sont nombreux dans la nouvelle vague : par exemple
« *Tirez sur le pianiste* » de Truffaut, où un acte de parole
étrange vient interrompre la poursuite motrice, d'autant
plus étrange qu'il garde l'apparence d'une simple conversation de hasard ; toutefois, c'est chez Godard que le procédé prend toute sa force, parce que la coupure irrationnelle vers laquelle tend une suite normale est le genre ou la

---

45. Burch, p. 174 : Du faux-raccord, « il résulte un effet d'hiatus qui souligne la nature disjonctive du changement de plan, que l'élaboration des règles
de montage avait perpétuellement oblitérée ».

catégorie personnifiée, qui requiert précisément l'acte de parole comme fondateur (l'intercession de Brice Parain dans « *Vivre sa vie* »), comme fabulateur (l'intercession de Devos dans « *Pierrot le fou* »). Ce peut être aussi un acte de musique, au sens où la musique trouvera son lieu naturel dans l'écran noir neigeux qui vient couper les suites d'images, et remplira cet intervalle, pour distribuer les images en deux séries toujours remaniées : c'est l'organisation de « *L'Amour à mort* » de Resnais, où la musique de Henze ne se fait entendre que dans les intervalles, prenant une fonction disjonctive mobile entre les deux séries, de la mort à la vie et de la vie à la mort. Le cas peut être encore plus complexe, lorsque la série d'images ne tend pas seulement vers une limite musicale comme coupure ou catégorie (comme dans « *Sauve qui peut...* » de Godard, où retentit la question : c'est quoi, cette musique ?), mais lorsque cette coupure, cette limite, forme elle-même une série qui se superpose à la première (telle la construction verticale de « *Prénom Carmen* », où les images du quatuor se développent en une série superposable aux séries dont elles assurent les coupures). Godard est certainement un des auteurs qui a réfléchi le plus aux rapports visuel-sonore. Mais sa tendance à réinvestir le sonore dans le visuel, dans le but ultime (comme disait Daney) de les « rendre » tous deux au corps sur lequel ils ont été prélevés, entraîne un système de décrochages ou de micro-coupures en tout sens : les coupures essaiment, et ne passent plus entre le sonore et le visuel, mais dans le visuel, dans le sonore, et dans leurs connexions multipliées [46]. Qu'arrive-t-il, au contraire, lorsque la coupure irrationnelle, l'interstice ou l'intervalle, passent entre un visuel et un sonore purifiés, disjonctifs, libérés l'un de l'autre ?

Pour en revenir à une pédagogie démonstrative, le film d'Eustache « *Les Photos d'Alix* » réduit le visuel à des photos, la voix à un commentaire, mais entre le commentaire et la photo un écart se creuse progressivement, sans d'ailleurs que

---

46. Marie-Claire Ropars analyse à cet égard un mouvement fréquent dans l'œuvre de Godard : la séparation des « composantes abstraites » de l'image va donner lieu à une recomposition de tous leurs supports audio-visuels, « en un instant, l'absolu », jusqu'à ce que les composantes se séparent à nouveau (*Jean-Luc Godard*, *Études cinématographiques*, p. 20-27).

le témoin s'étonne de cette hétérogénéité grandissante. Dès
« *L'Année dernière à Marienbad* » et dans toute son œuvre,
Robbe-Grillet faisait jouer une nouvelle asynchronie, où le
parlant et le visuel ne collaient plus, ne correspondaient plus,
mais se démentaient et se contredisaient, sans qu'on puisse
donner « raison » à l'un plutôt qu'à l'autre : quelque chose
d'indécidable entre les deux (comme le remarque Gardies, le
visuel n'a aucun privilège d'authenticité, et ne comporte pas
moins d'invraisemblances que la parole). Et les contradictions
ne nous laissent plus simplement confronter l'entendu et le
vu coup par coup, ou un à un, pédagogiquement : leur rôle
est d'induire un système de décrochages et d'entrelacements
qui déterminent tour à tour les différents présents par anticipation ou rétrogradation, dans une image-temps directe, ou
bien qui organisent une série de puissances, rétrogradable ou
progressive, sous le signe du faux [47]. Le visuel et le parlant
peuvent se charger dans chaque cas de la distinction du réel
et de l'imaginaire, tantôt l'un, tantôt l'autre, comme de
l'alternative du vrai et du faux ; mais une suite d'images
audio-visuelles rend nécessairement le distinct indiscernable,
et l'alternative indécidable. Le premier caractère de cette nouvelle image, c'est que l'« asynchronie » n'est plus du tout celle
qu'invoquaient le manifeste soviétique et particulièrement
Poudovkine : il ne s'agit plus de faire entendre des paroles et
des sons dont la source est dans un hors-champ relatif, et qui
se rapportent donc à l'image visuelle dont ils évitent seulement
de doubler les données. Il ne s'agit pas non plus d'une voix
off qui effectuerait un hors-champ absolu comme rapport
avec le tout, rapport qui appartient lui-même encore à l'image
visuelle. Entrant en rivalité ou en hétérogénéité avec les images visuelles, la voix off n'a plus le pouvoir qui n'excédait

---

47. Les contradictions visuel-sonore sont nombreuses dans « *L'Homme qui
ment* » : l'auberge est montrée pleine de gens tandis que la voix la présente
comme vide ; la voix de Boris dit « je ne sais pas combien de temps je suis
resté là... » tandis que l'image le montre s'éloignant. Mais ce ne sont pas les
contradictions qui comptent essentiellement : selon Gardies, ce sont plutôt les
répétitions et permutations qu'elles permettent, fondées sur une « paradigmatique » qui mobilise le visuel et le sonore (*Le Cinéma de Robbe-Grillet*, ch. VIII
et conclusion). Chateau et Jost élargissent la notion de paradigme, et la font
porter sur des paramètres qui ont des fonctions d'anticipation et de rétrogradation : d'où leur découverte de « télé-structures » et d'un code audio-visuel
qui en dépend (*Nouveau cinéma, nouvelle sémiologie*, ch. VI).

celles-ci qu'en se définissant par rapport à leurs limites : elle a perdu la toute-puissance qui la caractérisait dans le premier stade du parlant. Elle a cessé de tout voir, elle est devenue douteuse, incertaine, ambiguë, comme dans « *L'Homme qui ment* » de Robbe-Grillet ou dans « *India Song* » de Marguerite Duras, parce qu'elle a rompu ses amarres avec les images visuelles qui lui déléguaient la toute-puissance dont elles manquaient. La voix off perd la toute-puissance, mais en gagnant l'autonomie. C'est cette transformation que Michel Chion a profondément analysée, et qui amenait Bonitzer à proposer la notion de « voix off off » [48].

L'autre nouveauté (ou le développement de la première), c'est peut-être qu'il n'y a plus du tout de hors-champ ni de voix off, en aucun sens. D'une part, le parlant et l'ensemble du sonore ont conquis l'autonomie : ils ont échappé à la malédiction de Balazs (il n'y a pas d'image sonore...), ils ont cessé d'être une composante de l'image visuelle comme au premier stade, ils sont devenus image à part entière. L'image sonore est née, dans sa rupture même, de sa rupture avec l'image visuelle. Ce ne sont même plus deux composantes autonomes d'une même image audio-visuelle, comme chez Rossellini, ce sont deux images « héautonomes », une visuelle et une sonore, avec une faille, un interstice, une coupure irrationnelle entre les deux [49]. Marguerite Duras dit de « *La Femme du Gange* » : « C'est deux films, le film de l'image et le film des voix. (...) Les deux films sont là, d'une totale autonomie (...). [Les voix] ne sont pas non plus des voix off, dans l'acception habituelle du mot : elles ne facilitent pas le déroulement du film, au contraire, elles l'entravent, le troublent. On ne devrait pas les raccrocher au film de l'image [50]. »

---

48. Michel Chion montre que la voix off absolue prend d'autant plus d'indépendance qu'elle cesse de savoir et de voir tout, renonçant à la toute-puissance : il invoque Marguerite Duras et Bertolucci, mais en trouve un premier exemple remarquable dans « *La Saga d'Anatahan* » de Sternberg (p. 30-32). Sur la « voix off off », quand une faille s'introduit entre le visuel et le sonore, cf. Bonitzer, p. 69. Plus généralement, on suivra les avatars de la voix off d'après les distinctions que Percheron introduit, quand il appelle « voix off in » le cas où « le locuteur est sur l'écran, mais aucune parole ne sort de sa bouche » (*Ça*, n° 2, octobre 1973) ; et surtout d'après la nouvelle topologie que propose Daney (*La Rampe*, p. 144-147).

49. C'est Kant qui crée la distinction « autonomie-héautonomie » dans un autre contexte (cf. *Critique du jugement*, introduction, § V).

50. Marguerite Duras, *Nathalie Granger*, suivi de *La Femme du Gange*, Gallimard, p. 103-104.

C'est que, d'autre part et en même temps, la seconde
malédiction de Balazs s'efface aussi : il reconnaissait l'existence de gros plans sonores, de fondus, etc., mais excluait
toute possibilité d'un cadrage sonore, parce que, disait-il,
le son n'avait pas de côtés [51]. Toutefois, le cadrage visuel
se définit moins maintenant par le choix d'un côté préexistant de l'objet visible que par l'invention d'un point de vue
qui déconnecte les côtés, ou instaure un vide entre eux, de
manière à extraire un espace pur, un espace quelconque,
de l'espace donné dans les objets. Un cadrage sonore se
définira pour son compte par l'invention d'un pur acte de
parole, de musique ou même de silence, qui doit s'extraire
du continuum audible donné dans les bruits, les sons, les
paroles et les musiques. Il n'y a donc plus de hors-champ,
pas plus que de sons off pour le peupler, puisque les deux
formes de hors-champs, et les distributions sonores correspondantes, étaient encore des appartenances de l'image
visuelle. Mais maintenant l'image visuelle a renoncé à son
extériorité, elle s'est coupée du monde et a conquis son
envers, elle s'est rendue libre de ce qui dépendait d'elle.
Parallèlement, l'image sonore a secoué sa propre dépendance, elle est devenue autonome, a conquis son cadrage.
À l'extériorité de l'image visuelle en tant que seule cadrée
(hors-champ) s'est substitué *l'interstice entre deux cadrages,
le visuel et le sonore*, la coupure irrationnelle entre deux
images, la visuelle et la sonore. C'est ce qui nous a semblé
définir le second stade du parlant (et sans doute ce second
stade ne serait jamais né sans la télévision, c'est la télévision
qui le rendait possible ; mais, parce que la télévision renon-
çait à la plupart de ses propres possibilités créatrices, et ne
les comprenait même pas, il fallait le cinéma pour lui donner une leçon pédagogique, il fallait de grands auteurs de
cinéma pour montrer ce qu'elle pouvait, ce qu'elle pourrait ; s'il est vrai que la télévision tue le cinéma, le cinéma
ne cesse en revanche de ressusciter la télévision, non seulement parce qu'il la nourrit de ses films, mais parce que
les grands auteurs de cinéma inventent l'image audio-
visuelle, qu'ils sont tout prêts à « rendre » à la télévision,
si celle-ci leur en laisse l'occasion, comme on le voit dans

---

51. Balazs, *Le Cinéma*, ch. XVI.

l'œuvre finale de Rossellini, dans les interventions de Godard, dans les intentions constantes de Straub, ou bien chez Renoir, chez Antonioni...).

Nous nous trouvons alors devant deux problèmes. D'après le premier, s'il est vrai que le cadrage sonore consiste à dégager un acte de parole ou de musique purs, dans les conditions créatrices du cinéma, en quoi consiste cet acte ? C'est lui qu'on pourra appeler « énoncé ou énonciation proprement cinématographiques ». Mais, en même temps, la question déborde évidemment le cinéma. La socio-linguistique s'est beaucoup intéressée aux actes de parole, et à leurs possibilités de classification. Le cinéma parlant, dans son histoire et sans le vouloir, ne propose-t-il pas une classification qui pourrait rejaillir ailleurs et aurait une importance philosophique ? Le cinéma nous conviait à distinguer des actes de parole interactifs, plutôt dans le son in et le son off relatif ; des actes de parole réflexifs, plutôt dans le son off absolu ; enfin, des actes de parole plus mystérieux, actes de fabulation, « flagrants délits de légender », qui seraient purs en tant qu'ils seraient autonomes et n'appartiendraient plus à l'image visuelle [52]. Le premier problème est donc de savoir quelle est la nature de ces actes purs cinématographiques. Et le second problème serait celui-ci : lorsque les actes de parole sont supposés purs, c'est-à-dire ne sont plus des composantes ou des dimensions de l'image visuelle, le statut de l'image change, parce que le visuel et le sonore sont devenus deux composantes autonomes d'une même image vraiment audio-visuelle (par exemple Rossellini). Mais on ne peut pas arrêter ce mouvement : le visuel et le sonore vont donner lieu à deux images héautonomes, une image auditive et une image optique, constamment séparées, dissociées ou décrochées par coupure irrationnelle entre les deux (Robbe-Grillet, Straub, Marguerite Duras). Pourtant, l'image devenue audio-visuelle n'éclate pas, elle gagne au contraire une nouvelle consistance

---

52. Dans le domaine de la linguistique, nous ne nous référons pas à l'analyse des dimensions de l'acte de parole, selon Austin et ses successeurs, mais aux classifications de ces actes comme « fonctions » ou « puissances » du langage (Malinowski, Firth, Marcel Cohen). On trouvera l'état de la question chez Ducrot et Todorov, *Dictionnaire encyclopédique des sciences du langage*, Seuil, p. 87-91. La distinction tripartite que nous proposons, avec l'interactif, le réflexif et le fabulatif, nous semble fondée sur le cinéma, mais avoir une extension possible plus générale.

qui dépend d'un lien plus complexe de l'image visuelle *et* de l'image sonore. Si bien qu'on ne croira pas à la déclaration de Marguerite Duras, à propos de « *La Femme du Gange* » : les deux images ne seraient liées que par une « concomitance matérielle », toutes deux écrites sur la même pellicule et se voyant en même temps. C'est une déclaration d'humour ou de provocation, qui proclame d'ailleurs ce qu'elle prétend nier, puisqu'elle prête à chacune des deux images le pouvoir de l'autre. Sinon, il n'y aurait aucune nécessité propre à l'œuvre d'art, il n'y aurait que contingence et gratuité, n'importe quoi sur n'importe quoi, comme dans la masse des mauvais films esthétisants, ou comme Mitry le reproche à Marguerite Duras. L'héautonomie des deux images ne supprime pas, mais renforce la nature audio-visuelle de l'image, elle affermit la conquête de l'audio-visuel. Le second problème concerne donc le lien complexe des deux images hétérogènes, non-correspondantes, en disparité : ce nouvel entrelacement, un ré-enchaînement spécifique.

Dégager l'acte de parole pur, l'énoncé proprement cinématographique ou l'image sonore, c'est le premier aspect de l'œuvre de Jean-Marie Straub et Danièle Huillet : cet acte doit être arraché à son support lu, texte, livre, lettres ou documents. Cet arrachement ne se fait pas par emportement ni passion ; il suppose une certaine résistance du texte, et d'autant plus de respect pour le texte, mais chaque fois un effort spécial pour en tirer l'acte de parole. Dans « *Chronique d'Anna Magdalena Bach* », la voix supposée d'Anna Magdalena dit les lettres de Bach lui-même et les témoignages d'un fils, si bien qu'elle parle comme Bach écrivait et parlait, accédant par là à une sorte de discours indirect libre. Dans « *Fortini Cani* », le livre est vu, les pages sont vues, les mains qui les tournent, l'auteur Fortini qui lit les passages qu'il n'a pas lui-même choisis, mais c'est dix ans après, réduit à « s'écouter parler », traversé de fatigue, la voix passant par l'étonnement, la stupeur ou l'approbation, la non-reconnaissance ou le déjà entendu. Et certes « *Othon* » ne montre ni le texte ni la représentation théâtrale, mais les implique d'autant plus que la plupart des acteurs ne maîtrisent pas la langue (accents italiens, anglais, argentin) : ce qu'ils arrachent à la représentation, c'est un acte cinématographique, ce qu'ils arrachent au texte, c'est un rythme ou un tempo, ce qu'ils arrachent au langage, c'est une « aphasie »[53]. Dans « *De la nuée à la résistance* », l'acte de parole s'extrait des mythes (« non, je ne veux pas... »), et c'est peut-être seulement dans la seconde partie, moderne, qu'il arrive à vaincre la résistance du texte, du langage préétabli des dieux. Il y a toujours des conditions d'étrangeté qui vont dégager ou, comme dit Marguerite Duras, « cadrer » l'acte de parole pur[54]. Moïse lui-même est le héraut d'un Dieu invisible ou pure Parole, qui vainc la résistance des anciens dieux et ne se laisse même pas fixer dans ses propres tables. Et peut-être ce qui explique la rencontre des Straub avec Kafka, c'est que Kafka aussi pensait que nous n'avions qu'un acte de parole pour vaincre la résistance des textes dominants, des lois préétablies, des verdicts déjà décidés. Mais, s'il en est ainsi, dans « *Moïse et Aaron* », dans « *Amerika, rapports de classes* », il ne suffit plus de dire que l'acte de parole doit s'arracher à ce qui lui résiste : c'est lui qui résiste, *c'est lui l'acte de résistance*. On ne dégage pas l'acte de parole de ce qui lui résiste sans le faire lui-même résistant, contre ce qui le menace. C'est lui la violence qui aide, « là où règne la violence » : le *Hinaus* ! de Bach. N'est-ce pas déjà par là que l'acte de parole est acte de musique, dans le « sprech-gesang » de Moïse, mais aussi dans l'exécution de la musique de Bach qui s'arrache des partitions, plus encore que la voix d'Anna Magdalena ne s'arrachait des lettres et documents ? L'acte de parole ou de musique est une lutte : il doit être économe et rare, infiniment patient, pour s'imposer à ce qui lui résiste, mais extrêmement violent pour être lui-même une résistance, un acte de résistance[55]. Irrésistiblement, il monte.

---

53. Sur la « dépossession » de la langue et le « retour à l'aphasie », cf. Straub et Huillet, entretien à propos d'« *Othon* », *Cahiers du cinéma*, n° 224, octobre 1970 ; et les commentaires de Jean Narboni, « La vicariance du pouvoir », qui montre comment la scène théâtrale reste « impliquée » dans sa transformation cinématographique, p. 45. À propos de « *Fortini Cani* », Narboni invoquait « l'idée d'un texte se retournant contre lui-même à la lecture » (n° 275, p. 13).
54. « Ici le cadrage est celui de la parole » (in *Les Films de J.-M. Straub et D. Huillet*, Goethe Institut, Paris, p. 55).
55. Straub et Huillet : « La dialectique entre patience et violence se cache dans l'art de Bach lui-même. » Et ils insistent sur la nécessité de montrer « des gens en train de faire de la musique » : « Chaque morceau de musique que nous montrerons sera réellement exécuté devant la caméra, pris en son direct et filmé en un seul plan. Le noyau de ce qui sera montré lors d'un morceau de musique, c'est chaque fois comment on fait cette musique. Il peut arriver

Dans « *Non réconciliés* », l'acte de parole est celui de la vieille, cette fois schizophrénique plutôt qu'aphasique, et qui monte jusqu'à l'image sonore du coup de revolver final : « J'observais comment le temps défilait ; cela bouillonnait, se battait, payait un million pour un bonbon et puis n'avait plus trois sous pour un petit pain. » L'acte de parole est comme posé de biais sur toutes les images visuelles qu'il traverse, et qui s'organisent pour leur compte comme autant de coupes géologiques, de couches archéologiques, en ordre variable suivant les cassures et les lacunes : Hindenburg, Hitler, Adenauer, 1910, 1914, 1942, 1945... Tel est bien chez les Straub le statut comparé de l'image sonore et de l'image visuelle : des gens parlent dans un espace vide, et, tandis que la parole monte, l'espace s'enfonce dans la terre, et ne laisse pas voir, mais fait lire ses enfouissements archéologiques, ses épaisseurs stratigraphiques, atteste les travaux qui furent nécessaires et les victimes immolées pour fertiliser un champ, les luttes qui se déroulèrent et les cadavres jetés (« *De la nuée* », « *Fortini Cani* »). L'histoire est inséparable de la terre, la lutte de classe est sous terre, et, si l'on veut saisir un événement, il ne faut pas le montrer, il ne faut pas passer le long de l'événement, mais s'y enfoncer, passer par toutes les couches géologiques qui en sont l'histoire intérieure (et pas seulement un passé plus ou moins lointain). Je ne crois pas aux grands événements bruyants, disait Nietzsche. Saisir un événement, c'est le rattacher aux couches muettes de la terre qui en constituent la véritable continuité, ou qui l'inscrivent dans la lutte des classes. Il y a quelque chose de paysan dans l'histoire. Maintenant, c'est donc l'image visuelle, le paysage stratigraphique, qui résiste à son tour à l'acte de parole et lui oppose un entassement silencieux. Même les lettres, livres et documents, ce à quoi l'acte de parole s'arrachait, est passé dans le paysage, avec les monuments, les ossuaires, les inscriptions lapidaires. Le mot « résistance » a beaucoup de sens chez les Straub, et maintenant c'est la terre, c'est l'arbre et le rocher qui résistent à l'acte de parole, à Moïse. Moïse est l'acte de parole ou l'image sonore, mais Aaron est l'image visuelle, il « donne à voir », et, ce qu'il donne à voir, c'est la continuité qui vient de la

---

que ce soit introduit par une partition, un manuscrit ou une édition imprimée originale... » (Goethe Institut, p. 12-14).

terre. Moïse est le nouveau nomade, celui qui ne veut pas d'autre terre que la parole de Dieu toujours errante, mais Aaron veut un territoire, et le « lit » déjà comme le but du mouvement. Entre les deux, le désert, mais aussi bien le peuple, qui « manque encore » et pourtant déjà là. Aaron résiste à Moïse, le peuple résiste à Moïse. Qu'est-ce que le peuple choisira, l'image visuelle ou l'image sonore, l'acte de parole ou la terre [56] ? Moïse enfonce Aaron dans la terre, mais Moïse sans Aaron n'a pas de rapport avec le peuple, avec la terre. On peut dire que Moïse et Aaron sont les deux parties de l'Idée ; ces parties toutefois ne formeront plus jamais un tout, mais une disjonction de résistance, qui devrait empêcher la parole d'être despotique, et la terre d'appartenir, d'être possédée, soumise à sa dernière couche. C'est comme chez Cézanne, le maître des Straub : d'une part la « têtue géométrie » de l'image visuelle (le dessin), qui s'enfonce et fait lire les « assises géologiques », d'autre part cette nuée, cette « logique aérienne » (couleur et lumière, disait Cézanne), mais aussi bien acte de parole qui monte de la terre vers le soleil [57]. Les deux trajectoires : « la voix vient de l'autre côté de l'image ». L'une résiste à l'autre, mais c'est dans cette disjonction toujours recréée que l'histoire sous la terre prend une valeur esthétique émotive, et que l'acte de parole vers le soleil prend une valeur politique intense. Les actes de parole du nomade (Moïse), du bâtard (« *De la nuée...* »), de l'exilé (« *Amerika...* ») sont des actes politiques, et c'est par là qu'ils étaient dès le début des actes de résistance. Si les Straub

---

56. Cf. l'analyse détaillée des rôles de Moïse et d'Aaron, dans l'entretien *Cahiers du cinéma*, n° 258.

57. Sur les deux moments, leur échange et leur circulation chez Cézanne, cf. Henri Maldiney, *Regard, parole, espace*, L'Âge d'homme, p. 184-192. Certains commentateurs ont bien marqué la richesse des deux moments chez les Straub, de différents points de vue qui nous ramènent toujours à Cézanne : le « mélange actif entre deux passions, la politique et l'esthétique » (Biette, *Cahiers du cinéma*, n° 332) ; ou bien la double composition, de chaque plan et du rapport des plans, « l'axe et l'air » (Manfred Blank, n° 305). Ce dernier texte présente une analyse du « système » dans *De la nuée...* : « Pendant que tout cela a été filmé, le soleil s'est mû de l'est vers l'ouest et a éclairé les personnes, que l'on voit toujours à la même place, depuis un autre angle pour chaque plan. (...) Et ce soleil est le feu, le feu qui va dans la terre et éveille la terre, c'est un coucher de soleil et un plan parallèle au plan du champ. » Les Straub citent souvent la phrase de Cézanne : « Regardez cette montagne, autrefois elle était du feu. »

donnent pour titre au film tiré de Kafka « *Amerika, rapports de classes* », c'est parce que, dès le début, le héros prend la défense de l'homme souterrain, le chauffeur d'en dessous, puis doit affronter la machination de la classe supérieure qui le sépare de son oncle (la remise de la lettre) : l'acte de parole, l'image sonore, est acte de résistance, aussi bien que chez Bach, qui bousculait la répartition du profane et du sacré, aussi bien que chez Moïse, qui transformait celle des prêtres et du peuple. Mais, inversement, l'image visuelle, le paysage tellurique développe toute une puissance esthétique qui découvre les couches d'histoire et de luttes politiques sur lesquelles il est bâti. Dans « *Toute révolution est un coup de dés* », des personnes disent le poème de Mallarmé sur la colline du cimetière où sont enfouis les cadavres des communards : elles se répartissent les éléments du poème d'après leur caractère typographique, comme autant d'objets déterrés. Il faut maintenir à la fois que la parole crée l'événement, le fait lever, et que l'événement silencieux est recouvert par la terre. L'événement, c'est toujours la résistance, entre ce que l'acte de parole arrache et ce que la terre enfouit. C'est un cycle du ciel et de la terre, de la lumière extérieure et du feu souterrain, et plus encore du sonore et du visuel, qui ne reforme jamais un tout, mais constitue chaque fois la disjonction des deux images, en même temps que le nouveau type de leur rapport, un rapport d'incommensurabilité très précis, non pas une absence de rapport.

Ce qui constitue l'image audio-visuelle, c'est une disjonction, une dissociation du visuel et du sonore, chacun héautonome, mais en même temps un rapport incommensurable ou un « irrationnel » qui les lie l'un à l'autre, sans former un tout, sans se proposer le moindre tout. C'est une résistance issue de l'écroulement du schème sensori-moteur, et qui sépare l'image visuelle et l'image sonore, mais les met d'autant plus dans un rapport non totalisable. Marguerite Duras ira de plus en plus loin dans ce sens : centre d'une trilogie, « *India song* » établit un extraordinaire équilibre métastable entre une image sonore qui nous fait entendre toutes les voix (in et off, relatives et absolues, attribuables et non-attribuables, toutes rivalisant et conspirant, s'ignorant, s'oubliant, sans qu'aucune ait la toute-puissance ou le dernier mot), et une image visuelle qui nous fait lire une stratigraphie muette (personnages qui gardent la bouche close même quand ils parlent de l'autre côté, si bien que ce qu'ils disent est déjà au passé composé, tandis que le lieu et l'événement, le bal à l'ambassade, sont la couche morte qui recouvre une ancienne strate brûlante, l'autre bal en un autre lieu) [58]. Dans l'image visuelle on découvre la vie sous les cendres ou derrière les miroirs, tout comme dans l'image sonore on extrait un acte de parole pur, mais polyvoque, qui se sépare du théâtre et s'arrache à l'écriture. Les voix « intemporelles » sont comme quatre côtés d'une entité sonore, qui se confronte à l'entité visuelle : le visuel et le sonore sont les perspectives sur une histoire d'amour, à l'infini, la même et pourtant différente. Avant « *India song* », « *La Femme du Gange* » avait déjà fondé l'héautonomie de l'image sonore sur les deux voix intemporelles, et défini la fin du film quand le sonore et le visuel « touchent » au point à l'infini dont ils sont les perspectives, perdant leurs côtés respectifs [59]. Et, après, « *Son nom de Venise dans Calcutta désert* » insistera sur l'héautonomie d'une image visuelle rendue aux ruines, dégageant une strate encore plus ancienne comme un nom de jeune fille sous le nom de la femme mariée, mais tendant toujours à une fin, quand elle touche au point commun des deux images, à l'infini (c'est comme si le visuel et le sonore se terminaient avec le tactile, avec la « jonction »). « *Le Camion* » peut redonner un corps aux voix, à l'arrière, mais dans la mesure où le visible se désincorpore ou se vide (la cabine-avant, le trajet, les apparitions du camion fantôme) : « il n'y a plus que des lieux d'une histoire et d'histoire celle qui n'a pas lieu » [60].

---

58. « *India Song* » fait partie des films qui ont suscité un grand nombre de commentaires sur le rapport visuel-sonore : notamment Pascal Bonitzer (*Le Regard et la Voix*, p. 148-153) ; Dominique Noguez (*Éloge du cinéma expérimental*, Centre Georges-Pompidou, p. 141-149) ; Dionys Mascolo (in *Marguerite Duras*, Albatros, p. 143-156). Ce dernier recueil contient aussi des articles essentiels sur « *La Femme du Gange* », par Joël Farges, Jean-Louis Libois et Catherine Weinzaepflen.

59. Marguerite Duras, *Nathalie Granger*, suivi de *La Femme du Gange* : quand « le film de l'image » et « le film des voix », sans se ré-accorder, touchent chacun pour son compte au point infini qui constitue leur « jonction », tous deux « meurent », en même temps que leurs côtés respectifs s'écrasent (Marguerite Duras assigne ce point dans « *La Femme du Gange* », p. 183-184 ; le film n'en continue pas moins, comme s'il y avait un « plus » ou une survie, qui seront réinvestis dans le film suivant, double à son tour).

60. Youssef Ishaghpour, *D'une image à l'autre*, Médiations, p. 285 (cette formule est extraite d'une analyse détaillée de l'œuvre de Duras, p. 225-298).

Les premiers films de Marguerite Duras étaient marqués par toutes les puissances de la maison, ou de l'ensemble parc-maison, peur et désir, parler et se taire, sortir et rentrer, créer l'événement et l'enfouir, etc. Marguerite Duras était un grand cinéaste de la maison, thème si important dans le cinéma, non seulement parce que les femmes « habitent » les maisons, en tous ces sens, mais parce que les passions « habitent » les femmes : ainsi « *Détruire dit-elle* », et surtout « *Nathalie Granger* », et, plus tard encore, « *Vera Baxter* ». Mais pourquoi voit-elle dans « *Vera Baxter* » une régression de son œuvre, autant que dans « *Nathalie Granger* » une préparation à la trilogie qui allait suivre ? Ce n'est pas la première fois qu'un artiste peut estimer que ce qu'il a pleinement réussi n'est qu'un pas, en avant ou en arrière, par rapport à un but plus profond. Dans le cas de Marguerite Duras, la maison cesse de la satisfaire parce qu'elle ne peut assurer qu'une autonomie des composantes visuelle et sonore pour une même image audio-visuelle (la maison est encore un lieu, un locus, au double sens de parole et d'espace). Mais aller plus loin, atteindre à l'héautonomie d'une image sonore et d'une image visuelle, faire des deux images les perspectives d'un point commun situé à l'infini, cette nouvelle conception de la coupure irrationnelle ne peut pas se faire dans la maison, ni même avec elle. Sans doute la maison-parc avait déjà la plupart des propriétés d'un espace quelconque, les vides et les déconnections. Mais il fallait quitter la maison, abolir la maison, pour que l'espace quelconque ne puisse se construire que dans la fuite, en même temps que l'acte de parole devait « sortir et fuir ». C'est seulement dans la fuite que les personnages devaient se rejoindre, et se répondre. Il fallait rendre l'inhabitable, rendre l'espace inhabitable (plage-mer au lieu de maison-parc), pour qu'il atteigne à une héautonomie, comparable à celle de l'acte de parole devenu pour son compte inattribuable : une histoire qui n'a plus de lieu (image sonore) pour des lieux qui n'ont plus d'histoire (image visuelle) [61]. Et ce serait ce nouveau tracé de la coupure irrationnelle, cette

---

61. Marguerite Duras parle du « dépeuplement de l'espace » dans « *India Song* », et surtout de « l'inhabitation des lieux » dans « *Son nom de Venise...* » : *Marguerite Duras*, p. 21, p. 94. Ishaghpour analyse cet « abandon de l'habitat » dès « *La Femme du Gange* », p. 239-240.

nouvelle manière de la concevoir, qui constituerait le rapport audio-visuel.

Dans la disjonction de l'image sonore devenue pur acte de parole, et de l'image visuelle devenue lisible ou stratigraphique, qu'est-ce qui distingue l'œuvre de Marguerite Duras de celle des Straub ? Une première différence serait que, pour Duras, l'acte de parole à atteindre est l'amour entier ou le désir absolu. C'est lui qui peut être silence, ou chant, ou cri comme le cri du vice-consul dans « *India song* » [62]. C'est lui qui commande à la mémoire et à l'oubli, à la souffrance et à l'espoir. Et surtout c'est lui la fabulation créatrice coextensive à tout le texte d'où il s'arrache, constituant une écriture infinie plus profonde que l'écriture, une lecture illimitée plus profonde que la lecture. La seconde différence consiste dans une liquidité qui marque de plus en plus l'image visuelle chez Marguerite Duras : c'est l'humidité tropicale indienne qui monte du fleuve, mais aussi qui s'étale sur la plage et dans la mer ; c'est l'humidité normande qui attirait déjà « *Le Camion* » de la Beauce jusqu'à la mer ; et la salle désaffectée d'« *Agatha* » est moins une maison qu'un lent navire fantôme qui s'avance sur la plage, pendant que se déroule l'acte de parole (il en sortira « *L'Homme atlantique* » comme suite naturelle). Que Marguerite Duras fasse ainsi des marines a de grandes conséquences : non seulement parce qu'elle se rattache à ce qui est le plus important dans l'école française, le gris du jour, le mouvement spécifique de la lumière, l'alternance de la solaire et de la lunaire, le soleil qui se couche dans l'eau, la perception liquide. Mais aussi parce que l'image visuelle, à la différence des Straub, tend à dépasser ses valeurs stratigraphiques ou « archéologiques » vers une calme puissance fluviale et maritime qui vaut pour l'éternel, qui brasse les strates et emporte les statues. Nous ne sommes pas rendus à la terre, mais à la mer. Les choses s'effacent sous la marée, plus qu'elles ne s'enfouissent dans la terre sèche. Le début d'« *Aurélia Steiner* » semble comparable à celui de « *De la nuée...* » : il s'agit d'arracher l'acte de parole au mythe, l'acte de fabulation à la fable ; mais les statues font place au travelling de l'avant d'une voiture, puis à la péniche fluviale, puis aux plans fixes des

---

62. Viviane Forrester, « Territoires du cri », in *Marguerite Duras*, p. 171-173.

vagues [63]. Bref, la lisibilité propre à l'image visuelle devient océanographique plutôt que tellurique et stratigraphique. « *Agatha et les lectures illimitées* » renvoie la lecture à cette perception marine plus profonde que celle des choses, en même temps que l'écriture à cet acte de parole plus profond qu'un texte. Cinématographiquement, Marguerite Duras peut être rapprochée d'un grand peintre qui dirait : si seulement j'arrivais à saisir une vague, rien qu'une vague, ou même un peu de sable mouillé... Il y aurait encore une troisième différence, sans doute liée aux deux précédentes. Chez les Straub, la lutte de classes est le rapport qui ne cesse de circuler entre les deux images incommensurables, la visuelle et la sonore, l'image sonore qui n'arrache pas l'acte de parole au discours des dieux ou des patrons sans l'intercession de quelqu'un qu'on pourra qualifier de « traître à sa propre classe » (c'est le cas de Fortini, mais on le dirait aussi bien de Bach, de Mallarmé, de Kafka), et l'image visuelle qui ne prend pas ses valeurs stratigraphiques sans que la terre ne soit nourrie de luttes ouvrières et surtout paysannes, toutes les grandes résistances [64]. Ce pourquoi les Straub pourront présenter leur œuvre comme profondément marxiste, même compte tenu du bâtard ou de l'exilé (y compris dans le rapport de classes très pur qui anime « *Amerika* »). Mais, dans son éloignement du marxisme, Marguerite Duras ne se contente pas de personnages qui seraient traîtres à leur propre classe, elle convoque les hors-classes, la mendiante et les lépreux, le vice-consul et l'enfant, les représentants de commerce et les chats, pour en faire une « classe de la violence ». Cette classe de la violence, introduite dès « *Nathalie Granger* », n'a pas pour fonction d'être vue dans des images brutales ; c'est elle qui remplit à son tour la fonction de circuler entre les deux sortes d'images, et de les faire communiquer, l'acte absolu de la parole-désir dans l'image sonore, la puissance illimitée du

63. Cf. l'analyse de Nathalie Heinich, sur la complémentarité fleuve-parole, *Cahiers du cinéma*, n° 307, p. 45-47.

64. À la question « Le texte de Fortini n'est-il pas autoritaire ? », Straub répond : « Cette langue est celle d'une classe au pouvoir, mais cependant une langue de quelqu'un qui a trahi cette classe autant qu'il le pouvait.... » (*Conférence de presse*, Pesars, 1976 ; et aussi « tous les caractères des guerres paysannes ont quelque chose de commun avec ces paysages »).

fleuve-océan dans l'image visuelle : la mendiante du Gange au croisement du fleuve et du chant [65].

Donc, au second stade, le parlant, le sonore cessent d'être une composante de l'image visuelle : c'est le visuel et le sonore qui deviennent deux composantes autonomes d'une image audio-visuelle, ou, plus encore, deux images héautonomes. C'est le cas de dire avec Blanchot : « parler, ce n'est pas voir ». Il semble ici que parler cesse de voir, de faire voir et même d'être vu. Seulement, une première remarque est nécessaire : parler ne rompt ainsi avec ses attaches visuelles que s'il renonce à son propre exercice habituel ou empirique, s'il arrive à se tourner vers une limite qui est à la fois comme l'indicible et pourtant ce qui ne peut être que parlé (« parole différente, qui porte de-ci de-là, et elle-même différant de parler... »). Si la limite est l'acte de parole pur, celui-ci peut prendre aussi bien l'aspect d'un cri, de sons musicaux ou non, l'ensemble de la série étant constitué d'éléments indépendants dont chacun, de-ci de-là, peut constituer à son tour une limite par rapport aux possibilités de découpage, de renversement, de rétrogradation, d'anticipation. Le continuum sonore cesse donc de se différencier suivant les appartenances de l'image visuelle ou les dimensions du hors-champ, et la musique n'assure plus une présentation directe d'un tout supposé. Ce continuum prend maintenant la valeur d'innovation revendiquée par Maurice Fano dans les films de Robbe-Grillet (notamment dans « *L'Homme qui ment* ») : il assure l'héautonomie des images sonores, et doit atteindre à la fois à l'acte de parole comme limite, qui ne consiste pas forcément dans une parole au sens strict, et à l'organisation musicale de la série, qui ne consiste pas forcément en éléments musicaux (de même, chez Marguerite Duras, on confrontera la musique avec l'organisation des voix et avec l'acte absolu de désir, cri du vice-consul ou voix brûlée dans « *La Femme du Gange* », ou bien, chez Straub, l'organisation des paroles d'Anna Magdalena avec l'exécution de la musique et le cri de Bach...). Mais on aurait tort d'en conclure à la

---

65. Marguerite Duras propose la notion, ou plutôt « le sentiment fugitif d'une classe de la violence » dans *Nathalie Granger*, p. 76, p. 95 (et p. 52 sur la situation très particulière de voyageur de commerce). Bonitzer commente cette classe de la violence dans « *India Song* », qui réunit « des lépreux, des mendiants et des vice-consuls » : p. 152-153.

prévalence du sonore dans le cinéma moderne. La même remarque en effet vaut pour l'image visuelle : voir ne conquiert une héautonomie que s'il s'arrache à son exercice empirique, et se porte à une limite qui est à la fois quelque chose d'invisible et qui pourtant ne peut être que vu (une espèce de voyance, différant de voir, et passant par les espaces quelconques, vides ou déconnectés) [66]. C'est la vision d'un aveugle, de Tirésias, comme la parole était celle d'un aphasique ou d'un amnésique. Dès lors, *aucune des deux facultés ne s'élève à l'exercice supérieur sans atteindre à la limite qui la sépare de l'autre, mais la rapporte à l'autre en la séparant.* Ce que la parole profère, c'est aussi bien l'invisible que la vue ne voit que par voyance, et ce que la vue voit, c'est ce que la parole profère d'indicible. Marguerite Duras pourra invoquer les « voix voyeuses », et leur faire dire si souvent « je vois », « je vois sans voir, oui c'est ça ». La formule générale de Philippon, filmer la parole comme quelque chose de visible, reste valide, mais d'autant plus que voir et parler prennent ainsi un nouveau sens. Quand l'image sonore et l'image visuelle deviennent héautonomes, elles n'en constituent donc pas moins une image audio-visuelle, d'autant plus pure que la nouvelle correspondance naît des formes déterminées de leur non-correspondance : c'est la limite de chacune qui la rapporte à l'autre. Ce n'est pas une construction arbitraire, mais très rigoureuse comme dans « *La Femme du Gange* », qui fait qu'elles meurent en se touchant, mais ne se touchent que sur la limite qui les maintient séparées, « infranchissable pour cette raison, toujours franchie cependant parce qu'infranchissable ». L'image visuelle et l'image sonore sont dans un rapport spécial, un rapport indirect libre. Nous ne sommes plus en effet dans le régime classique où un tout intérioriserait les images et s'extérioriserait dans les images, constituant une représentation indirecte du temps, et pouvant recevoir de la musique une présentation directe. Maintenant, ce qui est devenu direct, c'est une image-temps pour elle-même, avec ses deux faces dissymétriques, non totalisables, mortelles en se touchant, celle

---

66. Blanchot, *L'Entretien infini*, « Parler ce n'est pas voir », p. 35-46. Ce thème est constant chez Blanchot, mais le texte que nous citons est sans doute le plus condensé. On remarquera d'autant mieux le rôle que Blanchot laisse à la vue, de l'autre côté, mais d'une manière ambiguë ou secondaire.

d'un dehors plus lointain que tout extérieur, celle d'un dedans plus profond que tout intérieur, ici où s'élève et s'arrache une parole musicale, là où le visible se recouvre ou
s'enfouit [67].

---

67. Sur la conception pratique du « continuum » sonore et les aspects de
sa nouveauté, chez Fano, cf. notamment Gardies, *Le Cinéma de Robbe-Grillet*,
p. 85-88. Sur le traitement d'un continuum sonore dans « *Prénom Carmen* »
de Godard, cf. « Les mouettes du pont d'Austerlitz », interview de François
Musy, *Cahiers du cinéma*, n° 355, janvier 1984. Notre problème du cadrage
sonore n'est pas directement abordé par ces auteurs, bien qu'ils avancent
d'une manière décisive dans la solution. Plus généralement, les analyses techniques semblent en retard à cet égard (mise à part Dominique Villain, *L'Œil
à la caméra*, qui pose directement la question, ch. IV). Nous croyons qu'un
cadrage sonore peut être défini technologiquement par : 1° la multiplicité des
micros et leur diversité qualitative ; 2° les filtres, correcteurs ou à coupure ;
3° les modulateurs temporels, à réverbération ou à délai (y compris l'Harmo-
nizer) ; 4° la stéréophonie, dans la mesure où elle cesse d'être un positionne-
ment dans l'espace pour devenir l'exploration d'une densité ou d'un volume
temporel sonores. Sans doute peut-on obtenir un cadrage du son avec des
moyens artisanaux ; mais seulement parce qu'on aura su produire des effets
comparables à ceux des moyens technologiques modernes. L'important est
que les moyens interviennent dès la prise de son, et non pas seulement au
mixage et au montage ; la différence est d'ailleurs de plus en plus relative.
C'est Glenn Gould qui est le plus en avance, non seulement pour un montage
sonore, mais pour un cadrage, qu'il réalise à la radio (cf. le film « *Radio as
music* »). Il faudrait confronter la conception de Fano à celle de Gould. Elles
impliquent une conception nouvelle de la musique, qui dérive de Berg pour
Fano, de Schoenberg pour Gould. Selon Gould, selon Cage aussi, il s'agit
bien d'encadrer, d'inventer un cadrage sonore actif pour tout ce qui nous
entoure auditivement, pour tout ce que l'environnement met à notre disposition. Cf. *The Glenn Gould Reader*, Knopf, New York ; et Geoffroy Paysant,
Glenn Gould, un homme du futur, ch. IX, qui a le seul tort dans ses analyses
de privilégier les opérations de montage du son aux dépens de celles de
cadrage.

chapitre 10
conclusions

1

Le cinéma n'est pas langue, universelle ou primitive, ni
même langage. Il met à jour une matière intelligible, qui est
comme un présupposé, une condition, un corrélat nécessaire
à travers lequel le langage construit ses propres « objets »
(unités et opérations signifiantes). Mais ce corrélat, même
inséparable, est spécifique : il consiste en mouvements et
procès de pensée (images prélinguistiques), et en points de
vue pris sur ces mouvements et procès (signes présignifiants).
Il constitue toute une « psychomécanique », l'automate spirituel, ou l'énonçable d'une langue, qui possède sa logique
propre. La langue en tire des énoncés de langage avec des
unités et des opérations signifiantes, mais l'énonçable lui-
même, ses images et ses signes, sont d'une autre nature. Ce
serait ce que Hjelmslev appelle « matière » non-linguistique-
ment formée, tandis que la langue opère par forme et substance. Ou plutôt, c'est le signifiable premier, antérieur à
toute signifiance, dont Gustave Guillaume faisait la condition de la linguistique [1]. On comprend dès lors l'ambiguïté
qui parcourt la sémiotique et la sémiologie : la sémiologie,
d'inspiration linguistique, tend à fermer sur soi le « signifiant », et à couper le langage des images et des signes qui en
constituent la matière première [2]. On appelle sémiotique au

1. On trouvera à cet égard une excellente présentation générale de l'œuvre
de Guillaume chez Alain Rey, *Théories du signe et du sens*, Klincksieck, II,
p. 262-264. Ortigues fait une analyse plus détaillée dans *Le Discours et le
Symbole*, Aubier.
2. Sur la tendance à éliminer la notion de signe, cf. Ducrot et Todorov,
Dictionnaire encyclopédique des sciences du langage, Seuil, p. 438-453. Christian
Metz participe de cette tendance (*Langage et cinéma*, Albatros, p. 146).

contraire la discipline qui ne considère le langage que par rapport à cette matière spécifique, images et signes. Bien sûr, quand le langage s'empare de la matière ou de l'énonçable, il en fait des énoncés proprement linguistiques qui ne s'expriment plus en images ou en signes. Mais même les énoncés à leur tour se réinvestissent en images et signes, et fournissent à nouveau de l'énonçable. Il nous a semblé que le cinéma, précisément par ses vertus automatiques ou psychomécaniques, était le système des images et des signes prélinguistiques, et qu'il reprenait les énoncés dans des images et des signes propres à ce système (l'image lue du cinéma muet, la composante sonore de l'image visuelle dans le premier stade du parlant, l'image sonore elle-même dans le second stade du parlant). Ce pourquoi la coupure du muet au parlant n'a jamais paru l'essentiel dans l'évolution du cinéma. En revanche nous a paru essentielle, dans ce système des images et des signes, la distinction de deux sortes d'images avec leurs signes correspondants, les images-mouvement, et les images-temps qui ne devaient surgir ou se développer qu'ultérieurement. Les kinostructures et les chronogenèses sont les deux chapitres successifs d'une sémiotique pure.

Le cinéma considéré comme psychomécanique, ou automate spirituel, se réfléchit dans son propre contenu, ses thèmes, ses situations, ses personnages. Mais le rapport n'est pas simple, parce que cette réflexion donne lieu à des oppositions, à des inversions, autant qu'à des résolutions ou des réconciliations. L'automate a toujours eu deux sens coexistants, complémentaires, même quand ils entraient en lutte. D'une part, c'est le grand automate spirituel qui marque l'exercice le plus haut de la pensée, la manière dont la pensée pense et se pense elle-même, dans le fantastique effort d'une autonomie ; c'est en ce sens que Jean-Louis Schefer peut créditer le cinéma d'un géant derrière nos têtes, ludion, mannequin ou machine, homme mécanique et sans naissance qui met le monde en suspens [3]. Mais, d'autre part, l'automate est aussi l'automate psychologique, qui ne dépend plus de l'extérieur parce qu'il est autonome mais parce qu'il est dépossédé de sa propre pensée, et obéit à une empreinte intérieure qui

---

3. Jean-Louis Schefer, *L'Homme ordinaire du cinéma*, Cahiers du cinéma-Gallimard.

se développe seulement en visions ou en actions rudimentaires (du rêveur au somnambule, et, inversement, par l'intermédiaire de l'hypnose, de la suggestion, de l'hallucination, de l'idée fixe, etc.) [4]. Il y a là quelque chose qui est propre au cinéma, et qui n'a rien à faire avec le théâtre. Si le cinéma est l'automatisme devenu art spirituel, c'est-à-dire d'abord l'image-mouvement, il se confronte aux automates, non pas accidentellement, mais essentiellement. L'école française ne perdra jamais son goût pour les automates pendulaires et les personnages d'horlogerie, mais se confrontera aussi aux machines motrices, comme l'école américaine ou l'école soviétique. L'assemblage homme-machine variera suivant les cas, mais toujours pour poser la question de l'avenir. Et il se peut que le machinisme monte si bien au cœur de l'homme qu'il réveille les plus anciennes puissances, et que la machine motrice ne fasse plus qu'un avec un pur et simple automate psychologique, au service d'un ordre nouveau redoutable : c'est le cortège des somnambules, hallucinés, magnétiseurs-magnétisés dans l'expressionnisme, depuis « *Le Cabinet du Dr Caligari* », jusqu'au « *Testament du Dr Mabuse* » en passant par « *Métropolis* » et son robot. Le cinéma allemand convoquait les puissances primitives, mais il était peut-être le mieux placé pour annoncer quelque chose qui allait changer le cinéma, le « réaliser » affreusement, et aussi en modifier les données.

L'intérêt du livre de Krackauer, *De Caligari à Hitler*, c'est d'avoir montré comment le cinéma expressionniste reflétait la montée de l'automate hitlérien dans l'âme allemande. Mais il s'agissait d'un point de vue encore extérieur, tandis que l'article de Walter Benjamin s'installait à l'intérieur du cinéma, pour montrer comment l'art du mouvement automatique (ou, comme il disait de manière ambiguë, l'art de reproduction) devait lui-même coïncider avec l'automatisation des masses, la mise en scène d'État, la politique devenue « art » : Hitler comme cinéaste... Et il est vrai que jusqu'au bout le nazisme se pense en concurrence avec Hollywood. Les fiançailles révolutionnaires de l'image-mouvement avec un art des

---

4. Ce sont les deux états extrêmes de la pensée, l'automate spirituel de la logique, invoqué par Spinoza et Leibniz, l'automate psychologique de la psychiatrie, étudié par Janet.

masses devenues sujet se rompaient, laissant place aux masses assujetties comme automate psychologique, et à leur chef comme grand automate spirituel. C'est ce qui entraîne Syberberg à dire : l'aboutissement de l'image-mouvement, c'est Leni Riefenstahl ; et, si un procès contre Hitler doit être mené par le cinéma, ce doit être à l'intérieur du cinéma, contre Hitler cinéaste, pour « le vaincre cinématographiquement, en retournant contre lui ses armes » [5]. C'est comme si Syberberg éprouvait le besoin d'ajouter un second volet au livre de Krackauer, mais ce second volet serait un film : non plus de Caligari (ou d'un film d'Allemagne) à Hitler, mais d'Hitler à « *Un film d'Allemagne* », le changement se faisant à l'intérieur du cinéma, contre Hitler, mais aussi contre Hollywood, contre la violence représentée, contre la pornographie, contre le commerce... Mais à quel prix ? On ne retrouvera une véritable psychomécanique qu'en la fondant sur des *associations nouvelles*, en reconstituant le grand automate mental dont Hitler a pris la place, en ressuscitant les automates psychologiques qu'il a asservis. Il faudra renoncer à l'image-mouvement, c'est-à-dire au lien que le cinéma avait introduit dès le départ entre le mouvement et l'image, pour libérer d'autres puissances qu'il maintenait subordonnées, et qui n'avaient pas eu le temps de développer leurs effets : la projection, la transparence [6]. Il s'agit même d'un problème plus général : car la projection, la transparence, ne sont que des moyens techniques qui portent directement l'image-

---

5. Cf. Serge Daney, *La Rampe*, « l'État-Syberberg », p. 111 (et p. 172). L'analyse de Daney se fonde ici sur de nombreuses déclarations de Syberberg lui-même. Syberberg s'inspire de Benjamin, mais va plus loin, en lançant le thème « Hitler comme cinéaste ». Benjamin remarquait seulement que « la reproduction en masse », dans le domaine de l'art, trouvait son objet privilégié dans « la reproduction des masses », grands cortèges, meetings, manifestations sportives, guerre enfin (« L'œuvre d'art à l'ère de sa reproductibilité technique », in *Poésie et révolution*, Denoël, II).

6. Syberberg ne part pas comme Benjamin de l'idée des arts de reproduction, mais de l'idée du cinéma en tant qu'art de l'image-mouvement : « Longtemps on est parti du présupposé qui laissait entendre que parler de cinéma, c'était parler de mouvement », image mobile, caméra mobile et montage. Il pense que l'aboutissement de ce système, c'est Leni Riefenstahl, et son « maître qui se dissimulait là derrière ». « Mais on oubliait qu'au berceau du cinéma, il y avait encore eu autre chose, la projection, la transparence » : un autre type d'image, impliquant des « mouvements lents et contrôlables », capable de porter la contradiction dans le système du mouvement, ou d'Hitler-cinéaste. Cf. *Syberberg*, numéro spécial des *Cahiers du cinéma*, février 1980, p. 86.

temps, qui substituent l'image-temps à l'image-mouvement. Le décor se transforme, mais c'est que « l'espace ici naît du temps » (« *Parsifal* »). Un nouveau régime de l'image autant que de l'automatisme ?

Bien sûr, un retour au point de vue extrinsèque s'impose : l'évolution technologique et sociale des automates. Les automates d'horlogerie, mais aussi les automates moteurs, bref les automates de mouvement, laissaient la place à une nouvelle race, informatique et cybernétique, automates de calcul et de pensée, automates à régulation et feed-back. Le pouvoir aussi inversait sa figure, et, au lieu de converger vers un chef unique et mystérieux, inspirateur des rêves, commandeur des actions, se diluait dans un réseau d'information dont des « décideurs » géraient la régulation, le traitement, le stock, à travers des carrefours d'insomniaques et de voyants (c'est par exemple le complot mondial que nous avons vu chez Rivette, ou l'« *Alphaville* » de Godard, le système d'écoute et de surveillance chez Lumet, mais surtout l'évolution des trois Mabuse de Lang, le troisième Mabuse, le Mabuse du retour en Allemagne, après la guerre) [7]. Et, sous des formes souvent explicites, les nouveaux automates allaient peupler le cinéma, pour le meilleur et pour le pire (le meilleur serait le grand ordinateur de Kubrick dans « *2001* »), et lui redonner, notamment par la science-fiction, la possibilité d'immenses mises en scène que l'impasse de l'image-mouvement avait provisoirement éliminées. Mais de nouveaux automates n'envahissent pas le contenu sans qu'un nouvel automatisme n'assure une mutation de la forme. La figure moderne de l'automate est le corrélat d'un automatisme électronique. L'image électronique, c'est-à-dire l'image télé ou vidéo, l'image numérique naissante, devait ou bien transformer le cinéma, ou bien le remplacer, en marquer la mort. Nous ne prétendons pas faire une analyse des nouvelles images, qui dépasserait notre projet, mais seulement marquer certains effets dont le rapport avec l'image cinématographique reste à déterminer [8]. Les nouvelles images n'ont plus d'extériorité

---

7. Cf. Pascal Kane, « Mabuse et le pouvoir », *Cahiers du cinéma*, n° 309, mars 1980.

8. Sur les différences non seulement techniques, mais phénoménologiques entre les types d'image, on se reportera notamment aux études de Jean-Paul Fargier dans les *Cahiers du cinéma*, et de Dominique Belloir dans le numéro

(hors-champ), pas plus qu'elles ne s'intériorisent dans un tout : elles ont plutôt un endroit et un envers, reversibles et non-superposables, comme un pouvoir de se retourner sur elles-mêmes. Elles sont l'objet d'une réorganisation perpétuelle où une nouvelle image peut naître de n'importe quel point de l'image précédente. L'organisation de l'espace y perd ses directions privilégiées, et d'abord le privilège de la verticale dont témoigne encore la position de l'écran, au profit d'un espace omnidirectionnel qui ne cesse de varier ses angles et ses coordonnées, d'échanger la verticale et l'horizontale. Et l'écran lui-même, même s'il garde une position verticale par convention, ne semble plus renvoyer à la posture humaine, comme une fenêtre ou encore un tableau, mais constitue plutôt une table d'information, surface opaque sur laquelle s'inscrivent des « données », l'information remplaçant la Nature, et le cerveau-ville, le troisième œil, remplaçant les yeux de la Nature. Enfin, le sonore conquérant une autonomie qui lui donne de plus en plus le statut d'image, les deux images, la sonore et la visuelle, entrent dans des rapports complexes sans subordination ni même commensurabilité, et atteignent à une limite commune dans la mesure où chacune atteint à sa propre limite. En tous ces sens, le nouvel automatisme spirituel renvoie à son tour aux nouveaux automates psychologiques.

Mais nous tournons toujours autour de la question : création cérébrale ou déficience du cervelet ? Le nouvel automatisme ne vaut rien par lui-même s'il n'est pas au service d'une puissante volonté d'art, obscure, condensée, aspirant à se déployer par des mouvements involontaires qui ne la contraignent pas pour autant. Une volonté d'art originale, nous l'avons déjà définie dans le changement qui affecte la matière intelligible du cinéma lui-même : la substitution de l'image-temps à l'image-mouvement. Si bien que les images électroniques devront se fonder dans une autre volonté d'art

---

spécial « Vidéo art explorations ». Dans un article de la *Revue d'esthétique* (« Image puissance image », n° 7, 1984) Edmond Couchot définit certains caractères des images numériques ou digitales, qu'il appelle des « immedia », puisqu'il n'y a plus de médium à proprement parler. L'idée essentielle, c'est que, déjà à la télévision, il n'y a pas d'espace ni même d'image, mais seulement des lignes électroniques : « Le concept essentiel à la télévision, c'est le temps » (Nam June Paik, entretien avec Fargier, *Cahiers du cinéma*, n° 299, avril 1979).

encore, ou bien dans des aspects non encore connus de l'image-temps. L'artiste est toujours dans la situation de dire à la fois : je réclame de nouveaux moyens, et je redoute que les nouveaux moyens n'annulent toute volonté d'art, ou n'en fassent un commerce, une pornographie, un hitlérisme... [9]. L'important, c'est que l'image cinématographique obtenait déjà des effets qui ne ressemblaient pas à ceux de l'électronique, mais qui avaient des fonctions autonomes anticipatrices dans l'image-temps comme volonté d'art. Ainsi le cinéma de Bresson n'a nul besoin de machines informatiques ou cybernétiques ; pourtant, le « modèle » est un automate psychologique moderne, parce qu'il se définit par rapport à l'acte de parole, et non plus, comme autrefois, par l'action motrice (Bresson réfléchit constamment sur l'automatisme). De même les personnages marionnettes de Rohmer, les magnétisés de Robbe-Grillet, les zombies de Resnais se définissent en fonction de la parole ou de l'information, non plus de l'énergie et de la motricité. Chez Resnais, il n'y a plus de flashes-back, mais plutôt des feeds-back et des ratés de feedback, qui n'ont pourtant pas besoin d'une machinerie spéciale (sauf dans le cas volontairement rudimentaire de « *Je t'aime je t'aime* »). Chez Ozu, c'est l'audace des raccords à 180° qui suffit à faire qu'une image se monte « bout à bout avec son envers », et que « le plan se retourne » [10]. L'espace brouille ses directions, ses orientations, et perd tout primat de l'axe vertical qui pourrait les déterminer, comme dans « *La Région centrale* » de Snow, avec les seuls moyens d'une caméra et d'une machine rotative qui obéit aux sons électroniques. Et la verticale de l'écran n'a plus qu'un sens conventionnel lorsqu'il cesse de nous faire voir un monde en mouvement, lorsqu'il tend à devenir une surface opaque qui reçoit des informations, en ordre ou en désordre, et sur laquelle les personnages, les objets et les paroles s'inscrivent comme des

---

9. Il arrive qu'un artiste, prenant conscience de la mort de la volonté d'art dans tel ou tel moyen, affronte le « défi » par un usage apparemment destructeur de ce moyen même : on peut croire alors à des fins négatives de l'art, mais il s'agit plutôt de combler un retard, de convertir à l'art un domaine hostile, non sans violence, et de retourner le moyen contre lui-même. Cf., à propos de la télévision, l'attitude de Wolf Vostell, telle que l'analyse Fargier (« Le grand trauma », *Cahiers du cinéma*, n° 332, février 1982).

10. Noël Burch, *Pour un observateur lointain*, Cahiers du cinéma-Gallimard, p. 185.

« données ». La lisibilité de l'image la rend aussi indépendante de la position verticale humaine que peut l'être un journal. L'alternative de Bazin, l'écran agit-il comme un cadre de tableau ou comme un cache (fenêtre), ne fut jamais suffisante ; car il y avait aussi le cadre-miroir à la manière d'Ophuls, le cadre de tapisserie à la manière d'Hitchcock. Mais, quand le cadre ou l'écran fonctionnent comme tableau de bord, table d'impression ou d'information, l'image ne cesse de se découper dans une autre image, de s'imprimer à travers une trame apparente, de glisser sur d'autres images dans un « flot incessant de messages », et le plan lui-même ressemble moins à un œil qu'à un cerveau surchargé qui absorbe sans cesse des informations : c'est le couple cerveau-information, cerveau-ville, qui remplace œil-Nature[11]. Godard ira dans cette direction (« *Une femme mariée* », « *Deux ou trois choses que je sais d'elle* »), avant même de se servir de moyens vidéo. Et, chez les Straub, chez Marguerite Duras, chez Syberberg, le cadrage sonore, la disjonction de l'image sonore et de l'image visuelle utilisent des moyens cinématographiques, ou des moyens vidéo simples, au lieu de faire appel à de nouvelles technologies. Les raisons ne sont pas simplement économiques. C'est que le nouvel automatisme spirituel et les nouveaux automates psychologiques dépendent d'une esthétique avant de dépendre de la technologie. C'est l'image-temps qui appelle un régime original des images et des signes, avant que l'électronique ne le gâche ou, au contraire, ne le relance. Quand Jean-Louis Schefer invoque le grand automate spirituel ou le mannequin derrière nos

---

11. Leo Steinberg (« Other criteria », conférence au Musée d'art moderne de New York, 1968) refusait déjà de définir la peinture moderne par la conquête d'un espace optique pur, et retenait deux caractères selon lui complémentaires : la perte de référence à la station humaine verticale, et le traitement du tableau comme surface d'information ; par exemple Mondrian, quand il métamorphose la mer et le ciel en signes plus et moins, mais surtout à partir de Rauschenberg. « La surface peinte ne présente plus d'analogie avec une expérience visuelle naturelle, mais s'apparente à des processus opérationnels. (...) Le plan du tableau de Rauschenberg est l'équivalent de la conscience plongée dans le cerveau de la ville. » Dans le cas du cinéma, même pour Snow qui se propose un « fragment de nature à l'état sauvage », la Nature et la machine « s'entre-représentent » si bien que les déterminations visuelles sont des données d'information « prises dans les opérations et le transit de la machine » : « C'est un film comme concept où l'œil est parvenu à ne pas voir » (Marie-Christine Questerbert, *Cahiers du cinéma*, n° 296, janvier 1979, p. 36-37).

têtes comme principe du cinéma, il a raison de le définir aujourd'hui par un cerveau qui fait une expérience directe du temps, antérieure à toute motricité des corps (même si l'appareil invoqué, le moulin de « *Vampyr* » de Dreyer, renvoie encore à un automate d'horlogerie).

C'est à bon droit qu'on a souvent réuni les Straub, Marguerite Duras et Syberberg dans l'entreprise de constituer tout un régime audio-visuel, quelle que soit la différence de ces auteurs [12]. En effet chez Syberberg on retrouve les deux grands caractères que nous avons essayé de dégager dans les autres cas. D'abord, la disjonction du sonore et du visuel apparaît clairement dans « *Le Cuisinier du roi* », entre le flux de paroles du cuisinier et les espaces déserts, châteaux, huttes, parfois une gravure. Ou bien dans « *Hitler* », l'espace visuel de la chancellerie devenue déserte, tandis que des enfants dans un coin font entendre le disque d'un discours d'Hitler. Cette disjonction prend des aspects propres au style de Syberberg. Tantôt c'est la dissociation objective de ce qui est dit et de ce qui est vu : la projection frontale et l'utilisation fréquente de diapositives assurent un espace visuel que non seulement l'acteur ne voit pas lui-même, mais auquel il s'associe sans jamais en faire partie, réduit à ses paroles et à quelques accessoires (par exemple, dans « *Hitler* », les meubles géants, le téléphone géant, tandis que le serviteur nain parle des caleçons du maître). Tantôt c'est la dissociation subjective de la voix et du corps : le corps est donc remplacé par une marionnette, un pantin, face à la voix de l'acteur ou du récitant ; ou bien, comme dans « *Parsifal* », le play-back est parfaitement synchronisé, mais avec un corps qui reste étranger à la voix qu'il s'attribue, marionnette vivante, soit un corps de fille pour une voix d'homme, soit deux corps concurrents pour une même voix [13]. C'est dire qu'il n'y a pas de tout : régime de la « déchirure », où la division en corps et en voix forme une genèse de l'image en tant que « non-représentable

---

12. Cf. Notamment Jean-Claude Bonnet, « Trois cinéastes du texte », in *Cinématographe*, n° 31, octobre 1977.

13. Sur la dissociation ou la disjonction, cf. les articles de Lardeau, et de Comolli et Géré, à propos de « *Hitler* », *Cahiers du cinéma*, n° 292, septembre 1978. Pour la définition de la projection frontale, et pour l'utilisation des marionnettes, on se reportera aux textes de Syberberg lui-même, in *Syberberg*, p. 52-65. Bonitzer, dans *Le Champ aveugle*, dégage toute une conception du plan complexe chez Syberberg.

par un seul individu », « apparition divisée en elle-même et sur un mode non-psychologique »[14]. La marionnette et le récitant, le corps et la voix, constituent non pas un tout ni un individu, mais l'automate. C'est l'automate psychologique, au sens d'une essence profondément divisée de la psyché, bien qu'il ne soit pas du tout psychologique, au sens où l'on interpréterait cette division comme un état de l'individu non-machinique. Comme chez Kleist, ou comme dans le théâtre japonais, l'âme est faite du « mouvement mécanique » de la marionnette, en tant qu'elle s'adjoint une « voix intérieure ». Mais, si la division vaut ainsi en elle-même, elle ne vaut pourtant pas pour elle-même. Car, en second lieu, il faut qu'un pur acte de parole comme fabulation créatrice ou faire-légende se dégage de toutes les informations parlées (l'exemple le plus frappant, c'est « *Karl May* » qui doit devenir légende à travers ses propres mensonges et leurs dénonciations), mais aussi que toutes les données visuelles s'organisent en couches superposées, perpétuellement brassées, avec des affleurements variables, des rapports de rétroaction, des poussées, des enfoncements, des effondrements, une mise en décombres d'où l'acte de parole sortira, s'élèvera de l'autre côté (ce sont les trois couches de l'histoire de l'Allemagne qui correspondent à la trilogie, Ludwig, Karl May, Hitler, et dans chaque film la superposition des diapositives comme autant de couches dont la dernière est la fin du monde, « un paysage glacé et meurtri »). Comme s'il fallait que le monde se casse et s'enfouisse pour que l'acte de parole monte. Il se passe chez Syberberg quelque chose de semblable à ce que nous avons vu chez Straub et Duras : le visuel et le sonore ne reconstituent pas un tout, mais entrent dans un rapport « irrationnel » suivant deux trajectoires dissymétriques. L'image audio-visuelle n'est pas un tout, c'est une « *fusion de la déchirure* ».

Mais une des originalités de Syberberg est de tendre un vaste espace d'information, comme un espace complexe, hétérogène, anarchique, où voisinent aussi bien le trivial et le culturel, le public et le privé, l'historique et l'anecdotique, l'imaginaire et le réel, et tantôt, du côté de la parole, les discours, les

---

14. Cf. une page essentielle de Syberberg, dans *Parsifal*, Cahiers du cinéma-Gallimard, p. 46-47.

commentaires, les témoignages familiers ou ancillaires, tantôt du côté de la vue les milieux existants, ou qui n'existent plus, les gravures, les plans et projets, les visions avec les voyances, tout se valant et formant un réseau, sous des rapports qui ne sont jamais de causalité. Le monde moderne est celui où l'information remplace la Nature. C'est ce que Jean-Pierre Oudart appelle l'« effet-média » chez Syberberg [15]. Et c'est un aspect essentiel de l'œuvre de Syberberg, parce que la disjonction, la division du visuel et du sonore vont être précisément chargées d'exprimer cette *complexité* de l'espace informatique. C'est elle qui dépasse l'individu psychologique autant qu'elle rend impossible un tout : une complexité non-totalisable, « non-représentable par un seul individu », et qui ne trouve sa représentation que dans l'automate. Syberberg prend pour ennemi l'image d'Hitler : non pas l'individu Hitler, qui n'existe pas, mais pas davantage une totalité qui le produirait suivant des rapports de causalité. « Hitler en nous » ne signifie pas seulement que nous avons fait Hitler autant qu'il nous a fait, ou que nous avons tous des éléments fascistes en puissance, mais qu'Hitler n'existe que par les informations qui constituent son image en nous-mêmes [16]. On dira que le régime nazi, la guerre, les camps de concentration ne furent pas des images, et que la position de Syberberg n'est pas sans ambiguïté. Mais l'idée forte de Syberberg, c'est que *nulle information, quelle qu'elle soit, ne suffit à vaincre Hitler* [17]. On aura beau montrer tous les documents, faire entendre tous les témoignages : ce qui rend l'information toute-puissante (le journal, et puis la radio,

---

15. Jean-Pierre Oudart, *Cahiers du cinéma*, n° 294, novembre 1978, p. 7-9. Syberberg a souvent insisté sur sa conception des « documents », et la nécessité de constituer un vidéo-conservatoire universel (*Syberberg*, p. 34) ; il suggère que l'originalité du cinéma se définit par rapport à l'information, plutôt que par rapport à la Nature (*Parsifal*, p. 160). Sylvie Trosa et Alain Ménil ont chacun insisté sur le caractère non-hiérarchique et non-causal du réseau d'information selon Syberberg (*Cinématographe*, n° 40, octobre 1978, p. 74, et n° 78, mai 1982, p. 20).

16. Cf. à cet égard les commentaires de Daney, *La Rampe*, p. 110-111.

17. C'est un thème constant de Syberberg dans son grand texte sur l'irrationalisme, « L'art qui sauve de la misère allemande », in *Change*, n° 37. S'il y a quand même une ambiguïté de Syberberg par rapport à Hitler, c'est Jean-Claude Biette qui l'a exprimée le plus justement : dans « la quantité d'informations » choisies, Syberberg privilégie « la persécution contre des morts au détriment de la persécution contre des vivants », « l'ostracisme contre Mahler » plutôt que « l'ostracisme contre Schönberg » (*Cahiers du cinéma*, n° 305, novembre 1979, p. 47).

et puis la télé), c'est sa nullité même, son inefficacité radicale. L'information joue de son inefficacité pour asseoir sa puissance, sa puissance même est d'être inefficace, et par là d'autant plus dangereuse. C'est pourquoi il faut dépasser l'information pour vaincre Hitler ou retourner l'image. Or, dépasser l'information se fait de deux côtés à la fois, vers deux questions : *quelle est la source, et quel est le destinataire ?* Ce sont aussi les deux questions de la pédagogie godardienne. L'informatique ne répond ni à l'une ni à l'autre, parce que la source de l'information n'est pas une information, pas plus que l'informé lui-même. S'il n'y a pas de dégradation de l'information, c'est que l'information même est une dégradation. Il faut donc dépasser toutes les informations parlées, en extraire un acte de parole pur, fabulation créatrice qui est comme l'envers des mythes dominants, des paroles en cours et de leurs tenants, acte capable de créer le mythe au lieu d'en tirer le bénéfice ou l'exploitation [18]. Il faut aussi dépasser toutes les couches visuelles, dresser un informé pur capable de sortir des décombres, de survivre à la fin du monde, capable ainsi de recevoir dans son corps visible l'acte pur de parole. Dans « *Parsifal* », le premier aspect renvoie à la tête immense de Wagner, qui donne à l'acte de parole comme chant sa fonction créatrice, la puissance d'un mythe dont Ludwig, Karl May et Hitler ne sont que l'utilisation dérisoire ou perverse, la dégradation. L'autre aspect renvoie à Parsifal, qui traverse tous les espaces visuels eux aussi issus de la grande tête, et qui sort dédoublé du dernier espace de fin de monde, lorsque la tête se divise elle-même, et que le Parsifal fille n'émet pas, mais reçoit dans tout son être la voix rédemptrice [19]. Le cycle irra-

---

18. Sur le mythe comme fonction fabulatrice irrationnelle, et comme rapport constitutif avec un peuple : « L'art qui sauve... ». Ce que Syberberg reproche à Hitler, c'est d'avoir volé l'irrationnel allemand.

19. Michel Chion analyse le paradoxe du play-back tel qu'il fonctionne dans « *Parsifal* » : la synchronisation n'a plus pour but de *faire croire*, puisque le corps qui mime « reste ostensiblement étranger à la voix qu'il s'attribue », soit parce que c'est un visage de fille sur une voix d'homme, soit parce qu'ils sont deux à la revendiquer. La dissociation de la voix entendue et du corps vu n'est donc pas surmontée, mais au contraire confirmée, accentuée. À quoi sert alors la synchronisation ? demande Michel Chion. Elle entre dans la fonction créatrice de mythe. Elle fait du corps visible, non plus quelque chose qui imite l'émission de la voix, mais qui constitue un *récepteur* ou un destinataire absolus. « Par elle l'image dit au son : cesse de flotter partout et viens habiter en moi ; le corps s'ouvre pour accueillir la voix. » Cf. « L'aveu », *Cahiers du cinéma*, n° 338, juillet 1982.

tionnel du visuel et du sonore est rapporté par Syberberg à l'information et à son dépassement. La rédemption, l'art au-delà de la connaissance, c'est aussi bien la création au-delà de l'information. La rédemption vient trop tard (c'est le point commun de Syberberg avec Visconti), elle survient quand l'information s'est déjà emparée des actes de parole, et quand Hitler a déjà capturé le mythe ou l'irrationnel allemand [20]. Mais le trop-tard n'est pas que négatif, il est le signe de l'image-temps, là où le temps fait voir la stratigraphie de l'espace et entendre la fabulation de l'acte de parole. La vie ou la survie du cinéma dépendent de sa lutte intérieure avec l'informatique. Il faut dresser contre celle-ci la question qui la dépasse, celle de sa source et de son destinataire, la tête de Wagner comme automate spirituel, le couple Parsifal comme automate psychique [21].

2

Reste à résumer la constitution de cette image-temps dans le cinéma moderne, et les nouveaux signes qu'elle implique ou qu'elle instaure. Entre l'image-mouvement et l'image-temps il y a beaucoup de transitions possibles, de passages presque imperceptibles, ou même de mixtes. On ne peut pas dire non plus que l'une vaille mieux que l'autre, soit plus belle ou plus profonde. Tout ce qu'on peut dire, c'est que l'image-mouvement ne nous donne pas une image-temps. Elle nous donne pourtant beaucoup de choses à cet égard. D'une part l'image-mouvement constitue le temps sous sa forme empirique, le cours du temps : un présent successif suivant un rapport extrinsèque de l'avant et de l'après, tel que le passé est

20. La question de la rédemption parcourt tout le livre de Syberberg sur *Parsifal*, suivant les deux axes : la source et le destinataire (la grande tête de Wagner et le couple Parsifal), le visuel et le sonore (les « paysages céphaliques » et l'acte de parole spirituel). Mais le couple Parsifal ne forme pas plus une totalité que le reste : la rédemption vient trop tard, « le monde est mort, il ne reste qu'un paysage glacé et meurtri » (interview in *Cinématographe*, n° 78, p. 13-15).

21. Philosophiquement, c'est ce que Raymond Ruyer a fait dans *La Cybernétique et l'origine de l'information*, Flammarion. Compte tenu de l'évolution de l'automate, il pose la question de la source et du destinataire de l'information, et construit une notion d'« encadrant » qui n'est pas sans rapport avec les problèmes de cadrage cinématographique.

un ancien présent, et le futur, un présent à venir. Une réflexion insuffisante en conclura que l'image cinématographique est nécessairement au présent. Mais cette idée toute faite, ruineuse pour toute compréhension du cinéma, est moins la faute de l'image-mouvement que d'une réflexion trop hâtive. Car, d'autre part, l'image-mouvement suscite déjà une image *du* temps qui s'en distingue par excès ou par défaut, par-dessus ou par-dessous le présent comme cours empirique : cette fois, le temps n'est plus mesuré par le mouvement, mais est luimême le nombre ou la mesure du mouvement (représentation métaphysique). Ce nombre à son tour a deux aspects, que nous avons vus dans le tome précédent : il est l'unité minima de temps comme intervalle de mouvement, ou bien la totalité du temps comme maximum du mouvement dans l'univers. Le subtil et le sublime. Mais, sous l'un ou l'autre aspect, le temps ne se distingue ainsi du mouvement que comme représentation indirecte. Le temps comme cours découle de l'image-mouvement, ou des plans successifs. Mais le temps comme unité ou comme totalité dépend du montage qui le rapporte encore au mouvement ou à la succession des plans. C'est pourquoi l'image-mouvement est liée fondamentalement à une représentation indirecte du temps, et ne nous en donne pas une présentation directe, c'est-à-dire ne nous donne pas une image-temps. La seule présentation directe apparaît alors dans la musique. Mais dans le cinéma moderne, au contraire, l'image-temps n'est plus empirique, ni métaphysique, elle est « transcendantale » au sens que Kant donne à ce mot : le temps sort de ses gonds, et se présente à l'état pur[22]. L'image-temps n'implique pas l'absence de mouvement (bien qu'elle en comporte souvent la raréfaction), mais elle implique le renversement de la subordination ; ce n'est plus le temps qui est subordonné au mouvement, c'est le mouvement qui se subordonne au temps. Ce n'est plus le temps qui découle du mouvement, de sa norme et de ses aberrations corrigées, c'est le mouvement comme *faux mou-*

---

22. Paul Schrader a parlé d'un « style transcendantal » chez certains auteurs de cinéma. Mais il emploie ce mot pour désigner l'irruption du transcendant, telle qu'il pense la trouver chez Ozu, Dreyer ou Bresson (*Transcendantal style in film : Ozu, Bresson, Dreyer*, extraits in *Cahiers du cinéma*, n° 286, mars 1978). Ce n'est donc pas au sens kantien, qui oppose au contraire le transcendantal et le métaphysique ou transcendant.

vement, comme mouvement aberrant, qui dépend maintenant du temps. L'image-temps est devenue directe, aussi bien que le temps a découvert de nouveaux aspects, que le mouvement est devenu aberrant par essence et non par accident, que le montage a pris un nouveau sens, et qu'un cinéma dit moderne s'est constitué après guerre. Si étroits soient ses rapports avec le cinéma classique, le cinéma moderne pose la question : quelles sont les nouvelles forces qui travaillent l'image, et les nouveaux signes qui envahissent l'écran ?

Le premier facteur, c'est la rupture du lien sensori-moteur. Car l'image-mouvement, dès qu'elle se rapportait à son intervalle, constituait l'image-action : celle-ci, en son sens le plus large, comportait le mouvement reçu (perception, situation), l'empreinte (affection, l'intervalle lui-même), le mouvement exécuté (action proprement dite ou réaction). L'enchaînement sensori-moteur était donc l'unité du mouvement et de son intervalle, la spécification de l'image-mouvement ou l'image-action par excellence. Il n'y a pas lieu de parler d'un cinéma narratif qui correspondrait à ce premier moment, car la narration découle du schème sensori-moteur, et non l'inverse. Mais, justement, ce qui met en question ce cinéma d'action après la guerre, c'est la rupture même du schème sensori-moteur : la montée de situations auxquelles on ne peut plus réagir, de milieux avec lesquels il n'y a plus que des relations aléatoires, d'espaces quelconques vides ou déconnectés qui remplacent les étendues qualifiées. Voilà que les situations ne se prolongent plus en action ou réaction, conformément aux exigences de l'image-mouvement. Ce sont de pures situations optiques et sonores, dans lesquelles le personnage ne sait comment répondre, des espaces désaffectés dans lesquels il cesse d'éprouver et d'agir, pour entrer en fuite, en balade, en va-et-vient, vaguement indifférent à ce qui lui arrive, indécis sur ce qu'il faut faire. Mais il a gagné en voyance ce qu'il a perdu en action ou réaction : il VOIT, si bien que le problème du spectateur devient « qu'est-ce qu'il y a à voir dans l'image ? » (et non plus « qu'est-ce qu'on va voir dans l'image suivante ? »). La situation ne se prolonge plus en action par l'intermédiaire des affections. Elle est coupée de tous ses prolongements, elle ne vaut plus que par elle-même, ayant absorbé toutes ses intensités affectives, toutes ses extensions actives. Ce n'est plus une situation sensori-motrice, mais une situation purement optique et sonore, où le voyant a remplacé l'actant : une « description ». Nous appelons opsignes et sonsignes ce type d'images qui survient après la guerre, sous toutes les raisons extérieures qu'on peut assigner (mise en question de l'action, nécessité de voir et d'entendre, prolifération des espaces vides, déconnectés, désaffectés), mais aussi sous la poussée intérieure d'un cinéma renaissant, recréant ses conditions, néo-réalisme, nouvelle vague, nouveau cinéma américain. Or, s'il est vrai que la situation sensori-motrice commandait à la représentation indirecte du temps comme conséquence de l'image-mouvement, la situation purement optique ou sonore s'ouvre sur une image-temps directe. L'image-temps est le corrélat de l'opsigne et du sonsigne. Jamais elle n'apparut mieux que chez l'auteur qui anticipa le cinéma moderne, dès l'avant-guerre et dans les conditions du muet, Ozu : les opsignes, les espaces vides ou déconnectés, s'ouvrent sur les natures mortes comme pure forme du temps. Au lieu de « situation motrice-représentation indirecte du temps », on a « opsigne ou sonsigne-présentation directe du temps ».

Mais avec quoi les images purement optiques et sonores peuvent-elles s'enchaîner, puisqu'elles ne se prolongent plus en action ? On voudrait répondre : avec des images-souvenir, ou des images-rêve. Pourtant, les unes s'inscrivent encore dans la situation sensori-motrice, dont elles se contentent de remplir l'intervalle, tout en l'allongeant, le distendant ; elles saisissent dans le passé un ancien présent, et ainsi respectent le cours empirique du temps, tout en y introduisant des rétrogradations locales (flash-back comme mémoire psychologique). Les autres, les images-rêves, affectent plutôt le tout : elles projettent à l'infini la situation sensori-motrice, tantôt en assurant la métamorphose incessante de la situation, tantôt en substituant à l'action des personnages un mouvement de monde. Mais nous ne sortons pas ainsi d'une représentation indirecte, bien que nous approchions des portes du temps dans certains cas extraordinaires qui appartiennent déjà au cinéma moderne (par exemple le flash-back comme révélation d'un temps qui bifurque et se libère, chez Mankiewicz, ou bien le mouvement de monde comme couplage d'une description pure et de la danse dans la comédie musicale américaine). Toutefois, dans ces cas mêmes, l'image-souvenir ou l'image-rêve, le mnémosigne ou l'onirosigne, sont dépassés : c'est que ces images en elles-mêmes sont bien des images virtuelles, qui s'enchaînent avec l'image actuelle optique et sonore (description), mais qui ne cessent de s'actualiser pour leur compte, ou les unes dans les autres à l'infini. Pour que l'image-temps naisse, au contraire, il faut que l'image actuelle entre en rapport avec sa *propre* image virtuelle en tant que telle, il faut que la pure description de départ se dédouble, « se répète, se reprenne, bifurque, se contredise ». Il faut que se constitue une image biface, mutuelle, actuelle et virtuelle à la fois. Nous ne sommes plus dans la situation d'un rapport de l'image actuelle avec d'autres images virtuelles, souvenirs ou rêves, qui dès lors s'actualisent à leur tour : ce qui est encore un mode d'enchaînement. Nous sommes dans la situation d'une image actuelle *et* de sa propre image virtuelle, si bien qu'il n'y a plus d'enchaînement du réel avec l'imaginaire, mais *indiscernabilité des deux*, dans un perpétuel échange. C'est un progrès par rapport à l'opsigne : nous avons vu comment le cristal (le hyalosigne) assure le dédoublement de la description, et effectue l'échange dans l'image devenue mutuelle, échange de l'actuel et du virtuel, du limpide et de l'opaque, du germe et du milieu[23]. En s'élevant à l'indiscernabilité du réel et de l'imaginaire, les signes de cristal dépassent toute psychologie du souvenir et du rêve, autant que toute physique de l'action. Ce que nous voyons dans le cristal, ce n'est plus le cours empirique du temps comme succession de présents, ni sa représentation indirecte comme intervalle ou comme tout, c'est sa présentation directe, son dédoublement constitutif en présent qui passe et passé qui se conserve, la stricte contemporanéité du présent avec le passé qu'il sera, du passé avec le présent qu'il a été. C'est le temps en personne qui surgit dans le cristal, et qui ne cesse de recommencer son dédoublement, sans aboutissement, puisque l'échange indiscernable est toujours reconduit et reproduit. L'image-temps directe ou la forme transcendantale du temps, c'est ce qu'on voit dans le cristal ; aussi bien les hyalosignes, les signes cristallins, doivent-ils être dits miroirs ou germes du temps.

---

23. Plus précisément, les images-cristal renvoient aux états du cristal (les quatre états que nous avons distingués), tandis que les signes cristallins ou hyalosignes renvoient aux propriétés (les trois aspects de l'échange).

D'où les chronosignes qui vont marquer les diverses présentations de l'image-temps directe. Le premier concerne l'*ordre du temps* : cet ordre n'est pas fait de succession, pas plus qu'il ne se confond avec l'intervalle ou le tout de la représentation indirecte. Il concerne les rapports intérieurs de temps, sous forme topologique ou quantique. Aussi le premier chronosigne a-t-il deux figures : tantôt c'est la coexistence de toutes les nappes de passé, avec la transformation topologique de ces nappes, et le dépassement de la mémoire psychologique vers une mémoire-monde (ce signe peut être nommé nappe, aspect ou *facies*). Tantôt c'est la simultanéité des pointes de présent, ces pointes rompant avec toute succession extérieure, et opérant des sauts quantiques entre les présents redoublés du passé, du futur et du présent lui-même (ce signe sera nommé pointe ou accent). Nous ne sommes plus dans une distinction indiscernable du réel et de l'imaginaire, qui caractérisait l'image-cristal, mais dans des alternatives indécidables entre nappes de passé, ou des différences « inexplicables » entre pointes de présent, qui concernent maintenant l'image-temps directe. Ce qui est en jeu, ce n'est plus le réel et l'imaginaire, mais le vrai et le faux. Et de même que le réel et l'imaginaire devenaient indiscernables dans des conditions très précises de l'image, le vrai et le faux deviennent maintenant indécidables ou inextricables : l'impossible procède du possible, et le passé n'est pas nécessairement vrai. C'est une nouvelle logique qu'il faut inventer, non moins que tout à l'heure une nouvelle psychologie. Il nous a semblé que Resnais allait le plus loin dans la direction des nappes de passé coexistantes, et Robbe-Grillet dans les pointes de présent simultanées : d'où le paradoxe de « *L'Année dernière à Marienbad* », qui participe du double système. Mais, de toute façon, l'image-temps a surgi par présentation directe ou transcendantale, comme nouvel élément du cinéma d'après guerre, et Welles, maître de l'image-temps...

Il y a encore une autre espèce de chronosigne, qui constitue cette fois *le temps comme série* : l'avant et l'après ne concernent plus eux-mêmes la succession empirique extérieure, mais la qualité intrinsèque de ce qui devient dans le temps. Le devenir en effet peut être défini comme ce qui transforme une suite empirique en série : une rafale de séries. Une série, c'est une suite d'images, mais qui tendent en elles-mêmes vers une limite, laquelle oriente et inspire la première suite (l'avant), et donne lieu à une autre suite organisée comme série qui tend à son tour vers une autre limite (l'après). L'avant et l'après ne sont donc plus des déterminations successives du cours du temps, mais les deux faces de la puissance, ou le passage de la puissance à une puissance supérieure. L'image-temps directe n'apparaît pas ici dans un ordre des coexistences ou des simultanéités, mais dans un devenir comme potentialisation, comme série de puissances. Ce second type de chronosigne, le génésigne, a donc aussi pour propriété de mettre en question la notion de vérité ; car le faux cesse d'être une simple apparence, ou même un mensonge, pour atteindre à cette puissance du devenir qui constitue les séries ou les degrés, qui franchit les limites, opère les métamorphoses, et développe sur tout son parcours un acte de légende, de fabulation. Par-delà le vrai et le faux, le devenir comme puissance du faux. Les génésignes ont plusieurs figures en ce sens. Tantôt, comme chez Welles, ce sont les personnages qui forment les séries comme autant de degrés d'une « volonté de puissance » par laquelle le monde devient une fable. Tantôt c'est un personnage qui franchit lui-même la limite, et qui devient un autre, sous un acte de fabulation qui le rapporte à un peuple passé ou à venir : nous avons vu par quel paradoxe ce cinéma s'appelait « cinéma-vérité » au moment où il mettait en question tout modèle du vrai ; et il y a un double devenir superposé, car l'auteur devient un autre autant que son personnage (ainsi chez Perrault qui prend le personnage comme « intercesseur », ou bien chez Rouch qui tend à devenir un Noir, en même temps que le Noir, son personnage, tend à devenir un Blanc, d'une tout autre manière, non-symétrique). Peut-être est-ce là que la question de l'auteur, et du devenir de l'auteur, de son devenir-autre, se pose de la manière la plus aiguë, chez Welles déjà. Tantôt encore, en troisième lieu, les personnages se dissolvent d'eux-mêmes, et l'auteur s'efface : il n'y a plus que des attitudes de corps, des postures corporelles qui forment les séries, et un gestus qui les relie comme limite. C'est un cinéma des corps qui a d'autant plus rompu avec le schème sensori-moteur que l'action est remplacée par l'attitude, et l'enchaînement supposé vrai par le gestus qui fait légende ou fabulation. Tantôt, enfin, les séries, leurs limites et leurs transformations, les degrés de puissance peuvent concerner n'importe quel rapport de l'image : les personnages, les états d'un personnage, les positions de l'auteur, les attitudes de corps, mais aussi les couleurs, les genres esthétiques, les facultés psychologiques, les pouvoirs politiques, les catégories logiques ou métaphysiques. Toute suite d'images forme une série pour autant qu'elle tend vers une catégorie dans laquelle elle se réfléchit, le passage d'une catégorie à une autre déterminant un changement de puissance. Ce qu'on dit de plus simple concernant la musique de Boulez, on le dira aussi du cinéma de Godard : avoir tout mis en série, avoir institué un sérialisme généralisé. On appellera même catégorie tout ce qui fait fonction de limite entre deux séries réparties de part et d'autre, l'avant et l'après constituant les deux faces de la limite (un personnage, un gestus, un mot, une couleur peuvent être une catégorie autant qu'un genre, du moment qu'ils remplissent les conditions de réflexion). Si l'organisation des séries se fait en général horizontalement, comme dans « *Sauve qui peut (la vie)* » avec l'imaginaire, la peur, le commerce, la musique, il se peut que la limite ou catégorie dans laquelle une série se réfléchit forme elle-même une autre série de puissance supérieure, dès lors superposée à la première : ainsi la catégorie picturale dans « *Passion* », ou musicale dans « *Prénom Carmen* ». C'est alors une construction verticale des séries, qui tend à rejoindre la coexistence ou la simultanéité, et à réunir les deux espèces de chronosignes.

L'image dite classique devait être considérée suivant deux axes. Ces deux axes étaient les coordonnées du cerveau : d'une part les images s'enchaînaient ou se prolongeaient, suivant des lois d'association, de contiguïté, de ressemblance, de contraste ou d'opposition ; d'autre part les images associées s'intériorisaient dans un tout comme concept (intégration), qui ne cessait à son tour de s'extérioriser dans des images associables ou prolongeables (différenciation). C'est pourquoi le tout restait ouvert et changeant, en même temps qu'un ensemble d'images était toujours prélevé sur un ensemble plus vaste. C'était le double aspect de l'image-mouvement, définissant le hors-champ : d'une part elle communiquait avec un extérieur, d'autre part elle exprimait un tout qui change. Le mouvement dans son prolongement était la donnée immédiate, et le tout qui change, c'est-à-dire le temps, était la représentation indirecte ou médiate. Mais il ne cessait d'y avoir circulation des deux, intériorisation dans le tout, extériorisation dans l'image, cercle ou spirale qui constituait pour le cinéma, non moins que pour la philosophie, le modèle du Vrai comme totalisation. Ce modèle inspirait les noosignes de l'image classique, et il y avait nécessairement deux sortes de noosignes. D'après la première sorte, les images s'enchaînaient par coupures rationnelles, et formaient sous cette condition un monde prolongeable : entre deux images ou deux suites d'images, la limite comme intervalle est comprise comme la fin de l'une *ou* comme le début de l'autre, comme la dernière image de la première suite ou la première de la seconde. L'autre sorte de noosigne marquait l'intégration des suites dans un tout (conscience de soi comme représentation intérieure), mais aussi la différenciation du tout dans les suites prolongées (croyance au monde extérieur). Et, de l'un à l'autre, le tout ne cessait de changer en même temps que les images se mouvaient. Le temps comme mesure du mouvement assurait ainsi un système général de la commensurabilité, sous cette double forme de l'intervalle et du tout. C'était la splendeur de l'image classique.

L'image moderne instaure le règne des « incommensurables » ou des coupures irrationnelles : c'est-à-dire que la coupure ne fait plus partie de l'une ou l'autre image, de l'une ou l'autre suite qu'elle sépare et répartit. C'est à cette condition que la suite ou séquence devient une série, au sens où nous venons de l'analyser. L'intervalle se libère, l'interstice devient irréductible et vaut pour lui-même. La première conséquence est que les images ne s'enchaînent plus par coupures rationnelles, mais se ré-enchaînent sur coupures irrationnelles. Nous donnions comme exemples les séries de Godard, mais on en trouve partout ailleurs, notamment chez Resnais (le moment autour duquel tout tourne et repasse, dans « *Je t'aime je t'aime* », est une coupure irrationnelle typique). Par ré-enchaînement, il faut entendre non pas un enchaînement second qui viendrait s'ajouter, mais un mode d'enchaînement original et spécifique, ou plutôt une liaison spécifique entre images désenchaînées. Il n'y a plus lieu de parler d'un prolongement réel ou possible capable de constituer un monde extérieur : nous avons cessé d'y croire, et l'image est coupée du monde extérieur. Mais l'intériorisation ou l'intégration dans un tout comme conscience de soi n'a pas moins disparu : le ré-enchaînement se fait par morcelage, qu'il s'agisse des constructions de séries chez Godard, ou des transformations de nappes chez Resnais (morcelages ré-enchaînés). C'est pourquoi la pensée, comme puissance qui n'a pas toujours existé, naît d'un dehors plus lointain que tout monde extérieur, et, comme puissance qui n'existe pas encore, s'affronte à un dedans, un impensable ou un impensé plus profond que tout monde intérieur. En second lieu, il n'y a donc plus mouvement d'intériorisation ni d'extériorisation, intégration ni différenciation, mais affrontement d'un dehors et d'un dedans indépendamment de la distance, cette pensée hors d'elle-même et cet impensé dans la pensée. C'est l'inévocable chez Welles, l'indécidable chez Resnais, l'inexplicable chez Robbe-Grillet, l'incommensurable chez Godard, l'irréconciliable chez les Straub, l'impossible chez Marguerite Duras, l'irrationnel chez Syberberg. Le cerveau a perdu ses coordonnées euclidiennes, et émet maintenant d'autres signes. L'image-temps directe, en effet, a pour noosignes la coupure irrationnelle entre images non-enchaînées (mais toujours ré-enchaînées), et le contact absolu d'un dehors et d'un dedans non-totalisables, asymétriques. On passe aisément de l'un à l'autre, puisque le dehors et le dedans sont les deux faces de la limite comme coupure irrationnelle, et que celle-ci, ne faisant plus partie d'aucune des suites, apparaît même comme un dehors autonome qui se donne nécessairement un dedans.

La limite ou l'interstice, la coupure irrationnelle passent éminemment entre l'image visuelle et l'image sonore. Cela implique plusieurs nouveautés ou changements. Il faut que le sonore devienne lui-même image, au lieu d'être une composante de l'image visuelle ; il faut donc la création d'un cadrage sonore, tel que la coupure passe entre les deux cadrages, sonore et visuel ; dès lors, même si le hors-champ subsiste en fait, il faut qu'il perde toute puissance de droit, puisque l'image visuelle cesse de se prolonger au-delà de son propre cadre, pour entrer dans un rapport spécifique avec l'image sonore elle-même cadrée (c'est l'interstice entre les deux cadrages qui remplace le hors-champ) ; il faut que la voix off disparaisse aussi, puisqu'il n'y a plus de hors-champ à peupler, mais deux images héautonomes à confronter, celle des voix et celle des vues, chacune en elle-même, chacune pour elle-même et dans son cadre. Il se peut que les deux sortes d'images se touchent ou se joignent, mais ce n'est évidemment pas par flash-back, comme si une voix, plus ou moins off, évoquait ce que l'image visuelle va nous restituer : le cinéma moderne a tué le flash-back, autant que la voix off et le hors-champ. Il n'a pu conquérir l'image sonore qu'en imposant une dissociation de celle-ci et de l'image visuelle, une disjonction qui ne doit pas être surmontée : coupure irrationnelle entre les deux. Et pourtant il y a un rapport entre elles, rapport indirect libre, ou rapport incommensurable, car l'incommensurabilité désigne un nouveau rapport et non pas une absence. Voilà que l'image sonore cadre une masse ou une continuité d'où va s'extraire l'acte de parole pur, c'est-à-dire un acte de mythe ou de fabulation qui crée l'événement, qui fait monter l'événement dans l'air, et qui monte lui-même dans une ascension spirituelle. Et l'image visuelle de son côté cadre un espace quelconque, espace vide ou déconnecté qui prend une nouvelle valeur, parce qu'il va enfouir l'événement sous des couches stratigraphiques, et le faire descendre comme un feu souterrain toujours recouvert. Jamais donc l'image visuelle ne montrera ce que l'image sonore énonce. Par exemple, chez Marguerite Duras, jamais le bal originaire ne resurgira par flash-back pour totaliser les deux sortes d'images. Il n'y en aura pas moins un rapport entre les deux, une jonction ou un contact. Ce sera le contact indépendant de la distance, entre un dehors où l'acte de parole monte, et un dedans où l'événement s'enfouit dans la terre : une complémentarité de l'image sonore, acte de parole comme fabulation créatrice, et de l'image visuelle, enfouissement stratigraphique ou archéologique. Et la coupure irrationnelle entre les deux, mais qui forme le rapport non-totalisable, l'anneau brisé de leur jonction, les faces asymétriques de leur contact. C'est un ré-enchaînement perpétuel. La parole atteint à sa propre limite qui la sépare du visuel ; mais le visuel atteint à sa propre limite qui le sépare du sonore. Or chacun, atteignant à sa propre limite qui le sépare de l'autre, découvre ainsi la limite commune qui les rapporte l'un à l'autre sous le rapport incommensurable d'une coupure irrationnelle, l'endroit et l'envers, le dehors et le dedans. Ces nouveaux signes sont des lectosignes, qui témoignent du dernier aspect de l'image-temps directe, la limite commune : l'image visuelle devenue stratigraphique est d'autant plus lisible pour son compte que l'acte de parole devient créateur autonome. Le cinéma classique ne manquait pas de lectosignes, mais pour autant que l'acte de parole était lui-même lu dans le muet, ou, dans le premier stade du parlant, faisait lire l'image visuelle dont il n'était qu'une composante. Du cinéma classique au cinéma moderne, de l'image-mouvement à l'image-temps, ce qui change, ce ne sont pas seulement les chronosignes, mais les noosignes et les lectosignes, étant dit qu'il est toujours possible de multiplier les passages d'un régime à l'autre, autant que d'accentuer leurs différences irréductibles.

3

Il arrive qu'on mette en doute l'utilité de livres théoriques sur le cinéma (particulièrement aujourd'hui, parce que l'époque n'est pas bonne). Godard aime à rappeler que, quand les futurs auteurs de la nouvelle vague écrivaient, ils n'écrivaient pas sur le cinéma, ils n'en faisaient pas une théorie, c'était déjà leur manière de faire des films. Toutefois, cette remarque ne manifeste pas une grande compréhension de ce qu'on appelle théorie. Car la théorie aussi, c'est quelque chose qui se fait, non moins que son objet. Pour beaucoup de gens, la philosophie est quelque chose qui ne « se fait » pas, mais préexiste toute faite dans un ciel préfabriqué. Pourtant la théorie philosophique est elle-même une pratique, autant que son objet. Elle n'est pas plus abstraite que son objet. C'est une pratique des concepts, et il faut la juger en fonction des autres pratiques avec lesquelles elle interfère. Une théorie du cinéma n'est pas « sur » le cinéma, mais sur les concepts que le cinéma suscite, et qui sont eux-mêmes en rapport avec d'autres concepts correspondant à d'autres pratiques, la pratique des concepts en général n'ayant aucun privilège sur les autres, pas plus qu'un objet n'en a sur les autres. C'est au niveau de l'interférence de beaucoup de pratiques que les choses se font, les êtres, les images, les concepts, tous les genres d'événements. La théorie du cinéma ne porte pas sur le cinéma, mais sur les concepts du cinéma, qui ne sont pas moins pratiques, effectifs ou existants que le cinéma même. Les grands auteurs de cinéma sont comme les grands peintres ou les grands musiciens : c'est eux qui parlent le mieux de ce qu'ils font. Mais, en parlant, ils deviennent autre chose, ils deviennent philosophes ou théoriciens, même Hawks qui ne voulait pas de théories, même Godard quand il feint de les mépriser. Les concepts du cinéma ne sont pas donnés dans le cinéma. Et pourtant ce sont les concepts du cinéma, non pas des théories sur le cinéma. Si bien qu'il y a toujours une heure, midi-minuit, où il ne faut plus se demander « qu'est-ce que le cinéma ? », mais « qu'est-ce que la philosophie ? ». Le cinéma lui-même est une nouvelle pratique des images et des signes, dont la philosophie doit faire la théorie comme pratique conceptuelle. Car aucune détermination technique, ni appliquée (psychanalyse, linguistique), ni réflexive, ne suffit à constituer les concepts du cinéma même.

index des auteurs
correspondant aux deux tomes

Ce livre n'étant pas une histoire du cinéma, beaucoup d'auteurs manquent, parmi les plus grands. Ceux qui sont cités ne le sont souvent que pour une analyse très partielle, ou même pour une simple allusion, à condition qu'elle soit nécessaire dans le contexte, qu'elle comporte des références ou soit facile à développer. En revanche, chaque fois que l'ensemble d'une œuvre, ou du moins une part importante, sont analysés, nous l'indiquons par des italiques.

table des matières

CET OUVRAGE A ÉTÉ ACHEVÉ D'IMPRIMER LE
VINGT-CINQ JANVIER DEUX MILLE VINGT ET UN
DANS LES ATELIERS DE NORMANDIE ROTO IM-
PRESSION S.A.S. À LONRAI (61250) (FRANCE)
N° D'ÉDITEUR : 6708
N° D'IMPRIMEUR : 2100044

Dépôt légal : janvier 2021

Bernard Andrès, PROFILS DU PERSONNAGE CHEZ CLAUDE SIMON.

Georges Bataille, LA PART MAUDITE, précédé de LA NOTION DE DÉPENSE.

Jean-Marie Benoist, TYRANNIE DU LOGOS.

Jacques Bouveresse, LA PAROLE MALHEUREUSE. *De l'alchimie linguistique à la grammaire philosophique.* – WITTGENSTEIN : LA RIME ET LA RAISON. *Science, éthique et esthétique.* – LE MYTHE DE L'INTÉRIORITÉ. *Expérience, signification et langage privé chez Wittgenstein.* – LE PHILOSOPHE CHEZ LES AUTOPHAGES. – RATIONALITÉ ET CYNISME. – LA FORCE DE LA RÈGLE. *Wittgenstein et l'invention de la nécessité.* – LE PAYS DES POSSIBLES. *Wittgenstein, les mathématiques et le monde réel.*

Michel Butor, RÉPERTOIRE I. – RÉPERTOIRE II. – RÉPERTOIRE III. – RÉPERTOIRE IV. – RÉPERTOIRE V et dernier.

Pierre Charpentrat, LE MIRAGE BAROQUE.

Pierre Clastres, LA SOCIÉTÉ CONTRE L'ÉTAT. *Recherches d'anthropologie politique.*

Hubert Damisch, RUPTURES/CULTURES.

Gilles Deleuze, LOGIQUE DU SENS. – L'IMAGE-MOUVEMENT. – L'IMAGE-TEMPS. – FOUCAULT. – LE PLI. *Leibniz et le Baroque.*

Gilles Deleuze, Félix Guattari, L'ANTI-ŒDIPE. – KAFKA. *Pour une littérature mineure.* – MILLE PLATEAUX. – QU'EST-CE QUE LA PHILOSOPHIE ?

Jacques Derrida, DE LA GRAMMATOLOGIE. – MARGES DE LA PHILOSOPHIE. – POSITIONS.

Jacques Derrida, Vincent Descombes, Garbis Kortian, Philippe Lacoue-Labarthe, Jean-François Lyotard, Jean-Luc Nancy, LA FACULTÉ DE JUGER.

Vincent Descombes, L'INCONSCIENT MALGRÉ LUI. – LE MÊME ET L'AUTRE. *Quarante-cinq ans de philosophie française (1933-1978).* – GRAMMAIRE D'OBJETS EN TOUS GENRES. – PROUST. *Philosophie du roman.* – PHILOSOPHIE PAR GROS TEMPS. – LA DENRÉE MENTALE. – LES INSTITUTIONS DU SENS.

Georges Didi-Huberman, LA PEINTURE INCARNÉE, *suivi de* « Le chef-d'œuvre inconnu » *par Honoré de Balzac.* – DEVANT L'IMAGE. *Question posée aux fins d'une histoire de l'art.* – CE QUE NOUS VOYONS, CE QUI NOUS REGARDE. DEVANT LE TEMPS. *Histoire de l'art et anachronisme des images.*

Jacques Donzelot, LA POLICE DES FAMILLES.

Thierry de Duve, NOMINALISME PICTURAL. *Marcel Duchamp, la peinture et la modernité.* – AU NOM DE L'ART. *Pour une archéologie de la modernité.*

Serge Fauchereau, LECTURE DE LA POÉSIE AMÉRICAINE.

André Green, UN ŒIL EN TROP. *Le complexe d'Œdipe dans la tragédie.* – NARCISSISME DE VIE, NARCISSISME DE MORT. – LE TRAVAIL DU NÉGATIF. – LE TEMPS ÉCLATÉ. – LA DIACHRONIE EN PSYCHANALYSE.

André Green, Jean-Luc Donnet, L'ENFANT DE ÇA. *Psychanalyse d'un entretien : la psychose blanche.*

Nathalie Heinich, LA GLOIRE DE VAN GOGH. *Essai d'anthropologie de l'admiration.*

Denis Hollier, LES DÉPOSSÉDÉS (*Bataille, Caillois, Leiris, Malraux, Sartre*).

Luce Irigaray, SPECULUM. *De l'autre femme.* – CE SEXE QUI N'EN EST PAS UN. – AMANTE MARINE. *De Friedrich Nietzsche.* – L'OUBLI DE L'AIR. *Chez Martin Heidegger.* ÉTHIQUE DE LA DIFFÉRENCE SEXUELLE. – PARLER N'EST JAMAIS NEUTRE. – SEXES ET PARENTÉS.

Vincent Kaufmann, L'ÉQUIVOQUE ÉPISTOLAIRE.

Garbis Kortian, MÉTACRITIQUE.

Jacques Leenhardt, LECTURE POLITIQUE DU ROMAN « LA JALOUSIE » D'ALAIN ROBBE-GRILLET.

Pierre Legendre, JOUIR DU POUVOIR. *Traité de la bureaucratie patriote.*

Emmanuel Levinas, QUATRE LECTURES TALMUDIQUES. – DU SACRÉ AU SAINT. *Cinq nouvelles lectures talmudiques.* – L'AU-DELÀ DU VERSET. *Lectures et discours talmudiques.* – À L'HEURE DES NATIONS. – NOUVELLES LECTURES TALMUDIQUES.

Patrick Longuet, LIRE CLAUDE SIMON. *La polyphonie du monde.*

Jean-François Lyotard, ÉCONOMIE LIBIDINALE. – LA CONDITION POSTMODERNE. *Rapport sur le savoir.* – LE DIFFÉREND.

Louis Marin, UTOPIQUES : JEUX D'ESPACES. – LE RÉCIT EST UN PIÈGE.

Francine Markovits, MARX DANS LE JARDIN D'ÉPICURE.

Agnès Minazzoli, LA PREMIÈRE OMBRE. *Réflexion sur le miroir et la pensée.*

Michèle Montrelay, L'OMBRE ET LE NOM. *Sur la féminité.*

Thomas Pavel, LE MIRAGE LINGUISTIQUE. *Essai sur la modernisation intellectuelle.*

Michel Picard, LA LECTURE COMME JEU. – LIRE LE TEMPS.

Michel Pierssens, LA TOUR DE BABIL. *La fiction du signe.*

Claude Reichler, LA DIABOLIE. *La séduction, la renardie, l'écriture.* – L'ÂGE LIBERTIN.

Alain Rey, LES SPECTRES DE LA BANDE. *Essai sur la B. D.*

Alain Robbe-Grillet, POUR UN NOUVEAU ROMAN.

Charles Rosen, SCHŒNBERG.

Clément Rosset, LE RÉEL. *Traité de l'idiotie.* – L'OBJET SINGULIER. – LA FORCE MAJEURE. – LE PHILOSOPHE ET LES SORTILÈGES. – LE PRINCIPE DE CRUAUTÉ. – PRINCIPES DE SAGESSE ET DE FOLIE.

François Roustang, UN DESTIN SI FUNESTE. – ... ELLE NE LE LACHE PLUS. – LE BAL MASQUÉ DE GIACOMO CASANOVA. – INFLUENCE. – QU'EST-CE QUE L'HYPNOSE ?

Michel Serres, HERMES I. : LA COMMUNICATION. – HERMES II : L'INTERFÉRENCE. HERMES III : LA TRADUCTION. – HERMES IV : LA DISTRIBUTION. – HERMES V : LE PASSAGE DU NORD-OUEST. – JOUVENCES SUR JULES VERNE. – LA NAISSANCE DE LA PHYSIQUE DANS LE TEXTE DE LUCRÈCE. *Fleuves et turbulences.*

Michel Thévoz, L'ACADÉMISME ET SES FANTASMES. – DÉTOURNEMENT D'ÉCRITURE. – LE MIROIR INFIDÈLE.

Jean-Louis Tristani, LE STADE DU RESPIR.

Gianni Vattimo, LES AVENTURES DE LA DIFFÉRENCE.

Paul Zumthor, PARLER DU MOYEN ÂGE.